JN197163

地域からの考古学

弘前大学の挑戦

弘前大学人文社会科学部
北日本考古学研究センター 編

地域からの考古学
——弘前大学の挑戦

目次

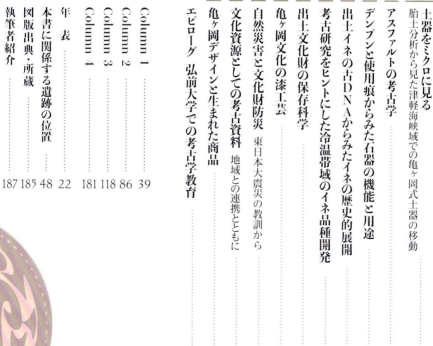

プロローグ

地域からの考古学
弘前大学の挑戦

本書は弘前大学が行ってきた調査・研究をもとに、青森県域を中心とした考古学研究を紹介します。特に、弘前大学の考古学研究は、一般的な研究手法にとどまらず、学域を問わない様々な視点からアプローチを行っています。こうした研究の最前線を含めた紹介を通じて、北東北ならではの歴史解釈に迫ります。

弘前大学の考古学研究の歴史は昭和33(一九五八)年の村越潔先生の教育学部着任から始まり、半世紀以上の歴史があります。この間、考古学の教員不在から北日本の考古学研究の拠点として研究センターの設立など、激動の時期を乗り越えてきました。また、学問の継承が重要視される中で、研究室設立当初から年月が経ち、過去の調査に関する経験をもつOBが少なくなりつつあり、その記録の保存が急務です。全国の地方大学における地域での役割が問われるなか、弘前大学の考古学が果たしてきた役割を研究者内外に訴えていく必要があります。

そこで、これまでの弘前大学の考古学研究を振り返りつつ、これからを担う世代にも、弘前大学における考古学研究を知ってもらうことで、研究に対する動機付けにつながることを期待しています。論文集や学史研究とは異なり、調査・研究成果をできるだけ広範囲の読者を対象に紹介することや、一般に知られていないデータ公開を重視し、カラー図版を用いてなるべく分かりやすく平易な内容に仕上げてみました。まだまだ知られていない地方大学における考古学研究の世界を知っていただく機会になればと存じます。

01

弘前大学保管の考古資料　選

口絵1　**十字形土偶**　■平川市唐竹出土　■縄文時代中期★

昭和23年、個人より寄贈されたもので『円筒土器文化』(村越 1974)や『土偶と土面』(サントリー美術館 1969)で紹介されました。完品ならば高さ約35cm、幅約28cmと、円筒上層式の土偶の中では最大クラスになります。

口絵2　**腕を組む土偶**　■伝 田子町野面平遺跡出土　■縄文時代後期後葉　【成田彦栄旧蔵資料】★

この土偶は日本を代表する土偶として文化庁海外展「THE POWER OF DOGU」(イギリス・大英博物館 2009)およびその帰国展(東京国立博物館)で展示されました。八戸市風張《かざはり》(1)遺跡から出土した合掌土偶(国宝)の仲間です。

口絵3　**中空土偶**　■津軽地域出土　■縄文時代後期後葉　【成田彦栄旧蔵資料】★

本土偶は、中空土偶の脚部です。高さ17cm、幅14cmが残ります。十腰内《とこしない》Ｖ式に特徴的な貼瘤が見られます。出土地は津軽半島と推定されます。類例は北海道函館市著保内野《ちょぼないの》遺跡で出土した中空土偶（国宝）が有名です。

口絵4　**遮光器土偶**　■青森市新城出土　■縄文時代晩期中葉　【成田彦栄旧蔵資料】★

中空大型の遮光器土偶の上半部です。頭部に王冠状の装飾と大きな遮光器状の眼が特徴的です。胴部はB突起を有する隆帯とC字形の沈線で装飾されています。

口絵5　**石剣・石刀・石棒**　■縄文時代後期～晩期　【成田彦栄旧蔵資料】★

上から5番目までが石棒、6番目は石剣、最下段は石刀です。最上段の石棒のみ弘前市小松野遺跡出土です。後期から晩期のこれらの石器は粘板岩で作られることが多く、粘板岩を産出する北上山地一帯から運ばれてきたと考えられています。

口絵6　土偶　■弘前市高杉出土　■縄文時代晩期後葉　【成田彦栄旧蔵資料】★

「帽子をかぶった土偶」の愛称で親しまれている中実土偶です。晩期中葉までの抽象的な土偶から、写実的な形に変化しています。帽子のように見えるのは髪形と考えられます。

口絵７　**岩偶**　■三戸町杉沢遺跡出土　■縄文時代晩期中葉★

軟質な凝灰岩を加工して作られています。形は遮光器土偶に似ていますが、頭部の表現がやや粗いです。右腕と両脚は意図的に欠いたとみられ、岩偶の役割を知るうえで貴重な資料です。

口絵8　**土面**　■伝 つがる市亀ヶ岡遺跡出土　■縄文時代晩期　【成田彦栄旧蔵資料】★

明治30年、『東京人類学会雑誌』第138号で佐藤伝蔵によって紹介された土面です。角《かく》田《た》猛彦《たけひこ》旧蔵品です。目は小さく、赤色顔料が塗られた跡が残っています。

口絵9　**土偶**　■伝 つがる市亀ヶ岡遺跡出土　■縄文時代晩期後葉★

旧制弘前高等学校の所蔵資料です。現高9.5cm、幅12.7cmの大型中空土偶の頭部です。頭には、左右に髪を分けたような表現があり、さらに大きな輪のような髷《まげ》をつけた、いわゆる結髪土偶です。

口絵10　**勾玉**　■津軽地域出土　■縄文時代晩期　【成田彦栄旧蔵資料】★

縄文晩期にはさまざまな形の勾玉が作られました。材質もヒスイのほか凝灰岩やメノウなどがあります。左上の勾玉は明治17年頃今別町袰月洞窟《ほろづきどうくつ》遺跡から出土したもので、下澤保躬《しもざわやすみ》の旧蔵品です。また2段目中央、4段目左から2番目、最下段左から1番目、3番目は佐藤伝蔵により『東京人類学会雑誌』第140号で紹介されました。

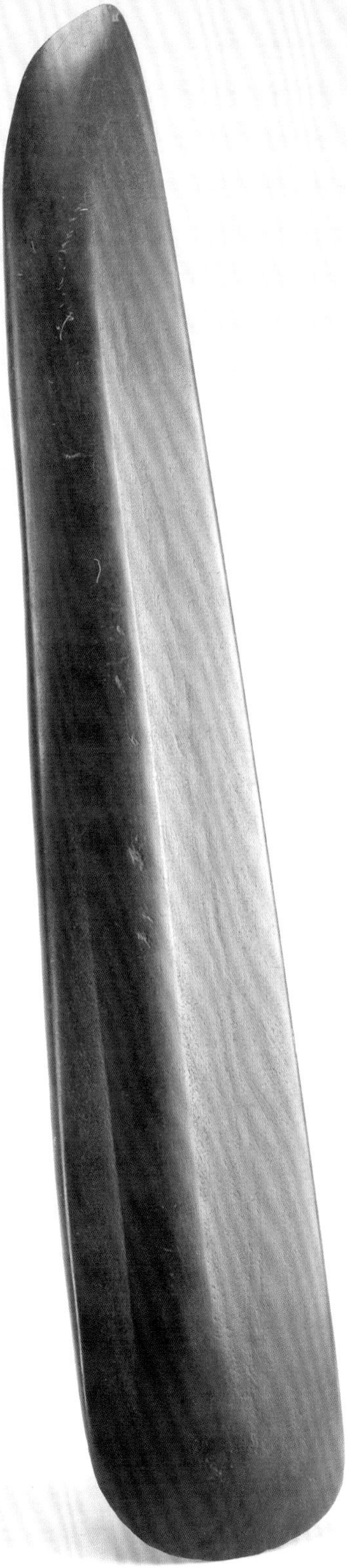

口絵11　**磨製石斧**　■津軽地域出土
■縄文時代前期　【成田彦栄旧蔵資料】★

長さ32cmの大型の石斧です。擦り切り技法によって板状の素材を切断した痕跡を残しています。石材は北海道日高地方で採取できる緑色岩です。大型石斧の類例として秋田県上掵《うわはば》遺跡で見つかった国内最大級の磨製石斧4点(国重文)が知られており、それらと同じ特徴があります。

口絵12　**長頸瓶**　■津軽地域出土　■平安時代　【成田彦栄旧蔵資料】★

五所川原須恵器窯跡（国史跡）で焼かれた壺です。五所川原須恵器窯跡は、青森県西部にある平安時代後半（9世紀末から10世紀後半）の我が国最北の須恵器窯跡です。本資料は10世紀第三四半期の製作で、肩部にへら記号があります。

口絵13　**瓶子**　■岩木山麓赤倉入口　■鎌倉時代　【成田彦栄旧蔵資料】★

明治15·16年頃に発見された古瀬戸(愛知県)の瓶子です。14世紀第一四半期(古瀬戸中Ⅱ期)に製作され、頸部を欠くことから蔵骨器として利用されたとみられます。

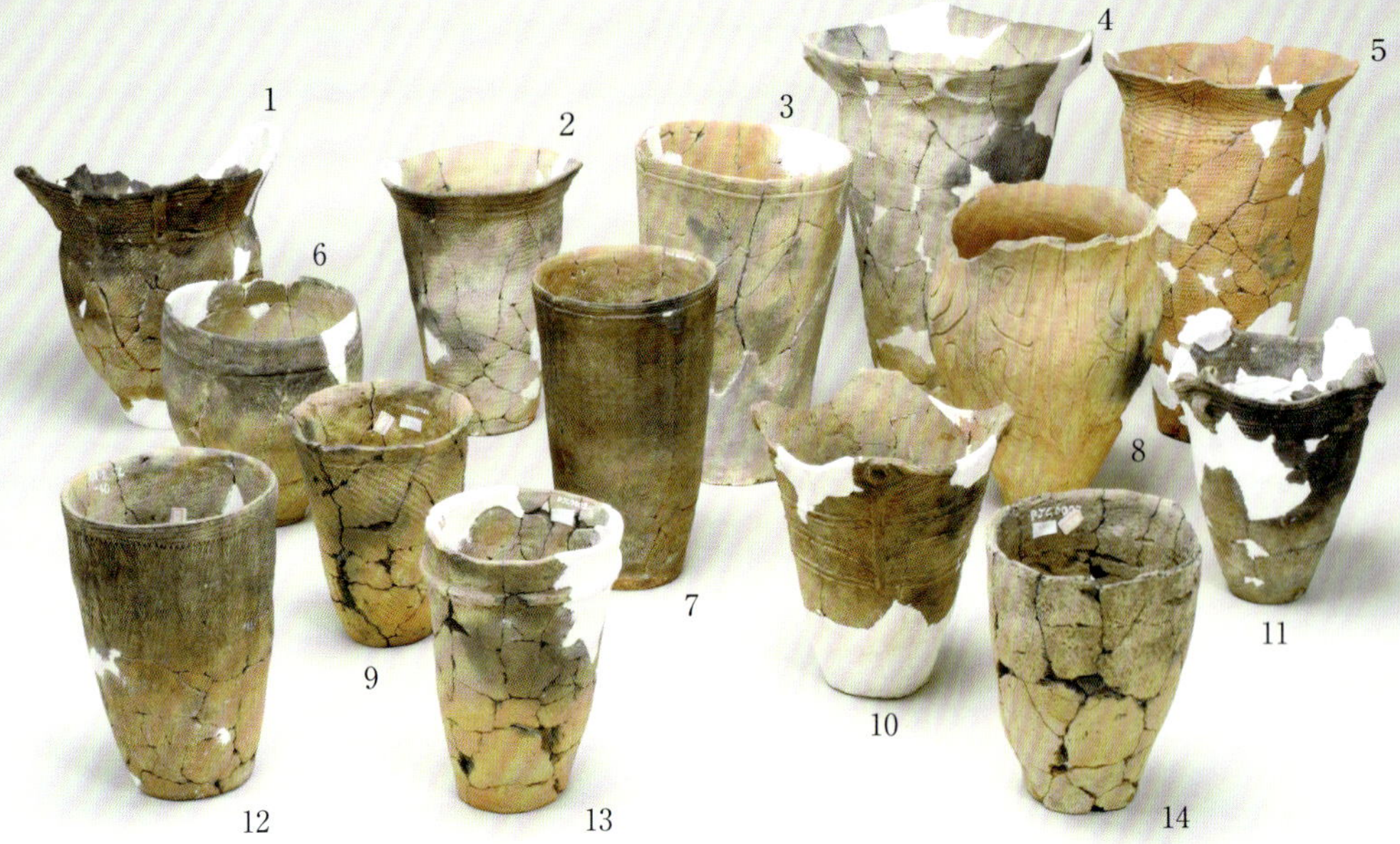

口絵14　**円筒土器ほか**　■縄文時代前期～中期★

縄文時代前期から中期にかけてつくられた円筒土器を特徴とする文化圏にみられ、東北地方北半部から北海道南西部を主な分布域とし、前期の円筒下層式土器、中期の円筒上層式に区分されます。代表的な遺跡として、青森市三内丸山遺跡が知られます。教育学部時代の村越研究室では、七戸町二ツ森貝塚とつがる市石神《いしがみ》遺跡などの調査が行われ、この地域の土器編年研究を牽引してきました。

1･2･4･5(円筒下層d2式)、9･13･14(円筒下層a式)が石神遺跡、3(円筒下層d1式)、6･7･11(左から最花《さいばな》式、円筒下層d1式、円筒下層d2式)が二ツ森貝塚、10は鰺ヶ沢町内(円筒上層c式)、12は五戸町苗代沢《なしろざわ》遺跡(円筒下層d1式)、8は出土地不詳(大木10式)です。

口絵15　**十腰内《とこしない》式土器**　■縄文時代後期★

旧制弘前高等学校時代(1920 ～ 1950)に地元の方々によって寄贈された資料で、旧制弘前高等学校の標本シールが貼られています。書かれている墨書から、多くは弘前市十腰内周辺の採集品とみられます。弘前大学所蔵品には後期前葉十腰内Ⅰ式の資料が比較的多いです。

口絵16　**亀ヶ岡式(大洞《おおぼら》式)土器・土製品・石製品**　■縄文時代晩期★

旧制弘前高等学校時代に収集された資料のほか、小岩井兼輝が昭和8(1933)年に発掘した漆塗り土器(下段左側)が含まれます。書かれている墨書からそのほとんどが、つがる市亀ヶ岡遺跡出土品と考えられます。

口絵17　**砂沢《すなざわ》式・田舎館《いなかだて》式土器**　■弥生時代前期～中期★

つがる市亀ヶ岡遺跡出土の弥生時代前期(砂沢式)の壺(上段中央)および鉢(下段)と、田舎館村垂柳《たれやなぎ》遺跡出土の壺(上段左)と台付鉢(上段右)があります。

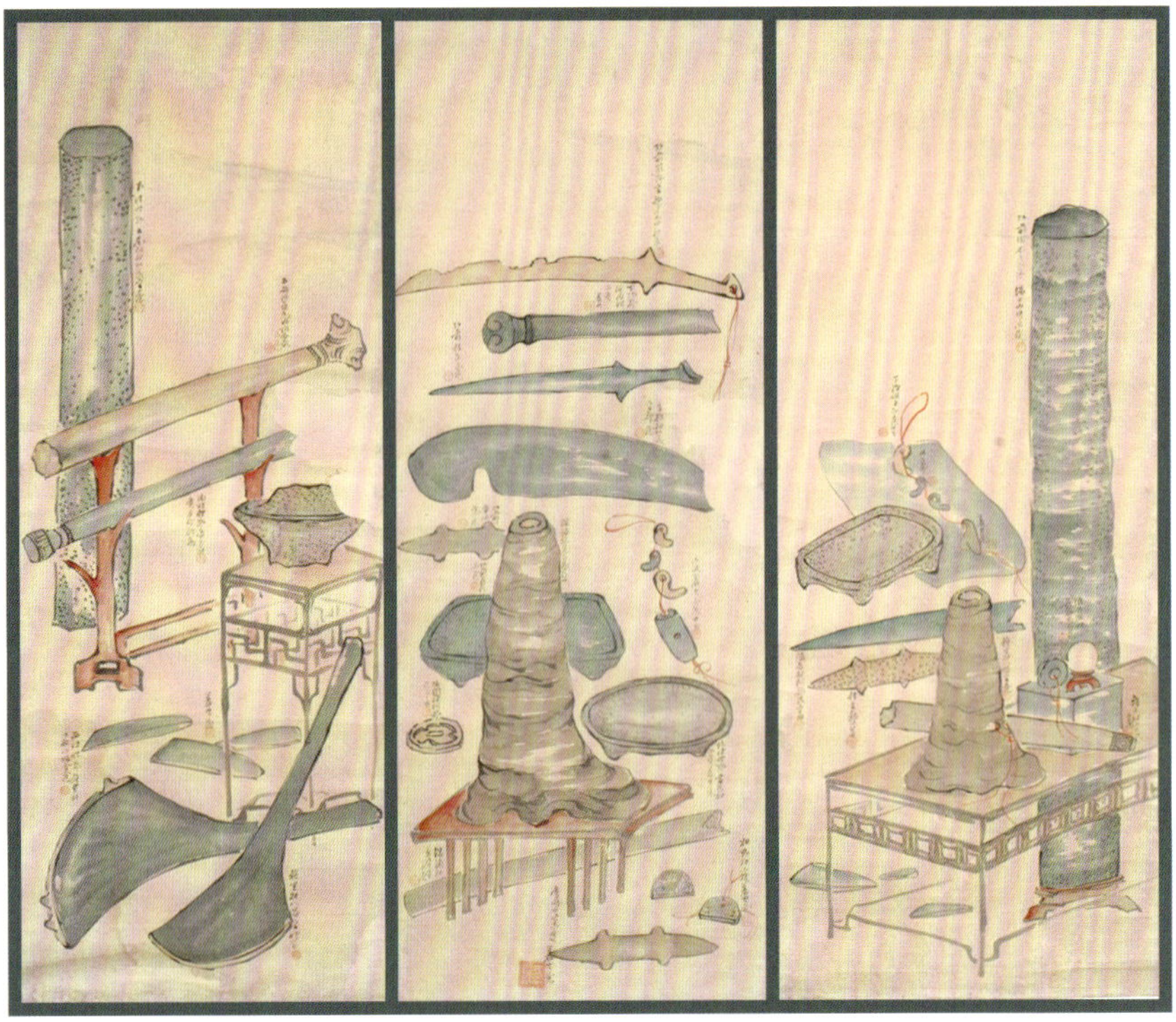

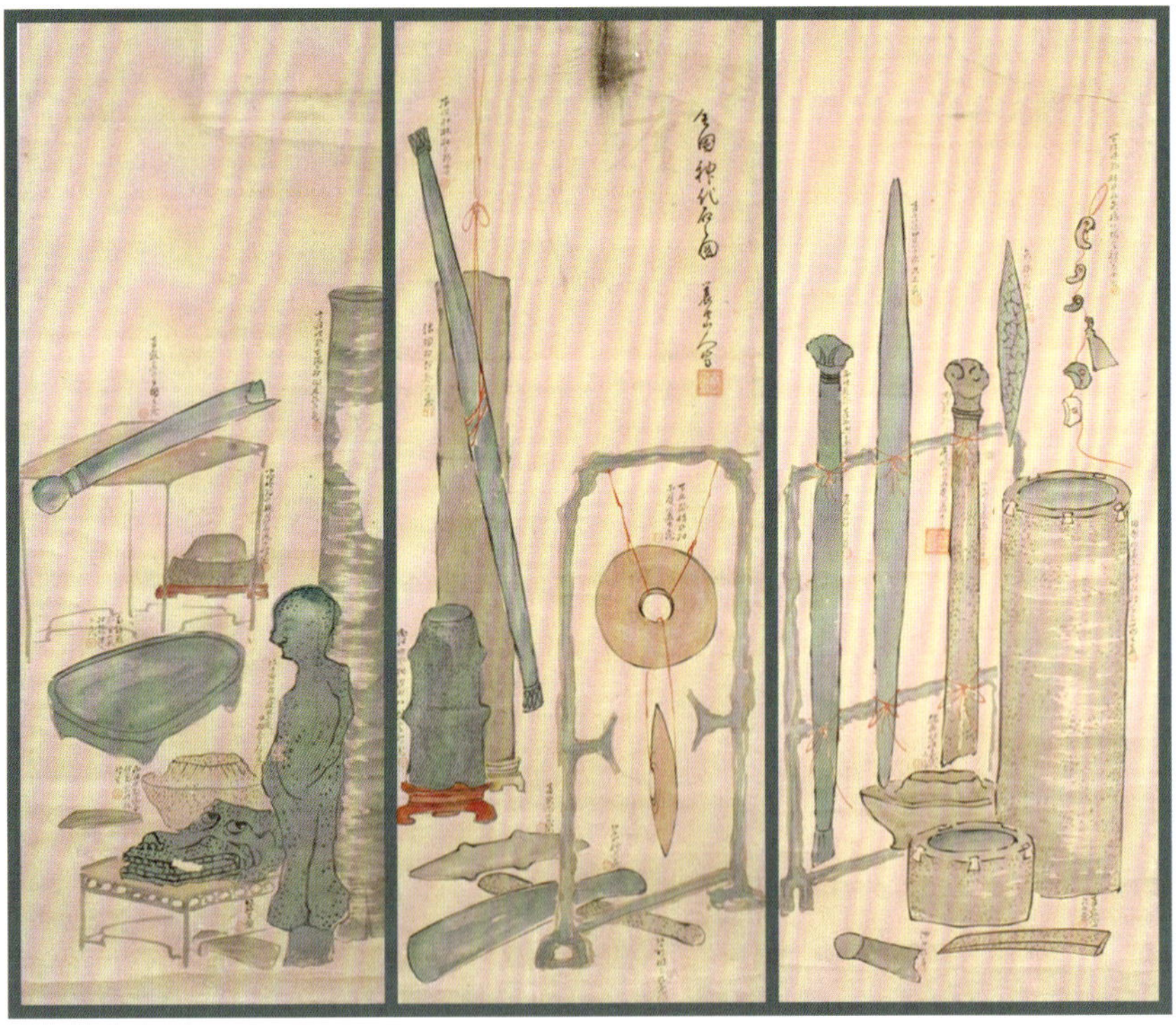

口絵18　陸奥《むつ》全国神代石《ぜんこくじんだいせき》 并《ならび》 古陶《ことう》之《の》図《ず》　■蓑虫山人　■明治中期　【成田彦栄旧蔵資料】

幕末から明治期にかけての放浪画人、蓑虫山人《みのむしさんじん》（1836 ～ 1900）が見た主に青森県内の出土品が描かれています。後述の佐藤 蔀《さとうしとみ》 画譜に比べれば、正確さを欠くものの、資料の特徴をうまく捉えており出土地や所有者の情報が書かれているため、今では失われた資料を知るうえで貴重です。もとは屏風からのマクリであったものを、成田彦栄によって軸装されました。

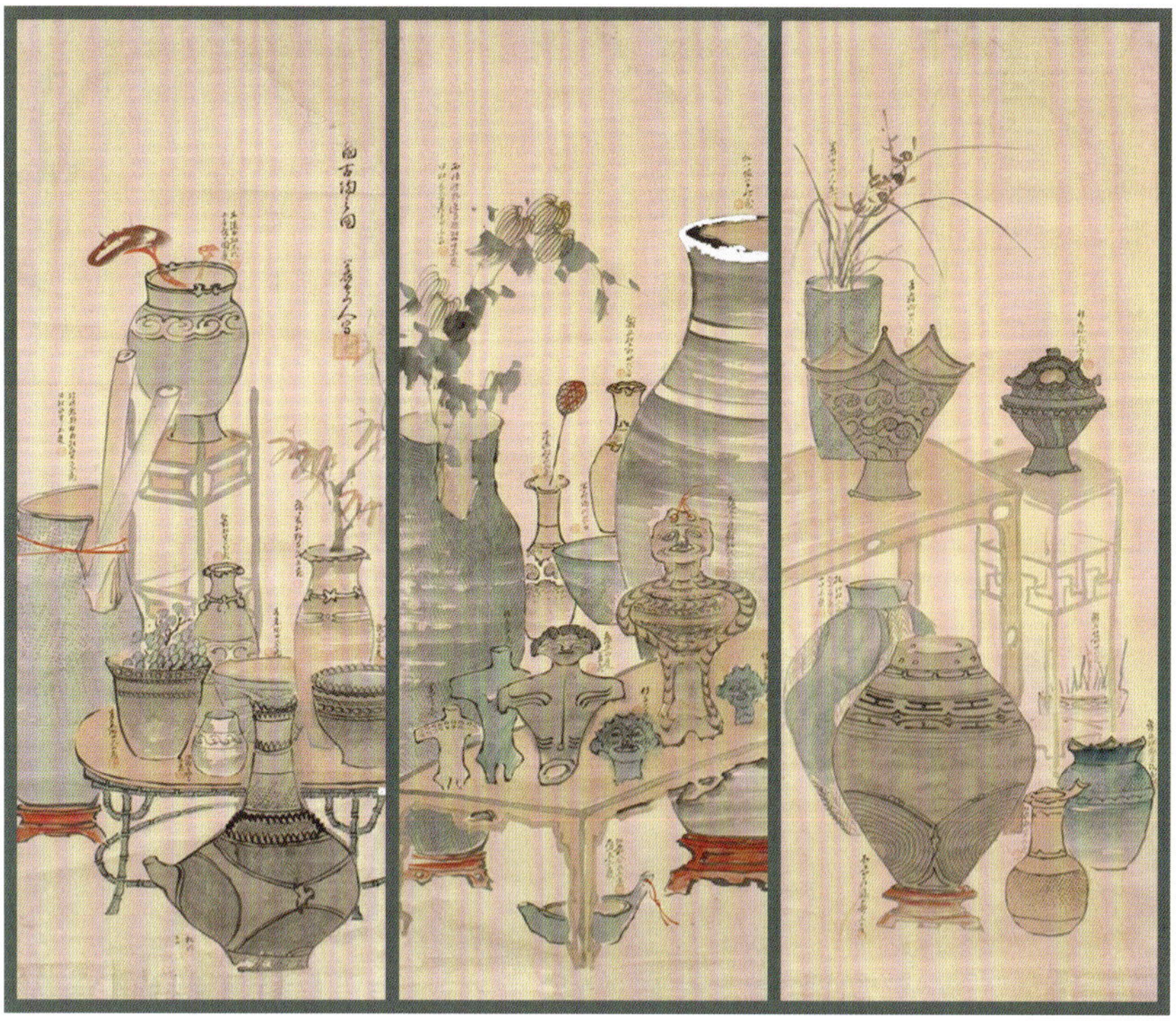

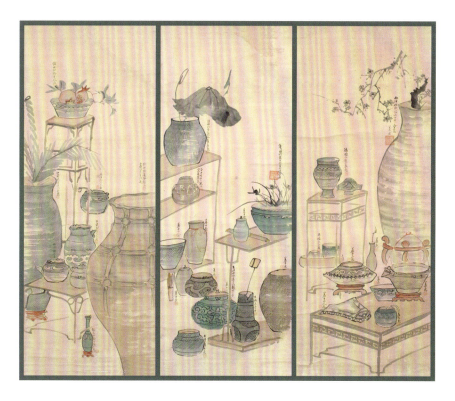

口絵19　**埴輪写生図**　■蓑虫山人　■明治中期　【成田彦栄旧蔵資料】

蓑虫山人《みのむしさんじん》が描いた埴輪の図です。描かれているのは埼玉県熊谷市周辺を中心に群馬や茨城など北関東の人物埴輪です。埴輪の表情が豊かであり、精密さにこだわらない蓑虫山人の画風が感じられます。

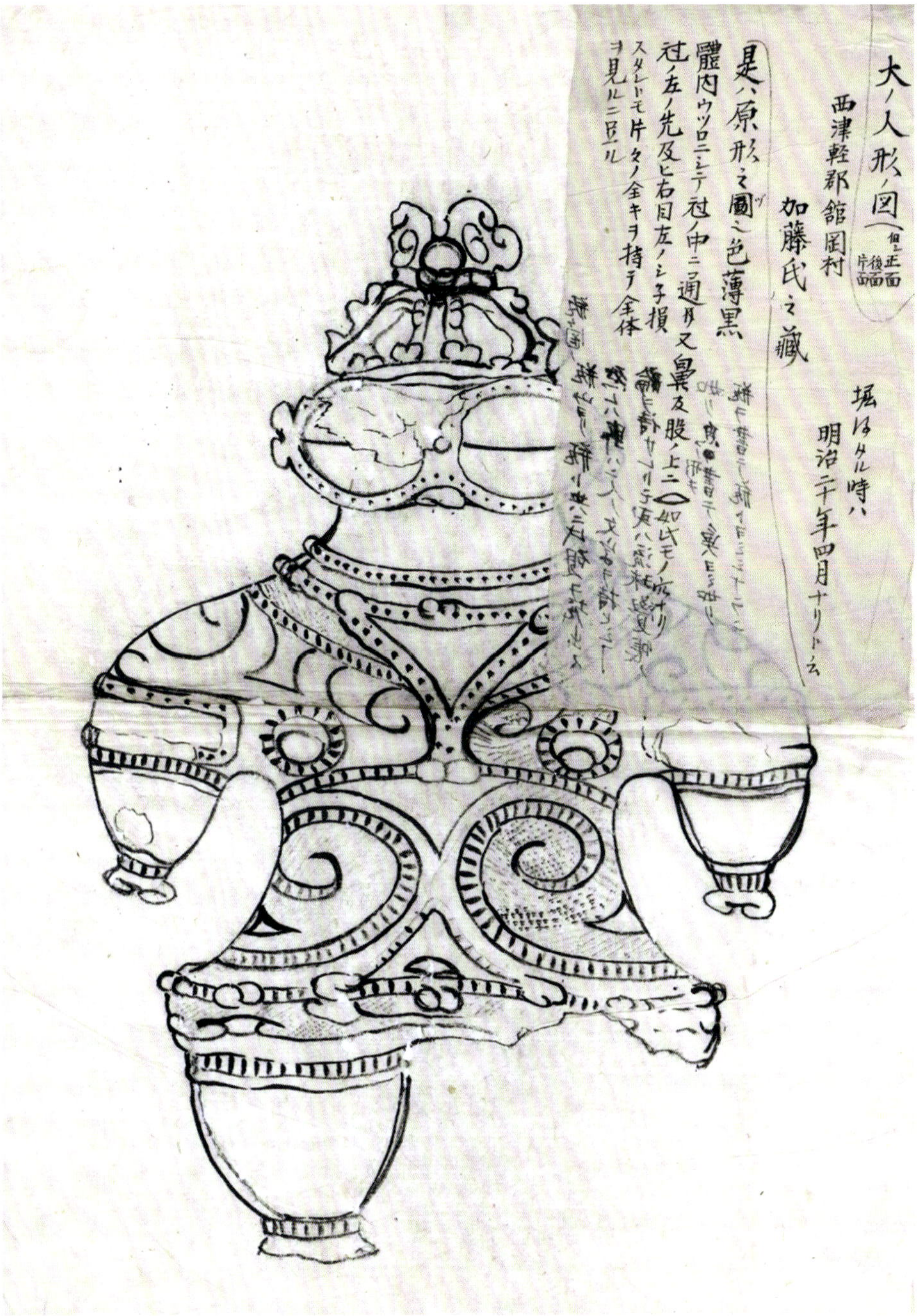

口絵20　佐藤蔀《さとうしとみ》画譜「大ノ人形ノ図」　■佐藤蔀　■明治中期

佐藤蔀(1852 ~ 1944)が描いた考古資料の画譜が約560枚あります。日本初の考古学の学術雑誌である『東京人類学会報告』などに紹介された資料のうち、画譜に描かれていた資料は61点にのぼり、考古学史における実測図の歴史を紐解くうえで重要な人物です。その代表作は後に神田孝平《かんだたかひら》が紹介した遮光器土偶(淡崖 1887)や、大野雲外《おおのうんがい》「陸奥亀ヶ岡発見大土偶」(大野 1902)があります。遮光器土偶の図は神田に送った下図とみられます。なお雑誌で紹介された挿図は画譜と左右逆ですが、実際には画譜が正しく、印刷ミスと分かります。

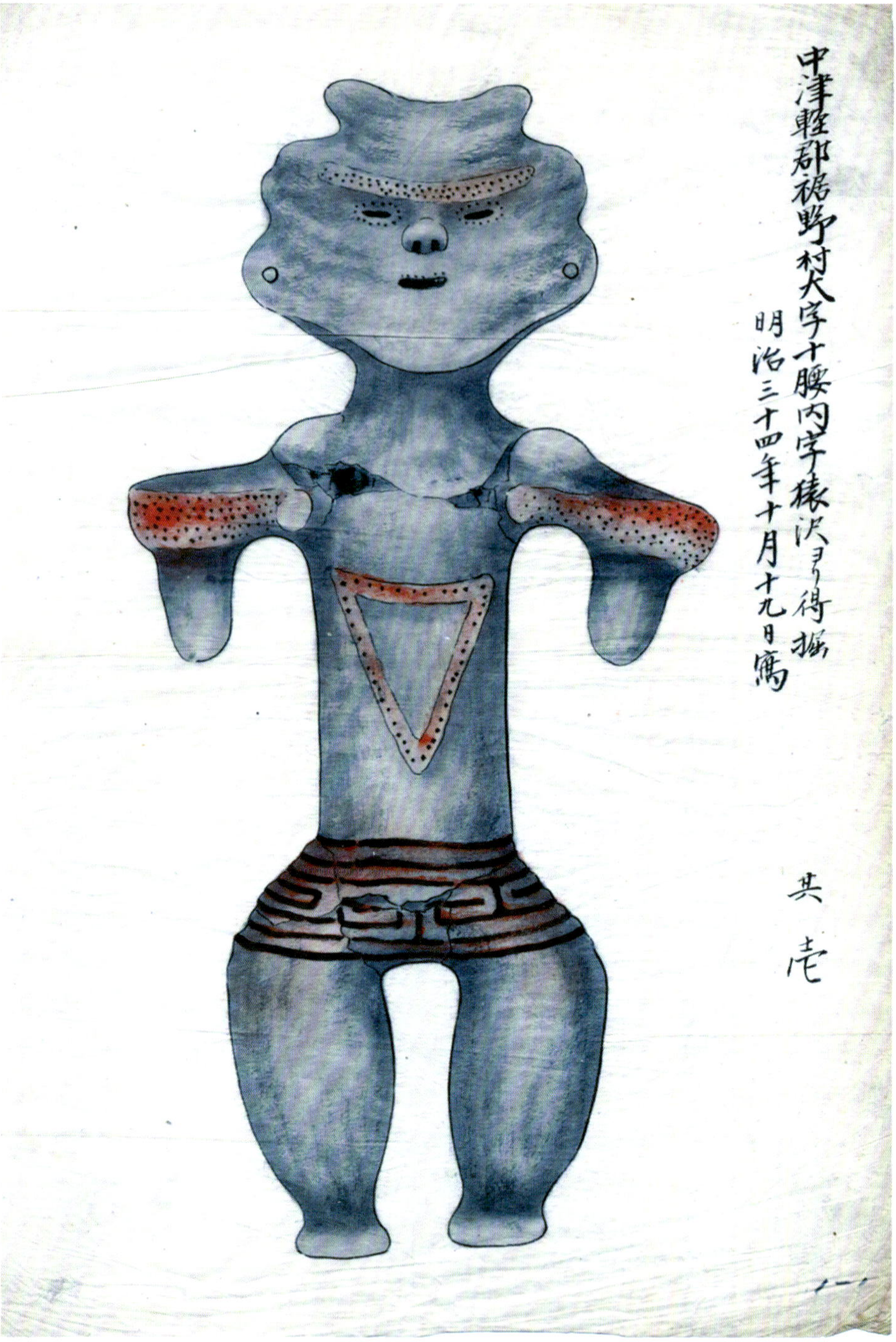

口絵21　**佐藤蔀画譜「土偶」**　■佐藤蔀　■明治34年画

「陸奥亀ヶ岡発見大土偶」(現東京国立博物館蔵　重要文化財)は画譜(明治34年当時)から亀ヶ岡ではなく十腰内(弘前市)出土と分かりました。この土偶の顔は口絵8の土面に類似します。

日本では随一を誇る──所蔵コレクション

年　表

年代	時代・時期		代表的な遺跡	主な土器・石器など	青森県内の主なことがら
約30000年前	後期旧石器時代		田向冷水（八戸市） 大平山元Ⅱ・Ⅲ（外ヶ浜町）	ナイフ形石器 槍先形尖頭器 細石刃	針葉樹林帯における狩猟・採集生活 氷河期の終焉
約15000年前	縄文時代	草創期	長者久保（東北町） 大平山元Ⅰ（外ヶ浜町）	局部磨製石斧 無文土器 隆起線文系土器 爪形文系土器 多縄文系土器	土器づくりが始まる（最古の土器） 弓矢による狩猟の発達 落葉広葉樹林帯の形成 定住生活
約11000年前		早期		押型文系土器 貝殻・沈線文系土器 条痕文系土器 縄文系土器	縄文海進の始まり 貝塚の出現、尖底土器の使用
約7000年前		前期	早稲田(1)貝塚（三沢市） **寅平**（深浦町） **石神**（つがる市） 長七谷地貝塚（八戸市）	長七谷地Ⅲ群土器 円筒下層a式土器 円筒下層b式土器 円筒下層c式土器 円筒下層d式土器	円筒土器文化の始まり 大規模集落の形成と大量の土器
約5500年前		中期	三内丸山（青森市） 水上(2)（西目屋村） **二ツ森貝塚**（七戸町） 一王寺（八戸市） 餅ノ沢（鰺ヶ沢町）	円筒上層a式土器 円筒上層b式土器 円筒上層c式土器 円筒上層d式土器 円筒上層e式土器 大木式系土器	他地域との活発な交易 大規模貝塚の形成 円筒土器文化の終焉
約4400年前		後期	韮窪（八戸市） 十腰内（弘前市） **湯の沢**（弘前市）	牛ヶ沢(3)式土器 十腰内Ⅰ式土器 十腰内Ⅱ式土器 十腰内Ⅲ式土器 十腰内Ⅳ式土器 十腰内Ⅴ式土器	十腰内文化の始まり 大規模環状列石の出現 石棺墓・甕棺墓など特殊葬制 祭祀遺構・遺物の多様化 （動物意匠遺物）
約3200年前		晩期	**八幡崎(1)・石郷遺跡群**（平川市） 川原平(1)（西目屋村） **今津(1)**（外ヶ浜町） 大森勝山（弘前市） **土井(1)**（板柳町） **杉沢**（三戸町） 是川中居（八戸市） **不備無**（むつ市） 亀ヶ岡（つがる市） **上川**（北海道松前町） **中山**（秋田県五城目町） **下台**（秋田県八郎潟町） **山王囲**（宮城県栗原市）	大洞B式土器 大洞BC式土器 大洞C1・C2式土器 大洞A・A'式土器	亀ヶ岡文化の始まり 卓越した土器製作技法と豊富な器種 漆文化の発達
約2000年前	弥生時代 続縄文文化	前期 中期 後期	**砂沢・湯の沢**（弘前市） **清水森西**（弘前市） **垂柳**（田舎館村） **椛ノ木平(3)**（むつ市）	砂沢式土器 二枚橋式、五所式土器 田舎館式土器 天王山式土器	米作りの始まり 類遠賀川系土器 稲作と狩猟・採集の生活
（西暦250年頃）	古墳時代 続縄文文化	前期 中期 後期	猪ノ鼻(1)（七戸町） 森ヶ沢（七戸町） 田向冷水（八戸市） 市子林（八戸市）	土師器・須恵器 後北式・北大式	寒冷な時代 希少な遺跡数 かまど付き方形竪穴建物の構築 北方文化との強い結びつき
（西暦710年）	飛鳥時代 奈良時代		阿光坊古墳群（おいらせ町）	土師器・須恵器	蝦夷の地、律令国家の支配地外 終末期古墳群の造営 馬産の開始
（西暦794年） 約1000年前	平安時代		五所川原須恵器窯跡群（五所川原市） **廻堰大溜池(1)**（鶴田町） **小国館跡**（外ヶ浜町） 高屋敷館（青森市）	土師器 須恵器 灰釉・緑釉陶器 擦文土器 かわらけ 陶磁器（中国産）	集落の急激な増加（集団移住？） 五所川原に日本最北の須恵器窯 塩・鉄関連遺跡の増加 十和田湖の噴火と降灰（915年頃） 白頭山の噴火と降灰（947年頃） 環壕集落や防御性集落の出現 奥州藤原氏の支配
（西暦1185年）	鎌倉時代 室町時代		**浪岡城跡**（青森市） 十三湊・福島城（五所川原市） 聖寿寺館（南部町） **矢不来館跡**（北海道北斗市）	珠洲・常滑・瀬戸（国産） 青磁・白磁・染付（中国産）	御家人の配置 安藤氏の繁栄と南部氏の台頭 他地域・国外との交易活発化 中世城館の構築
（西暦1590年）	安土桃山時代 江戸時代		三戸城（三戸町） 野脇、堀越城（弘前市） 弘前城（弘前市） **福山城下町跡**（北海道松前町） **白主会所跡**（ロシア・サハリン）	肥前系陶磁器 小久慈焼（八戸領） 悪戸焼・下川原焼（弘前領）	南部氏の支配と津軽氏の独立 盛岡藩・八戸藩・弘前藩の支配
	近代		**旧第八師団跡**（弘前市）		

※太字（ゴシック体）は掲載遺跡

02

成田コレクション

青森個人三大コレクションの一つ

1 「青森縄文の三大個人コレクション」

縄文遺跡の宝庫といえる青森県には、かつては随所に考古資料の所蔵家がいました。この地で名望家と呼ばれる人々は皆、多かれ少なかれなにがしかの考古遺物を所持していたようです。彼らは収集を競い合うとともに、情報や時に所蔵品を交換し合う間柄でもありました。なかでも八戸市の是川中《これかわなか》居《い》遺跡出土品で知られる泉山コレクション（八戸市是川縄文館）、佐藤《さとう》公知《こうち》・大高興《おおたかこう》の親子二代にわたって集められた風韻堂《ふういんどう》コレクション（青森県立郷土館）、そしてここに紹介する成田コレクション（弘前大学）は、青森県が誇る「縄文の三大個人コレクション」です。いずれも亀ヶ岡文化の遺物を中心としていますが、収集の経緯は大きく異なります。成田コレクションは考古資料（図1）・考古関連図書に加え、書画（図2）、書籍、アイヌ民具（図3）と、幅広く郷土資料全般に及びます。そうした特徴は、本コレクションが、成田《なりた》彦栄《ひこえい》氏が敬愛した郷土の考古学の先達者佐藤《さとう》

1　成田コレクション（考古資料）★

蔀《しとみ》の収集品を受け継いだことによります。

2 成田彦栄の経歴とコレクションの形成

成田彦栄（図4）は明治31（一八九八）年、北津軽郡沿川村舘野越（現板柳町）に生まれました。兄弟の一人が、浪岡城主の流れを汲む舘野越の旧家北畠（山崎）家に養子に入っており、自身も、「北畠家記」（「永禄日記」）に関する論考「永禄日記雑考」上・中・下（『東奥文化』2・3・4）を発表しています。東京小石川の独逸学協会学校中等部を経て大正13（一九二四）年新潟医専を卒業した彦栄は、青森県立病院内科勤務を経て、昭和3（一九二八）年、青森市古川に成田医院を開業します。若いころから古物鑑賞を好み、中野にある井上円了の哲学堂や上野の博物館に通っていたといいますが、本格的に考古学に関わるようになったのは、昭和7（一九三二）年、日本人類学会・日本考古学会に入会してからです。青森医師会が定休日制度をとりいれたのを機に、昭和10（一九三五）年頃から定休日を利用した遺跡踏査を開始します。

成田コレクションの学術価値を高めているものに、膨大な自筆のメモ類があります。コレクションの形成過程を理解するうえでとりわけ注目されるのが、昭和15（一九四〇）年1月14日から書きは

2 「陸奥全国神代石之図」（左）と「陸奥全国古陶之図」（右）一部

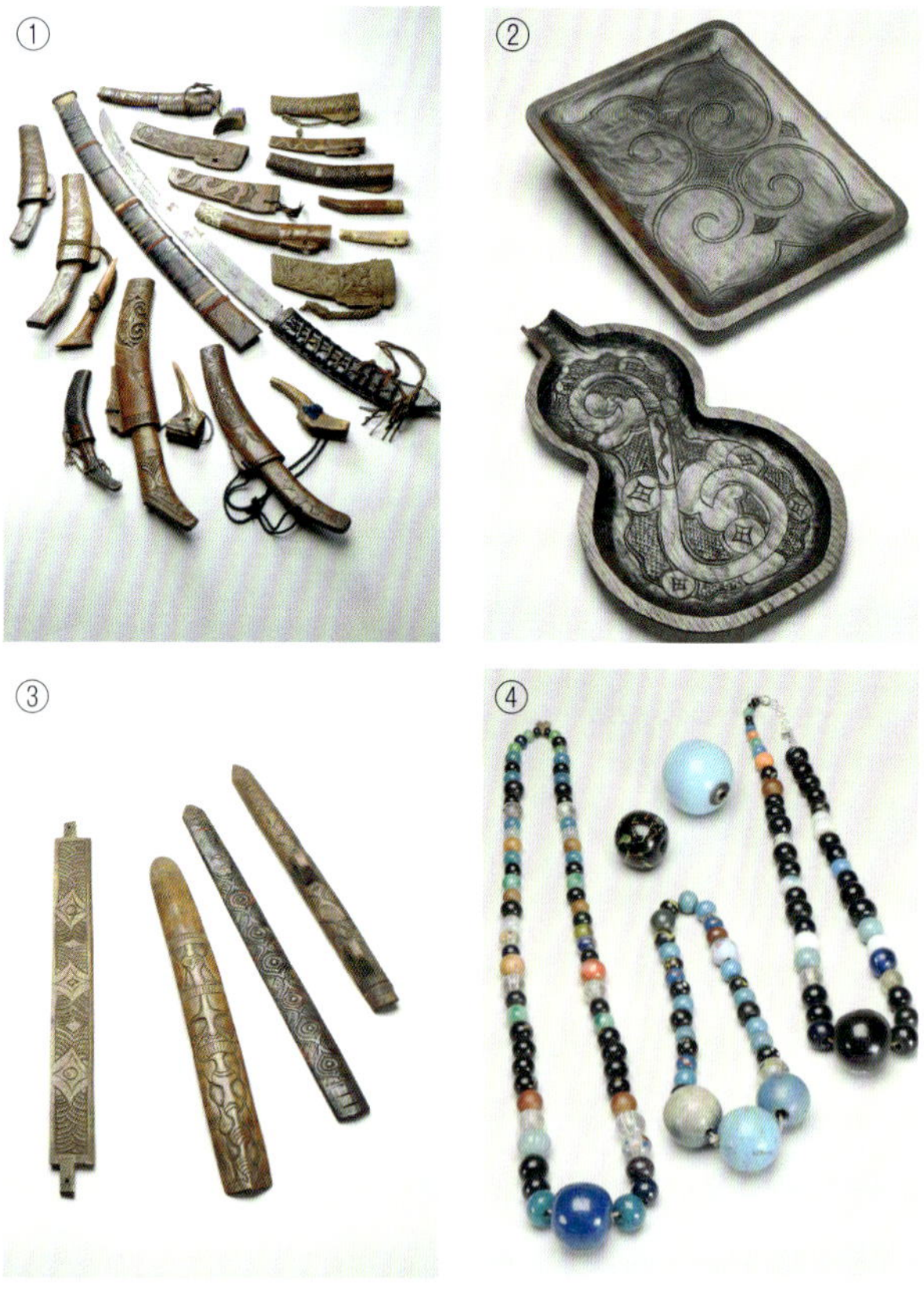

3 成田コレクション（アイヌ民族資料）★
①エムシ・マキリ ②イタ ③イクパスイ ④タマサイ

4 成田彦栄

じめられた「先史考古覚書」巻1〜6と、「所蔵品出土地覚書」です（図5）。前者は昭和18（一九四三）年8月8日の記述を最後に一旦中断するものの、戦後間もない昭和21（一九四六）年5月17日に再開され、昭和26（一九五一）年5月21日まで、スケッチを交え遺跡の踏査、遺物の見学・入手、耳にした遺跡・遺物・所蔵家の情報などが詳細に記録されています。「先史考古覚書」には考古学を通して交流のあった170名程の人物が登場しますが、最も深いかかわりを持っていたのが、師と仰ぐ佐藤蔀（図6）でした。彦栄は頻繁に蔀を訪ね遺跡や考古遺物の所蔵者に関する情報について教えを受け、また時に蔀を誘って遺跡や収集家を訪れています。近代考古学の創成期に活躍した佐藤蔀の学問はまさに博物学そのものであり、絵の才能に恵まれた蔀のするどい観察眼は、医師であった彦栄の共感するところでした。46歳もの年齢差がある上、交際期間が10年足らずであったにもかかわらず、2人の学問的交流は心の通ったものとなりました。在野の考古学者として共感しあう部分があったのでしょう。

5 「先史考古覚書」「所蔵品出土地覚書」

6 佐藤蔀肖像画（佐藤正夫画）

成田コレクションは、佐藤蔀の旧蔵品、彦栄自身の採集品、それ以外の購入品があります。昭和19（一九四四）年、佐藤蔀が亡くなる直前、彦栄は蔀から土偶の優品2点をもらい受けていますが、それ以外は昭和21（一九四六）年と昭和26（一九五一）年の2度に亘り、蔀の孫の佐藤正夫からの要請を受け、考古遺物・菅江《すがえ》真澄《ますみ》直筆の「外浜《そとがはま》奇勝」をはじめとする書画・書籍・古銭、蔀の手になる植物画譜、アイヌ民族資料など蔀の収集品を購入しています。彦栄自ら行った遺跡の踏査による採集品は三内丸山遺跡・三内霊園遺跡・岡町⑴遺跡・久栗坂《くぐりざか》浜田遺跡・梨の木平遺跡など、青森市内の遺跡のものが多いです。主要な考古遺物の購入先としては、岩手県一戸《いちのへ》町の秋浜三郎、深浦町北金沢駅駅長奥田定五郎、旧木造《きづくり》町福原小学校校長佐藤公知がいます。秋浜三郎からは昭和15（一九四〇）年に3回に亘って、主として岩手県北、青森県三戸郡出土の遺物を大量に購入しており、このなかには田子《たっこ》町野面《のもて》平《たい》遺跡出土の「腕を組む土偶」（図7）も含まれています。飯詰村長・内潟村長を歴任する傍ら十三史談会を結成するなど郷土史家としても活躍した奥田順蔵の親戚の奥田定五郎からは、昭和16（一九四一）年に深浦町塩《しお》見《み》形《がた》⑵遺跡、鰺ヶ沢町鳴沢遺跡、つがる市亀ヶ岡遺跡出土の石器約四百点、完形土器56点を購入しています。風韻堂コレクションの旧蔵者で『亀ガ岡文化』や『青森県西津軽郡史』の著作もある佐藤公知からは、昭和16（一九四一）年に3回に亘って、佐々木哲造旧蔵の土器や蓑虫山人《みのむしさんじん》愛用の土器などを購入しています。

（関根達人）

7 腕を組む土偶★

03

船木コレクション

旧樺太から海を越えて

8　金比羅神社遺跡採集資料

1 海を越えてきたコレクション

北日本考古学研究センターには、今となってはなかなか見ることができない旧樺太(Sakhalin)の考古資料が多数保管されており、「船木コレクション」(図8)と称されています。

このコレクションは実は、青森県黒石市出身の船木鐵太郎《ふなきてつたろう》(一八九三～一九五五)(図9)が、戦前から戦後にかけて、樺太で採集した続縄文・オホーツク文化期(紀元後3～13世紀)の土器・石器・骨角器など758点になります。採集地は、樺太南西海岸南部の宗仁《そうに》遺跡から小田洲《おたす》遺跡にいたる17ヶ所(図10)に上ります。

コレクションの内訳は、土器・土製品が557点で、遺跡別では旧宗仁遺跡(クズネーツヴォ遺跡)(図11)が334点と最も多く、ついで金比羅《ことひら》神社遺跡(ネヴェリスク遺跡)が109点となります。宗仁遺跡には宗仁式土器や内耳土器、宗仁支流遺跡には土製管玉《くだたま》があります。石器・石製品は184点で、石鏃《せきぞく》・石槍・掻器《そうき》・磨製石斧などがあります。遺跡別では、宗仁遺跡が49点と最も多く、このなかにアメリカ式石鏃や靴形石器や砂岩製キセルもあり、宗仁支流遺跡には有孔石錘、麻内遺跡には局部磨製石斧などがあります。その他に骨角器などが17点で、金比羅神社遺跡には骨鏃・銛先《もりさき》・骨斧《こっぷ》など8点があります。

9　船木鐵太郎氏肖像

2 多難をのり越えて

これらの遺物は、大正10（一九二一）年から昭和23（一九四八）年まで、樺太南部で小学校教師をしていた船木氏が採集したものであり、23（一九四八）年の引き揚げ時の乗船の際、子供たちに遺物を分けて持たせ本土に持ち帰ったといわれています。帰国後、郷里の黒石市や平賀町（現平川市）の小学校教師を定年まで務めましたが、死後、遺物は遺族によって、竹舘村（現平川市）出身で青森師範学校教諭や弘前大学教育学部教授を勤めたことのある和田千蔵（一八八九〜八一）を介して、当時、弘前城三の丸跡にあった弘前大学教育学部に寄贈されました。寄贈資料には、このほかに樺太で採集された植物標本もありましたが、不幸にも昭和37（一九六二）年1月の火災により校舎とともに焼失してしまいました。教育学部の現在地への移転から昭和50年代中頃までは、現在の教育学部3階にあった村越潔の研究室に隣接した歴史学第1資料室の棚に、木箱12個に収められていました。

本コレクションが、遺族によって教育学部に寄贈された理由は、様々考えられ明らかではありませんが、船木が大正3（一九一四）年に青森師範学校を卒業し、10（一九二一）年に樺太に渡るまで、藤崎町尋常高等小学校や猿賀《さるか》村（現平川市）猿賀尋常小学校で教鞭を執っており、その頃に和田と知り合う機会があったからではと想像されます。

3 コレクションへの注目

本コレクションについては、寄贈された後しばらくは、ほんの一部が資料紹介されただけで、全貌が紹介されることはありませんでしたが、昭和58（一九八三）年に、北海道開拓記念館（現北海道博物館）で開催された特別展「発掘された北の文化」のため貸し出されて以降、状況が大きく変わることとなりました。そして、平成3（一九九一）年からは、当時同館に勤務されていた野村崇を中心とする道内の研究者によって整理が行われ、平成6（一九九四）年3月に『樺太西海岸の考古資料—船木鐵太郎考古コレクション目録—』として刊行されました。船木コレクションの返却は藤沼邦彦先生の時代で開拓記念館から人文学部（現人文社会科学部）に返却されまし

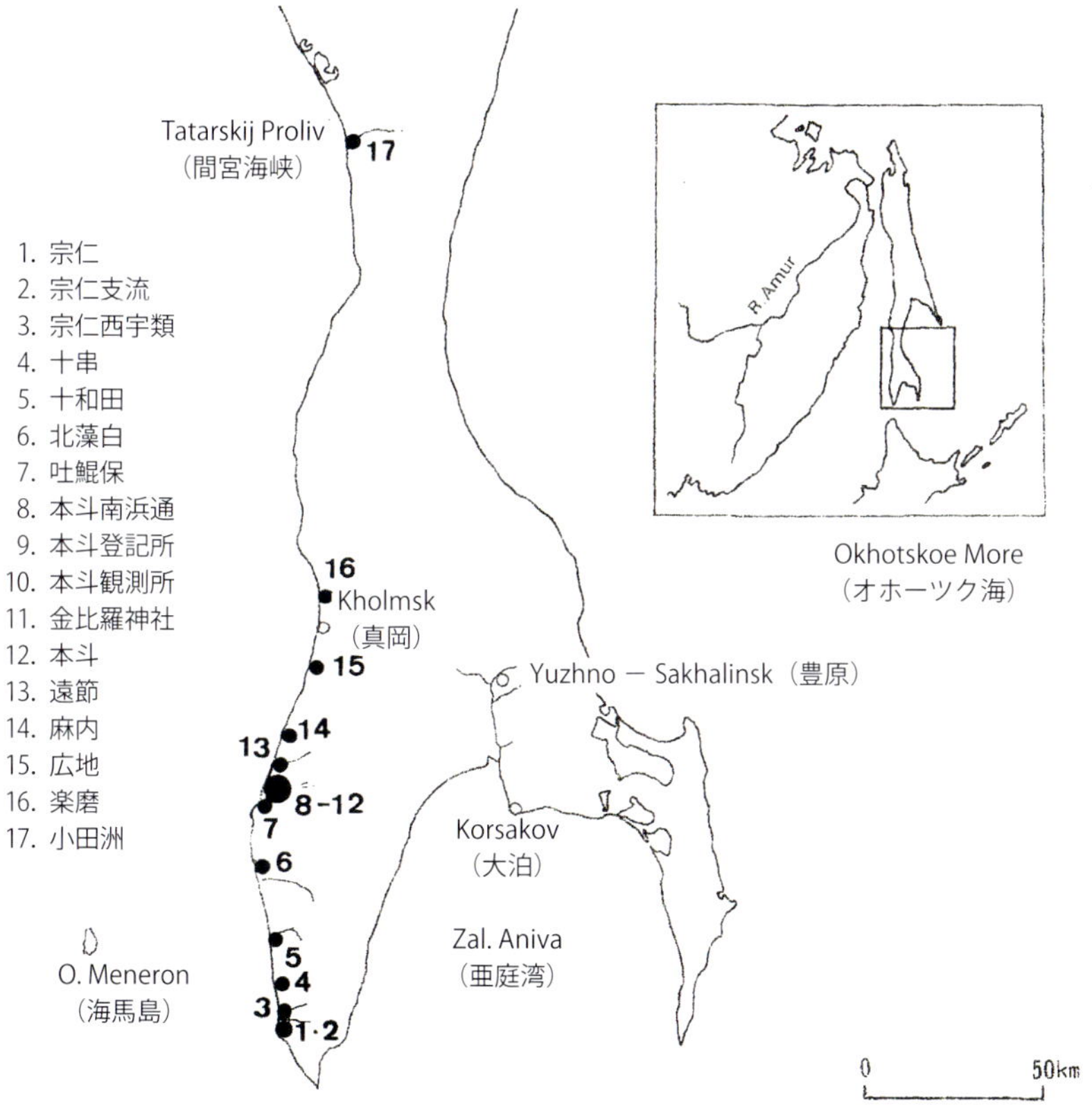

10 船木コレクションにある遺物採集地

11　ロシア連邦サハリン州クズネーツヴォ（旧宗仁）遺跡

た。

ところで、本資料が弘前大学へ寄贈されたのち、船木家では樺太採集の石器22点が新たに見つかり、当時、黒石保健所長で、考古学研究家・収集家としても知られた大高興（一九二六～二〇〇六）に寄贈されたものもありました。昭和48（一九七三）年、同氏から青森県立郷土館に、これらの石器を含む一万一千点以上の考古資料が一括寄贈され、「風韻堂コレクション」として現在にいたっています。この22点を加えると、船木氏が樺太から持ち帰った考古資料は780点になります。

船木コレクションの採集地は、現在はロシア連邦の領有下（サハリン州）にあって、日本人が自由に立ち入り調査・研究することができません。そのため、旧樺太と北海道との文化的関連を研究するうえで、本コレクションは見過ごすことのできない資料となっています。

文献

野村 崇「樺太考古学の発達と船木鐵太郎」（『村越潔先生古稀記念論文集』二〇〇〇年）

（福田友之）

04

高橋コレクション　本州最北下北半島の網羅的資料

令和3（二〇二一）年7月、「北海道・北東北の縄文遺跡群」が世界文化遺産に登録され、津軽海峡を挟んだ縄文時代の人・物・情報の交流が改めて広く認識されることとなりました。本州北端に位置する下北半島は本州と北海道をつなぐ要衝であり、北日本の縄文文化研究上も非常に重要なフィールドです。しかし、下北は津軽や南部に比べ開発が少ないことから、遺跡の発掘調査例が乏しく、考古学的には不明な点が多い地域でもあります。

平成30（二〇一八）年、むつ市在住の高橋啓一氏から、長年収集された考古資料が一括して弘前大学に寄贈されました。高橋コレクションは、下北半島一円に分布する縄文から弥生時代の遺跡から採集された資料を中心としており、考古学的情報が乏しい下北半島の先史時代を知る上で大変重要な資料といえます（図12）。

高橋コレクションのもう一つの特徴が、石器や石製品の数や種類の多さです（図13）。最も数の多い石鏃は1万点を超えます。石器の個人コレクションとしては日本最大級といえるでしょう。北日本考古学研究センターでは、令和元（二〇一九）年、特別展「石器大好き！――寄贈記念 高橋啓一コレクション――」を開催し、出土場所がわかる遺物のなかから約5千点を選び展示しました。

石器では、むつ市上道《うわみち》遺跡で採集された縄文時代後期の青竜刀形石器と、下北を代表する弥生時代の遺跡、むつ市脇野沢の瀬野遺跡から採集された柱状片刃石斧が注目されます。青竜刀形石器は、磨製石器の一つで、扁平な半月形の一端が伸びて棒状の柄になっており、中国の青竜刀に似ていることから命名されましたが、両者に関係性はありません。青竜刀形石器

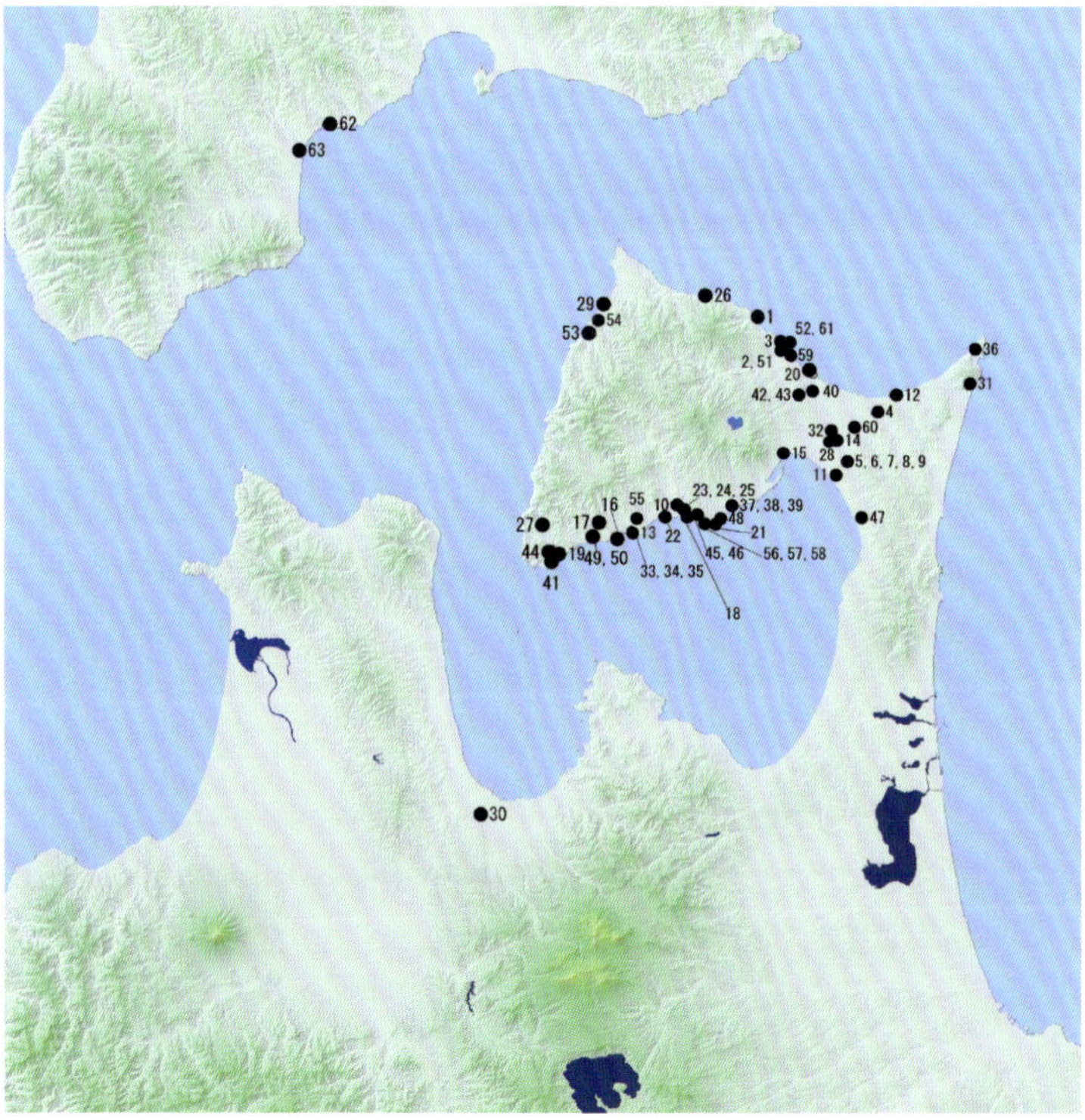

1. 赤川遺跡
2. 大畑道遺跡
3. 大畑家ノ上遺跡
4. 石持遺跡
5. 石蕨（1）遺跡
6. 石蕨（2）遺跡
7. 石蕨（3）遺跡
8. 石蕨（4）遺跡
9. 石蕨（5）遺跡
10. 板子塚遺跡
11. 一里小屋遺跡
12. 稲崎遺跡
13. 上野平遺跡
14. 上道遺跡
15. 大湊近川遺跡
16. 蛎崎寺ノ前遺跡
17. 蛎崎苗場遺跡
18. 隠里遺跡
19. 桂沢遺跡
20. 烏沢遺跡
21. 戸沢川代遺跡
22. 葛沢遺跡
23. 熊ヶ平（1）遺跡
24. 熊ヶ平（2）遺跡
25. 熊ヶ平（3）遺跡
26. 桑畑遺跡
27. 源藤城遺跡
28. 最花遺跡
29. 材木遺跡
30. 三内丸山遺跡
31. 尻労遺跡
32. 品の木遺跡
33. 楢木平（1）遺跡
34. 楢木平（2）遺跡
35. 楢木平（3）遺跡
36. 尻屋
37. 角違（1）遺跡
38. 角違（2）遺跡
39. 角違（3）遺跡
40. 美付街道遺跡
41. 瀬野遺跡
42. 高梨（1）遺跡
43. 高梨（2）遺跡
44. 山の上遺跡
45. 田野沢（1）遺跡
46. 田野沢（2）遺跡
47. 近川（1）遺跡
48. 戸沢遺跡
49. 外崎沢（1）遺跡
50. 外崎沢（2）遺跡
51. 二枚橋（1）遺跡
52. 二枚橋（2）遺跡
53. 八幡堂遺跡
54. 原田遺跡
55. 不備無遺跡
56. 袰川（1）遺跡
57. 袰川（2）遺跡
58. 袰川（3）遺跡
59. 水木沢（1）遺跡
60. 目名地区
61. 涌館遺跡
62. 札苅遺跡
63. 新道遺跡

12　高橋コレクション遺跡地図

は北海道南西部から東北北部の縄文中期末から後期初頭の遺跡で出土します。一方、扁平片刃石斧は弥生時代に大陸から伝わった磨製石器の一つで、手斧のように木材を削るのに使用されたとされます。

青森県内では瀬野遺跡で採集された扁平片刃石斧には北海道日高地方の神居古潭《かむいこたん》帯額平《ぬかびら》川流域で採れる緑色岩が使われており、下北半島が弥生文化と続縄文文化の接点に位置することを物語っています。

高橋コレクションには複雑な形をした異形石器が多いのですが、そのなかで最も注目されるのは、むつ市二枚橋⑴遺跡で採集された黒曜石製石偶です。二枚橋⑴遺跡は、瀬野遺跡とともに下北地方を代表する弥生時代の遺跡として知られます。打製の小型の石偶は青森県や北海道で縄文晩期から弥生中期・続縄文時代の遺跡から出土します。

石製装飾品では、縄文時代前期末から中期初頭に作られた玦状《けつじょう》耳飾（むつ市最花《さいばな》貝塚・むつ市大湊近川《ちかがわ》遺跡・北海道木古内《きこない》町新道《しんみち》遺跡）や縄文時代の各種ヒスイ製玉類が注目されます。ヒスイ製の玉は、縄文中期から後期の垂飾（最花貝塚・むつ市高梨遺跡）、縄文晩期の勾玉（北海道木古内町札苅《さっかり》遺跡）や小型丸玉（二枚橋⑵遺跡・札苅遺跡）があります。弥生時代の石製装飾品では前期から中期初頭の碧玉製管玉が注目されます。高橋コレクションには、二枚橋⑴遺跡5点、瀬野遺跡3点、むつ市戸沢川代《とざわかわだい》遺跡1点の計9点の碧玉製管玉があります。これらは発掘調査でもなかなか見つからない貴重な遺物といえます。

（関根達人）

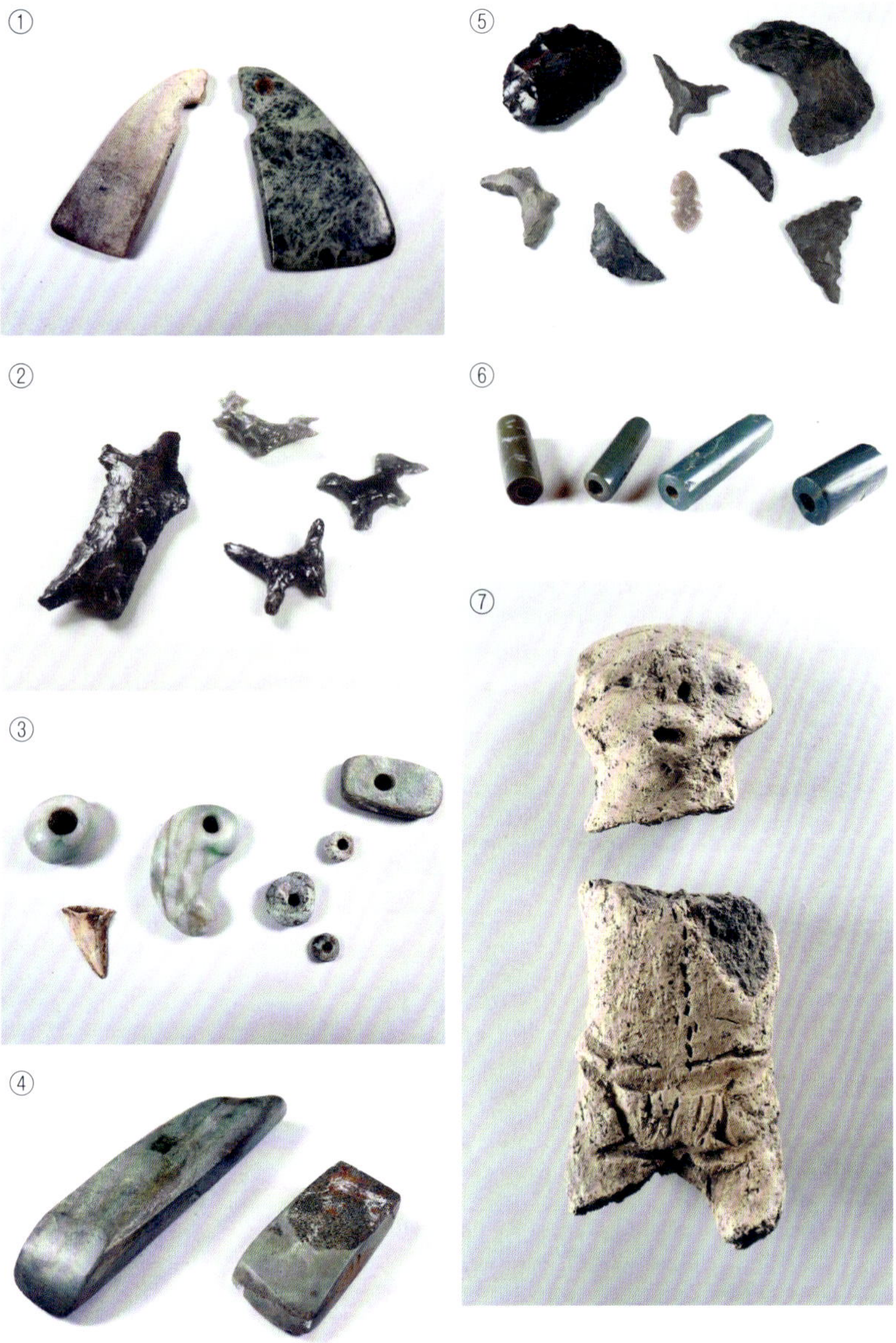

13　高橋コレクション
①玦状耳飾　②岩偶（左）と異形石器　③ヒスイ製玉ほか装身具　④扁平片刃石斧
⑤異形石器など　⑥碧玉製管玉　⑦土偶

05 成田コレクションからみた日本の考古学史

1 成田コレクションのなかの考古関連資料

考古関連資料の構成をみると、①佐藤蔀旧蔵資料、②県内外考古学者旧蔵資料、③成田彦栄採集・発掘資料に3区分できます。①佐藤蔀旧蔵資料は成田コレクションの母体であり、亀ヶ岡遺跡出土土器など津軽地域を中心とする考古資料のほか、佐藤蔀が描いた考古資料の図(画譜)、収集した書籍、アイヌ民族資料があります。②県内考古学者旧蔵資料には角田猛彦《かくたたけひこ》・中村良之進ら青森県内研究者の旧蔵品のほか、交流の深かった江坂輝彌《えさかてるや》からの写真や土器標本、外交官であった御令兄が羅振玉《らしんぎょく》との交流を通じて送られた甲骨や陶磁器、拓本、書籍があります。③成田彦栄採集・発掘資料には青森市長森遺跡・細越《ほそごえ》遺跡・山野峠《さんのとうげ》遺跡などの資料、慶應義塾大学が行った三内丸山遺跡の発掘調査写真があります。

さらに成田彦栄は詳細な日記やノートを残したことから、学術的価値を一層高めています。これら質・量ともに優れた資料の調査によってこれまであまり知られていなかった明治から昭和の学史が浮かび上がりつつあります。

2 近代考古学の黎明期

佐藤蔀旧蔵資料には、蔀の並々ではない考古学への情熱をうかがい知ることができます。まず収集した蔵書を概観すると、木内石亭《きのうちせきてい》著『雲根志《うんこんし》』(図14)、H・V・シーボルト著『考古説略』、E・S・モース著『大森介墟編《おおもりかいきょ》』(図15)、飯島《いいじま》魁《いさお》・佐々木忠次郎共著『Okadaira shell mound at Hitachi』など戦前までに刊行された主要書籍・雑誌がほぼそろっています。研究機関にも属さず、地方の一個人であった蔀の苦労を考えると、感服せずにはいられません。なかには、明治19(一八八六)年亀ヶ岡遺跡を案内された神田《かんだ》孝平《たかひら》から謹呈された『日本大古石器考』があります。さらにN・G・モンロー著『Prehistoric Japan』(明治41〔一九〇八〕年)は著者謹呈本です(図16)。なお、掲載の「Sato Collection」は佐藤蔀資料であったことはあまり知られていません。

また佐藤蔀との交流があった人物のひとりに蓑虫山人がいます。放浪の画人として知られる蓑虫山人(一八三六～一九〇〇)は、明治10(一八七七)年、北奥羽地方へと赴きました。その際、名勝や民俗、寄留先の様子などを詳細に記録しました。蓑虫は明治19(一八八六)年8月に佐藤蔀と出会い、翌月神田孝平(雅号は淡崖という)と出会いました。蓑虫は考古学への関心が深く、多くの遺物を収集しつつ、明治20(一八八七)年にはつがる市亀ヶ岡遺跡の発掘調査を手がけま

14 『雲根志』(安永2・享和1年)

15 『大森介墟編』(明治12年)

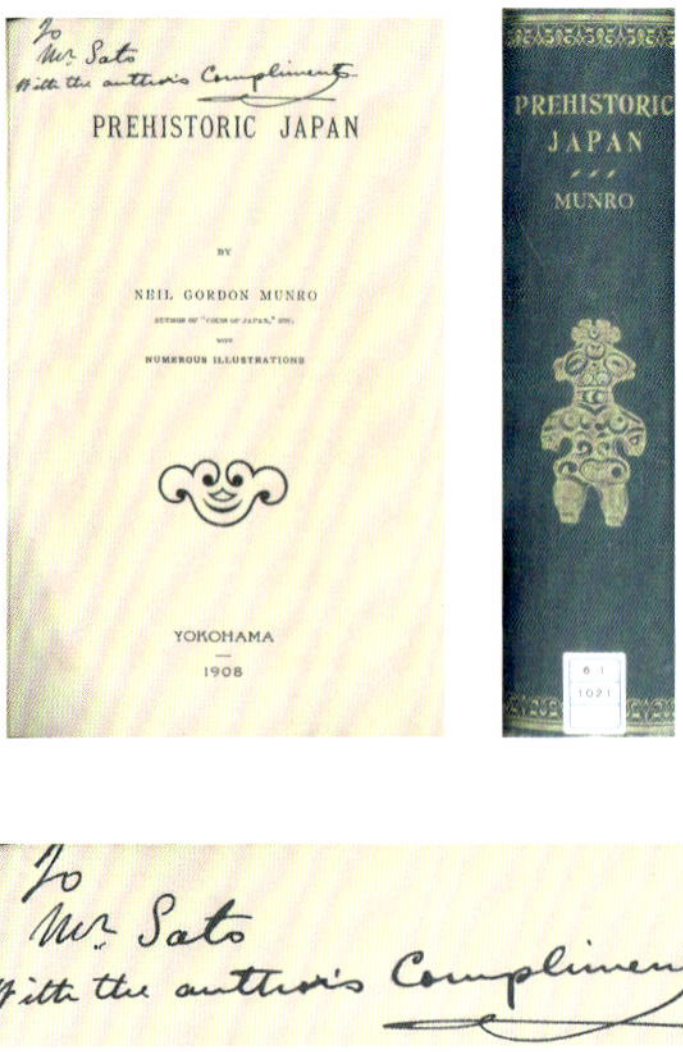

16 『Prehistoric Japan』（明治41年）とモンローの署名

した。この調査は神田孝平を通じて、『東京人類学会報告』に紹介され、同遺跡の名が全国に広まりました。成田彦栄は蓑虫山人の青森考古学に果たした役割について論文にまとめるだけでなく、散逸していた資料の収集も行っています。巻頭にある『陸奥《むつ》全国神代石《ぜんこくじんだいせき》并《ならびに》古陶之図《ことうのず》』『埴輪写生図』がそれです。

3 佐藤蔀考古画譜

佐藤蔀の描いた画譜は現在千枚ほどあります（図17）。うち考古資料が描かれた画譜約560枚の大きな特徴として、正確・精緻な作画と土器や石器への拓本の導入という斬新さが挙げられます。筆で一度に仕上げられた図は、正面・裏面・側面をとり、実物とは寸分違わず、石器の剥離面、リングの描写、傷なども正確に描かれ、寸法も厘単位（メートル法での㎜単位）まで記されている点など現在の発掘報告書の実測図との共通点を見出せます。これら繊細な図は、口縁部や底部、紋様の境界に印があり、計測、割り付けたうえで作図されます。こうした技術は、西洋の正投影法が導入される以前において、和算家の家系に生まれた蔀ならではの発想といえ、資料図化の歴史で改めて評価されるべきです。この精細な画譜によって、いままで詳細の分からなかった資料の実態が明らかになりつつあります。一つは蓑虫山人の描いた資料、もう一つは『東京人類学会雑誌』などの明治期の刊行物に掲載された資料です。

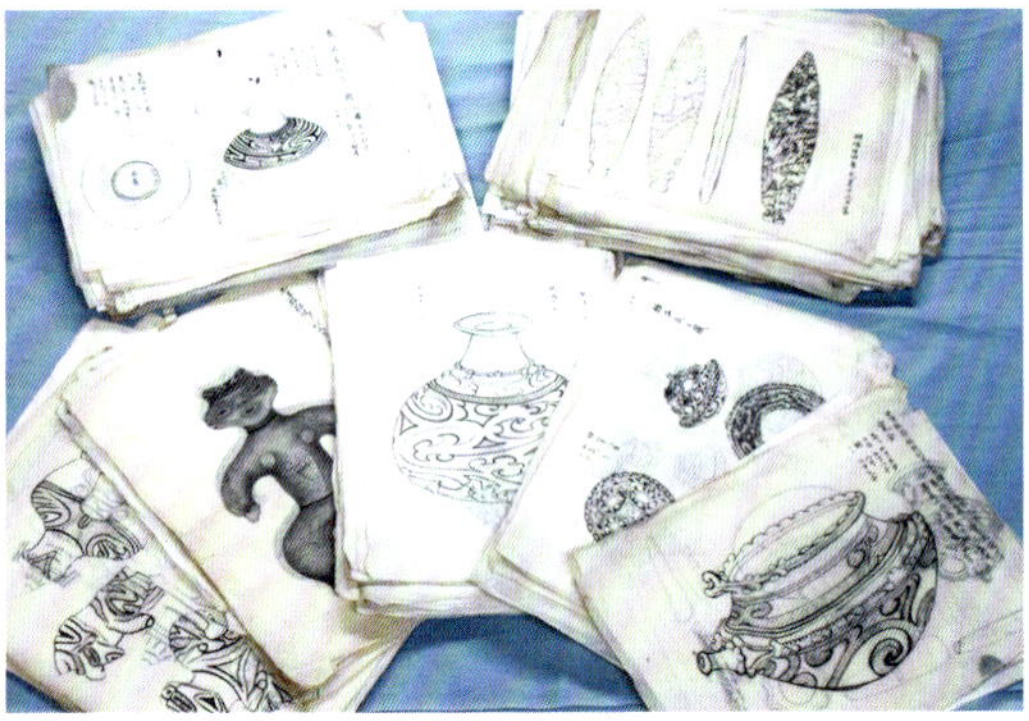
17 佐藤蔀画譜

蓑虫山人の図にみられる考古資料のうち、31点が画譜に描かれています。これは蓑虫が蔀の情報を活用していたことをうかがわせます。なかでも蓑虫山人が最も好んだ土偶（図18）は、東京人類学会雑誌で紹介され（蓑虫一八九一）、しばしば『蓑虫山人絵日記』などにも描かれています。

18 蓑虫山人が持っていた土偶（佐藤蔀画）

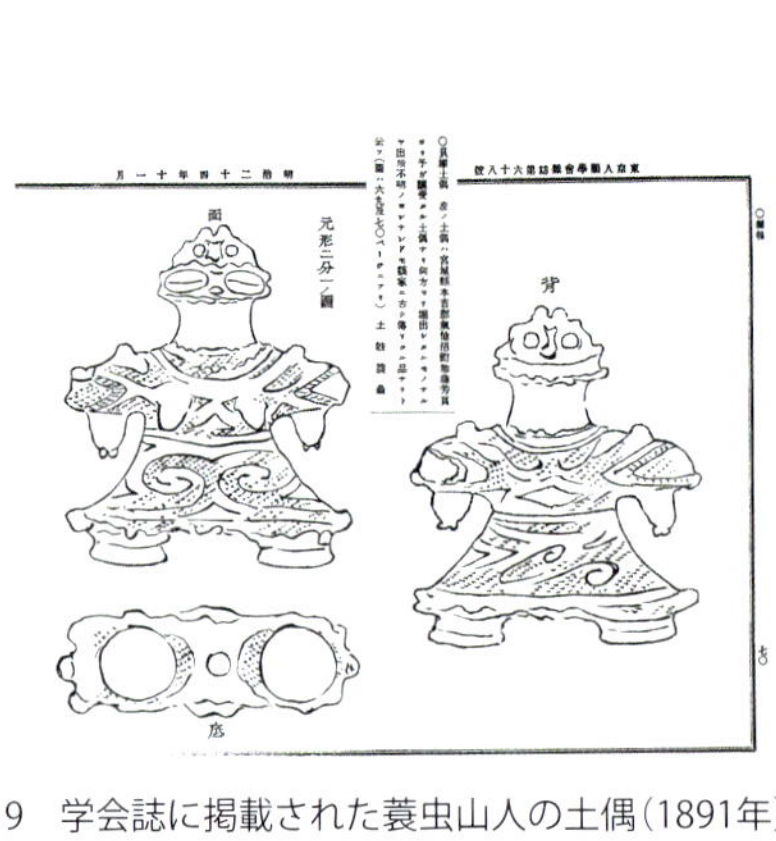
19 学会誌に掲載された蓑虫山人の土偶（1891年）

4 東京人類学会と青森県内研究者との交流

佐藤蔀が明治初期の学界に果たした役割について、その一端は亀ヶ岡遺跡を一躍有名にさせた

骨角器

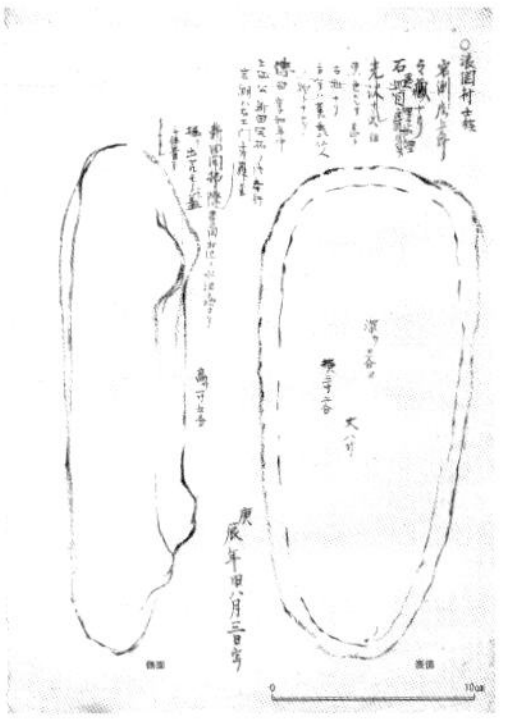
石皿

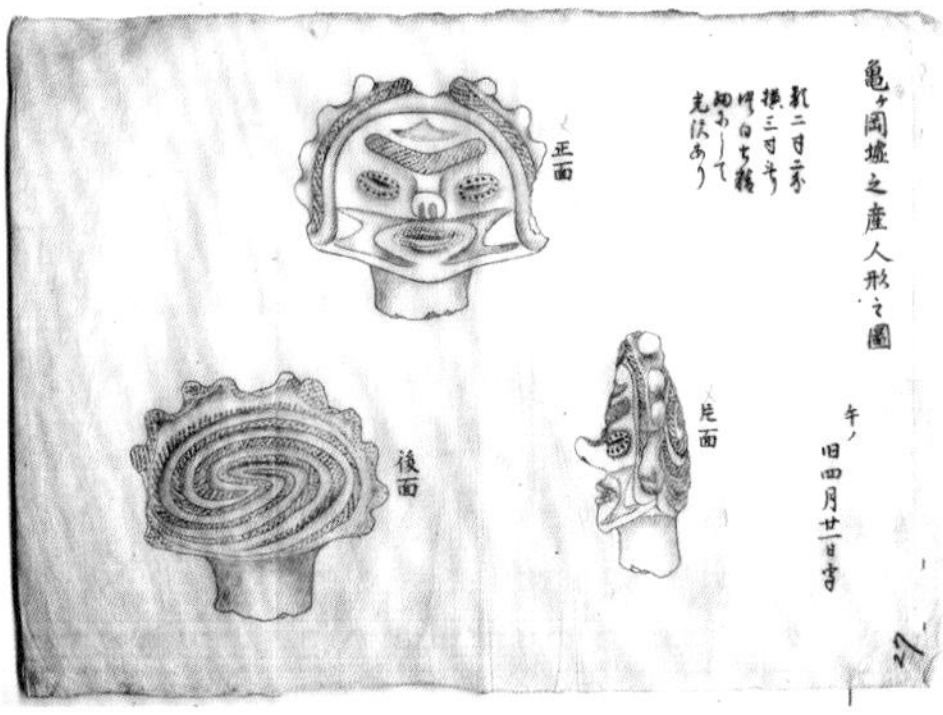
亀ヶ岡遺跡出土土偶

20　佐藤蕃が描いた重要資料の数々

『東京人類学会雑誌』上の遮光器土偶の図が知られています。さらに、画譜や蔵品を調査していくと、佐藤蕃が当時の東京人類学会へ果たした役割がそれだけではないことが分かりました。

明治〜大正期の東京人類学会報告・雑誌に紹介された資料のうち、画譜に描かれていた資料は61点にのぼります。その代表作に遮光器土偶（淡崖一八八七）と、湯口二ノ下り山地区出土の遺物（外崎一八八八）があります。いずれの図も雑誌上の挿図は画譜と左右逆ですが、実際には画譜が正しく、印刷ミスであったことが分かります。湯口二ノ下り山地区出土の遺物は、東奥義塾で学び文部省・宮内省の役人を歴任した外崎覚蔵が報告した論考の中で、佐藤蕃が描いた匙《さじ》形土製品の図が使われています。

なお遮光器土偶の図には付箋があります。この付箋には同所で「硯」が出て、文字をもつ民族の存在について記されています。遮光器土偶とともに「硯」が出たという記載はおそらく画譜が初めてとみられます。

石皿の図（図20中央）は下澤保《しもざわやす》躬《み》が紹介したもので青森県の人物による初めての『東京人類学会報告』への投稿例です（下澤一八八六）。佐藤蕃は本資料を明治13（一八八〇）年に描いています。下澤は雑誌上「石ノ鞋草《わらじ》」として紹介していますが、石皿の初めての紹介例となり、神田孝平によって「石皿」と呼ばれるきっかけとなりました。なお、下澤保躬の旧蔵品であった今別町袰月《ほろづき》洞窟出土の勾玉もあり、佐藤蕃との交遊関係がうかがえます。神田孝平は石皿について、明治19（一八八六）年夏「弘前ニ到リ佐藤氏ノ所蔵二枚ヲ見タリ其内一枚ハ最モ大ナリシト覚ユ形ハ少シ異ナリ蓋シ扁平ナル天然石ノ面ヲ鑿リ皿ノ形ニ造リタル者ニテ脚ハナカリシ其外佐藤氏ガ写シ置キタル石皿ノ図数種アリ其内ニハ脚アル者ト無キ者ト相交ハレリ」（神田一八八七）と記しており、神田がこれら画譜を見たと思われます。

また、骨角器の図（亀ヶ岡遺跡出土骨角器図）（図20左）（実物は東京国立博物館蔵）は亀ヶ岡遺跡出土の代表的な資料の一つです。画譜では物を掛ける道具と推定されています。

そのほか、東京人類学会の二代目会長であり、遮光器土偶の命名者としても知られる坪井正五郎が明治28（一八九五）年に発表した論文「北海道石器時代と本州石器時代土器との類似」（『東京人類学会雑誌』11−116）に、佐藤蕃の所蔵品として亀ヶ岡遺跡出土の大洞《おおぼら》A式の鉢が紹介されています。

画譜との関連が見出せる資料の多くは若林勝邦や佐藤伝蔵の文章中にみられ、佐藤蕃が学会へ頻繁に情報を提供し、地方から中央の学会を支えていたと想像されます。

また、縄文時代晩期の土製仮面（図21）や勾玉などは明治期に東津軽郡内の遺跡調査をし三内丸山遺跡を全国的に広く知らしめた角田猛彦の旧蔵品で、亀ヶ岡遺跡を発掘調査したことで知られる東京帝国大学の佐藤伝蔵によって『東京人類学会雑誌』上で紹介されました。

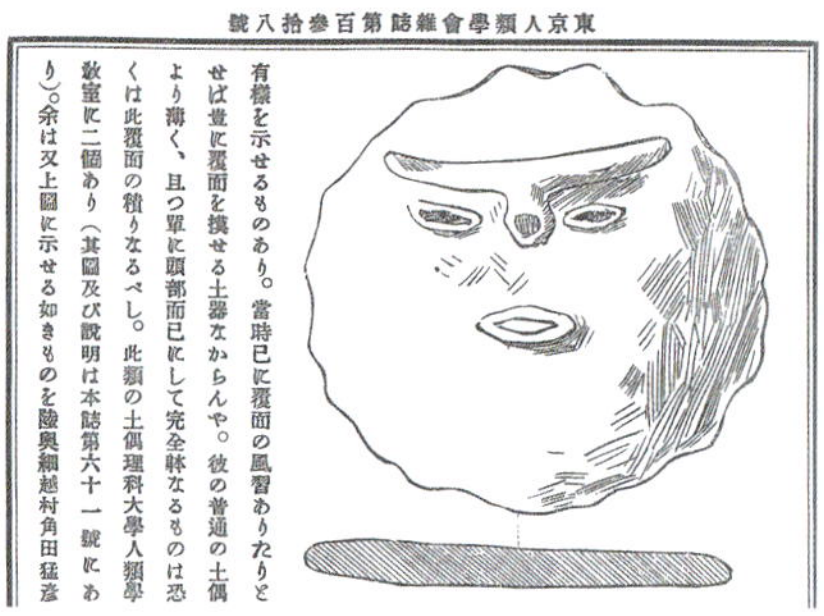

東京人類學會雜誌第百參拾八號

有樣を示せるものあり。當時已に覆面の風習ありたりとせば豈に覆面を摸せる土器なからんや。彼の普通の土偶より薄く、且つ單に頭部而已にして完全軀なるものは恐くは此覆面の積りなるべし。此類の土偶理科大學人類學敎室に二個あり（其圖及び說明は本誌第六十一號にあり）。余は又上圖に示せる如きものを陸奥細越村角田猛彦

21　『東京人類学会雑誌』第12巻第138号で紹介された土面とその実物（成田コレクション）

工藤彦一郎（祐龍）資料も、画譜に多く描かれています。蓑虫の図にも工藤彦一郎所有の遺物が描かれていますが、同じものを描いた画譜の発見により、現物探しが可能となりました。調査によって、工藤彦一郎資料の多くが兵庫県の辰馬考古資料館に保管されていることが分かりました。この資料館は辰馬悦蔵翁（一八九二～一九八〇）によって昭和51（一九七六）年に設立されました。翁は銘酒白鷹醸造元（北）辰馬家に生れ、三代悦蔵として家業をつぎましたが、若くして考古の学を志し、京都帝国大学にてながく研鑽をかさねました。

こうした交流は青森県内に留まりません。今とは異なり、明治～大正期には各地方に出土品の収集家がおり、研究者はこうした収集家からの情報を頼りに、調査、研究を進めていました。佐藤蔀は、菅江真澄の研究で知られる秋田の真崎勇助や博物学者で知られる山形の松森胤保《まつもりたねやす》との交流も重ね、その影響も受けました。

5 戦後青森考古学の牽引者として

成田彦栄は、郷土の文化財調査を積極的行っています。氏は各地の古碑を歩き回り、その研究成果を「青森県西海岸の板碑文化」として『東奥文化』に掲載しました。その成果の注目される点は、綿密な学史の調査と、実地調査です。

学史の調査では、弘前藩の調査記録『碑草子』を古碑調査の先駆と位置づけ、中村良之進『陸奥古碑集』編纂時の調査資料、佐藤蔀『古碑雑集』といった、戦前までの古碑に関わる資料のほとんどを収集しています。特に中村良之進資料（図22）は形見分けとして引き継がれたもので、成田彦栄との交友関係がうかがえます。この中村良之進資料には、良之進の記したフィールドノートなど青森県の戦前の考古学の動向を知ることができます。このなかには、今では現地にない資料や失われた資料もあり貴重です。

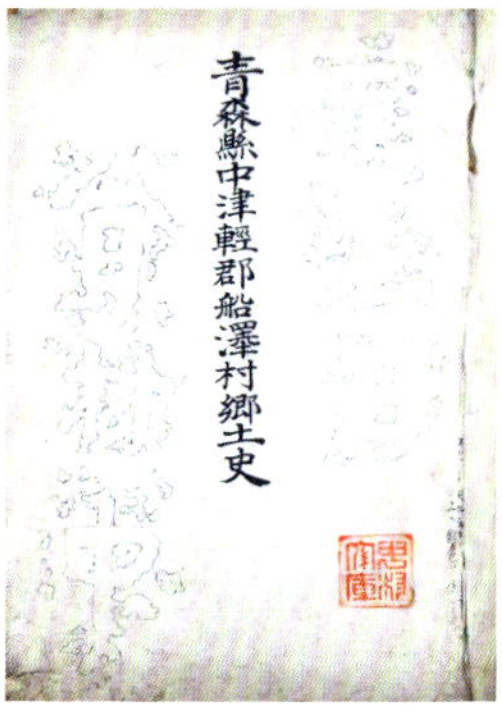

22　中村良之進
『青森縣中津軽郡船澤村郷土史』（稿本）

実地調査では、収集した資料をもとに新出資料の調査を行っています。個々の資料調査が大変だった当時に、調査は、一つ一つ行われたうえ、撮影・実測・拓本といった物質文化研究にとって不可欠な方法を用いています。さらにフィールドノートにみられる詳細な観察眼には、感服させられ、考古学を学ぶ者にとって学ぶことが多い資料になっています。

成田彦栄は自ら調査も手掛けたほか、戦後大学の調査に対し、積極的に関わり遺跡の学術的な評価を得ようとしました。慶應義塾大学の清水潤三や江坂輝彌と親交を深

23　慶應義塾大学による三内丸山遺跡発掘調査（昭和28年頃）写真

め、亡くなる直前まで慶應義塾大学が行った青森県内遺跡の調査に数多く協力しました（図23）。特に、三内丸山遺跡（昭和28～33〔一九五三～五八〕年）と亀ヶ岡遺跡（昭和25〔一九五〇〕年）は、現在、世界遺産の構成資産となっており、学術的な評価を得るきっかけを作りました。

佐藤蔀と成田彦栄は資料を私蔵することなく、研究者に広く公開してきました。昭和3（一九二八）年7月28～30日、中谷治宇二郎《なかやじうじろう》が青森県史蹟調査委員であった黒石の佐藤雨山（耕次郎）宅に滞在した際に描いた土偶頭部（弘前市高杉地区出土）と石冠（亀ヶ岡遺跡出土）がコレクションにあります。角《つの》田文衛《だぶんえい》が昭和10（一九三五）年に発表した論文「陸奥に於ける二三の薄手式土器」（『考古学評論』1－2）には佐藤蔀所蔵の土器が18点掲載されています。伊東信雄は東北地方北部における弥生文化研究に取り組み、青森県南津軽郡田舎館村の垂柳《たれやなぎ》遺跡より田舎館《いなかだて》式土器、籾痕をもつ土器、炭化米などを発見して、当地方における稲作農耕を証明しました。この際、田舎館式土器として紹介された土器（図24）や土版もコレクションに含まれています。

24　弥生土器

6　成田コレクションの調査と活用

このようにコレクションには東京人類学会報告・雑誌に紹介された資料が含まれ、日本の考古学史の黎明期を飾りました。また精密に描かれた画譜によって、現在の資料の行方が分かったものが多くあります。なかには、出土地の情報が、所蔵者が変わった際に不明に

成田コレクション壺

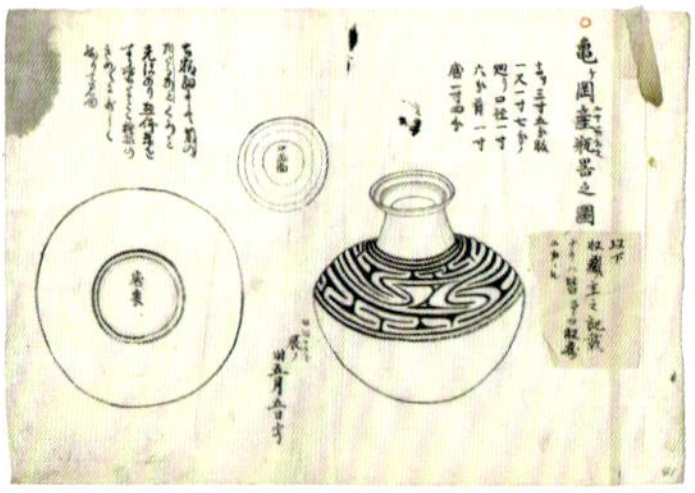
佐藤蔀画亀ヶ岡壺

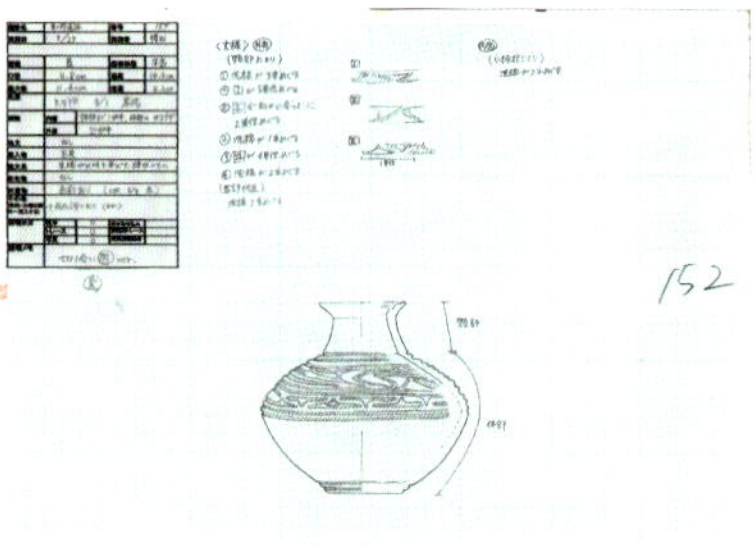
学生が描いた実測図

25　考古資料を描く

なり、画譜を参照することでしか詳細が分からないものも少なくありません。

寄贈された考古資料のうち500点余については、弘前大学の学生が実測図を作成し、資料化を図りました（図25右）。また赤色顔料やアスファルト、黒曜石製品について成分分析を行い原産地推定をしています。成田コレクションは、今後も新視点での分析・研究によって、未来の学界へも寄与していくことが期待されます。

文献

淡崖（神田孝平）「瓶ヶ岡土偶圖解」（『東京人類学会雑誌』第三巻第二二号　一八八七年）

外崎覺藏「陸奥國津輕郡湯口村奇器を出す」（『東京人類学会雑誌』第四巻第三四号　一〇三－一〇五頁　一八八八年）

下澤保躬「石器彙報」（『東京人類学会報告』第二巻第一〇号　一八八六年）

神田孝平「陸奥巡回報告」（『東京人類学会報告』第二巻第一一号　一八八七年）

（上條信彦）

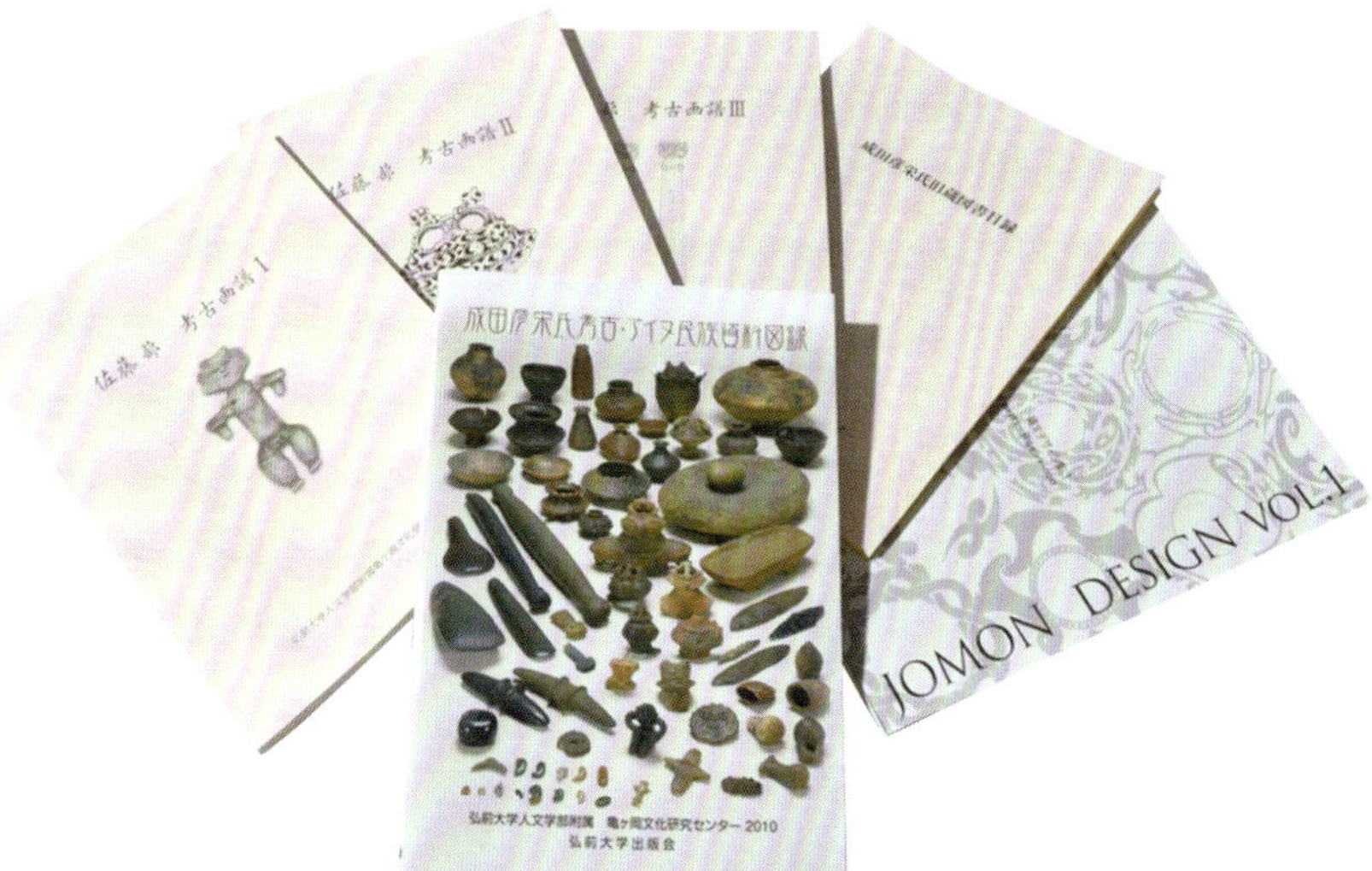

26　成田コレクションを活かす（刊行図書）

青森県の遺跡は貴方《あなた》を待っている

―弘前大学考古学研究のあゆみ

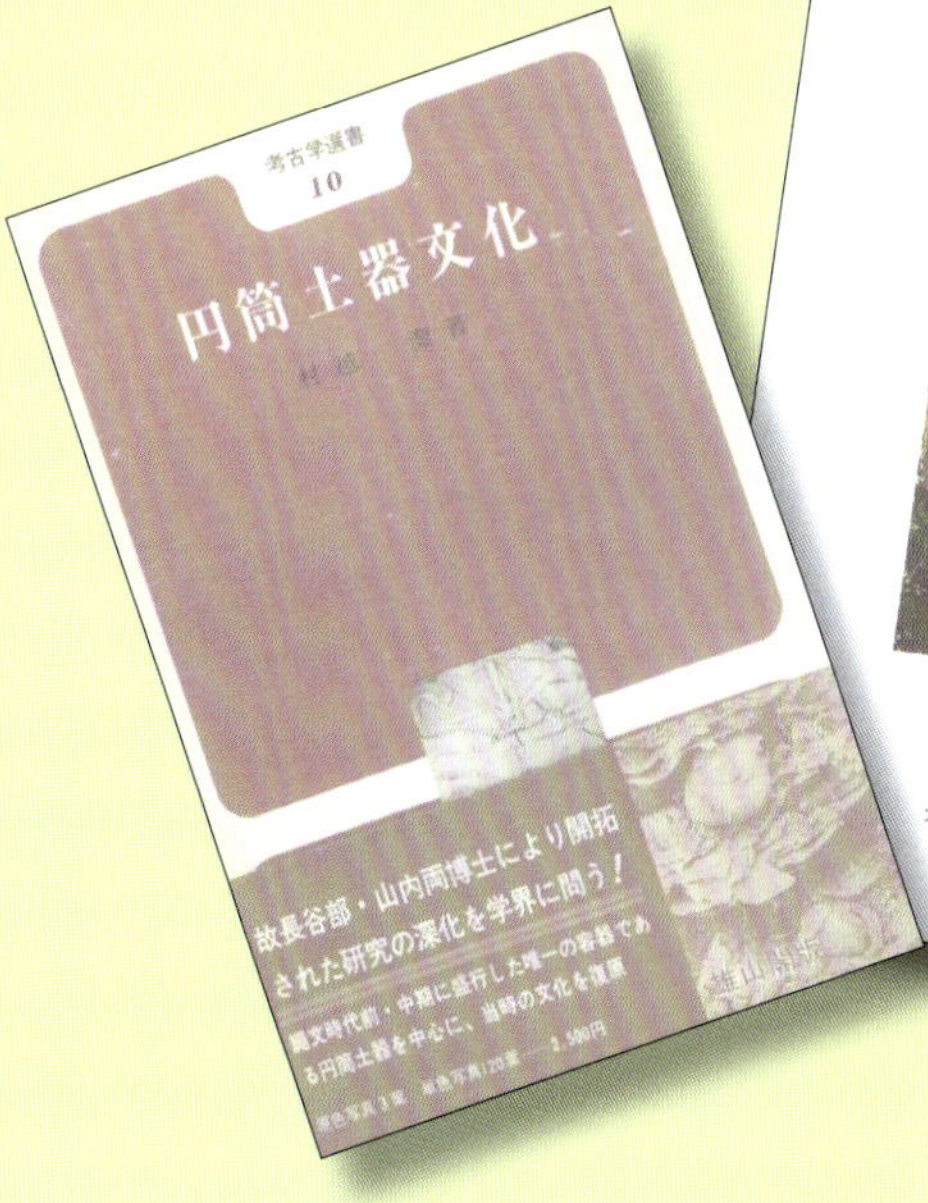

06

旧制弘前高等学校の考古学

小岩井兼輝《こいわいかねてる》の調査・研究

北日本考古学研究センターには、旧制弘前高等学校（旧制弘高）時代（一九二〇～五〇）から受け継いだ青森県内出土の縄文土器などが多数、収蔵されています。このなかに、当時、同校教授であった小岩井兼輝（図27）が、亀ヶ岡遺跡（現つがる市）で発掘した晩期の土器（図28）も含まれています。

27　小岩井兼輝

　小岩井兼輝は明治2（一八六九）年、茨城県水戸の生まれで、同25（一八九二）年に東京帝国大学理科大学簡易講習科を卒業後、金沢師範学校教諭や新潟・長野両県の中学校教諭などをつとめたのち、大正元（一九一二）年、秋に東北帝国大学理科大学（現東北大学理学部）地質学科に入学しました。卒業後は仙台鉱山監督署、京城工業高等専門学校教授を経て、開校時の同10（一九二一）年から昭和13（一九三八）年12月の死去まで、旧制弘高で地質学や地理学などを講じました。この間、大正元（一九一二）年には、ダーウィンの『ビーグル号航海記』の本邦初の抄訳（『ダーキン氏世界一周學術探檢實記』同文館）を行い、旧制弘高着任後は、鉱物学の教科書・参考書を著したほか、『地質学雑誌』・『日本學術協會報告』などに地質・古生物学関係の論考を発表しました。小岩井は、旧制弘高において主に地質学を担当していましたが、昭和7（一九三二）年頃に亀ヶ岡遺跡を発掘調査しました（図28）。これは、江戸期以来、地中深くから多くの完形土器や石器類が発見されることで知られている同遺跡の成因について、地質学的見地から行ったもので、遺跡の中央にある雷電宮下の地点を深さ2

28　小岩井教授が発掘したとみられる亀ヶ岡遺跡出土漆塗り土器

～3mまでを試掘し、調査結果を昭和9（一九三四）年の『日本學術協會報告』第9巻第2号に「亀ヶ岡新石器時代遺跡と過去水準の變化に就て」と題して発表しました（図29）。このなかで、小岩井教授は、泥炭層とその下の黒色粘土から土器類が発見されたことから、当時のムラの一部が、のちの水準上昇（地殻下降）によって水面下に没し、泥炭植物のため被覆されたのであろうと結論づけています。

小岩井の亀ヶ岡遺跡の調査・研究は、戦後の新制弘前大学以前のもので、現在の考古学研究には、直接つながるものではありませんが、弘前大学の母体となった旧制弘高において、すでにこのような観点から遺跡調査が行われたことを忘れてはなりません。

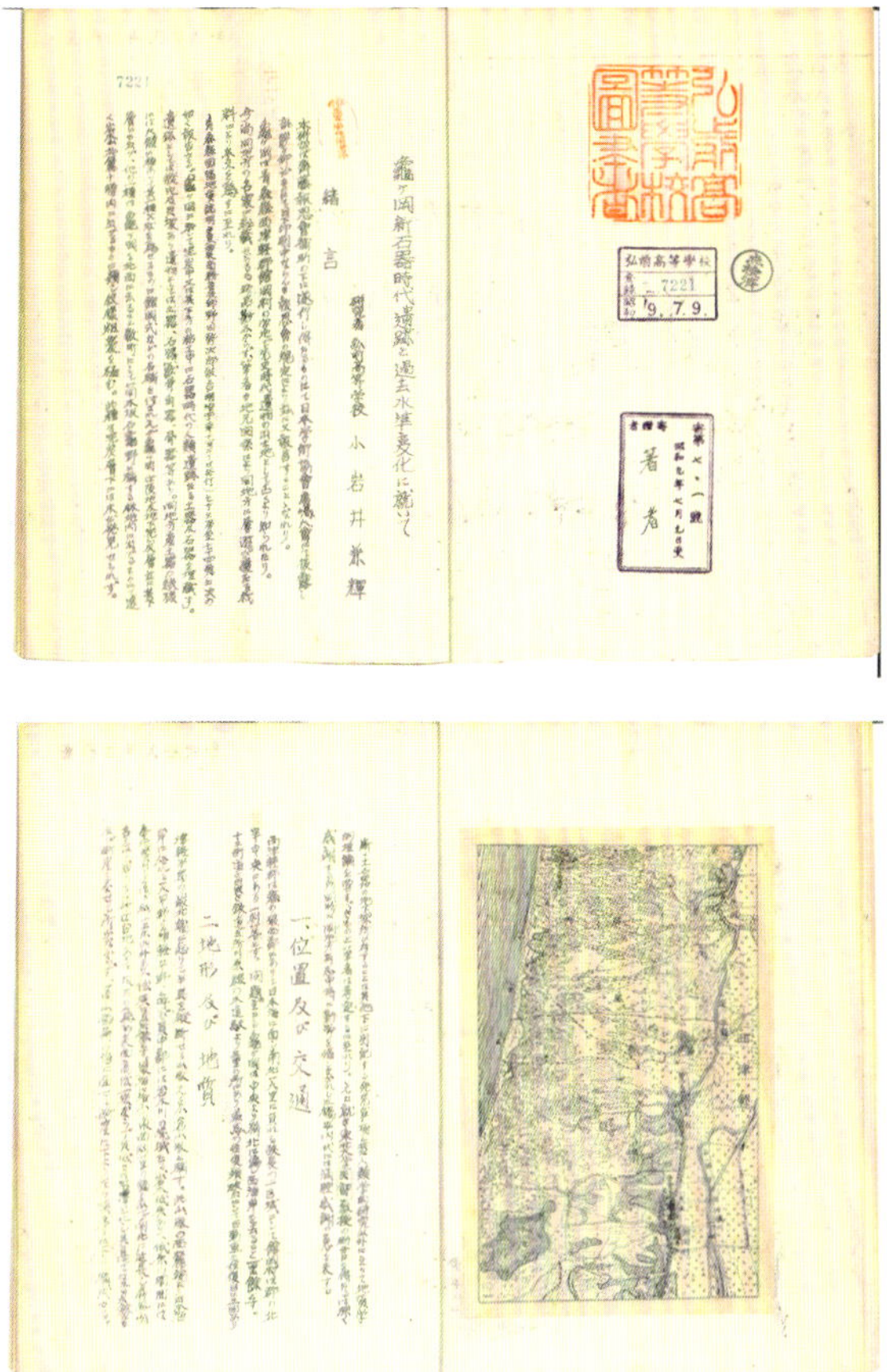

29　小岩井兼輝「亀ヶ岡新石器時代遺跡と過去水準の變化に就て」（自筆本）
発掘後の昭和9年7月に旧制弘前高等学校図書館に寄贈されたことがわかります。

文献
早坂一郎「故小岩井兼輝君を弔ふ」（『地質学雑誌』第四六巻第五四八号　一九三九年）

（福田友之）

Column1 ちょっとひといき…

鳥居先生の来弘

旧制弘前高等学校資料『教務日誌』には昭和9年6月に文学博士鳥居龍蔵（1870–1953）の特別講義があったこと示す記事があります。鳥居龍蔵は、人類学者、考古学者、民族学者、民俗学の先覚者で、当時は上智大学文学部教授でした。講義の内容は分かりませんが、小岩井兼輝の亀ヶ岡発掘の頃ですので、小岩井によって招聘されたのかもしれません。

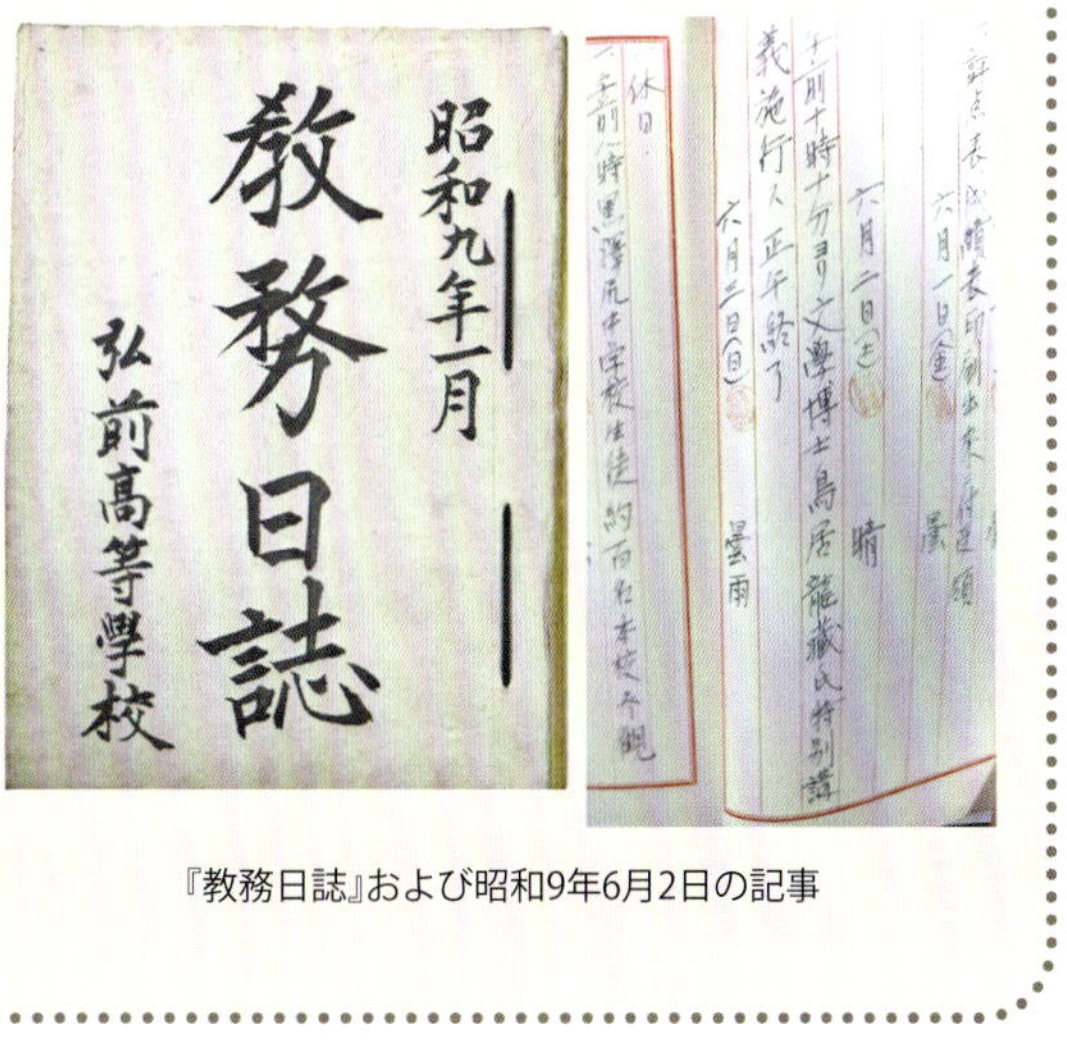

『教務日誌』および昭和9年6月2日の記事

07

『岩木山』の刊行と円筒土器文化研究

1 弘前大学の考古学誕生

弘前大学に赴任した最初の考古学研究者は、村越潔《むらこしきよし》でした。教育学部助手として、当時弘前公園三の丸にあったレンガ造りの校舎（図30）に到着したのは昭和33（一九五八）年7月25日、弘前大学の考古学がスタートした日です。

30　「弘前大学の考古学」がスタートした教育学部校舎
（旧陸軍第八師団　兵器廠）

村越は、昭和28（一九五三）年日本大学文学部（現文理学部）を卒業、新潟県柏崎高校の教員を経た後、考古学の研究に邁進すべく再度日本大学にもどり副手として遺跡の発掘調査を進めるなかでの本学赴任でした。赴任には2人の人物が強く関与しています。一人は考古学の師であった縄文・弥生文化研究の碩学八幡一郎《やわたいちろう》（一九〇二～八七）、もう一人は当時教育学部長だった今井六哉《いまいりくや》（一八九七～一九七九）でした。八幡は村越に対して「広いフィールドをもって頑張ってみては」と言い、今井は日本大学で村越と面会した際「勉学の環境は良好。しかし校舎はボロ。だが頑丈に出来ている。青森県の遺跡は貴方を待っている（後略）」（村越一九七九）と懇願し、村越はこれらの言葉に後押しされて本学への赴任を決意しました。

村越を待っていた遺跡とは、岩木山麓に拡がる縄文・弥生・平安・室町時代の遺跡群でした。赴任当時、青森県内でも考古学研究をしていた人々はいました。例えば音喜多富寿《おときたとみじゅ》（八戸市）、角鹿扇三《つのかせんぞう》（野辺地町）、中島全二《なかじまぜんじ》・橘善光（むつ市）、成田彦栄・小野忠明《おのただあきら》・井上久（青森市）、工藤正（田舎館村）、成田末五郎（弘前市）などですが、大学生の時に登呂遺跡の発掘調査に参加していた村越は、これらの人から一目置かれる存在であったことは想像に難くありません。村越は弘前大学に籍をおきながら岩木山麓の発掘調査と報告書の作成に傾注することになります。

2 岩木山麓の発掘調査と報告書の刊行

発掘調査は、農地開拓等によって破壊されることを危惧した弘前考古学研究会（会長　成田末五郎）等の請願を受けて開始されることになりますが、事務局として弘前市教育委員会に「岩木山麓埋蔵文化財緊急発掘調査特別委員会」を設置、文部省文化財保護委員会（現文化庁）の補助を得て実施されました。いわゆる学術調査ではなく、破壊される遺跡の事前調査であり、現在行政・民間機関で行われている記録保存を目的とした緊急発掘調査の先駆けをなすものでした。

発掘調査は、昭和33（一九五八）年9月から同36（一九六一）年8月までの期間で、採集資料も含めて報告した遺跡は34ヶ所、八幡一郎・斎藤忠（一九〇八～二〇一三）・今井冨士雄（一九〇九～二〇〇四）の指導のもと、地元班（成田末五郎・戸沢武、なお報告書作成時は渡辺《わたなべ》兼庸《かねのぶ》・田村誠一・小山連一も同班に組み込まれています）、弘前大学班（村越潔）、成城大学班（今井冨士雄・磯崎正彦）、東京教育大学班（岩崎卓也)の調査団方式で実施しました(図31)。調査も統一された基準をもって行われたというより各調査団に任せられたことから、報告書にまとめる作業は困難を極めたと思われます。

報告書に記載された執筆者と遺跡名を示しておきますが、採集品も含めての報告となっていることに注意しなければなりません。村越潔(湯ノ沢・薬師I号・小森山西部・前森・黄金山・大森勝山・浮橋貝塚・外馬屋・若山)、田村誠一(薬師II号・一本木沢・大森勝山・大曲I号・大曲II号・大曲III号・大平野I号・大平野II号)、渡辺兼庸(常盤野・寺沢・尾上山・大森勝山)、成田末五郎(九十九森《くじゅうくもり》・ヤンサ森・黒森山・枯木平《かれきたい》・瑞穂開拓・カラカ館・岩木山神社元宮址・苗代沢《なしろさわ》・景光院林・永平寺平・大野平・鉄沢・巌鬼《がんき》山《さん》神社元宮址・大館森山製鉄炉遺構)、今井冨士雄(小森山東部・十腰《とこし》内《ない》)、磯崎正彦(大森勝山・十腰内)、小山連一(大曲IV号・大平野III号・大館森山製鉄炉遺構)、斎藤忠・岩崎卓也(大館森山)で、戸沢武は特論として「大館森山・大平野両製鉄址について」を執筆しています。

31　大森勝山遺跡の調査参加者
後列左から今井冨士雄・斎藤忠・磯崎正彦・成田末五郎、前列右に村越潔

報告書は、昭和43(一九六八)年9月に『岩木山―岩木山麓古代遺跡発掘調査報告書』(図32)の標題で刊行され、B5判650頁のハードカバー装幀で、青森県内刊行のものとしては群を抜いていました。その内容をすべて紹介することはできませんが、調査顧問の八幡一郎は「第5章　総括」の中で簡潔なまとめをしていますので、主要な6項目をみてみましょう。

A　大森勝山遺跡で発見された11個の石器は縄文文化以前の遺物とみられること。

B　縄文時代前期の遺跡として黄金山(円筒下層d式期)・薬師I号(円筒下層d式期)・浮橋貝塚(円筒下層b式期)はあるが早期に遡る遺跡が少ないこと。

C　縄文時代中期の遺跡はほとんどみられず、後期と晩期の遺跡は枚挙にいとまなく多数存在していること。

D　縄文時代後期・晩期の層位的土器編年作業は至難であったが、集落の立地や規模、住居跡に特色があったこと。

E　土師器時代(現在では奈良・平安時代の頃)の集落は埋まりきらない竪穴住居跡が特徴的で、岩木山神社元宮址で2~3ヶ所、大平野III号で20数ヶ所、大館森山では30ヶ所前後を確認、カマドを有する方形竪穴は常盤野・浮橋・大曲IV号・大館森山遺跡で調査されたこと。

F　土師器時代の竪穴集落には製鉄(を生産する)集落とみなすものがあり、奈良・平安時代から岩木山麓の開発がなされたこと。

32　『岩木山』表紙(昭和43年)

以上、半世紀前の内容のため、現在では修正する部分もありますが調査者の苦労は記述内容の随所に認められます。例えば、Aの項目は報告書の中では

図や写真もなく「先縄文時代の掻器、彫器が発見された」との記述しかありませんが、後に村越は「大森勝山遺跡」（村越一九七五）でナイフ形石器・彫刻刀・ポイント状スクレーパー・削器を実測図とともに旧石器として報告しました。平成18（二〇〇六）年以降大森勝山遺跡は、弘前市教育委員会によって再調査されていますが旧石器は発見できず、出土層位も十和田八戸降下火山灰（約15，000年前）とされたことから、出土石器は縄文時代草創期の可能性もあります。B・Cの項目はその後の調査でも同様の傾向がみられ、後述する石神《いしがみ》遺跡（旧森田村・現つがる市）は縄文時代中期の遺物も出土しました。Dの項目では成城大学班によって行われた十腰内遺跡の成果が注目されました。当時成城大学には縄文土器研究の第一人者であった山内清男《やまのうちすがお》（一九〇二～七〇）がいて、今井・磯崎の報告書作成にあたって山内の指導があったとされています（中村一九九六）。出土

33　大森勝山遺跡（昭和36年8月）

34　大森勝山遺跡の大型住居跡（昭和36年8月）

した土器は、当時青森県内において明確な土器編年がなかった縄文時代後期の土器群であり、発掘調査では層位的な分類を基本としています。北海道から関東における後期土器との比較の上で、Ⅰ群（後期初頭）、Ⅱ・Ⅲ群（後期中葉）、Ⅳ群（後期中葉から末葉）、Ⅴ群（後期末葉）、Ⅵ群（晩期前半）と分類しており、後期土器編年の標式となって、現在は土器型式の面からⅠ群土器を「十腰内Ⅰ式」などと呼んでいます。なお、完全な土層区分による群の設定ではなく10㎝の厚さを一単位とする分層的発掘（山内清男の発掘方法）に拠ったため、現在は細分が進んでいます。また、大森勝山遺跡で発見された環状列石と大型住居跡（竪穴建物跡）（図33・34）は縄文時代後期から晩期の社会状況を理解する一助になったはずで、現在は国史跡指定後に世界文化遺産の構成資産の一つとなっています。E・Fの項目は、土師器・須恵器の編年が進んでいない段階であったことを考慮しても、岩木山麓をはじめ津軽地域の開発が「奈良・平安時代」から進展するとしたこと、特に鉄生産に注目したことは、後に鯵ヶ沢町杢沢《もくさわ》遺跡の発掘で明らかになった製鉄炉の普及を予見させるものでした。

　ところで、報告書が刊行された年の10月13日、編集を担当した村越は地元紙の陸奥新報に「重荷を下ろした感激」と題した記事を執筆しています。その中に「（前略）昭和36年に終了以後、四ヶ年（弘大・弘前市教委・成城大・東京教育大）で一斉に、調査記録・測量図・写真・出土遺物などの整理がはじめられた。調査遺跡は28、調査日数446日、延べ1万31人にものぼるいわば大調査であり、掘り出された遺物の量もりんご箱に換算して1千箱をはるかに越えていた。翌37年1月末、弘大教育学部西校舎が全焼した際、駆け付けて現場を見届けるまで、私たちが丹精をこめた遺物の安全を祈らずにおられなかった。（中略）また図や図版の試し刷り中に印刷所が火魔の洗礼

を受けるなど、いろいろな試練があった。（後略）」との記述もあり、火災を乗り越えた刊行であったことがわかります。

弘前大学の考古学研究が始まったこの時期、教育学部という環境のために教員養成のカリキュラムに制限されて、本格的に考古学を目指す学生の育成には至りませんでしたが、村越は学生とともに秋田県大湯環状列石の見学に行ったり、学祭では岩木山麓調査の浮橋貝塚出土遺物展示会も開催して考古学の裾野を拡げています。さらに、弘前市教育委員会が実施した「岩木山麓発掘調査出土遺物展示会」を見学に行った中高校生はたくさんいたらしく、刺激を受けて考古学研究に進む人材も現れ始めました（福田二〇一二）。

村越は岩木山麓の調査以降、自らのライフワークを縄文時代では円筒土器文化と亀ヶ岡式土器文化と定め、その研究に邁進します。特に、円筒土器文化研究の契機は、薬師Ⅰ号遺跡の円筒下層ｄ２式土器が、直立や倒立の出土状態であったと語るように（村越一九九五）、円筒土器が完形品のまま出土する状態に刺激を受けたものだったと思われます。また『教育学部紀要』第13号（昭和39〔一九六四〕年9月）に「東北北部の新石器時代における海岸線の浸退に関する試論」（図35）を執筆、縄文時代前期の円筒下層式土器の時期に海水が沖積低地まで浸入し、海岸線は地形図上の標高10m間曲線周辺まで達して、その原因は後氷期の海面変動だと結論づけています。この研究は浮橋貝塚（標高26m、円筒下層ａ・ｂ式期）の調査が契機となっており、関東地方で盛んに行われていた「縄文海進」を青森県域で試みた最初の論考となります。このように、岩木山麓の調査は円筒土器文化研究を深化する発掘調査でした。

35　縄文海進の図（村越潔作成）

3 円筒土器文化の研究

岩木山麓の調査が一段落した後、村越は矢継ぎ早に青森県内の円筒土器出土遺跡を調査しました。昭和36（一九六一）年11月の深浦町寅平《とらひら》遺跡、昭和37（一九六二）年7月の天間林村（現七戸町）二ツ森貝塚、そして昭和40・41（一九六五・六七）年の森田村（現つがる市）石神遺跡です。すでに円筒土器文化の研究は、長谷部言人《はせべことんど》（長谷部一九二七）や山内清男（山内一九二九）等によって戦前から始まっていましたが、土器編年に関しては山内編年の妥当性と円筒上層式に後続する土器（中期〜後期）、そして円筒下層式以前の土器（早期〜前期）の問題が現実化していました。この問題を層位的に検討できる遺跡が石神遺跡でした。

石神遺跡は、耕地転用による遺跡破壊を危惧した地元「石神遺跡保存会」（図36）の遺物採集と土器復元を契機として、平山久夫（北奥古代文化研究会主宰）・江坂輝彌（慶應義塾大学）そして村越によって発掘調査されたもので、『石神遺跡―円筒土器文化の編年的研究―』（森田村教育委員会 昭和45〔一九七〇〕年、なお、ニュー・サイエンス社版も同時に刊行されています。図37）として報告書が刊行されました。土器や土偶等の項目を執筆したのは江坂でしたが、調査後の遺物保管が不備だったことと土器編年観に若干の相違があった村越は、層位と土器の関係を明示していなかった報告書を補うため、「東北北部における円筒土器下層式直前の土器」(『北海道考古学』第9輯 一九七三年)を執筆、層序と出土土器型式の関係を示しました。すなわち、円筒下層式直前の深郷田《ふこうだ》式から、円筒上層式終了後の最花式までが、2~12層に対応することを示しました。円筒下層式直前に深郷田式が存在することを確認するとともに、山内清男の円筒土器分類が的を射ていることを検証しました。後に森田村教育委員会による平成8(一九九六)年以降の調査で、この土層は盛土遺構であることが明らかになりました。

このような状況下、村越はすでに昭和43・44(一九六八・六九)年の考古学特殊講義における講義内容「円筒土器文化の研究」を基礎として、昭和49(一九七四)年1月に『円筒土器文化』(図38)を上梓します。構成をみると、第一章 円筒土器文化研究史、第二章 円筒土器の命名と形状、第三章 円筒土器の分布、第四章 円筒土器の形式と編年(図39)、第五章 円筒土器に伴う人工遺物、第六章 円筒土器に伴う自然遺物、第七章 円筒土器を出土する遺跡と遺構の内容になっていて、228頁の研究書ですが、弘前大学における考古学に関連した刊行本としては最初のものでした。弘前大学に赴任して15年目、44歳の時です。

36 石神遺跡に関与した人たち
後列左から木村国四郎・平山久夫・杉野森松男・石田吉四郎・佐藤時男、前列左から村越潔・江坂輝彌・佐藤三郎
(昭和39年1月頃撮影か)

福田友之は「新刊紹介」(昭和36(一九六一)年3月『弘前大学国史研究』64・65合併号)の中で詳細を提示、縄文原体や分布、人工遺物実測図の不足等を示した上で「(前略)研究論文を集めた論文集ではない。言わば、円筒土器文化の概説書、円筒土器文化の入門書である。しかも最初の(後略)」と述べています。卓見です。

ところで、『円筒土器文化』発刊の頃は、青森県教育委員会に文化財担当の文化課が設置(昭和48(一九七三)年)される時期と重なり、開発に伴う埋蔵文化財発掘調査が進展する時代でした。そのため、円筒土器を伴う遺跡の調査は発刊以前とは比較にならないほどの情報増となって、村越の示した内容は修正する部分も多くなりますが、基本的概説書であることに変化はありません。例えば円筒土器文化圏として見た場合、円筒下層式期に特徴的な岩偶、岩版、玦状耳飾、そして半円状扁平打製石器の提示は当然としても、円筒上層式期になると半円状扁平打製石器よりも石冠(現在は北海道式石冠の名称)が多くなること、板状土偶も多くなること、硬玉(ヒスイ)製品も多くなることなど、指摘自体は現在でも通用します。

なお、円筒土器文化に特徴的な

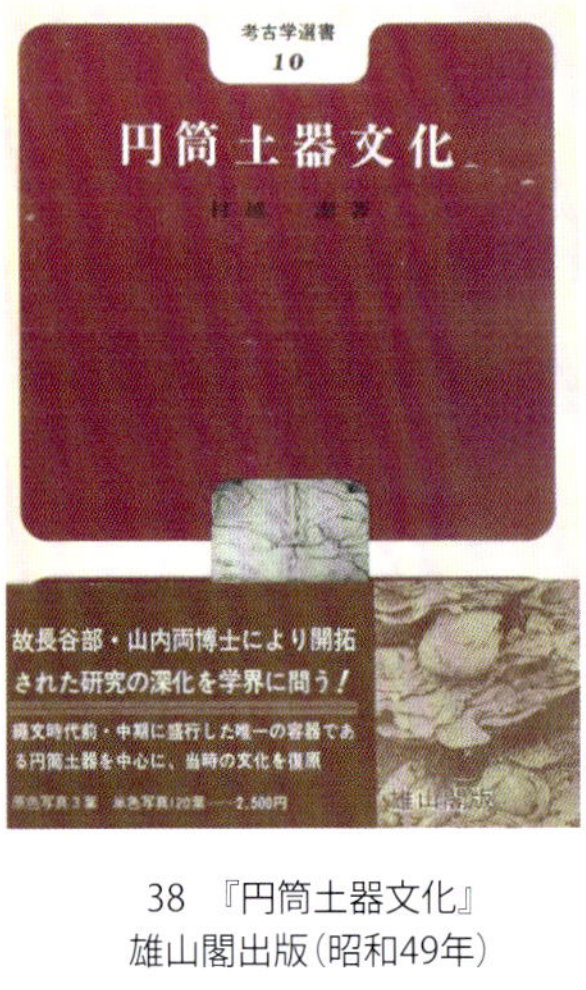

38 『円筒土器文化』
雄山閣出版(昭和49年)

37 『石神遺跡』
ニュー・サイエンス社(昭和45年)

半円状扁平石製品に関しては、村越自身も気にかけていて、『円筒土器文化』発刊以後に「円筒土器に伴う特殊な石器」（昭和51〔一九七六〕年10月　東北考古学会編『東北考古学の諸問題』東出版寧楽社　所収）を発表して打製石器に代わる石器と結論づけています。その後、上條信彦は使用痕観察と残存デンプン観察を行って堅果類や根菜類などの叩きつぶしや叩き切りに用いられたと推定した後、「「扁平石器」の形態分布からみた円筒土器文化圏の動態―半円状扁平打製石器、抉入《えぐりいり》扁平打製石器、抉入扁平磨製石器を中心に―」『青森県考古学』第22号　青森県考古学会（平成26〔二〇一四〕年）で同石製品を形態分類して時期別・地域別動態を見ると、円筒下層式の成立が土器だけでなく生業の面でも劇的な変化があったこと、そして地域差が存在することから円筒土器文化圏の中にも地域性が存在したと分析しています。この論文は「青森県考古学会村越潔賞」を受賞して、村越から上條へ本学考古学研究が引き継がれた感を強くします。

（工藤清泰）

文献

村越　潔『円筒土器文化』（雄山閣出版　一九七四年）

村越　潔「ある日の今井先生」（『崢嶸の道』今井六哉先生回想録編集委員会　一九七九年）

村越　潔「大森勝山遺跡」（『日本の旧石器文化』第二巻　遺跡と遺物〈上〉　雄山閣出版　一九七五年）

中村五郎「山内清男先生伝記資料一　年譜」（『画龍点睛　山内清男先生没後二十五年記念論集』　同論集刊行会　一九九六年）

福田友之「岩木山麓の遺跡調査」（『続　私の考古学ノート―北の大地と遺跡と博物館を歩く―』　自費出版　二〇一二年）

村越　潔「円筒土器と私」（『仙台市史のしおり』Vol.4　仙台市史編さん委員会　一九九五年）

長谷部言人「円筒土器文化」（『人類学雑誌』第四二巻第一号　一九二七年）

山内清男「関東北に於ける繊維土器」（『史前学雑誌』第一巻第二号　一九二九年）

江坂輝彌『石神遺跡 円筒土器文化の編年的研究』（ニュー・サイエンス社　一九七〇年）

形式名	器形	口縁	胴部	底	器壁胎土	文様	備考
第a—1—1類式	円筒深鉢形	平縁	内面に貝殻条痕文・縄文あり	底面縄文あり上げ気味	繊維含有	複節斜縄文 複節縄文 撚糸文 絡条体圧痕文	口頸部に帯状圧痕文あり
第a—2—1類式	〃	〃		〃	〃	原体の回転押捺文	口頸部に突帯あり
第a—3—1類式	〃	〃		〃	〃	綾絡文 複節縄文	
第a—1—2類式	〃	〃		素文上げ気味	〃	貝殻条痕文 単節縄文	突帯あり、刻目を有す
第a—2—2類式	〃	〃		素文研磨と縄文あり	〃	単節縦縄文 単節斜縄文	低い突帯あり
第a—3—2類式	〃	〃			〃	異条斜縄文	

円筒下層a式土器

形式名	器形	口縁	胴部	底	器壁・胎土	文様	備考
第b—1—1類式	円筒深鉢形	平縁			繊維含有	綾絡文 複節縦縄文	口頸部文様帯広く、突帯あり
第b—2—1類式	〃	波状		素文研磨 平坦と上げ気味あり	〃	撚糸X字文 撚糸菱形文 撚糸圧痕文 羽状縄文 組紐状縄文 撚糸文 すだれ状縄文	口頸部は、下層式土器のなかでもっとも幅広い 口頸部の内曲したものもある
b—2式	〃	平縁		素文研磨上げ気味	〃	くさり状撚糸文 撚糸文	口頸部文様帯広く、突帯あり

円筒下層b式土器

	口頸部文様帯 幅	口頸部文様帯 文様	口縁	器壁・胎土	隆帯上の文様	胴部文様	備考
第一類土器	三センチ	撚糸文	波状	繊維含有	右斜の撚糸文	縦位の縄文	口頸部に隆帯をめぐらすもの
	二センチ	〃		〃	なし	縦位の撚糸文	
	四・五センチ	絡条体圧痕文		〃	刺突文	〃	
	二〜三センチ	撚糸文		〃	撚糸文	左斜の縄文	
第二類土器	二・五〜五センチ	撚糸鋸歯状文 撚糸X字文	波状	〃		縦位の撚糸文 単斜行縄文	口頸部の文様帯が広いもの
		撚糸・絡条体圧痕の平行文	平縁	〃		羽状縄文	

円筒下層c式土器

第2類土器の文様 文様構成の類別		口頸部	口縁	胴部文様
a 胴部に縄文の施された土器	1	撚糸文	平縁 波状口縁	羽状縄文・綾絡文・単方向斜縄文
	2	撚糸文 刺突文 隆起(帯)線文	平縁 波状口縁	綾絡文・羽状縄文(縦位も有り)・単方向斜縄文(縦位も有り)
b 胴部に撚糸文の施された土器	1	撚糸文	a—1と同じ	単軸木目状撚糸文
	2	撚糸文・刺突文・隆起線文	a—2と同じ	綾絡文・単軸木目状撚糸文
c 胴部に縄文・撚糸文の施された土器	1	撚糸文	a—1と同じ	羽状縄文・単軸単節撚糸文・異条 羽状縄文・多軸撚糸文
	2	撚糸文・刺突文・隆起線文	a—2と同じ	羽状縄文・木目状撚糸文
d 胴腹部に沈線文の施された土器		箆描き沈線文	波状口縁	箆描き沈線文
e その他		羽状縄文		羽状縄文
		斜縄文(単方向)		単方向斜縄文

円筒下層d式土器

39　円筒土器下層の分類(『円筒土器文化』より)

時代ごとにみる北東北・北海道の遺跡

―弘前大学調査が語る北方史

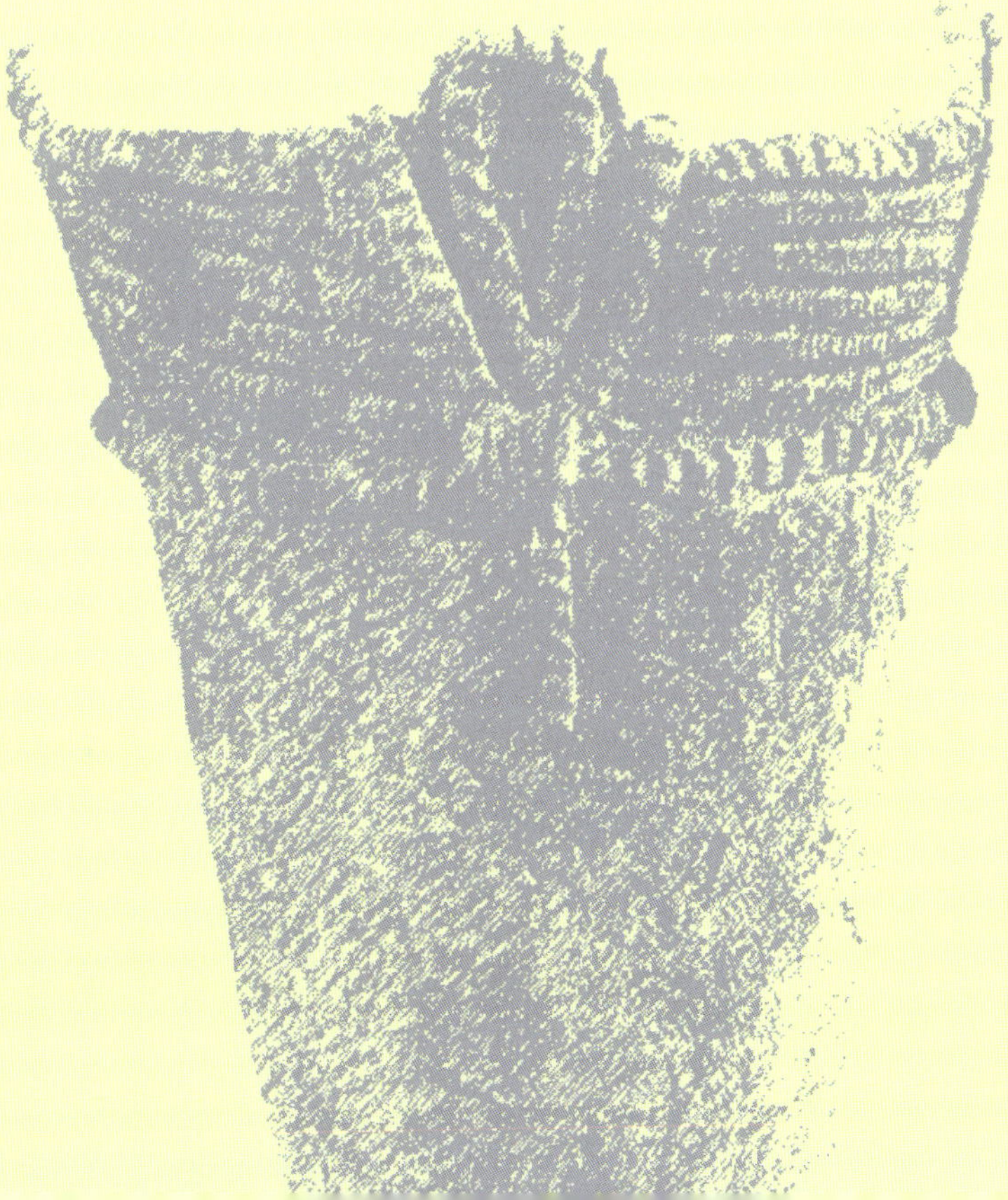

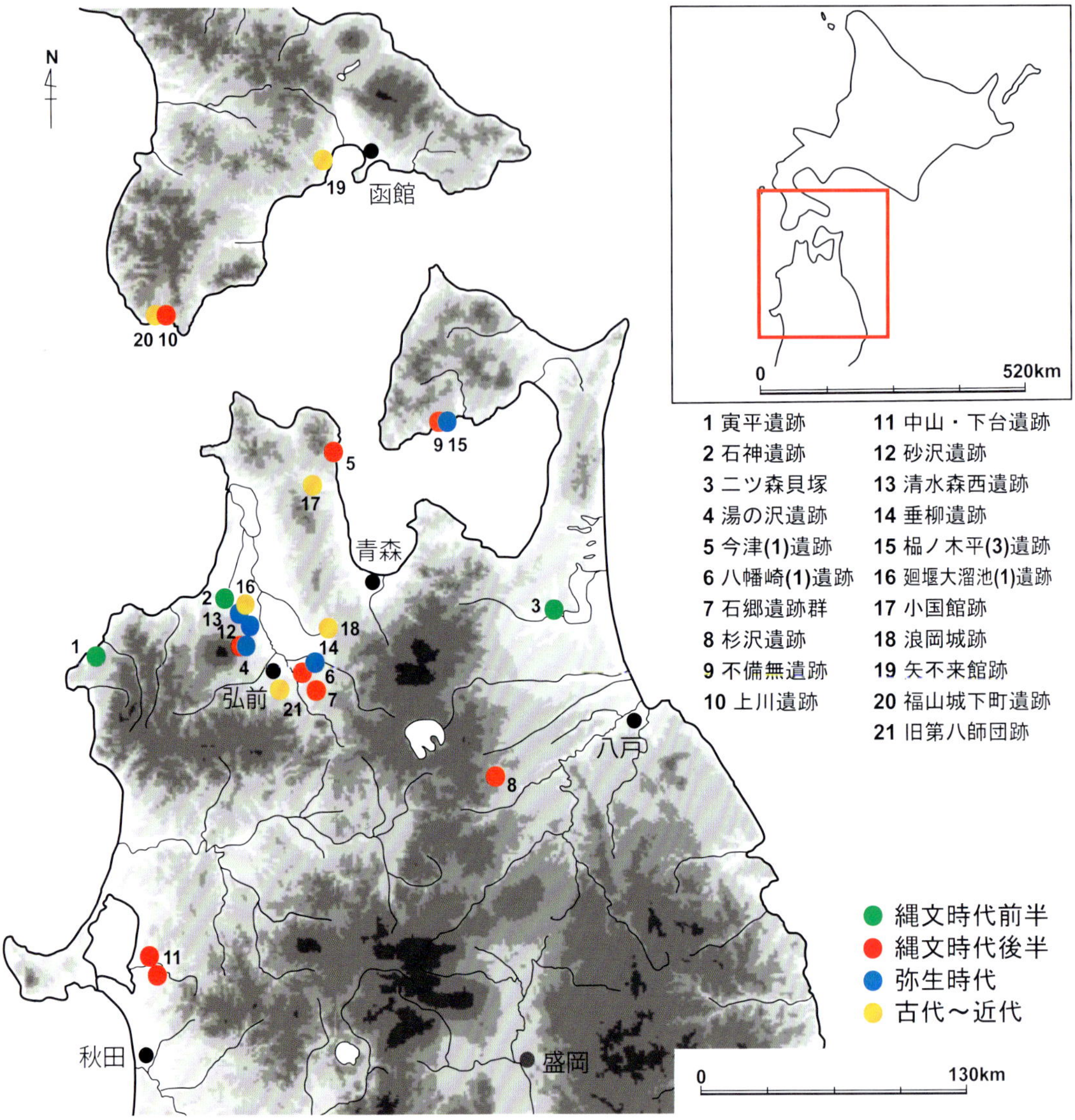

40　本書に関係する遺跡の位置

縄文時代前半

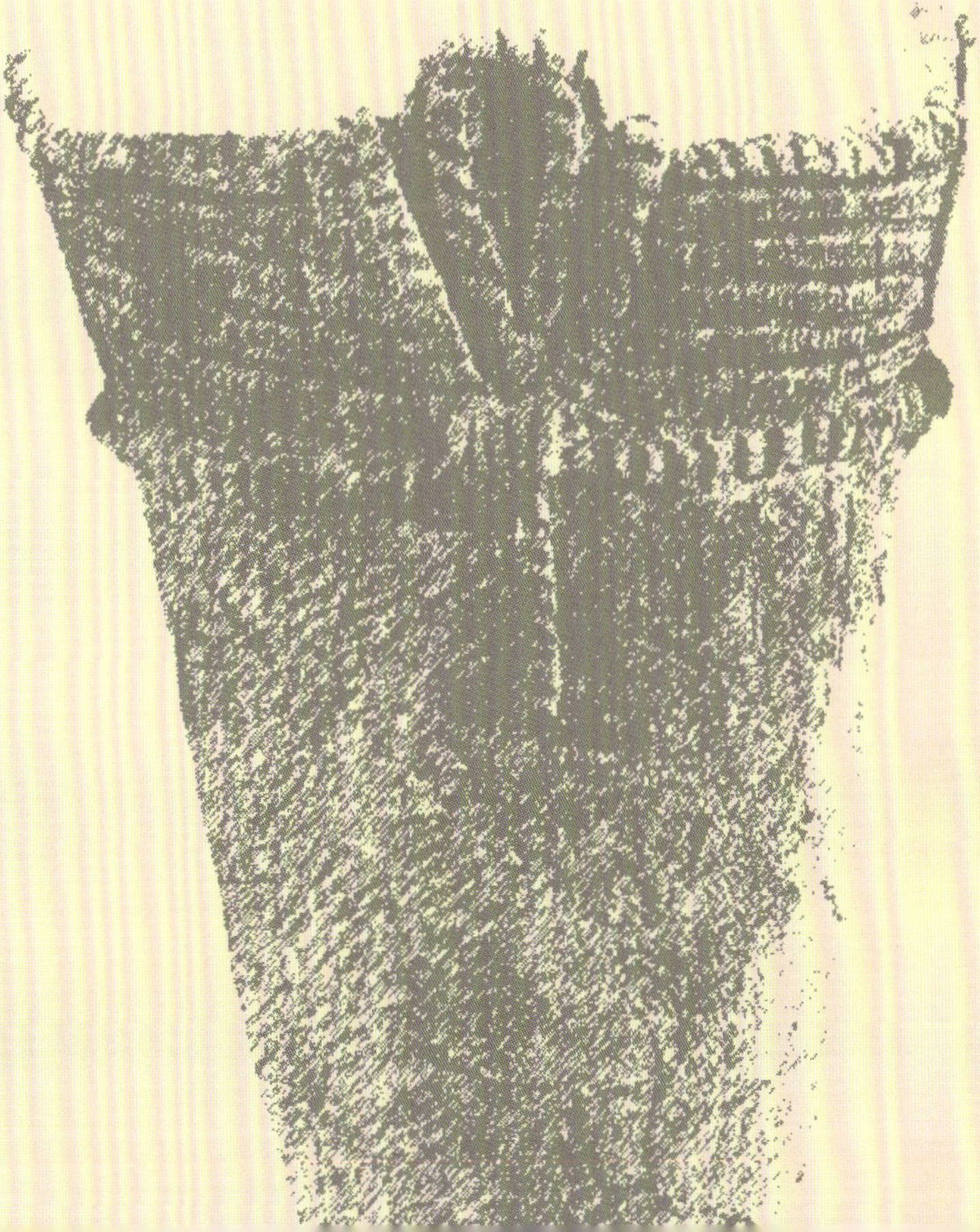

08

日本海沿岸の円筒土器文化

寅平《とらひら》遺跡

41　寅平遺跡　昭和37年発掘調査風景

寅平遺跡は深浦町役場から南に約900mのところに位置する町立深浦小学校北側の校庭の一部となっています。標高は約25m、海岸段丘斜面上に立地します（図42）。

昭和36（一九六一）年、寅平台地に小学校新校舎建設が予定され、それに伴い資材運搬、通学道路の工事が行われました。この工事により遺跡の一部が切断され遺物が確認されました。同年8月、深浦高等学校生徒等が切断箇所より遺物

42　遺跡遠景（昭和37年当時、奥の校舎手前が発掘場所）

当時の写真より

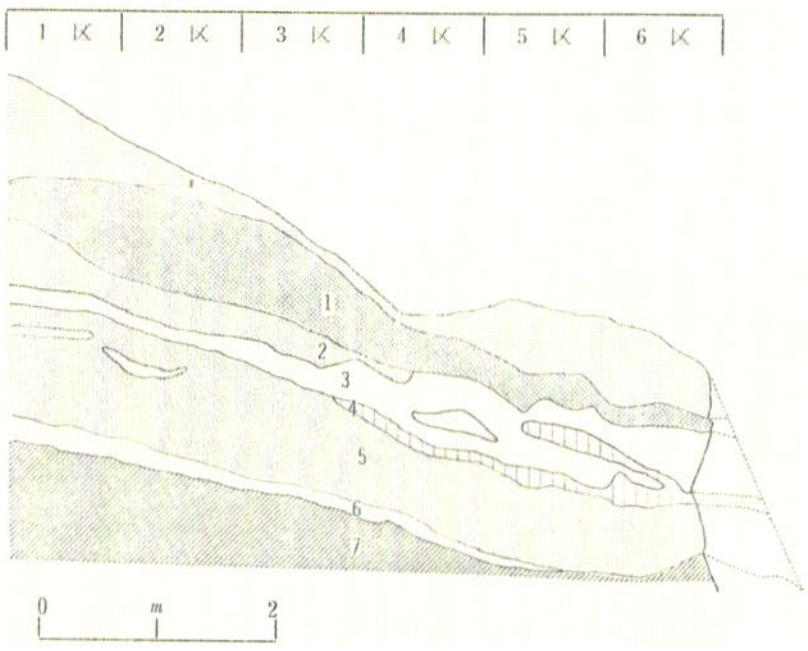

実測図

43　トレンチ層序

円筒土器出土状況

岩偶出土状況

石匙

篦状石器

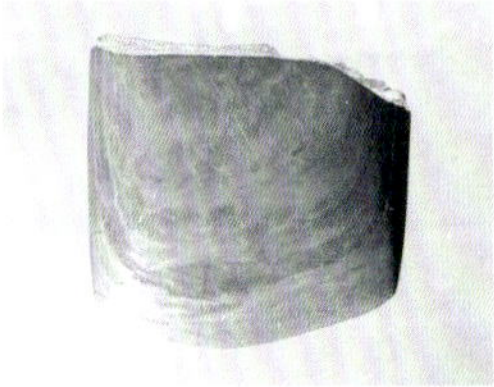
磨製石斧

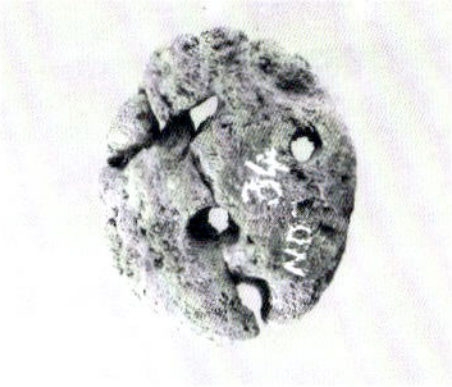
浮子

抉入扁平打製石器

岩偶

44　寅平遺跡出土遺物

を採集したことをきっかけに、同校の黒瀧十二郎教諭が関係各方面に連絡を行い、翌年11月弘前大学を中心に発掘調査が行われました。発掘調査は傾斜13度の崖面に長さ5m、幅2mのトレンチが設定されました（図41・43）。

調査の結果、狭い調査区にもかかわらず、縄文時代前期を中心とする土器、石器、石製品などりんご箱30箱分が出土しました（図44）。土器は主に縄文時代前期中葉の円筒下層b式でした。土器片は横にして押しつぶされた状態で出土し、また口頸部、体部、底部がそれぞれ別の場所で出土したものもありました。このような出土状況から調査区は斜面捨て場であったと推定されます。

石器は石鏃5点、石槍10点、石匙32点、篦状《へらじょう》石器1点、磨製石斧3点、銛形石器1点、サイドスクレイパー1点、扁平打製石器6点計59点が出土しました。石匙は縦形が多いです。一方、磨石や石皿は少ないです。

石製品は石錘《せきすい》1点、浮子《うき》1点、岩偶2点が出土しました。岩偶は昭和52（一九七七）年当時、最古例とされました。頭部は簡略化され、体部には沈線を交差させて手を表現し、下部の細めに作られた部分は脚を表わします。

この調査では縄文時代前期の捨て場が見つかりました。捨て場から離れた、現在、校舎の位置する場所に竪穴住居が構えられたと考えられています。遺物をみると土器は円筒下層b式の一括資料で構成されます。石鏃・石槍・石匙といった狩猟具の多さ、銛形石器（魚類の捕獲）・浮子（釣り）・石錘（漁網の付属品）といった漁撈《ぎょろう》具の出土、サザエ、アワビの殻の自然遺物の出土から、狩猟と漁撈に主眼が置かれた生活をおくっていたと考えられます。数少ない日本海沿岸域の円筒土器文化の生活を知ることができます。

（遠藤光新）

文献

村越　潔「深浦町の先史時代」（『深浦町史』上巻　一九七七年）

09

日本海沿岸の円筒土器編年

石神《いしがみ》遺跡

45　昭和41年　第1次発掘調査風景

46　昭和42年　第2次発掘調査風景

つがる市森田町床舞石神地区にあり、岩木山から狄ヶ舘《えぞがたて》溜池に張り出す標高7～20m舌状台地上に位置します。

舌状台地周辺には縄文時代晩期の藤山⑴遺跡や石神Ⅱ号遺跡があります。石神Ⅱ号遺跡も昭和36（一九六一）年、弘前大学による調査の結果、晩期の遺物が出土しました。昭和26（一九五一）年の調査域と区別するため、これを石神Ⅰ号遺跡と呼びます。

石神遺跡は明治～大正期には縄文時代晩期の遺跡として知られており、藤山⑴遺跡とともに床舞《とこまい》遺跡と呼ばれていました。

石神遺跡が円筒土器文

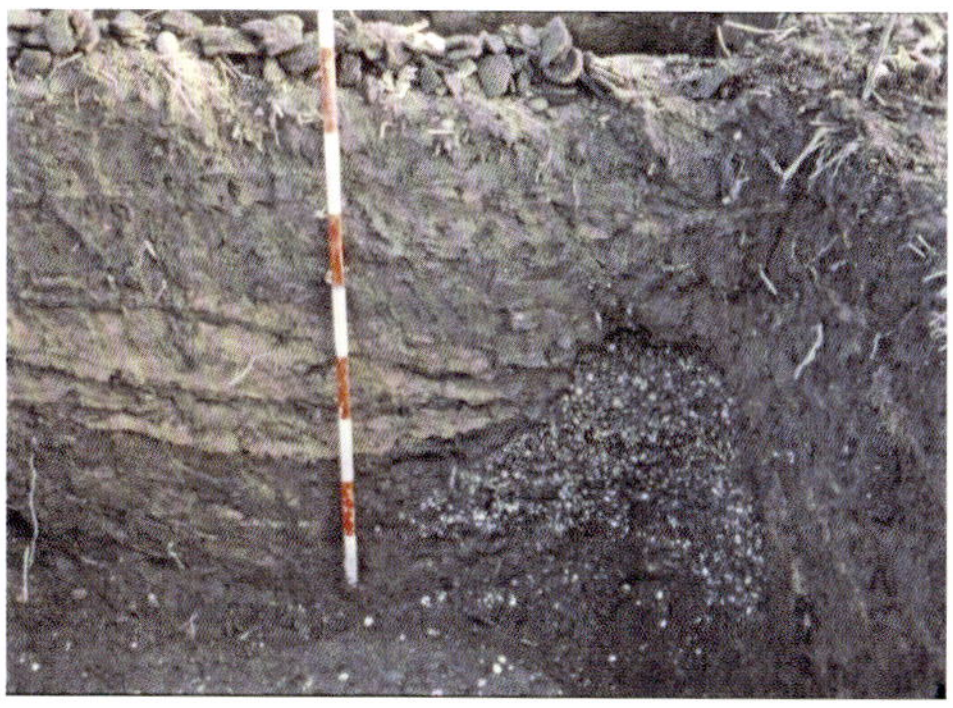

47　第2次発掘調査層序と貝塚

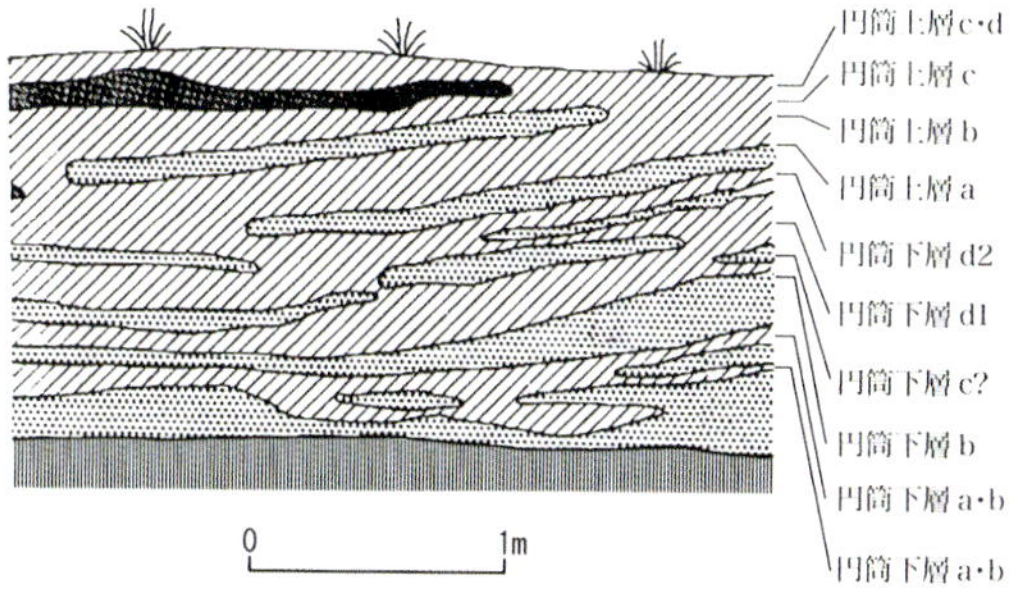

48　第2次発掘調査層序

化期（縄文時代前期～中期）の遺跡として知られるようになったのは、昭和41～44（一九六六～六九）年の慶應義塾大学と弘前大学による合同発掘調査の成果によるところが大きいです（図45・46）。この時は捨て場を中心に調査が行われました。縄文時代前期後葉の円筒下層式土器（図50）を主体に層位的に遺物が見つかりました。石器は磨製石斧、石鏃、スクレイパー、石匕《せきひ》、剥片、箆状石器、石錐《せきすい》、敲石《たたきいし》、半円状扁平打製石器があります。特に半円状扁平打製石器は円筒土器文化に特徴的な石器として位置付けられるきっかけとなりました。また汽水性のヤマトシジミを主体とする貝塚（図47・48）も見られ、当時の海進を知る資料となっています。

現在、石神遺跡は遺跡北部域を居住区、南部域を墓域とする拠点的な集落（図49）だったと推定されています。

弘前大学の発掘によって円筒土器が層位的に出土し（図48）、円筒土器の編年、型式研究が進みました。この層位的出土が確認される以前は十三湖に面する五所川原市オセドウ貝塚より出土した円筒土器から上層式、下層式（下層はさらに四型式に分類）に区分することを山内清男が提唱し、氏の分類方法を参考に当時は円筒土器が分類されていました。そして石神遺跡の発掘により、さらに円筒土器を細かく分類できるようになり、円筒土器の研究を進める上で貴重な遺跡といえます。やがて石神遺跡出土資料219点は国の重要文化財に指定され、つがる市に保管されています。

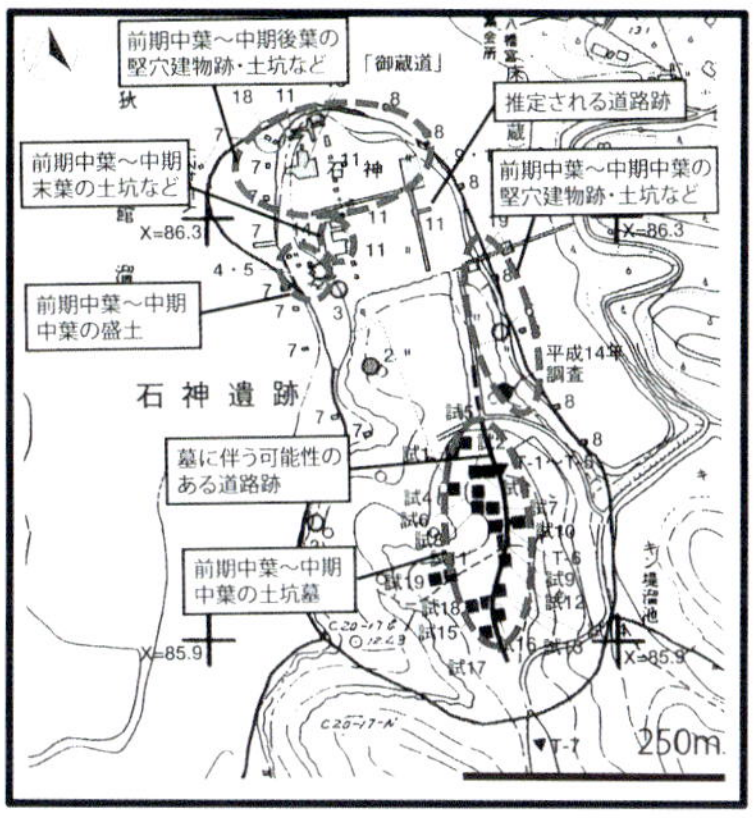

49　遺構分布図

50　出土土器

文献

江坂輝彌・平山久夫ほか『石神遺跡 青森県西津軽郡森田村大字床舞字石神』（西津軽郡森田村教育委員会・石神遺跡保存会 一九六一年）
青森県つがる市教育委員会『石神遺跡Ⅷ』（二〇一五年）
江坂輝彌『石神遺跡 円筒土器文化の編年的研究』（ニュー・サイエンス社 一九七〇年）

（遠藤光新）

10

太平洋沿岸の縄文海進・海退の影響を探る

二ツ森貝塚

51　二ツ森貝塚　昭和37年発掘調査風景

二ツ森貝塚は上北郡七戸町字貝塚家ノ前地区にあり、小川原湖の北西岸から西方の内陸に約4km入った標高25～33mの段丘上に立地します。縄文時代前期・中期の貝塚を含む大規模な集落跡です（図52）。戦前は榎林《えのきばやし》貝塚や二ツ森貝塚などと呼ばれていましたが、昭和37（一九六二）年以降、呼び名が二ツ森貝塚に統一されました。また、縄文時代中期後葉の土器型式である榎林式の標式遺跡になっています。令和3（二〇二一）年に世界遺産として登録された「北海道・北東北の縄文遺跡群」の構成資産の一つになっています。

　二ツ森貝塚の歴史は寛政年間（一七八九～一八〇一）に盛岡藩士の大巻秀詮《おおまきひであきら》が『邦内郷村志』を著したことに始まり、明治期には会津藩出身の広澤安任《ひろさわやすとう》が、明治20（一八八七）年『東京人類学会報告』で学会に紹介、同藩出身の佐藤重紀が明治24（一八九一）年に調査を始めます。その後、帝国大学理科大学の若林勝邦

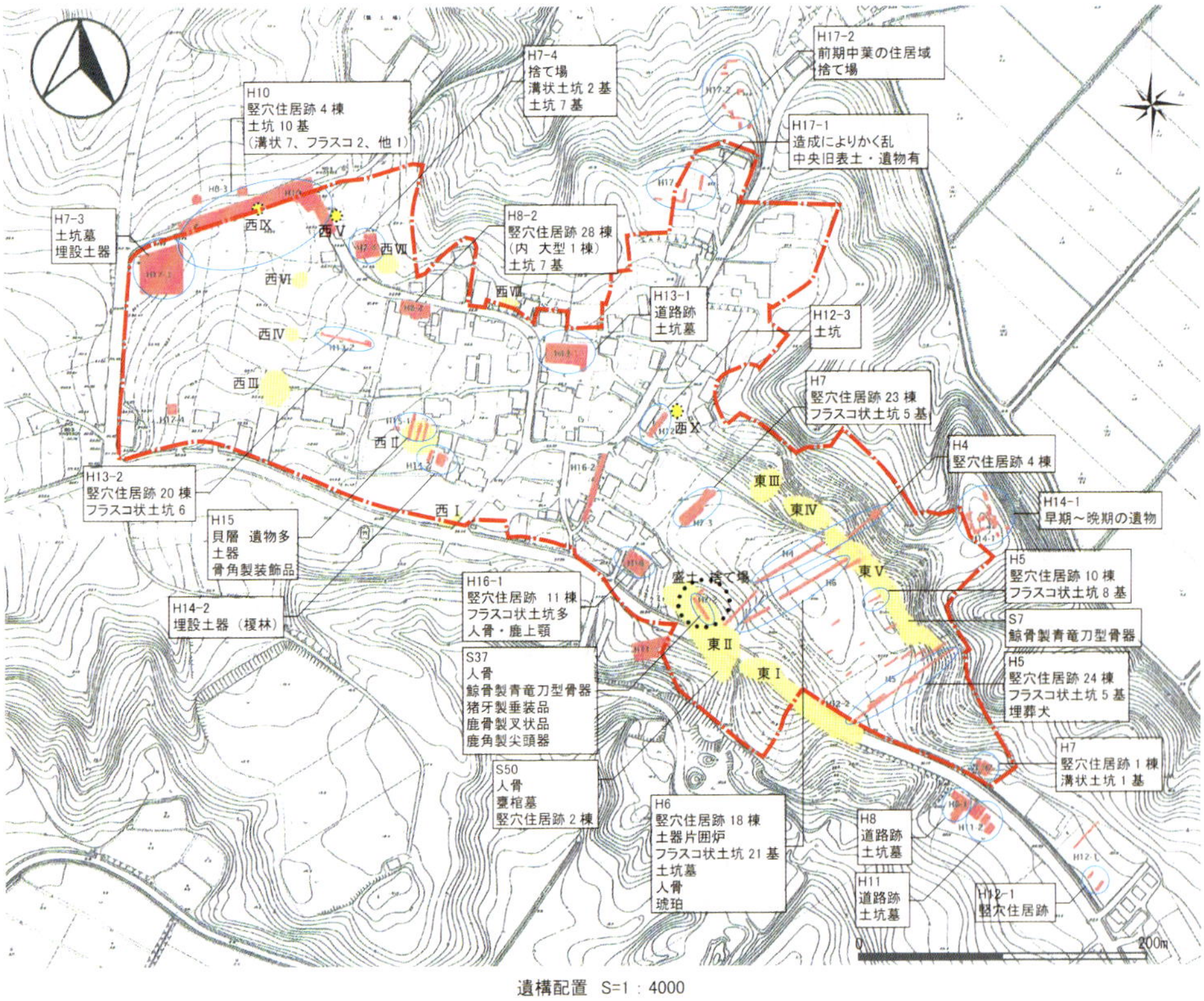

遺構配置　S=1：4000

52　二ツ森貝塚の各発掘調査地

53　二ツ森貝塚　昭和50年発掘調査風景

54　昭和50年発掘調査で見つかった貝層

（明治26（一八九三）年）や東京帝国大学理学部人類学科専科生だった中谷治宇二郎（昭和3（一九二八）年）、東北帝国大学の喜田貞吉《きたさだきち》（昭和8（一九三三）年）の調査で貝塚の名は全国に知られていきます。特に、京都帝国大学文学部副助手だった角田文衛は、昭和13（一九三八）年の調査から、中期後葉大木8b式に併行する土器型式として榎林式土器を提唱しました。この土器型式は現在でも中期後葉の標式として使われています。

昭和37・50（一九六二・七五）年には、自治体からの委託を受けた弘前大学の村越潔を中心とした発掘調査が行われ（図51・53）、その後は平成元（一九八九）年の青森県立郷土館の調査に続いて天間林村・七戸町による発掘調査が行われました。遺跡は平成3（一九九一）年に県史跡、平成10（一九九八）年に国史跡に指定されました。

遺跡は大きく北地区、東地区、西地区に大別されます。各地区からは主に、縄文時代前期中葉の円筒下層式から中期後葉の榎林式に至るまでの資料が見つかり長期的な拠点集落であることが分かりました。これまでの調査で、竪穴住居跡（図55）・捨て場・貝塚（図54）・フラスコ状土坑・溝状土坑が検出されています。上北地域における縄文前期から中期に渡る円筒土器の発生から終焉に至る各型式土器が層位的に出土し、土器編年研究史上の貴重な資料となっています（図56）。

55　竪穴住居跡

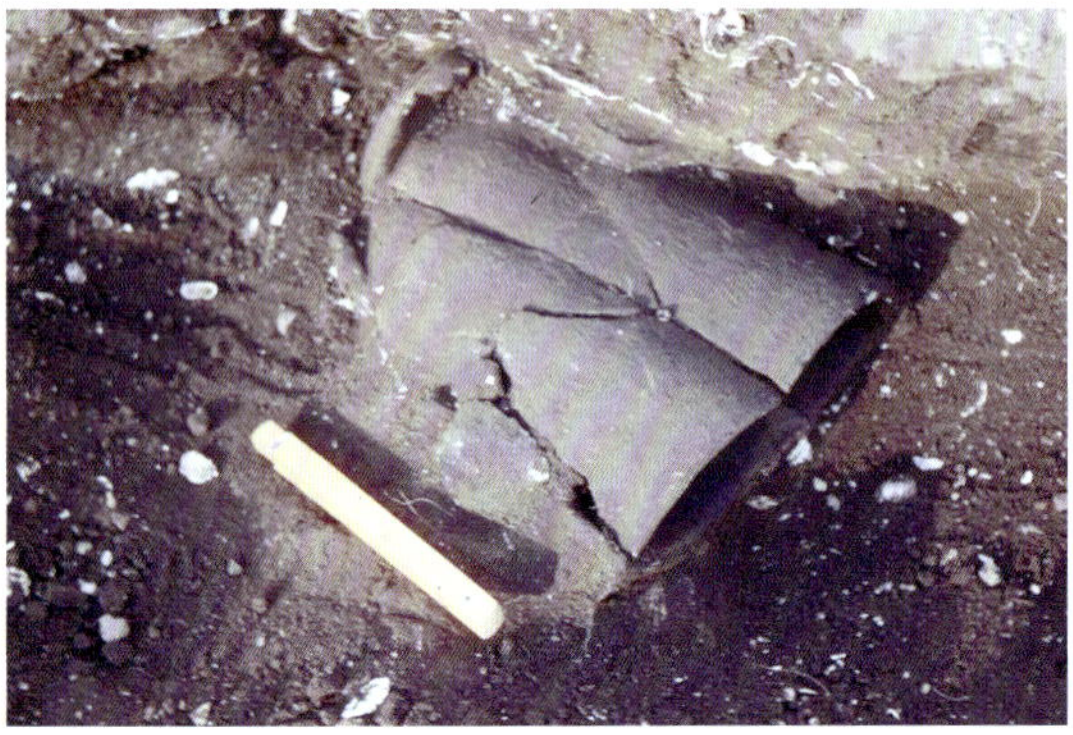

56　貝層から見つかった円筒下層ｄ式土器

　これまでの調査によって、石器・土製品・石製品に加え、人骨・動物遺体・骨角器など自然遺物も良好な状態で出土しました。骨角器としては鹿角製櫛（図57）・鯨骨製青龍刀形骨器（図58）・鹿角製尖頭器・猪牙製垂飾品《ちょがいせいすいしょくひん》・鹿角製叉状品《ろっかくせいさじょうひん》の計5点が県重宝に指定されています。動物遺体では、フラスコ状土坑の底面から幼犬の全身の骨格が見つかっていますが、このように全身骨格が見つかった例は青森県では本遺跡のみです。貝類は中期前葉まではマガキ・イソシジミ・ハマグリなど鹹水性《かんすいせい》の貝が出土し、中期後葉にはヤマトシジミなどの汽水性の貝が出土します。貝塚の下層には海水性、上層には汽水性の貝殻が堆積し、海進・海退に適応した人々の姿が分かります。

（上條信彦）

文献
青森県教育委員会『青森県二ツ森貝塚調査概要』（一九六三年）
七戸町教育委員会『史跡二ツ森貝塚　整備基本構想及び整備基本計画』（二〇一八年）

57　鹿角製櫛

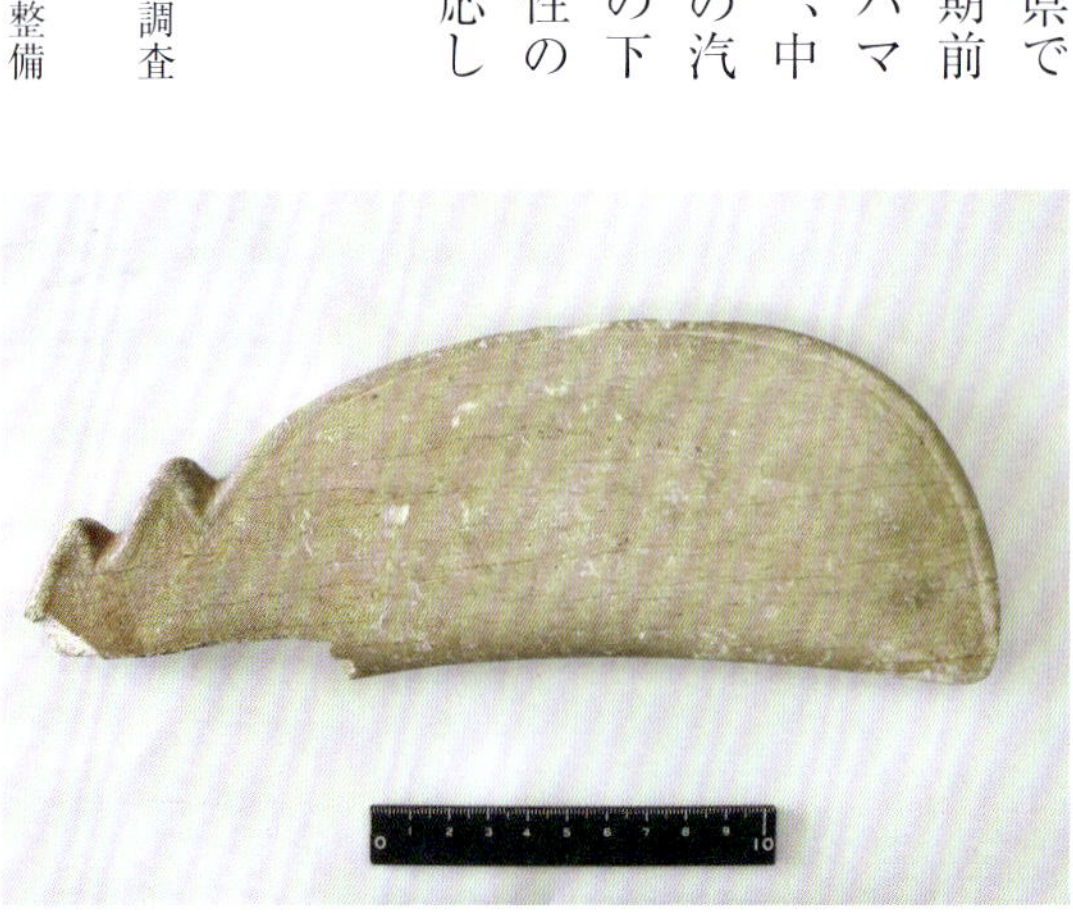

58　鯨骨製青龍刀形骨器

縄文時代後半

11

実態が不明だった後期中頃の集落を解明　湯の沢遺跡（縄文時代後期）

湯ノ沢遺跡は、青森県弘前市大字百沢字東岩木山の標高２００ｍの斜面台地に位置します。戦後の開拓時に地元の人々によって遺跡の存在が知られ、昭和33（一九五八）年に弘前大学に着任した村越潔らによって、岩木山麓の緊急調査の一環として発掘されました（図59）。

この時、A～Cの３つの調査トレンチが設定されました。上層からは弥生時代前期（91頁参照）、下層からは縄文時代後期中頃の包含層と竪穴住居跡２軒が見つかりました。住居跡の大きさは径約５ｍで、中央に炉があり、その周囲には複数の柱穴がありました。床面には磨石と台石が組み合わさって見つかりました。

59　竪穴住居跡とその土層

発掘された遺物には、縄文時代後期中頃の深鉢、五弁鉢、甕、鉢、浅鉢など（図60）多様な器種の土器と、スクレイパーや石匙、磨製石斧、磨石、台石、石剣などが含まれています。

その後、令和元～３（二〇一九～二一）年の弘前大学による発掘調査でも、弥生時代の居住域からやや離れた場所で埋設土器が見つかりました（図61）。埋設土器は縄文時代後期中葉の十腰内Ⅱ式もしくはⅢ式の深鉢で、横向きに置かれていました。土器は、底部から口縁部にかけて緩やかに開き、突起部で僅かに外反しています。上半には沈線で入り組んだ文様が施されています。さらに、この調査では幅１２０㎝の帯状の不思議な掘り込みが見つかり、その壁面には打ち込まれたままの五寸釘が見つかりました。このことから、この遺構が昭和33年の発掘調査時のトレンチであることが判明しました。打ち込まれた釘は、土層観察用に打ち込まれたものと考えられます。

湯の沢遺跡の発掘調査は、昭和33年から始まった一連の岩木山麓発掘調査の最初にあたります。縄文時代後期の編年は、磯崎正彦が担当した十腰内遺跡の調査によって構築されましたが、編年の層位的な検証や集落の実態は明らかではありませんでした。この調査により、北東北で初めて縄文時代後期中頃の短期間に作られた集落が存在することが明らかになり、その立地や集落規模、居住形態が分かりました。

（上條信彦）

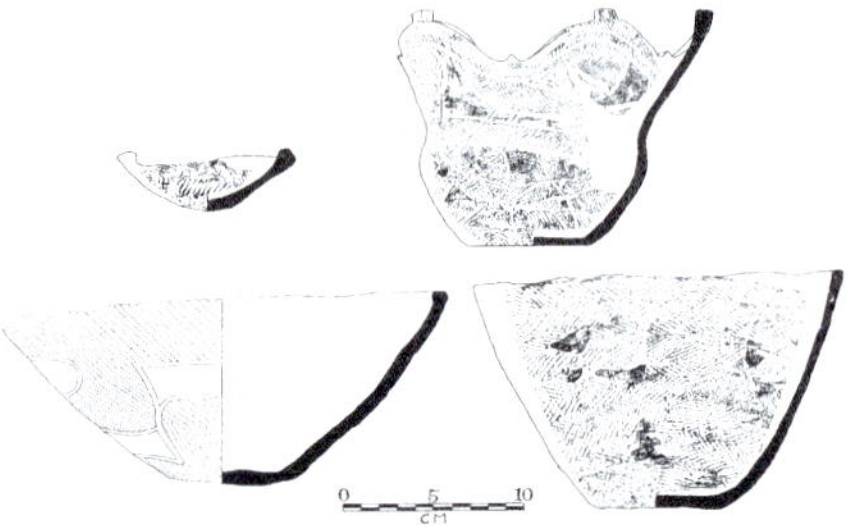

60　後期中頃の土器

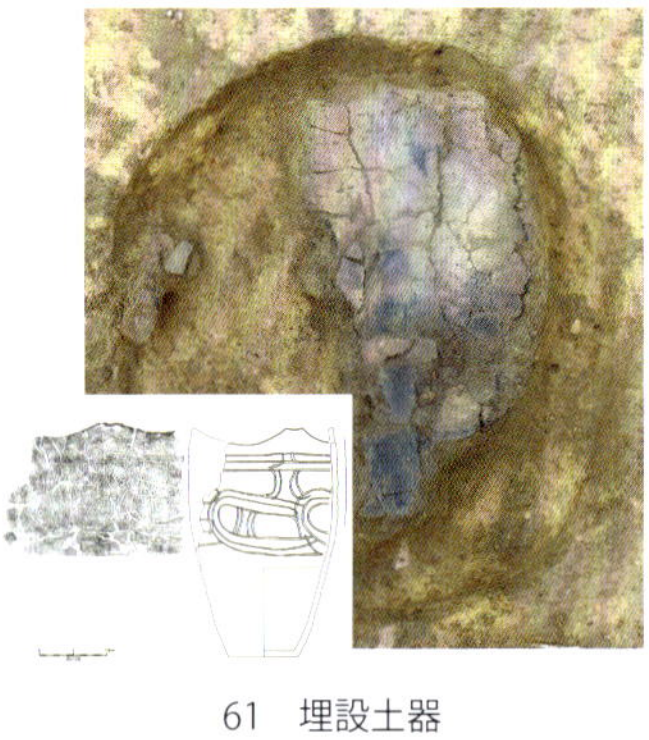

61　埋設土器

12 津軽半島の亀ヶ岡文化と製塩　今津(1)遺跡

62　今津(1)遺跡　平成14年調査で検出された捨て場

今津(1)遺跡は、東津軽郡外ヶ浜町(旧平舘村)今津字オノ神地区にあり、オノ神川と尻高川に挟まれた標高10～20mの河岸段丘に位置します。昭和47(一九七二)年の平舘村教育委員会、昭和59(一九八四)年の青森県埋蔵文化財調査センターによる発掘調査の後、平成14(二〇〇二)年、弘前大学(担当　藤沼邦彦)によって津軽半島の亀ヶ岡文化研究を目的に発掘調査されました。

調査面積は45㎡で、竪穴住居跡や土坑墓などの遺構は発見されませんでしたが、捨て場がみつかり晩期中葉(約2800年前)を中心とする各種の遺物が多数出土しました。

出土品には土器・土製品、石器・石製品があります。土器は、縄文晩期中葉の大洞C2式を中心とし、深鉢・鉢・台付鉢・浅鉢・皿・壺・製塩土器などがあります。鉢・深鉢・台付鉢には、煮炊きに用いたことを示す炭化物が付着したものが多く、赤く彩色された土器もみられます。また、ここでは、海水を煮詰めて塩分濃度を高めるための製塩土器(図63)も出土しました。製塩土器は文様がなく薄くて、底が小さいのが特徴です。

63　製塩土器

土製品は、土偶や円板状土製品・小型土器があります。石器は石鏃・石錐・石匙・石べら、磨製石斧、磨石・砥石・石皿などがあります。また、石製品には凝灰岩製小玉、軽石製浮子があります。

本調査によって津軽半島の亀ヶ岡文化の一端を明らかにすることができました。

文献

弘前大学人文学部『青森県東津軽郡平舘村今津遺跡発掘調査報告書』(二〇〇五年)

(上條信彦)

13

岩木川流域の漆工芸研究

土井⑴遺跡

64　土井⑴遺跡発掘調査風景

北津軽郡板柳町大字板柳字土井地区にあり、かつては土井I号遺跡として登録されていました。遺跡は岩木川の右岸にある標高約17mの自然堤防上に位置します。

遺跡は、昭和44〜47（一九六九〜七二）年に第1〜3次にわたって計約84㎡が調査されました。調査主体者は板柳町教育委員会で、村越潔と工藤泰博（金木高校事務長、当時）が発掘調査員でした。調査は弘前大学学生、板柳高校生徒、地元住民らが参加しました。

厚さ1・8mの江戸時代の盛土の下から縄文時代晩期の低湿地遺跡が見つかりました。縄文時代晩期層の上層から大洞A式、下層から大洞B〜C式の土器が多く見つかりました（図64）。石器には石鏃、石匙、石篦、磨製石斧、ベンガラが付着した石皿などがあります。土製品には、遮光器土偶（図65）や耳栓、石製品には石剣、石刀、岩版、石冠、ボタン状石製品や玉類があります。そのほか、サメの歯、ヒエ粒が検出されています。漆製品には、腕輪、竪櫛《たてぐし》、籃胎漆器《らんたいしっき》、赤漆塗り繊維製品があります（図66）。亀ヶ岡文化の出土品には、多彩な編み物があり、また、籃胎漆器といった植物性の漆器に彩られていたことがうかがえます。

発掘から35年程がたち、出土したままの状態で保管されてきた漆製品に劣化が見られ始めたほか、詳細な報告が待たれました。そこで、平成26（二〇一四）年度から弘前大学では漆製品の保存処理・自然科学的分析を実施しました（担当 片岡太郎）。特にこれまでのレントゲンではなく、X線CT（撮影は九州国立博物館協力、図67）などの三次元解析を東北で初めて試みました。

その結果、籃胎漆器の素材（竹笹類）や形、編み方（ござ目編みと網

65　土中から目をさました土偶
低湿地という空気に触れない環境下に埋まっていたため、出土直後には漆が塗られたきれいな状態で見つかりました。

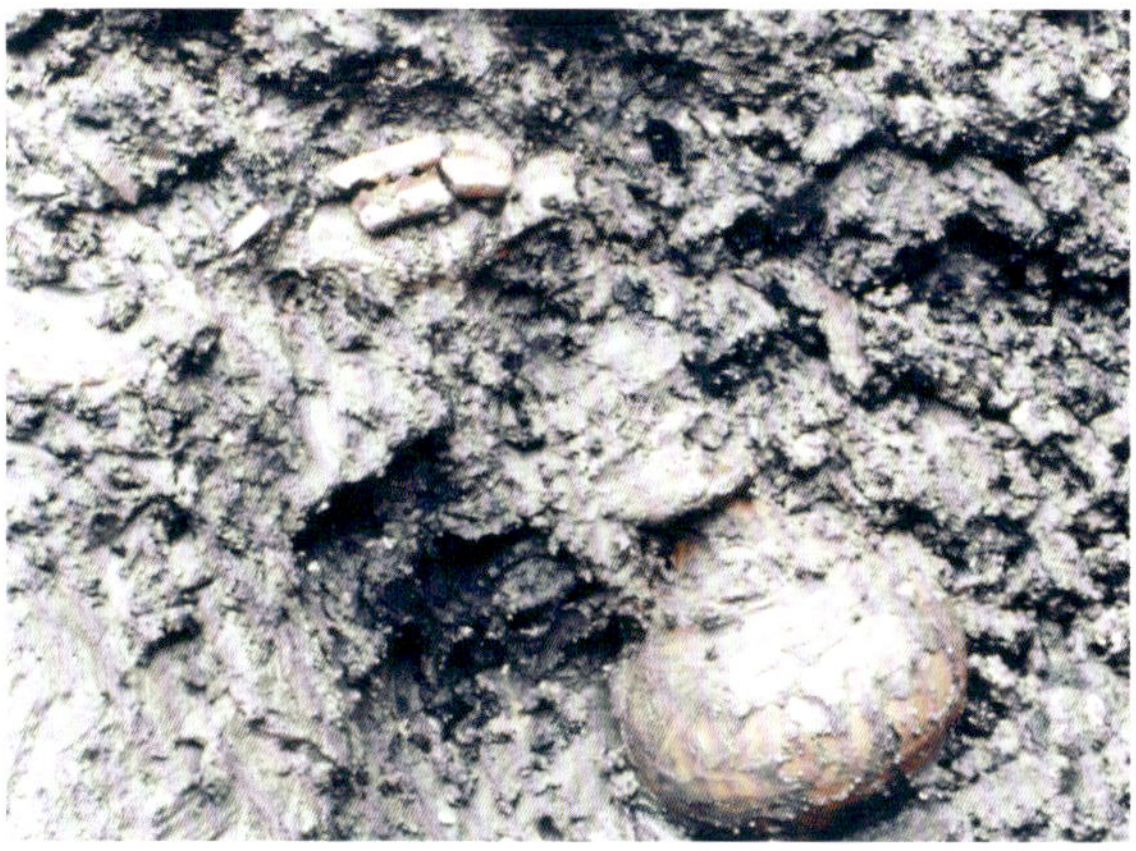

66　赤漆がきれいに残った土器と竪櫛

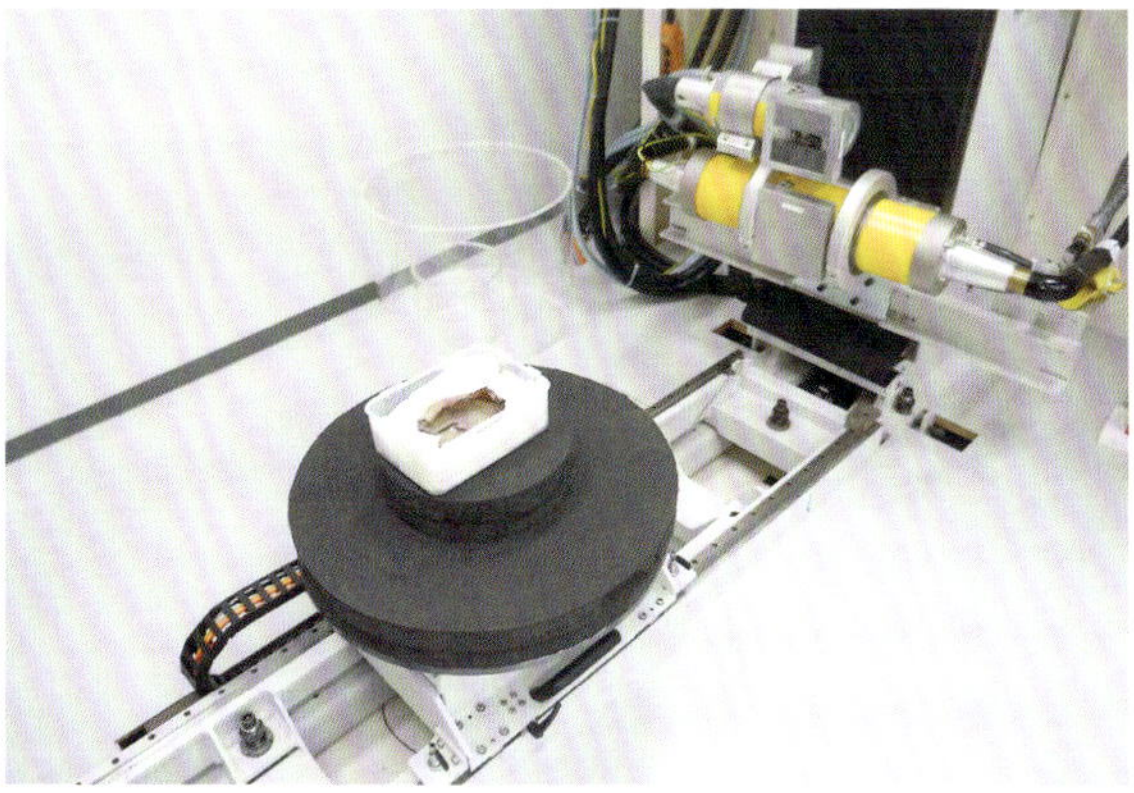

67　X線CT装置に入れられる籃胎漆器

代編み)(図68)、漆塗りの工程(3層の漆層)、赤色顔料の種類(ベンガラや水銀朱)が分かりました。このように、今回調査した籃胎漆器には、その素材、器形、編み方、塗り方に至るまで、複数の組み合わせがありました。

竪櫛(図69)は全て、複数の横架材と櫛歯材を交差させた結歯式で、櫛歯は10本前後と推定されます。頭部の形態は方形で、装飾としては土器と同じB突起を付ける場合があります。複雑な透かしはなく、比較的簡単な構造です。塗りは2層で、下地にベンガラを混ぜた赤漆を塗布しています。

腕輪の素材は、これまで木材とされてきましたが、分析の結果、維管束植物の芯材を曲げて製作されていることが分かりました。さらに黒色の粒子を混入した下地を塗り、ベンガラ漆層を重ね塗りしたことも判明しました。

亀ヶ岡文化を代表する資料が数多く分布する津軽地域では、古くから漆製品が検出され注目を浴びてきましたが、これまで実測図や自然科学的な分析が行われてこなかったため、研究に活用されてこなかった資料が数多くあります。

特に土井(1)遺跡のように発掘当時には、その位置づけが難しかった資料も現在では、当時の工芸技術を知る良好な資料となる例があります。その背景には、自然科学的分析の進展により、より詳細な観察が短時間かつ容易に実施できるようになったことがあります。

（上條信彦）

文献

板柳町教育委員会『土井I号遺跡』(一九九三年)

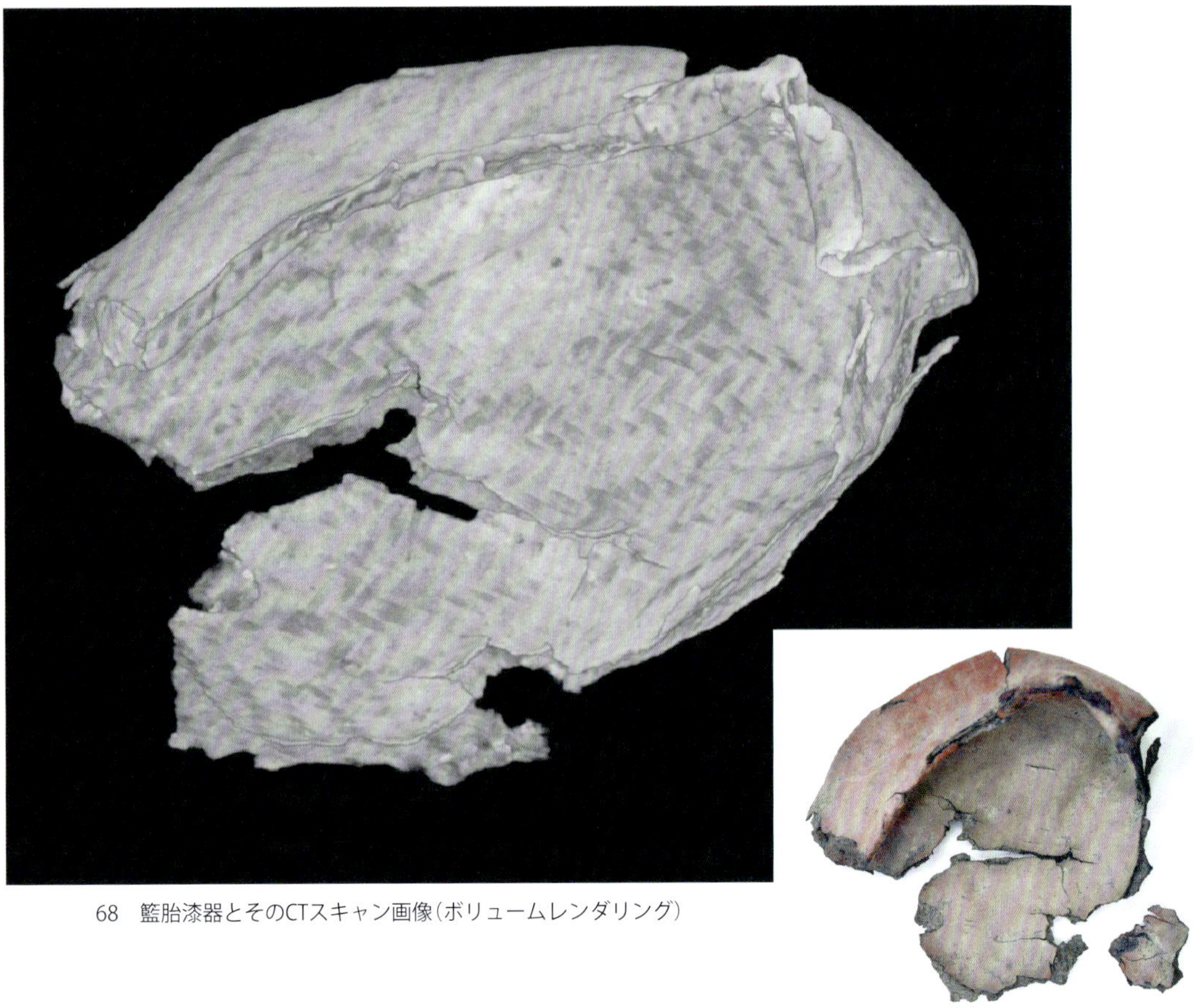

68　籃胎漆器とそのCTスキャン画像（ボリュームレンダリング）

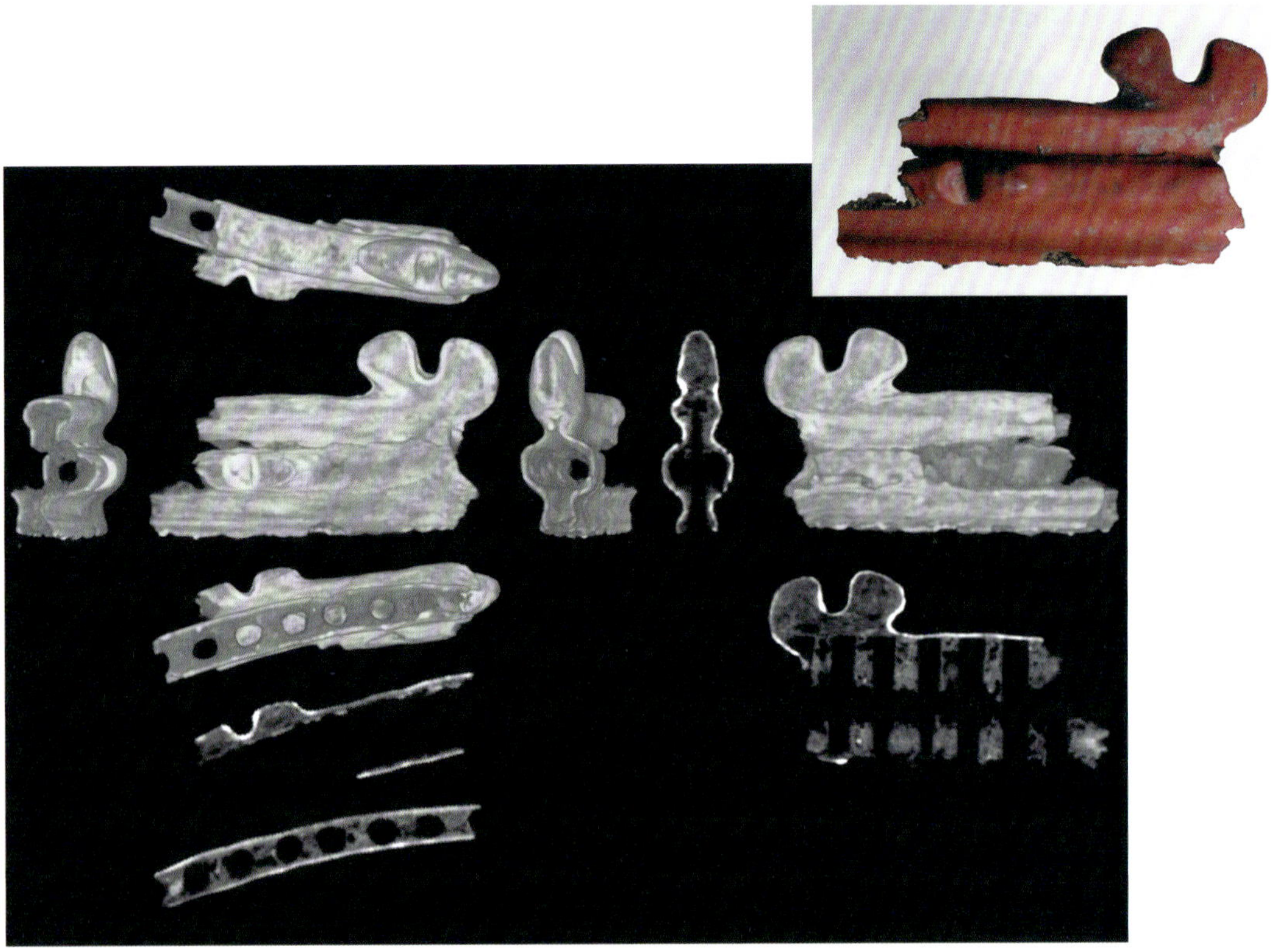

69　竪櫛頭部とそのCTスキャン画像（ボリュームレンダリング）

14

亀ヶ岡・是川中居に続く低湿地調査

八幡崎(1)遺跡

70　八幡崎(1)遺跡　昭和37年発掘風景

八幡崎(1)遺跡は、平川市八幡崎字宮本地区にあります。浅瀬《あせ》石川《いしがわ》と平川《ひらかわ》に挟まれた低丘陵地の西端、黒石台地中位面と下位面に位置します。

八幡崎(1)遺跡は、寛延3(一七五〇)年、弘前藩の日記方による『御用格(寛延本)』に現れ、弘前藩9代藩主津軽《つがる》寧親《やすちか》の家臣であった山形宇兵衛長年による『本藩事実集』第12巻の文化9(一八一二)年の条に、大小様々な土器が発見されていたという旨の記述があります。幕末明治期の画家である平尾《ひらお》魯仙《ろせん》の著書にも、二度にわたって本遺跡の記述があり、亀ヶ岡などの周辺の遺跡の遺物との比較がなされ、早くも江戸期には遺物が発見される地として知られていました。

昭和36~38(一九六一~六三)年、旧尾上町教育委員会によって本格的な調査が行われることになりました。

昭和36(一九六一)年には、青森県文化財専門委員の成田末五郎と旧猿賀中学校の工藤正によって遺跡の全容を知るためにトレンチによる試掘調査が行われ、多様な遺物が見つかりました。この調査の結果、泥炭層だけでなく広範囲にわたる台地に遺物を包含していることが判明しました。

この調査結果は、亀ヶ岡、是川中居に続く第三の低湿地遺跡として全国的に注目されました。昭和37(一九六二)年には慶應義塾大学の江坂輝彌、東京大学の渡辺《わたなべ》直経《なおつね》、大林《おおばやし》太良《たりょう》、泉靖一、前川文夫、そして弘前大学の村越潔らによって低湿地部の本格的な調査が行われました。

昭和38(一九六三)年には、成田末五郎、青森県埋蔵文化財調査委員の戸沢武、工藤正、八木沢誠次らによって丘陵上が調査され、奈良時代の集落が確認されました。

　出土遺物は大洞B・BC・C1式土器（図74）が中心で、石器は少ないです。壺（図71）や浅鉢、台付鉢、皿、完形の注口土器、赤彩遮光土偶頭部（図72・73）や赤彩土偶、石鏃、石棒、岩版、漆器、編組製品などがありました。クルミやトチノミ、クリ、イシガイも発見され、クルミの殻は層をなしていました（図75）。漆器には木胎漆器、腕輪、漆櫛があります。


　一連の調査によって、本遺跡は亀ヶ岡遺跡や是川中居遺跡に匹敵する縄文晩期の低湿地遺跡であることが判明しました。この成果から、昭和44（一九六九）年に青森県史跡に指定されました。

　その後、平成23（二〇一一）年には弘前大学（担当 上條信彦）によってボーリング調査が行われ、低湿地の範囲確認と植生景観の復原が行われ、水場でトチノキとクルミの加工が積極的に行われていたことが分かりました。

　また平成27（二〇一五）年には本遺跡から出土した竪櫛、腕輪、木胎漆器、漆塗膜について、保存処理とともに、X線CT分析と塗膜分析が行われました（担当 片岡太郎）。結果、竪櫛は結歯式で、その作り方には、桁の間に櫛歯をはさみ、紐で格子状にたすき掛け

71　赤漆塗壺出土状況

72　土偶

73　土偶

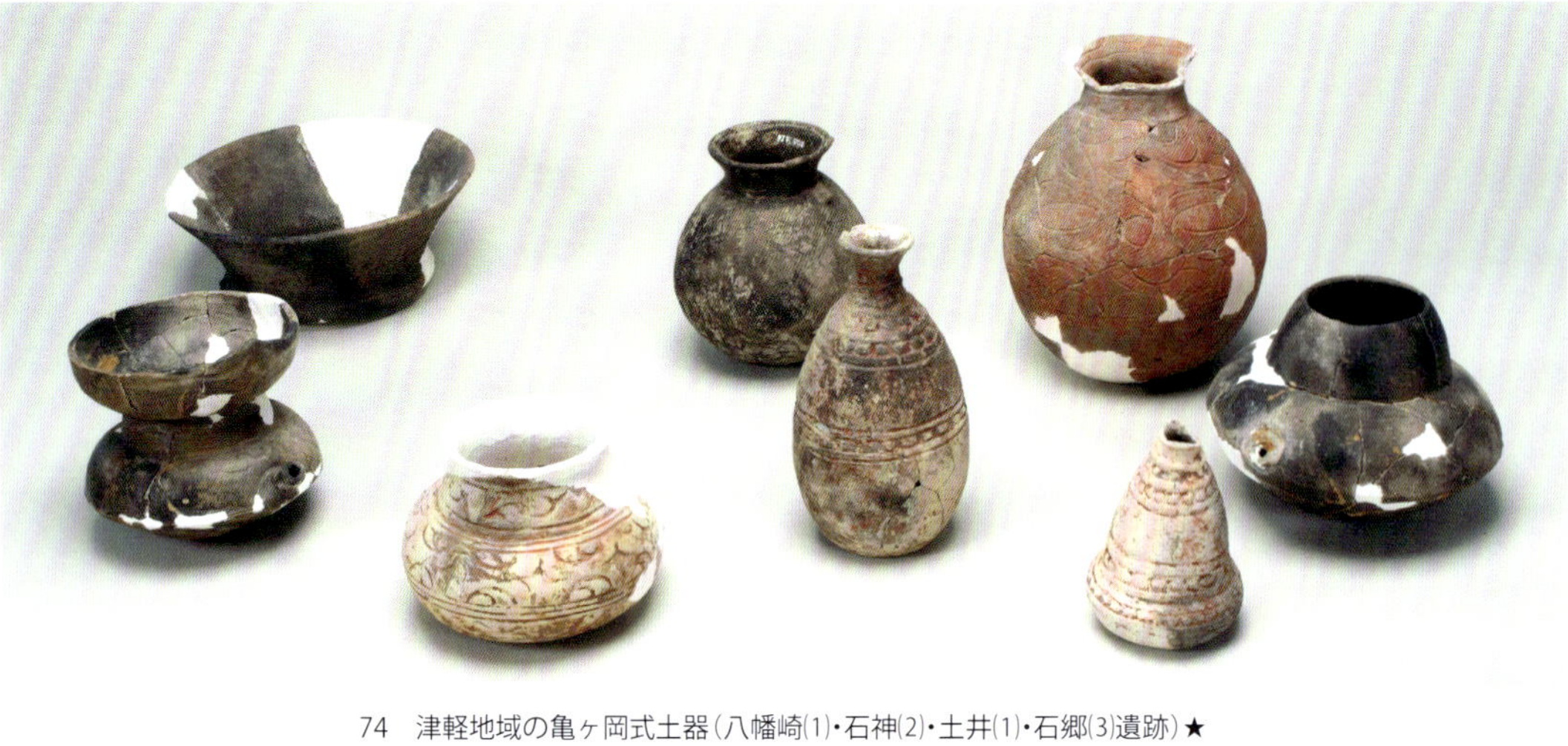
74　津軽地域の亀ヶ岡式土器（八幡崎(1)・石神(2)・土井(1)・石郷(3)遺跡）★

して固定する方法(図76)と、桁を用いず、櫛歯を紐で横V字状に編み組みして固定する方法の2つが判明しました。固定後、木屑漆で塑形し、黒色漆の下地に生漆と非パイプ状ベンガラを重ね塗りしていました。

腕輪(図77)は、生漆層の下塗りに、非パイプ状ベンガラ漆を二度塗りするという丁寧なつくりであることが分かりました。

(上條信彦)

文献
尾上町教育委員会『青森県南津軽郡尾上町八幡崎遺跡発掘調査概要』(一九六三年)

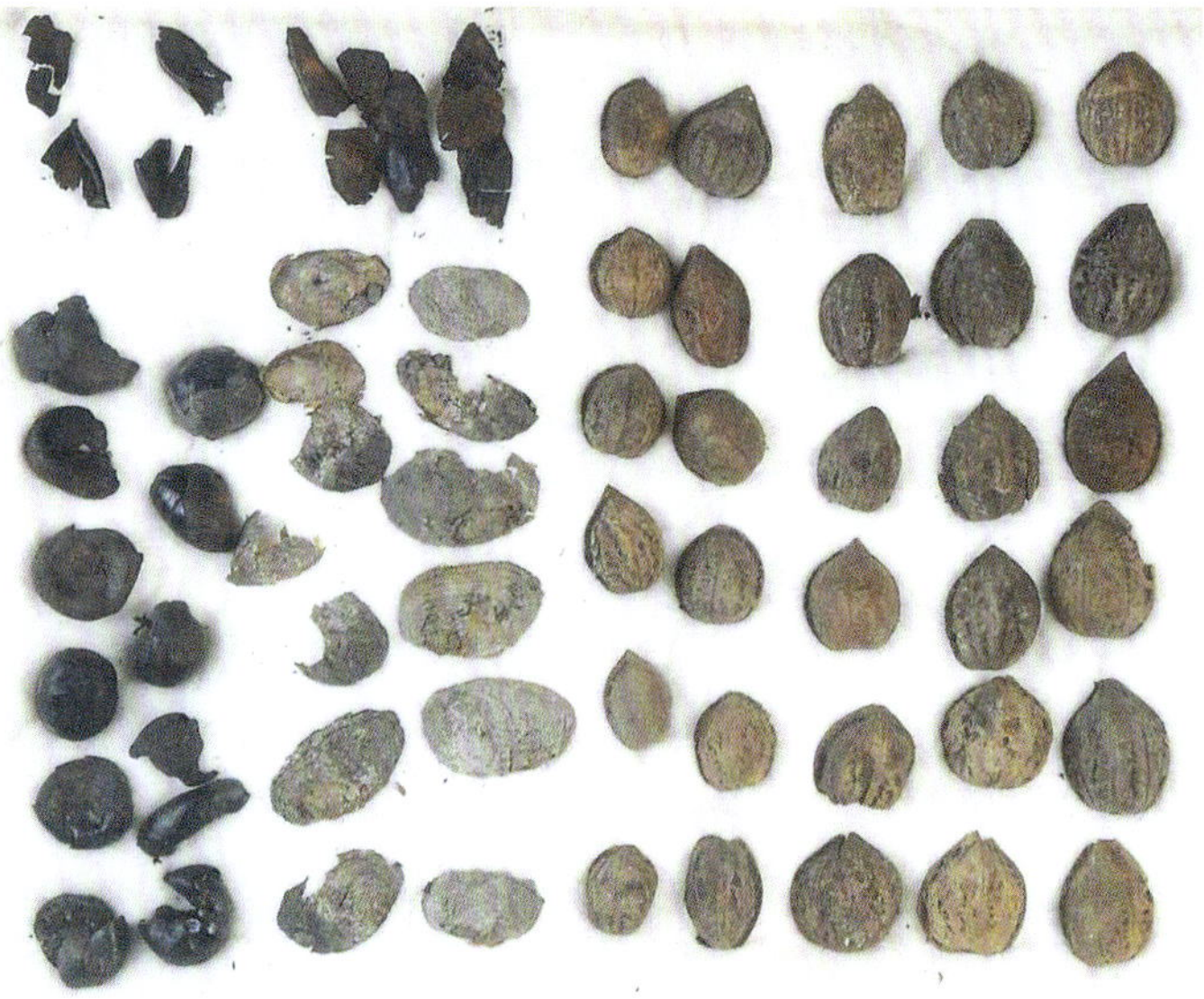

75 動植物遺体(左から、トチノキ果皮、イシガイ、オニグルミ)

76 竪櫛の頭部とその内部

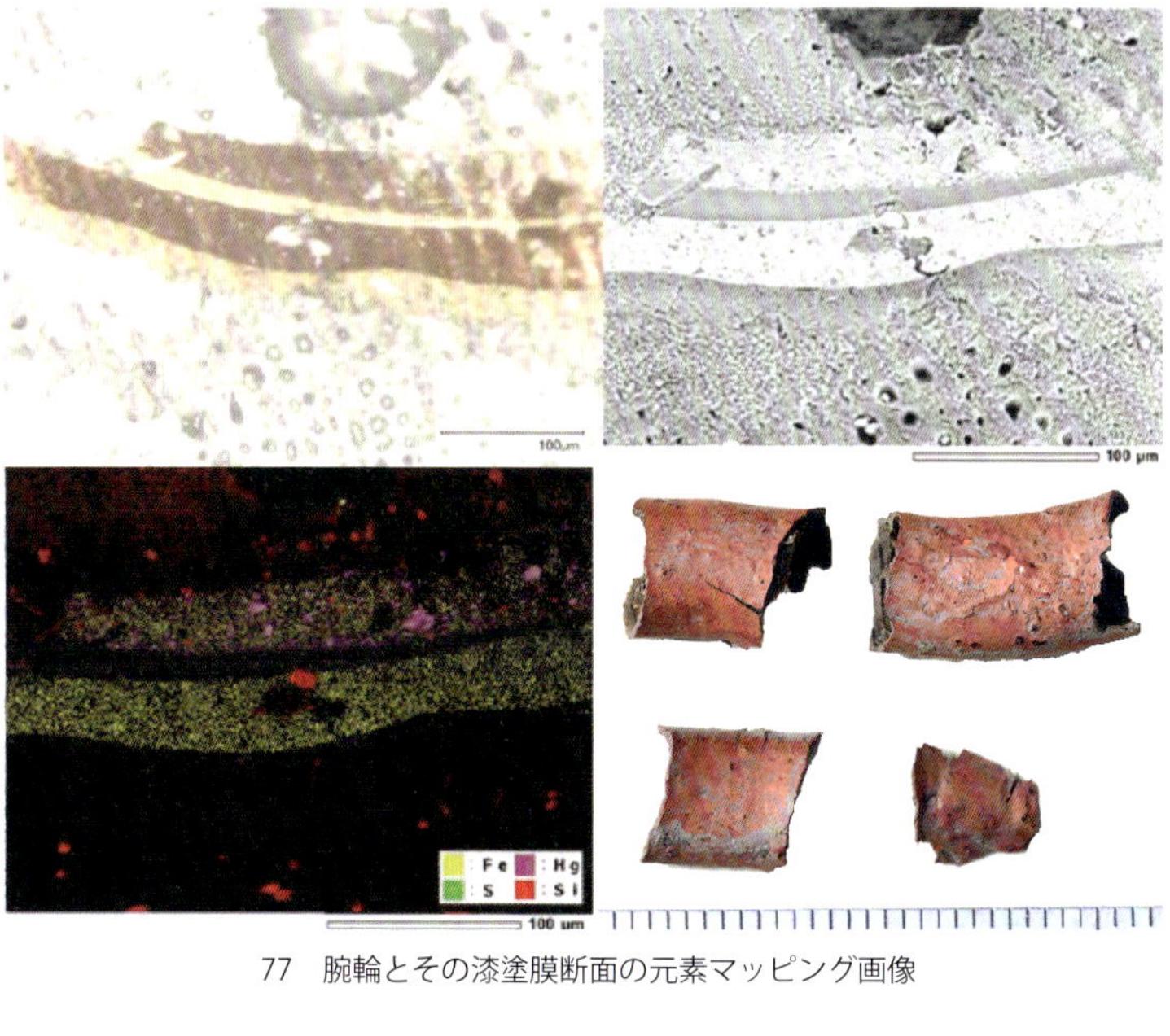

77 腕輪とその漆塗膜断面の元素マッピング画像

15

津軽平野低地部の亀ヶ岡文化　石郷遺跡群

78　石郷(4)遺跡　昭和49年発掘調査風景

石郷遺跡群は平川市石郷村元地区にあります。石郷(1)〜(7)遺跡および石郷神社裏遺跡からなります。平川により形成された標高38mの砂礫台地下位面に立地します。石郷遺跡群は、古くから遺物の出土が知られてきました。明治34(一九〇一)年に発行された『日本石器時代人民遺物発見地名表(第三版)』にも「南津軽郡柏木町村元大字石郷」と記載されています。

昭和49(一九七四)年、石郷遺跡群全体の性格の解明を目的に石郷(4)遺跡での発掘調査が旧平賀町教育委員会によって行われました(図78)。弘前大学の村越潔を調査担当者に、弘前大学・青森大学・青森山田高等学校の学生・生徒の助力を得て280㎡が発掘されました。その結果、縄文時代後期末葉〜晩期後葉の遺物が層位的に出土しました(図79)。また貯蔵穴から1025個のオニグルミが配石遺構の下部から検出されました(図80)。

その後、平成23(二〇一一)年には弘前大学(担当　上條信彦)によって、石郷(1)・石郷(2)・石郷(3)遺跡内の計15ヶ所でボーリング調査が行われ、遺跡の範囲確認と植生復原が実施されました。

出土遺物は土器・石器・土製品・石製品・植物性遺物(木製品・漆器・装身具・自然遺物)です。土器は鉢形・壺形・注口のある急須形・皿形が多く、各時期特有の型式変化が地点・層序ごとに検討できます。石器には、石鏃・石匙・石錐・削器・石斧・敲石・凹石《くぼみいし》があります。石製品には、円板状または臼形の石製品・石棒・岩版・垂飾品などがあります。そのほか完形の土偶や土製品も出土しました。

植物性遺物には、篦状や板状の木製品、竪櫛、籃胎漆器(後に土製品と判明)のほか、樹幹の倒木と樹

79　低湿地から見つかった沢山の土器

80　貯蔵されていたオニグルミ

木種子・毬果《きゅうか》が見つかりました。特に、籃胎漆器といわれていたもの(図81)には、その繊細な編み目が表面に観察されました。経糸の密度が24本／cm、緯糸22～24本／cmで、平織と綾織が混在していると推測されました。このような籃胎漆器は全国唯一で、その編み目の密度から当時の高度な編組技術が指摘されました。

そして、平成27(二〇一五)年、弘前大学(担当　片岡太郎)により、堅櫛、籃胎漆器の保存処理およびX線CT分析による内部構造の観察と、蛍光X線分析法による顔料の特定が行われ、詳しい使用顔料や製作方法が明らかにされました。その結果、従来、籃胎漆器とされたものは、いずれも布目圧痕が一部に残るベンガラを混ぜた粘土を使った土製品と判明しました。布目は籃胎ではなく、粘土が乾かないうちに布地に押されたためにできた圧痕でした。おそらく、布にワッペンのようにつけた装飾と推定されます。

文献
平賀町教育委員会『石郷遺跡』(一九七九年)

(上條信彦)

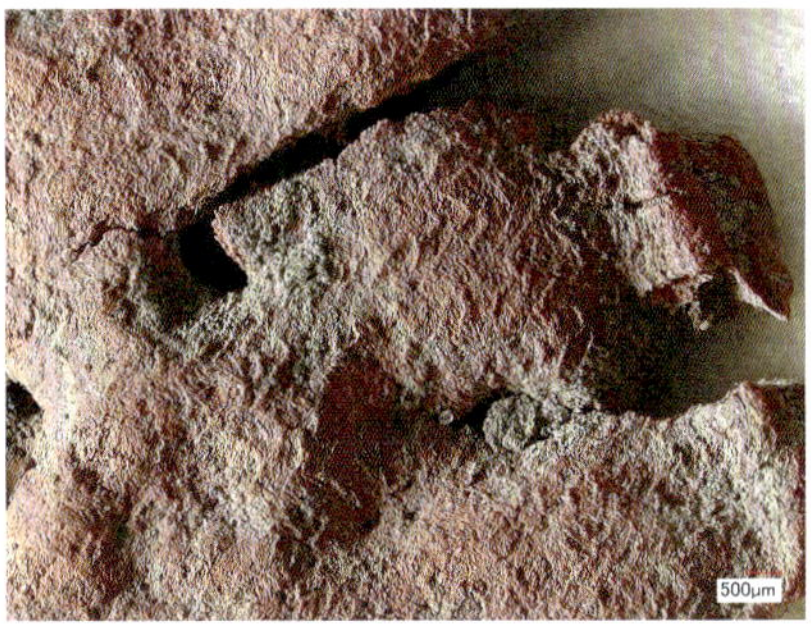

マイクロスコープでみた布目圧痕

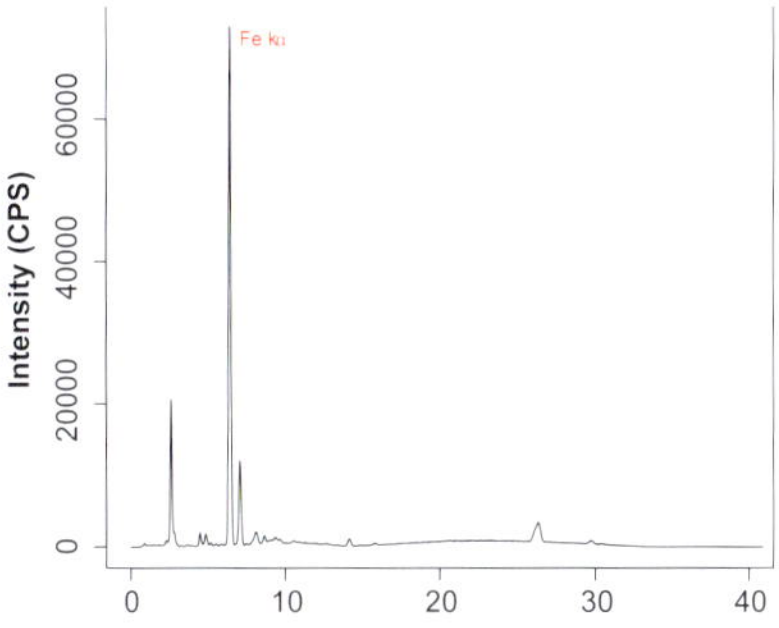

蛍光X線スペクトル

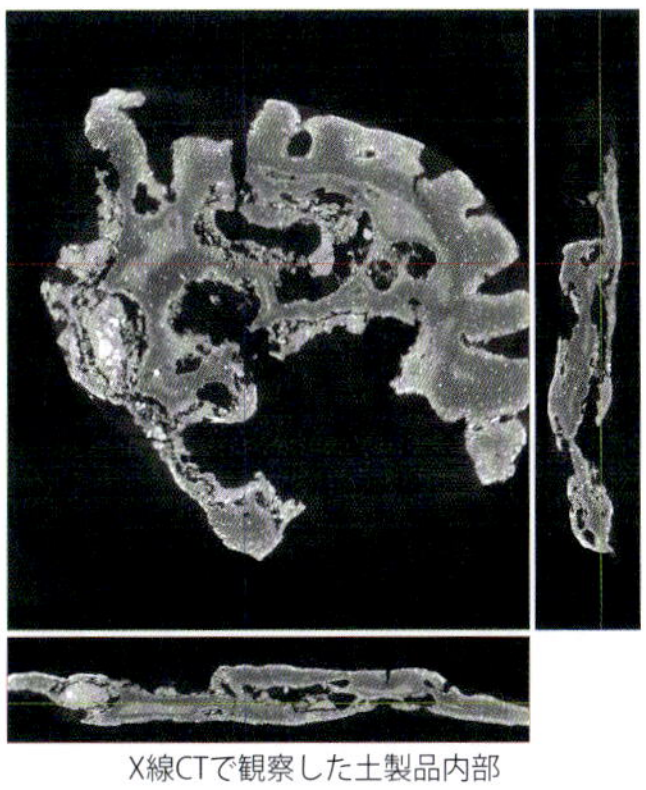

X線CTで観察した土製品内部

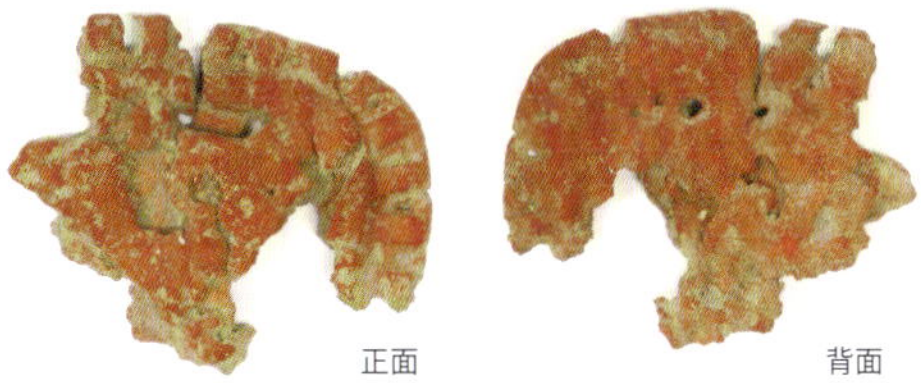

正面　背面

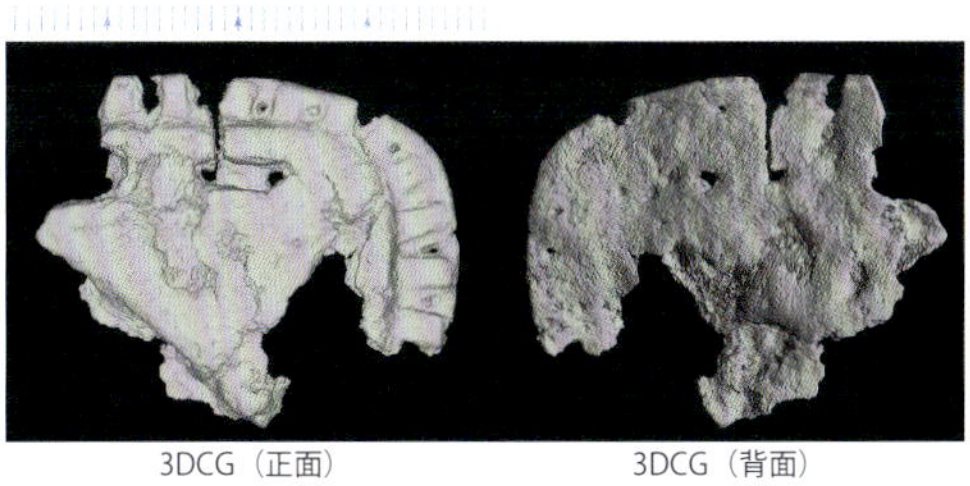

3DCG(正面)　3DCG(背面)

81　石郷遺跡群出土土製品の分析

16

白神山麓の遺跡群

青森県では平成5（一九九三）年に白神山地が世界自然遺産に、令和3（二〇二一）年には北海道・北東北の縄文遺跡群が世界文化遺産に登録されました。

北日本の縄文文化や社会の推移を検討する上で、青森県埋蔵文化財調査センターにより西目屋村の津軽ダム関連工事で発掘調査された、世界遺産白神山地に隣接する縄文遺跡群は、一定の地域内に存在する草創期から晩期までの縄文遺跡が悉皆調査された点で、絶好の研究対象といえます（図82）。

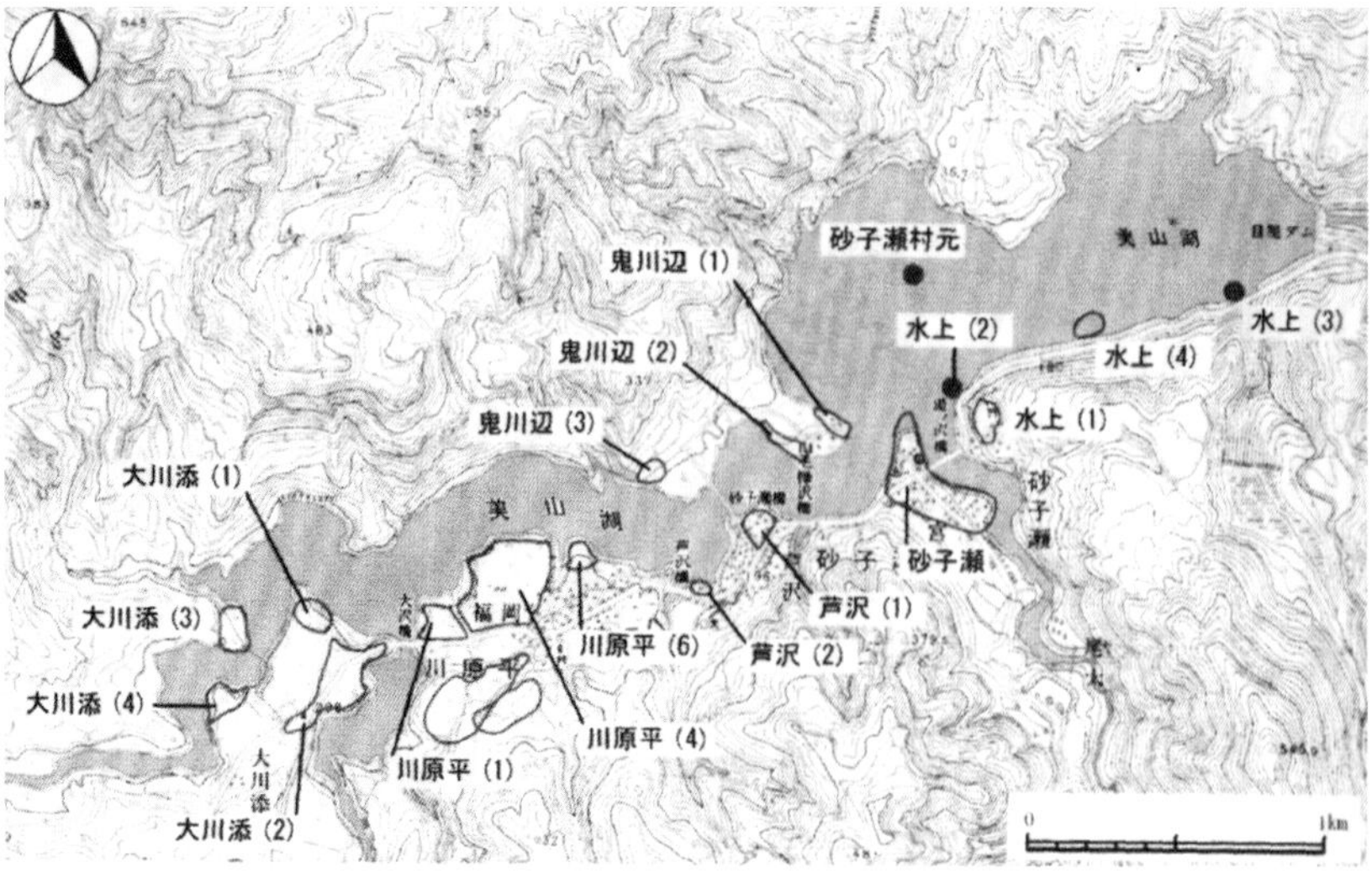

82　青森県西目屋村津軽ダム関連縄文遺跡群の位置

考古学と自然科学の緊密な共同研究に基づいて、白神山麓の縄文遺跡群から出土した遺構・遺物を分析することにより、草創期から晩期に至る縄文文化の歴史的変遷と、地域間交流の実態解明し、縄文文化の魅力を世界に向けて発信するための確固たる基盤をつくることが期待できます。

そうした視点に立ち、令和2～4（二〇二〇～二二）年の三年間、「考古学と自然科学の融合による北日本縄文文化の研究」（研究代表者　関根達人）という課題で、公益財団法人高梨学術財団から特定研究助成をうけ、弘前大学北日本考古学研究センターと青森県埋蔵文化財調査センターは、西目屋村の津軽ダム関連工事で発掘された縄文遺跡群から出土した遺物に関して共同研究を行いました。

関根達人と柴正敏が行った胎土分析では、早期中葉から晩期後葉まで99点の縄文土器を調べ、うち24点に含まれる火山ガラスの化学組成から、尾開山《おびらきやま》凝灰岩・虹貝凝灰岩・大滝沢凝灰岩を確認しました。これらの火山ガラスを含む土器は、水上(2)遺跡から出土した東北中部を主要分布域とする中期の大木8a式の浅鉢と大木8b式の深鉢も含め、全て津軽地方で製作されことが分かりました。

上條信彦は、川原平《かわらたい》(1)遺跡の土壌を水洗選別し、得られた植物遺存体を分析しました（図83）。トチノキ種皮は各層位間で種皮の割れ方が異なることが分かりました。オニグルミは主に上下方向からの衝撃を受けて割られており、円形から細長化、核の軽量化の層位間の変化が認められました。そのほかの大型植物遺体ではアサが最も多く、イヌガヤ、ウド、サンショウと続きます。人為的な利用が想定されるキブシやクワ属、マタタビ属、ニワトコ属、ウドが層の上下ともに多いのに対し、下層では植生を反映するホオノキやコナラ属、ウリノキ、イヌタデが目立ちます。

川原平(1)遺跡からは縄文後期後葉から晩期までの漆製品が多数出土しました。特に、西捨て場地区からは、漆が塗られた土器、土製品、木胎漆器、籃胎漆器、弓、櫛、耳飾、腕輪などが発見されています。また、漆関連製品として、漆の精製に使用された漆濾し布が出土していることから、遺跡内で漆器が製作されていた可能性が高く、日常的に生活に身近な材料として漆を利用していたことが想像できます。

83　川原平(1)遺跡の植物遺体の堆積層と堆積していたトチノキ種皮、オニグルミ核

片岡太郎は、川原平(1)遺跡から出土した28点の漆櫛についてX線CT撮影した後、断層画像を再構成して、非破壊で外部と内部構造の三次元デジタル情報を取得、三次元解析ソフトウェアにより内部構造を可視化した上で外観のデザインと内部構造を比較しました。分析の結果、漆櫛の平面形態と製作技術に一定の相関が認められました(図84)。

本研究の特徴は、土器・動植物遺存体・漆製品などの出土遺物に関して、弘前大学が誇る最新の自然科学的手法による分析を行い、ミクロな視点から原産地(製作地)や製作技術を解明するという手法にあります。本研究は、縄文文化研究のネックとなっている社会組織の解明に新たな道を拓き、人類史上、縄文文化がいかなる意味を持っていたかを議論するための材料を提供できたのではないでしょうか。

（関根達人）

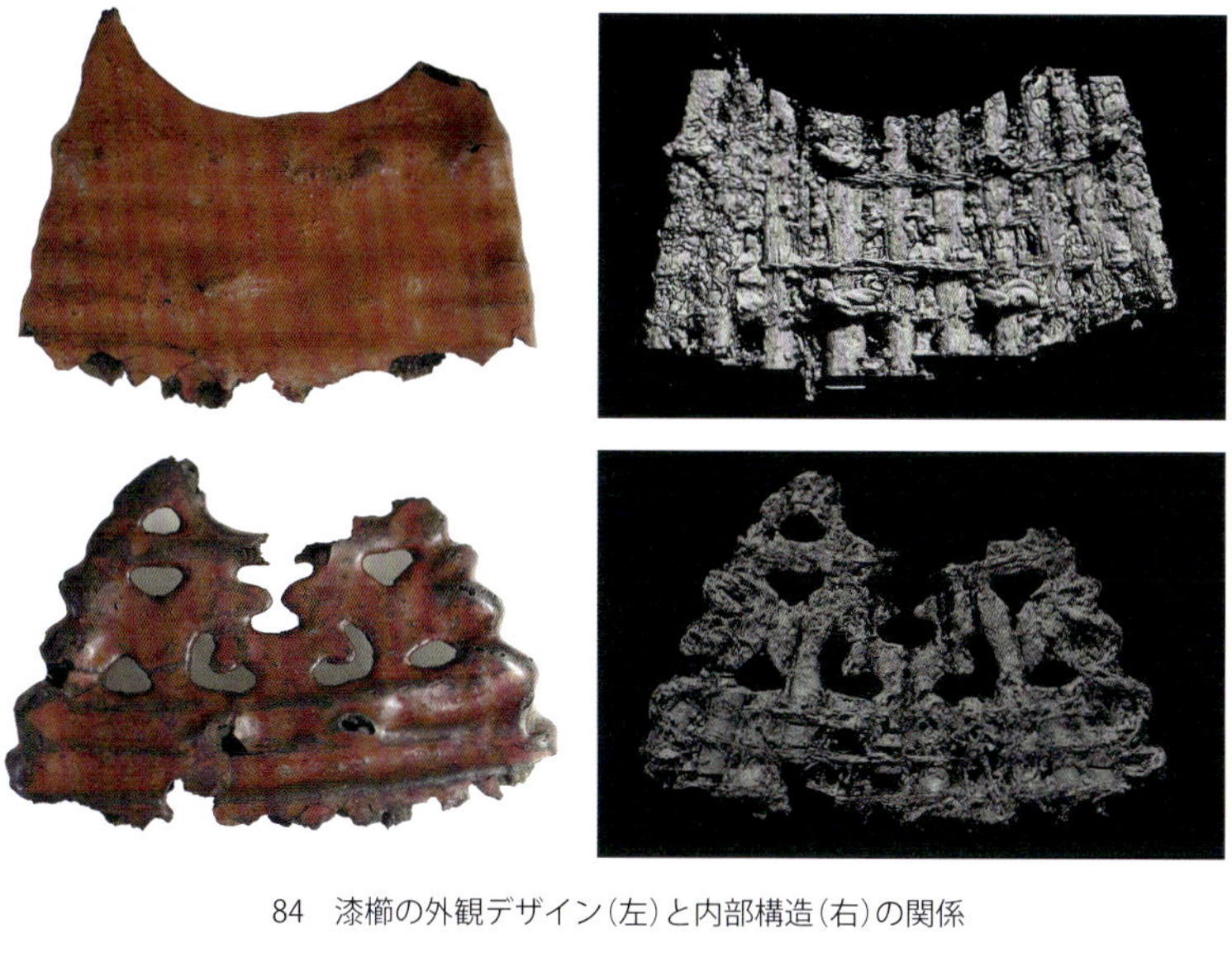

84　漆櫛の外観デザイン(左)と内部構造(右)の関係

文献

岡本 洋「西目屋縄文遺跡群の魅力」（『津軽学』第一二号 二〇二〇年）

青森県埋蔵文化財調査センター『研究紀要』第二八号（二〇二三年）

17

馬淵川流域の亀ヶ岡文化

杉沢遺跡

85　杉沢遺跡発掘調査風景

杉沢遺跡は、三戸郡三戸町貝守字杉沢地区にあり、馬淵川《まべちがわ》の支流、猿辺川《さるべがわ》の河岸段丘、標高170mに位置します。昭和45（一九七〇）年に青森県立三戸高等学校、平成16（二〇〇四）年に青森県立郷土館が発掘調査を行いました。平成18（二〇〇六）年、弘前大学日本考古学研究室（担当　藤沼邦彦）によって、馬淵川流域の亀ヶ岡文化研究を目的に51㎡が調査されました。竪穴住居跡や土坑墓などの遺構は発見されなかったものの、14層約2mの深さに及ぶ遺物包含層からは、晩期前半を中心とする各種遺物が多数出土しました（図85）。

出土品には土器・土製品、石器・石製品があります（図87）。土器は、縄文晩期前半の大洞BC式・大洞C1式を中心とし、深鉢・鉢・台付鉢・浅鉢・皿・壺・注口土器（図86）などがあります。深鉢・台付鉢には、煮炊きに用いたことを示す炭化物が付着しています。浅鉢・皿・注口土器は丁寧なつくりで、雲形文を主とした文様が施されており、漆を塗ったものも多くあります。

土製品では、土偶、土器片を加工した円板状土製品、匙形土製品・小型土器などがあります。石器には石鏃・石錐・石匙・石べら、磨製石斧、磨石《すりいし》・凹石・敲石・石皿などがあります。また、石製品には、人がた

86　下層から出土した注口土器

を模した岩偶、護符的な用途で幾何学文様が施された岩版のほか、円板状石製品・ボタン状石製品・石刀などがあります。

本調査によって亀ヶ岡文化が盛行した馬淵川流域における亀ヶ岡文化の一端を明らかにすることができました。

（上條信彦）

文献
弘前大学人文学部『青森県三戸郡三戸町杉沢遺跡発掘調査報告書』（二〇〇八年）

87　杉沢遺跡出土品★

18

下北半島の亀ヶ岡文化

不備無《ふびなし》遺跡

89　不備無遺跡発掘調査風景

88　不備無遺跡遠景

不備無遺跡は、むつ市川内町宿《しゅく》野部《のへ》地区にあります（図88）。立地は宿野部川の河口から約５００ｍ上流の低位段丘面で標高は約５ｍです。遺跡は採集資料が知られているのみで、その位置や内容、保存状態は不明でした。北海道に近接する下北半島の亀ヶ岡土器文化の実態解明を目的に平成21・22（二〇〇九・一〇）年に調査（担当関根達人・上條信彦）されました（図89）。

調査面積は45㎡で、層位は５層ありました。このうち、第２層からは大洞A・A'式、３層から大洞BC・C1式、４層から大洞B２式の遺物包含層を確認しました（図91～95）。また、３層検出面を掘り込む土坑墓（図90）を確認しました。土坑墓は長径１８０㎝の楕円形で、その中からは大洞C２式の浅鉢の上に鉢をかぶせた副葬品が見つかりました。

90　副葬品を伴うお墓

この調査の結果、本調査区は、捨て場としての機能と墓域としての機能を経つつ晩期全体にわたって生活が営まれていたことが分かりました。下北半島での晩期資料の層位的な検出例は初であり、当地域の土器編年研究や文化変化を解明するうえで貴重な資料になります。また土坑墓の特徴や土器型式・石器組成は、北海道との関連を示

2層　3層　4層

91　土器出土状況

浅鉢

土偶

92　2層出土遺物★

93　3層出土遺物★

しており、地域間関係を知る上でも多くの成果を得ました。

文献

弘前大学人文学部附属亀ヶ岡文化研究センター『下北半島における亀ヶ岡文化の研究』（二〇一二年）

（上條信彦）

注口土器

黒曜石製異形石器

94　4層出土遺物★

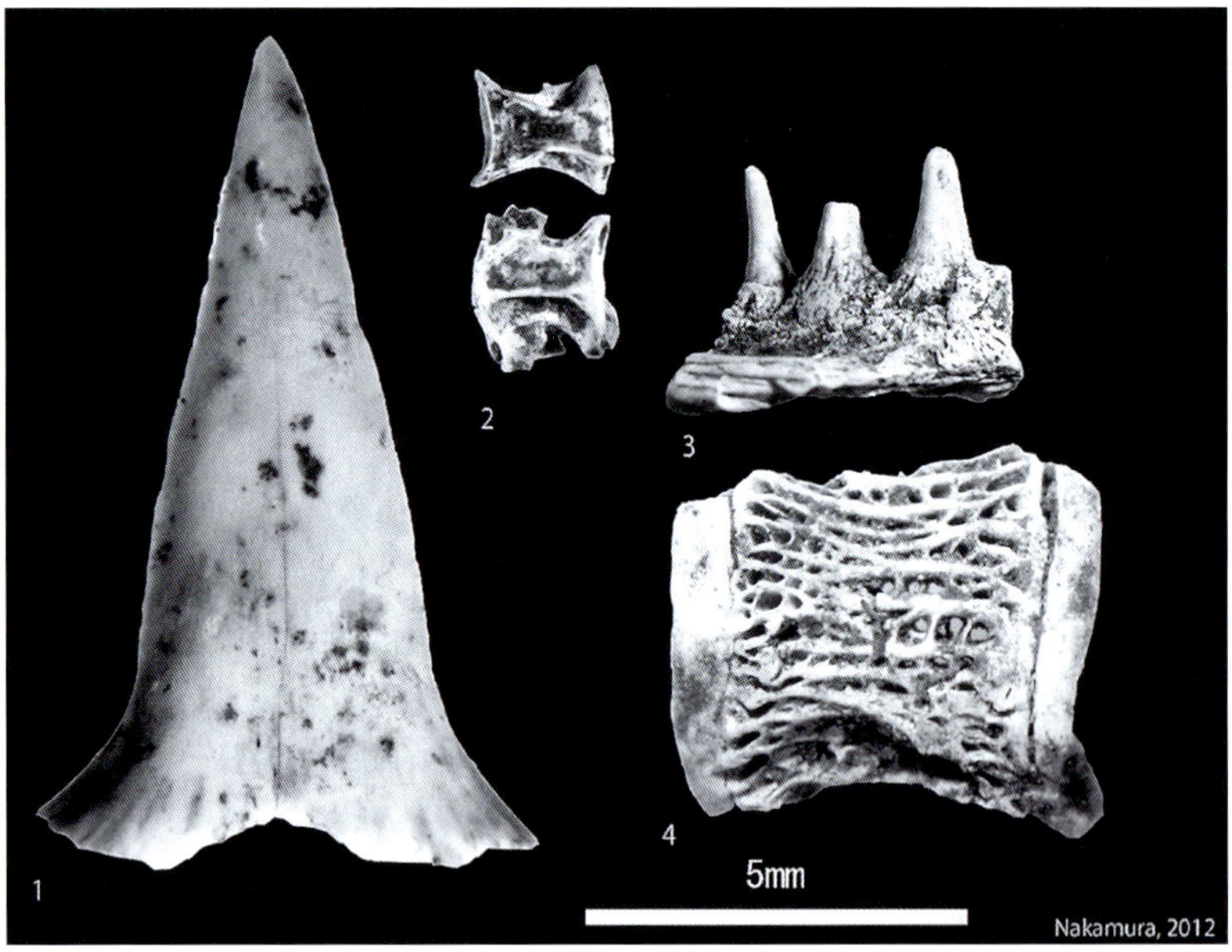

1:アオザメ属歯、2:ニシン科椎骨、3:サケ科下顎、4:サケ科椎骨

95　不備無遺跡で見つかった焼骨

19

北海道の亀ヶ岡文化　上川遺跡

縄文晩期後葉には北部亀ヶ岡文化圏（聖山《せいざん》式文化圏）が成立し、渡島半島と津軽半島・下北半島が同じ土器文化圏となり、一体性が強まります。聖山文化圏の成立・変遷の解明を通して、津軽海峡域の南北文化交流を検討するため、弘前大学人文社会科学部文化財論研究室（担当　関根達人）では、令和元（二〇一九）年、北海道松前町上川遺跡の発掘調査を実施しました。

上川遺跡は、松前町の中心市街地から東へ約2km、及部川《およべがわ》の河口部左岸、標高5～10m前後の砂丘上に位置します（図96・97）。昭和51（一九七六）年に松前町教育委員会が旧国鉄松前線の南側で行った発掘調査では立石《りっせき》や砂利を用いたマウンドを伴う大洞C2式期の土坑墓8基を検出しています（図98）。令和元（二〇一九）年の調査区は、昭和51（一九七六）年の調査地点から北西に約80m、上川生活改善センターの周囲に位置します。調査

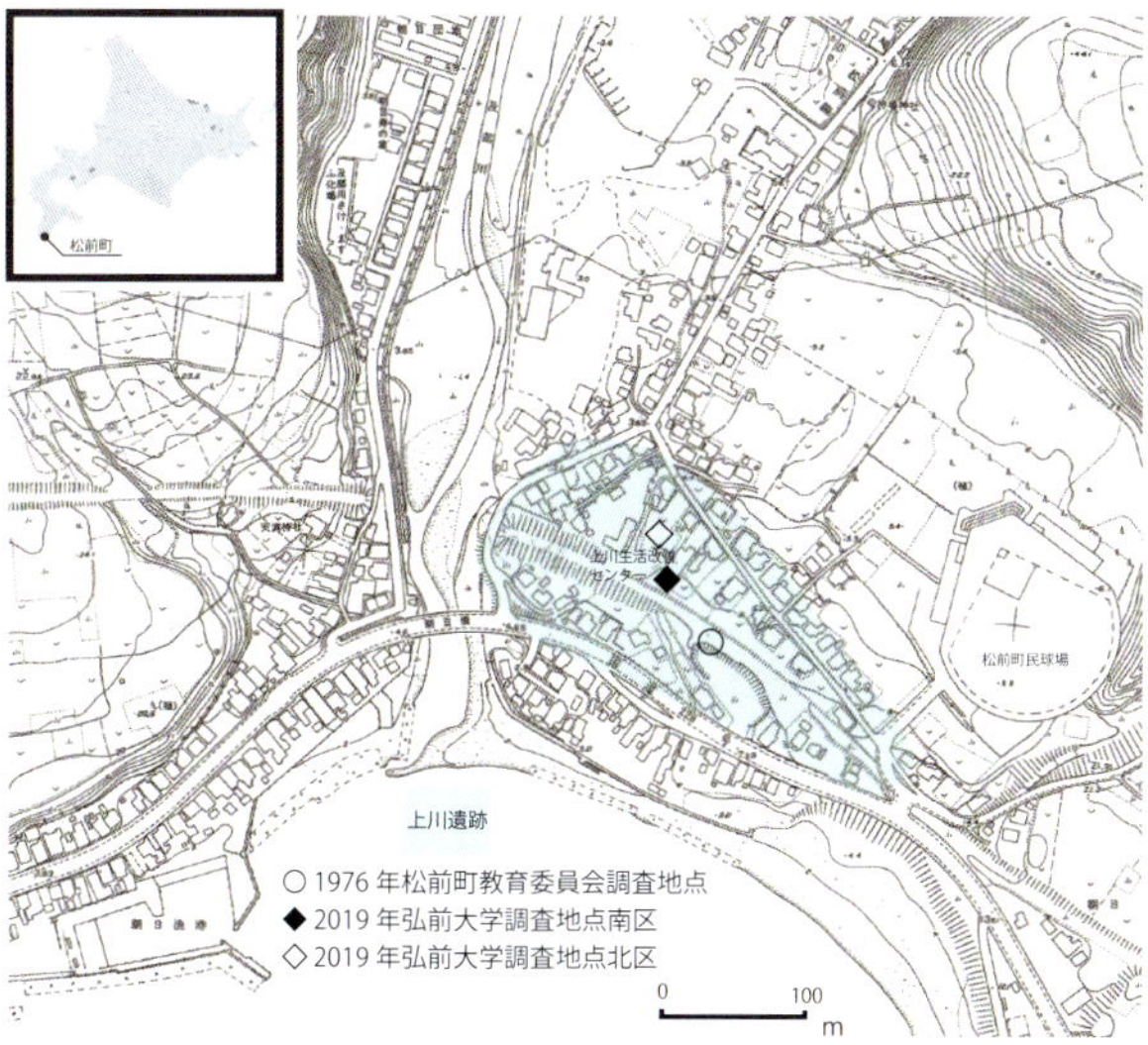

96　遺跡の位置

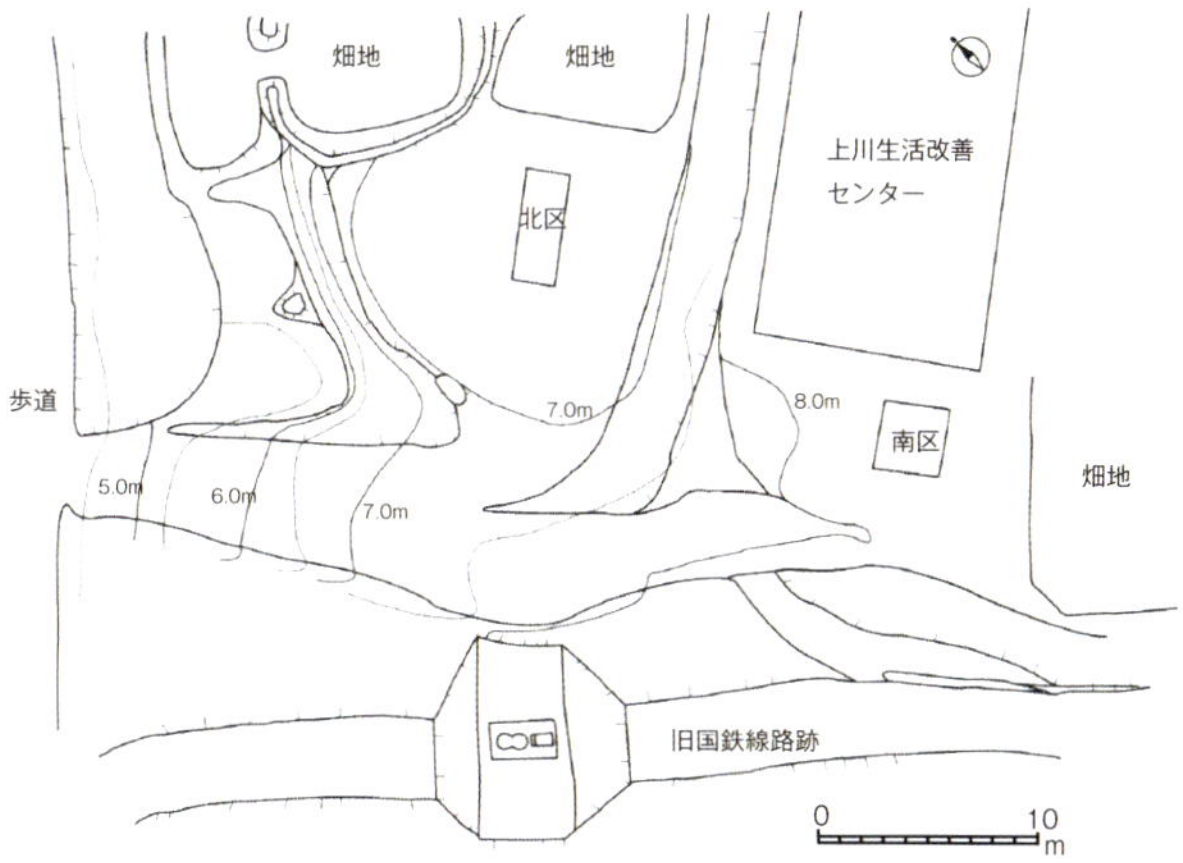

97　調査区の位置

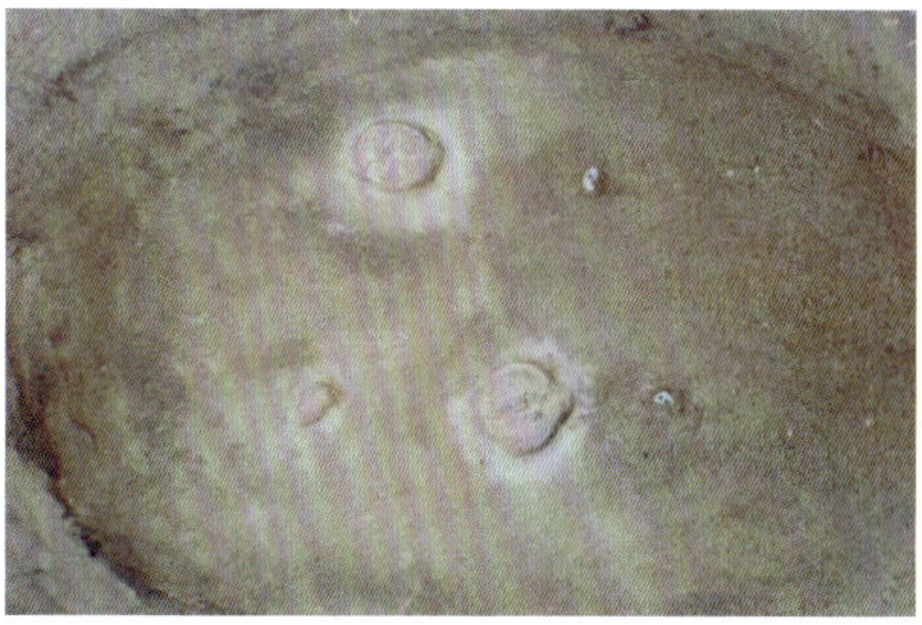

98　昭和51年の調査区と土坑墓

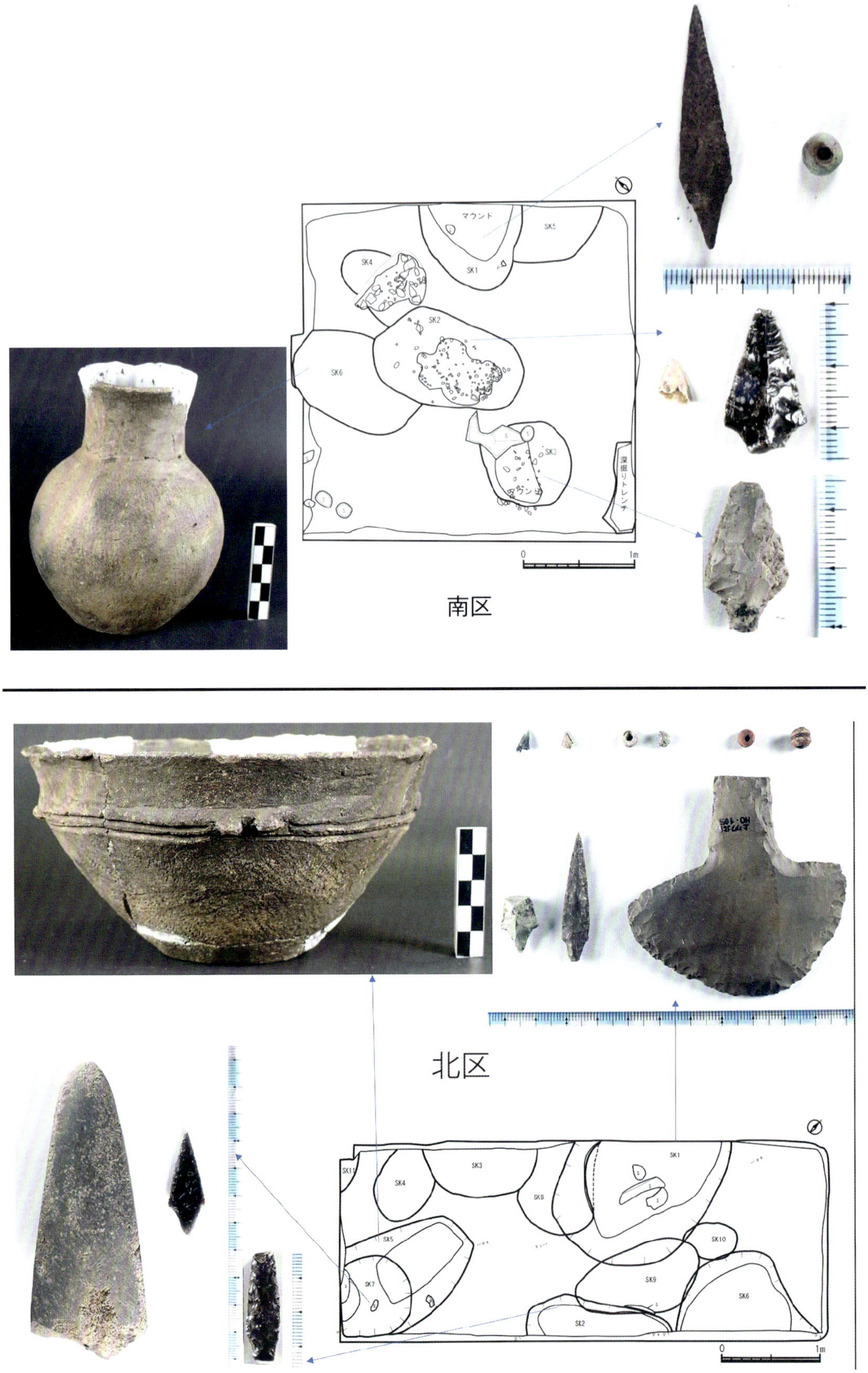

99　令和元年調査で発見された土坑墓と副葬品

100　令和元年調査で発見されたマウンドを持つ墓と墓に供えられた土器

区は北区と南区の2ヶ所で、北区はセンター西側、南区はセンター南側です。調査面積は、北区が2ｍ×5ｍの10㎡、南区が3ｍ×3ｍの9㎡です。遺構の埋土は全て10㎜方眼の乾燥篩《かんそうふるい》と2㎜方眼の水洗篩で微細遺物を回収しました。

南区では8基の土坑墓を検出、2基を完掘、北壁にかかるものを半分調査しました（図99・100）。北区では10基の土坑墓と風倒木痕1基を検出し、外壁にかかる4基を掘り下げました。

出土土器は、Ⅰ群（大洞C2式古段階）、Ⅱ群（聖山Ⅰ式）、Ⅲ群（聖山Ⅱ式）、Ⅳ群（大洞A2併行の大平《おおひら》段階）、Ⅴ群（大洞A2式）に分類されます。Ⅰ～Ⅳ群が在地の土器なのに対し、Ⅴ群は津軽海峡を越えた東北地方を主たる分布域とする客体的な土器で、器種は精製の浅鉢と精製壺に限られます。石器は、石鏃・石匙・磨製石斧・凹石が出土しました。

令和元（二〇一九）年の調査で検出された土坑墓は、聖山Ⅱ式とそれに後続する大洞A2式併行期（大平段階）であり、昭和51（一九七六）年の調査で発見された大洞C2式期のものより新しいことから、墓域は南東から北西へと場所が遷った可能性があります。18基の土坑墓のうち14基は上部にマウンドを伴いました。マウンドは砂利や土器片を用いたものが9基と最も多く、他に黒褐色土によるもの4基、マウンドの表面に土器片を敷いたものが1基あります。また、墓上に置石を伴うものが5基、土坑の壁に沿って石を配置するものが1基あります。マウンドに使われた角礫は、隣接する及部川流域、小円礫は河口部付近の海岸で採集されたと推測されます。副葬品には、墓坑上に供献された土器、墓坑内に納められた石鏃・石斧・石匙・サメの歯、ヒスイ製小玉、緑色凝灰岩製小玉、赤彩された土製小玉があります。

玉砂利のマウンドを伴う土坑墓は、道内では、道南から道央部にかけ海沿いに立地する晩期前葉の上ノ国《かみのくに》式～大洞A2式併行期の遺跡で確認されています。木古内町札苅遺跡にはマウンドに砂利とローム質粘土を併用したものやローム質粘土だけを用いた土坑墓もあります。ローム質粘土によるマウンドが伴う縄文晩期の土坑墓は、つがる市亀ヶ岡遺跡をはじめ津軽半島でも大洞BC式期から聖山Ⅱ式／大洞A1式期に認められます。それら津軽海峡域のマウンドを伴う縄文晩期の土坑墓は、石鏃をはじめ緑色凝灰岩やヒスイ製の小玉やサメの歯の装飾品など副葬品にも高い共通性が認められます。

（関根達人）

文献

関根達人「北海道松前町上川遺跡発掘調査報告」（『北海道考古学』第五七号　二〇二一年）

20

八郎潟沿岸域における研究

中山遺跡と下台《しもだい》遺跡

101　中山遺跡(手前)と馬場目川、奥は八郎潟

弘前大学では、教育学部・理工学研究科・農学生命科学部の多分野の教員からなる低湿地遺跡の多角的分析によって、縄文時代晩期から弥生時代の環境激変期における資源利用戦略を探る研究を行っています。

I　中山遺跡

中山遺跡は、八郎潟から約7㎞東、南秋田郡五城目町《ごじょうめまち》高崎字中泉田地区にあり、馬場目川《ばばめがわ》左岸の台地とその下の低湿地に立地します(図101)。弘前大学人文社会科学部では、遺跡のある五城目町との間で研究協定を結び、平成24・25(二〇一二・一三)年度に発掘調査(担当 上條信彦)しました。A~C区の3つの調査区を設定しました(図102)。A区からは縄文時代後期後葉~晩期初頭、B区からは縄文時代晩期初頭~前葉、C区からは

103　中山遺跡A区発掘風景

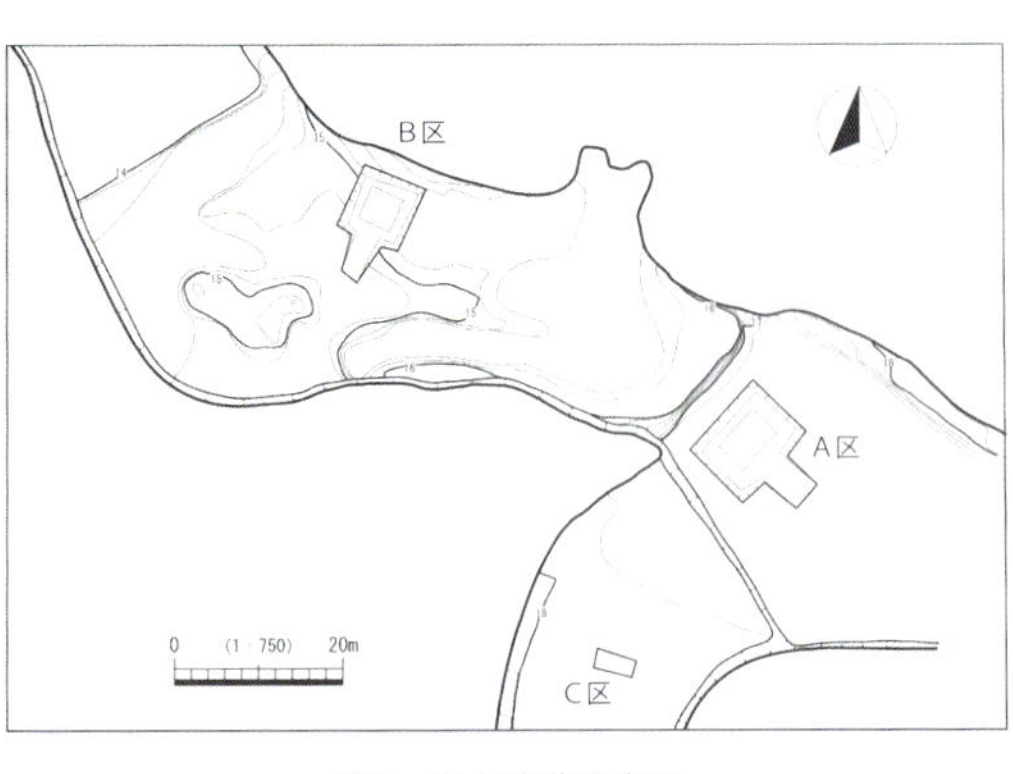

102　中山遺跡調査区

104　A区遺物出土状況

105　中山遺跡出土品★

縄文時代後期末葉～晩期前葉の遺物包含層が層位的に見つかりました(図103・106・107)。

調査の結果、遺跡ができたはじめは、流路が未成品などの木材を水漬けして置く場所であり、やがて、流路が埋没しはじめると、流路に沿って捨て場が作られたことが分かりました。さらに、後期末葉の土石流をきっかけに、B区やC区に捨て場が移動することも分かりました。

調査区が低湿地であったことから、土器・石器のほか木製品、漆製品など豊富な植物質・動物質の遺物が腐らずに発見されました(図105)。さらに後期後葉の捨て場からはトチノキの種皮を主体に、クルミの殻やシカなど獣骨が見つかりました。

一連の調査の結果、約１８０㎡の調査区から、土器約千二百個体分、石器約八千七百点(うち定型石器４６９点)、土製品(円盤状・耳飾)、石製品(石棒・石刀・石冠・円盤状ほか)、木製品(槌状木製品、櫂状木製品(図104の中央の木製品)、樹皮巻き製品(弭《ゆはず》)、漆製品(弓、木胎漆器、籃胎漆器、竪櫛)、加工木約二百点、骨角器(貝輪・鳥骨製品・サメ歯)が見つかりました。さらに、動植物遺体を回収するために土のう約千四百袋分、14t分の土壌を篩に掛けました。その結果、トチノキ種皮27kg(約一万八千個分)、クルミ内果皮3.8kg(約千四百個分)をはじめ、ニワトコ(二千粒以上)、クワ属、ブドウ属、マタタビ属、ハマナス、アズキ亜属、ササゲ属、ヒシ属、クリなどがありました。また栽培植物のアサやヒエがまとまって見られる箇所がありました。このように主要なエネルギー源がトチノキであり、液果を使った果汁やマメ類の利用、雑穀の存在が明らかとなりました。また動物遺体は流路にいたとみられるイシガイ科を主体に、食料として利用されたニホンジカ・イノシシなどの哺乳類、カモ科などの鳥類、コイ科・ウグイ属・フナ属・サケ・スズキなどの魚類が

107　大洞B式大型壺(B区)★

106　大洞B式赤漆塗壺(B区)★

ありますʼ。特にニホンジカが多く、シカ猟とともに馬場目川における内水面漁撈が盛んだったことが分かりました。さらに塩水に生息するサルボウのほか、ベンケイガイ製の腕輪やアオザメの歯からは海を介した交流がうかがえます。

　中山遺跡の調査によって、これまで不明瞭であった北日本の縄文時代後晩期における生業の実態やその変化が明らかとなりました。さらに石器石材や赤色顔料、動物遺体の分析から日本海を介した交流も明らかになっています。このように過去の生活が具体的に復元できた低湿地遺跡は全国的にも例が少なく貴重な遺跡といえます。

2 下台遺跡

　下台遺跡は、秋田県南秋田郡八郎潟町小池地区にあります。中山遺跡と関連する遺跡を調べようと私たちが平成24（二〇一二）年秋に踏査を行った結果、新たに遺跡の広がりを見つけました。中山遺跡から約2・5㎞、標高8mで、扇状地末端の馬場目川旧流路との境界付近に立地します。平成25（二〇一三）年度に9m×10m、計90㎡を発掘調査（担当　上條信彦）しました。

　調査の結果、狭い調査範囲にもかかわらず、竪穴住居跡6軒（第1〜6号住居跡）、溝1本を確認しました（図108・109）。時間的制約からこのうち3軒（第1・2・4号住居跡）を調査しました。遺物は主に縄文時代晩期後葉の大洞A2・A'式土器が出土しており、石器、土偶なども数多く出土しました。

　第1号住居跡は長軸5m、短軸2・8mの長楕円形を呈し、掘り込みは10㎝と非常に浅くなっています。住居内には2つの柱穴が検出されました。中央には焼土が確認されました。第2号住居跡に重なっており、本住居跡のほうが新しいと考えられます。遺物は大洞A2式土器が多く出土しました（図110）。変形匹字文とよばれる文様が多くみられます（図111）。

　第2号住居跡は復元径7・2mの円形を呈し、第1・4号住居跡に切られています。遺構のプランは不明瞭で、住居内には柱穴がありました。遺物は大洞A2式土器が多く出土しました。土器に付着した炭化物を用いて年代測定したところ、約2550年前という結果がでました。そのほか、土

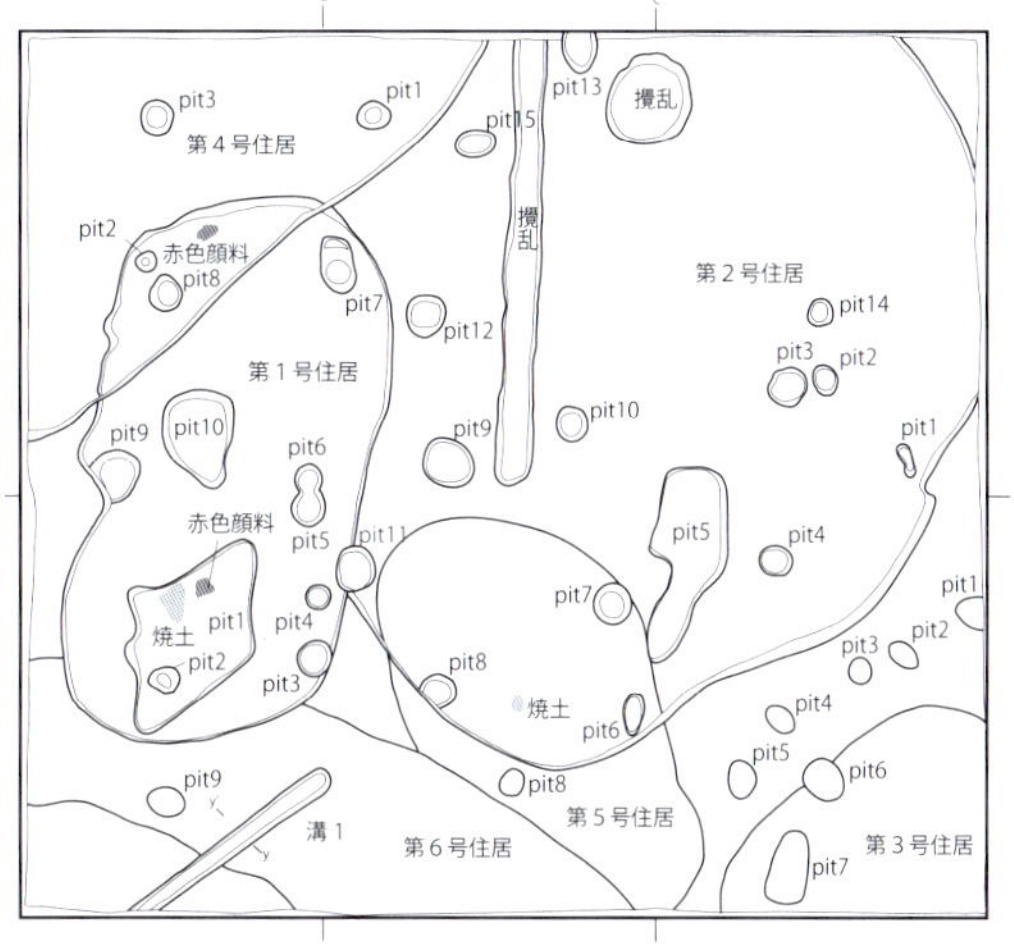

108　下台遺跡遺構配置図

110　下台遺跡第1号住居跡発掘状況

109　下台遺跡遺物出土状況

偶（図112）や土版（図113）といった土製品や石製品もみつかりました。

第4号住居跡は調査区の制約から調査できたのは4分の1程度ですが、多量の遺物が出土しました。出土土器は大洞A'式土器がみられます。柱穴は3つ検出されました。本住居跡は第1号住居跡とは切り合いが不明瞭でしたが、炭化物を用いて年代測定すると約2469年前という結果がでました。また、土器の分析も考慮すると本調査で最も新しい時期の住居跡と推定されます。

遺物の多くは、遺構の中央に集中しており、住居を廃棄してから間もなくして投棄されたとみられます。開地遺跡なので動植物遺体はわずかですが、土壌を篩掛けした結果、炭化したトチノキ・クリ・オニグルミの種子が検出され、中山遺跡と共通する食生活が分かりました。

このように、下台遺跡は東日本で数少ない縄文晩期末の集落と分かりました。特に、検出された土器は秋田県では数少ない縄文時代終末期の大洞A2〜A'式が主体であり、中山遺跡の後続する遺跡の実態が解明されました。さらに晩期末の約100年という短い間に形成された大量の資料を、土器型式と遺構の切り合い関係、年代測定により実証的に検証された例は秋田県域では初めてであり、時間のものさし（編年）だけでなく、住居や集落のあり方からみた縄文時代から弥生時代への社会の変化を探るうえでも重要な成果となりました。

文献

弘前大学人文社会科学部北日本考古学研究センター『八郎潟沿岸における低湿地遺跡の研究』（二〇一六年）

弘前大学人文社会科学部北日本考古学研究センター『八郎潟沿岸における縄文時代晩期末の研究』（二〇一七年）

（上條信彦）

111　下台遺跡出土遺物★

113　下台遺跡第2号住居跡出土土版

112　下台遺跡第2号住居跡出土土偶

21

南東北縄文〜弥生の移行期の低湿地遺跡

山王囲《さんのうがこい》遺跡出土品の研究

国史跡山王囲遺跡は宮城県北部の栗原市一迫《いちはさま》真坂《まさか》字山王に位置し、奥羽脊梁山脈の一つ栗駒山と荒雄岳の山麓に源を発する一迫川とその支流である長崎川に挟まれた自然堤防上に立地します。

遺跡は戦前から知られており、中谷治宇二郎と八幡一郎による『日本石器時代遺物発見地名表』に、旧制築館中学校教諭の池内儀八からの情報に基づき、陸前栗原郡一迫村真坂山王から土器・土偶・石鏃・石斧・石皿・石錐・石錘・凹石の出土が記載されています。

昭和40（一九六五）年の伊東信雄教授をはじめとする東北大学文学部考古学研究室による発掘調査では、厚さ2mを超す縄文晩期中葉から弥生中期に至る有機質遺物を含む包含層が分層調査され、多量の遺物が出土しました（図114〜123）。翌昭和41（一九六六）年には山王囲遺跡出土品埋蔵文化財収蔵庫として遺跡地内に山王考古館が開設され、昭和46（一九七一）年には国史跡に指定されました。

出土資料は多くの研究者が注目するところであり、縄文から弥生への物質文化の変遷の解明が期待されましたが、正式な発掘調査報告書が刊行されていないため、これまでその全容が不明でした。

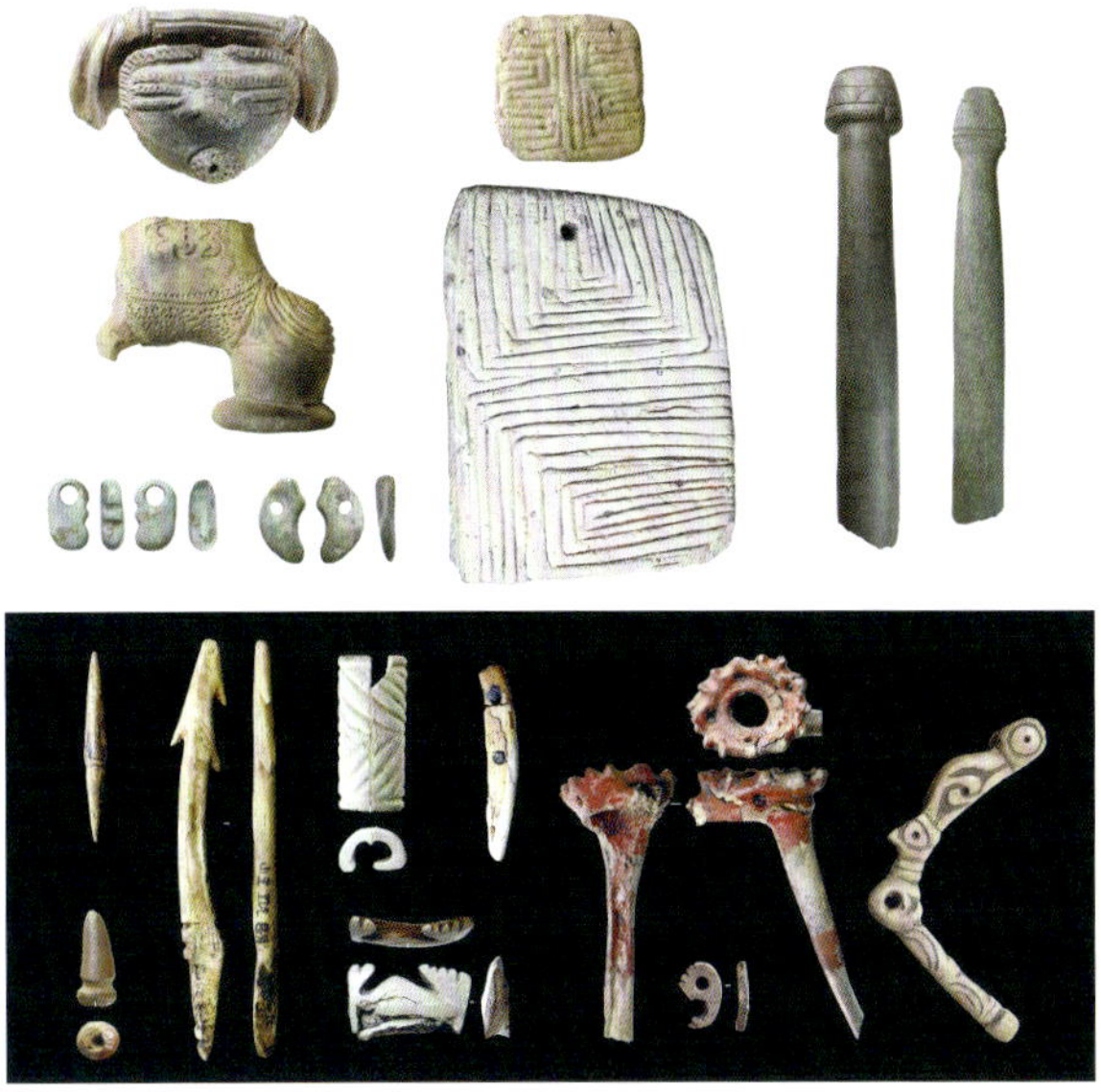

114　山王囲遺跡の石製品・土製品・骨角器

115　山王囲遺跡西区Ⅲ層出土土器（弥生中期前葉「山王Ⅲ層式」）

116　山王囲遺跡西区Ⅳ上層出土土器（弥生前期末葉「山王Ⅳ上層式」）

117　山王囲遺跡西区Ⅳ下層出土土器1（縄文晩期末葉「大洞A′式」）

弘前大学北日本考古学研究センターは、北日本特有の低湿地の遺跡資源を生かした、縄文から弥生にかけての環境激変期の人類の適応活動と新品種への選抜過程に関する研究に取り組むなかで、未報告となっている山王囲遺跡出土資料の調査が必要と判断し、栗原市教育委員会、ならびに発掘調査とこれまで資料整理を担ってきた東北大学に協力を打診しました。

平成27(二〇一五)年、栗原市教育委員会とセンターが「史跡山王囲遺跡の漆工芸研究」の共同研究協定を結び、それに基づいて東北大学総合学術博物館の研究協力を得ながら、令和元(二〇一九)年度までの5年間で山王囲遺跡出土漆器の調査と保存を進めることとなりました。平成29(二〇一七)年10月7日〜11月12日には、栗原市埋蔵文化財センターから山王囲遺跡の主要な出土品を借り受け、弘前大学日本考古学研究センターで企画展「大山王囲展 - 北上川下流域に華開いた漆の文化から弥生文化へ」を開催しました。この協定に基づき、令和2(二〇二〇)年3月には、『国史跡 山王囲遺跡の研究Ⅰ 漆器編』を刊行しました。

平成30(二〇一八)年には東北大学文学部考古学研究室から山王囲遺跡出土資料を扱った卒業論文や修士論文の写しの提供を受け、山王囲遺跡出土品の全貌解明に向け、整理状況の確認に着手しました。

山王囲遺跡出土品に関する総合的な調査・分析を実施するため、令和2(二〇二〇)年度より5ヶ年計画で弘前大学人文社会科学部と栗原市教育委員会との間に新たな共同研究「山王囲遺跡出土資料の研究協力に関する協定」を令和2(二〇二〇)年12月に締結しました。この協定に基づき、令和

118　山王囲遺跡西区Ⅳ下層出土土器2（縄文晩期末葉「大洞A'式」）

119　山王囲遺跡西区Ⅴ層出土土器（縄文晩期後葉「大洞A2式」）

120　山王囲遺跡西区Ⅵa-g層出土土器（縄文晩期後葉「大洞A1式新段階」）

121　山王囲遺跡西区Ⅵh層出土土器（縄文晩期後葉「大洞A1式古段階」）

3(二〇二一)年9月には、『国史跡 山王囲遺跡の研究Ⅱ 石器・石製品・土製品・骨角器編』、令和4(二〇二二)年3月には『国史跡 山王囲遺跡の研究Ⅲ 土器編1(西区Ⅲ層・Ⅳ上層出土土器編)』、令和5(二〇二三)年3月には『国史跡 山王囲遺跡の研究Ⅳ 土器編2(西区Ⅳ下層・Ⅴ層出土土器編)』、令和6(二〇二四)年3月には『国史跡 山王囲遺跡の研究Ⅴ 土器編3(西区Ⅵ層・Ⅶ層出土土器編)』を継続的に刊行し、これまで長らく待ち望まれてきた出土遺物の全容を公開しました。

令和7(二〇二五)年3月には、これまでの研究成果をまとめた『国史跡山王囲遺跡の研究Ⅵ 総括編』を刊行するとともに、今後、栗原市と協力し、出土遺物が収蔵されている栗原市一迫埋蔵文化財センター山王ろまん館の展示などを通して、研究成果を広く社会に還元していく予定です。

(関根達人)

122 山王囲遺跡西区Ⅶ層出土土器(縄文晩期中葉「大洞C2式」)

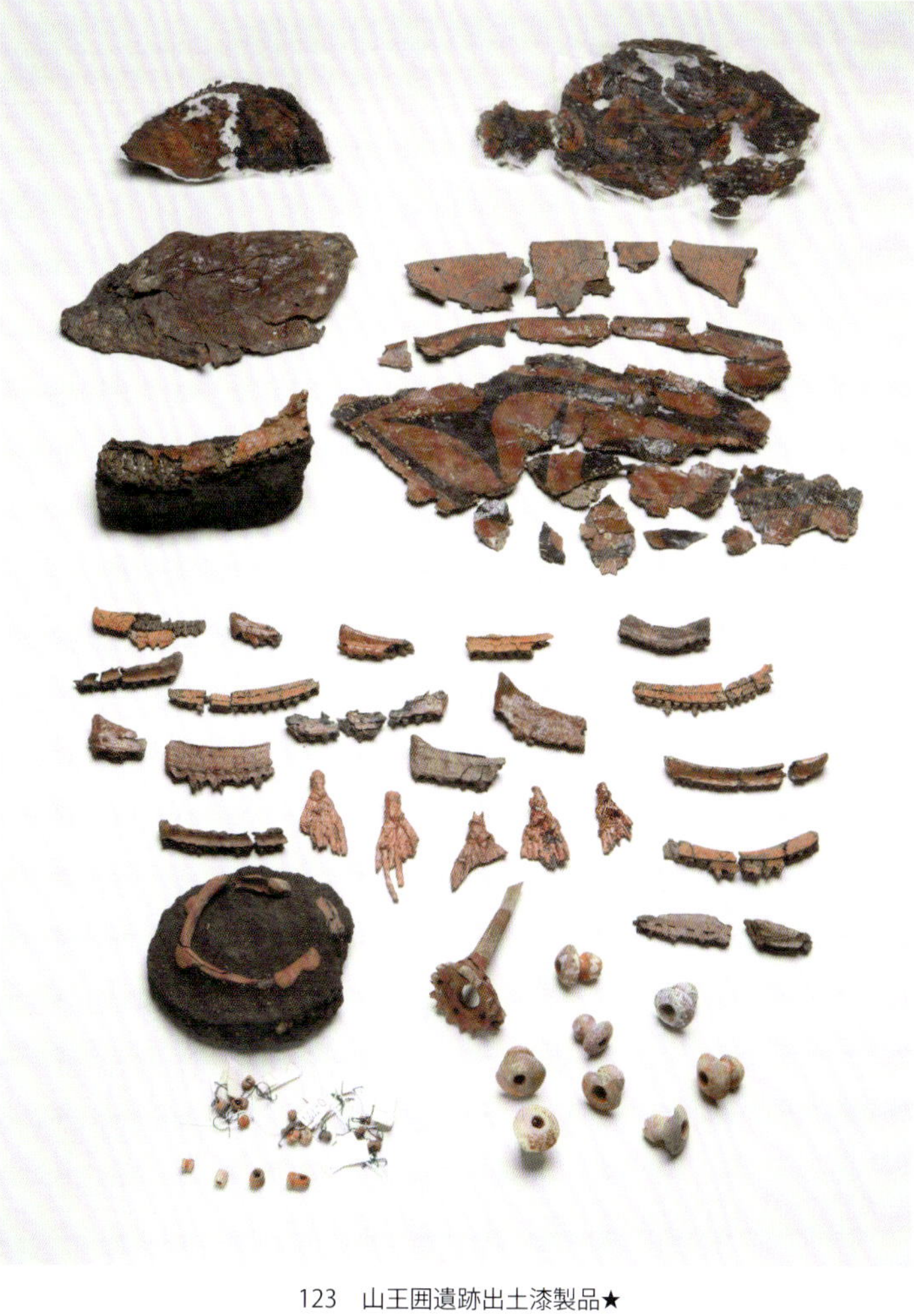

123 山王囲遺跡出土漆製品★

Column 2 ちょっとひといき…

水洗選別からわかった食料資源

中山遺跡では縄文晩期に相当する土層より、大量の遺物が見つかりました。遺物のなかには泥にまぎれて見つかりにくい細かなものも多くあります。そこでこれらの土を篩にかけ、土器片や石器片など人工遺物、動物や魚の骨などの動物遺体や種子などの植物遺体を回収することで、当時の人々が利用ならびに食していた動物や植物を推定することにしました。

中山遺跡A区6層の捨て場
トチやクルミが大量に含まれていました。

現場での篩分けの様子
14トンほどの土壌を地元の作業員さんや学生と分別しました。

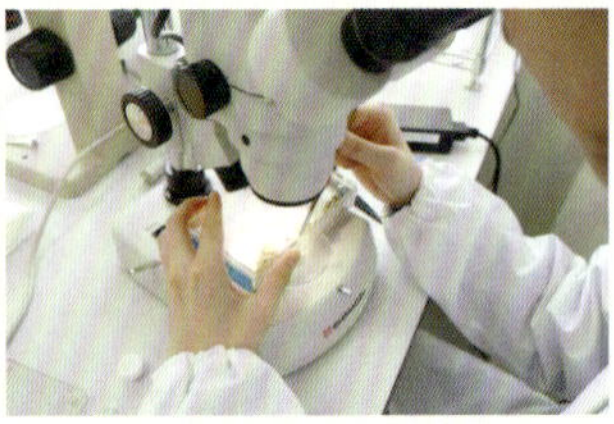

種子分別の様子
篩分けした残渣から種子などを収集しました。

遺跡で収集した動物や植物

コイの仲間の椎骨（幅約5.0mm）

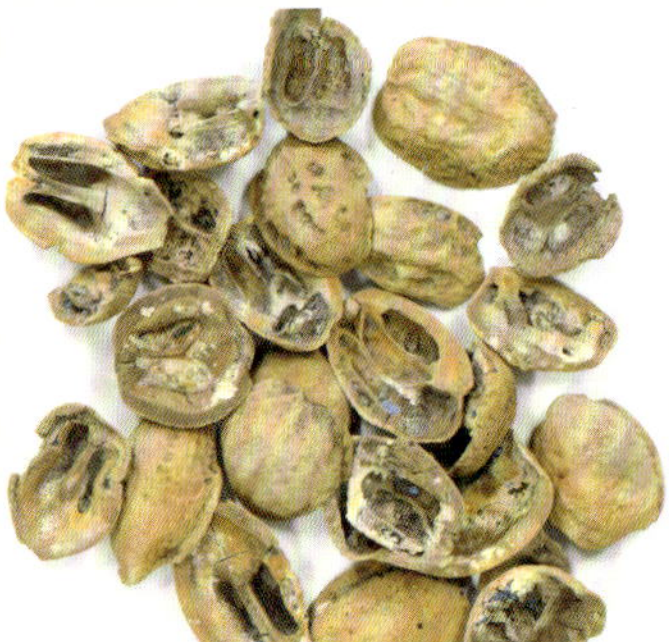

オニグルミの核（幅約2.5cm）

ニワトコ属の核（幅約1.5mm）

アサの核
（幅約3.0mm）

ブドウ属の種子
（幅約4.0mm）

トチの種皮（幅約3.0cm）

A区では縄文時代後期後葉の土壌から獣骨や魚の骨とともにオニグルミの核や、トチノキの種皮が大量に見つかりました。トチノキやクルミは割れており、中身が取り出された後、ゴミとしてまとめて捨てられたと考えられます。特に、トチの種皮は割れ方の程度に差があり、熟練度の異なる人々によって加工されていたかもしれません。

A区とB区の発掘調査状況をふまえると、後期後葉にはA区の水場においてトチなどの加工が行われ、その後、縄文時代晩期前葉にはやや湿地化したB区において捨て場が作られたと考えられます。その捨て場ではマタタビやニワトコの種子がまとまって見つかっており、周辺に低木が生えており、これらを積極的に利用したと考えられます。

弥生時代

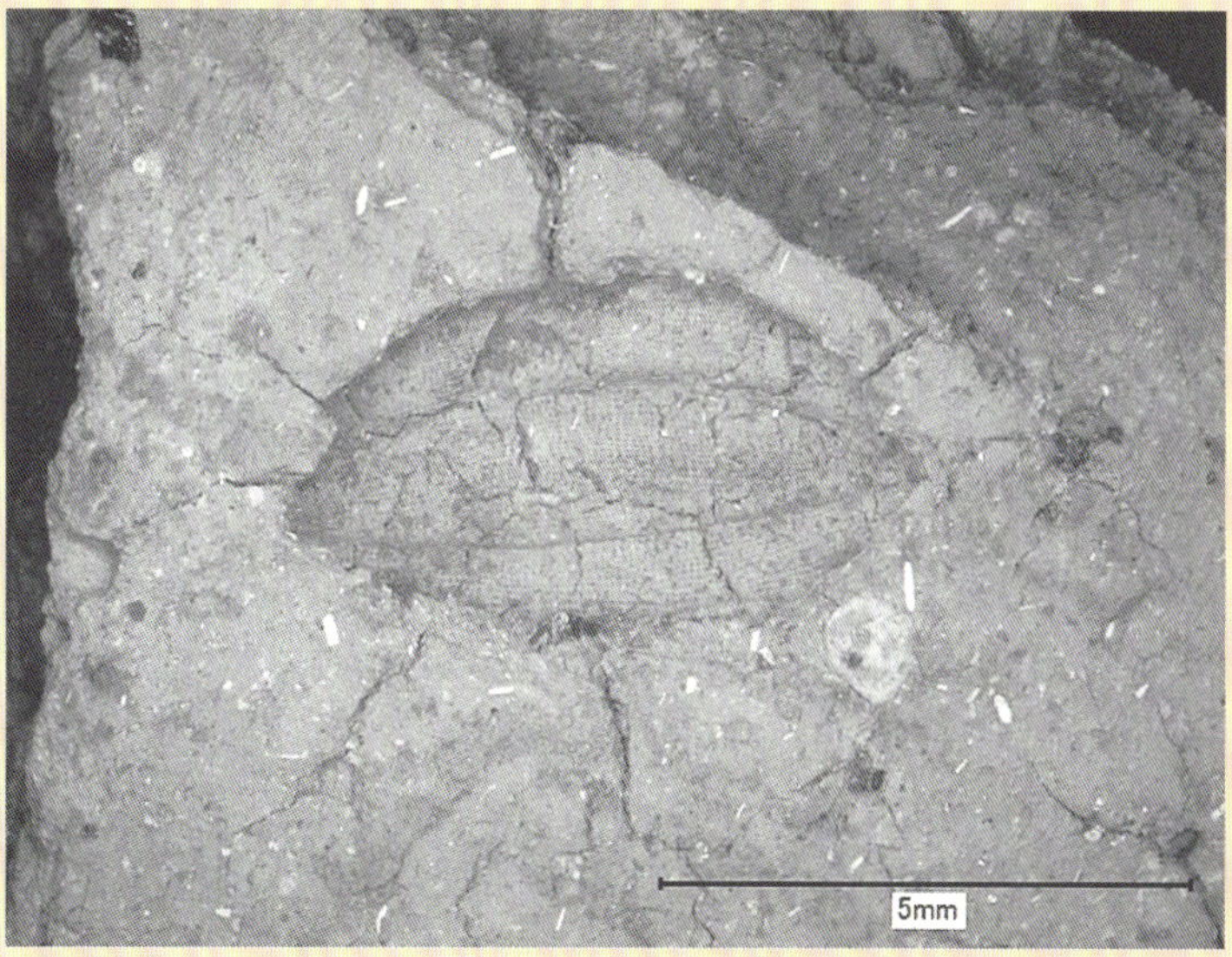

22

東北最北・最古級の水田跡 砂沢遺跡《すなざわいせき》

124 砂沢遺跡遠景

125 砂沢遺跡 弘前市教育委員会
昭和59～63年調査検出水田跡
※白囲いは令和元年度調査区

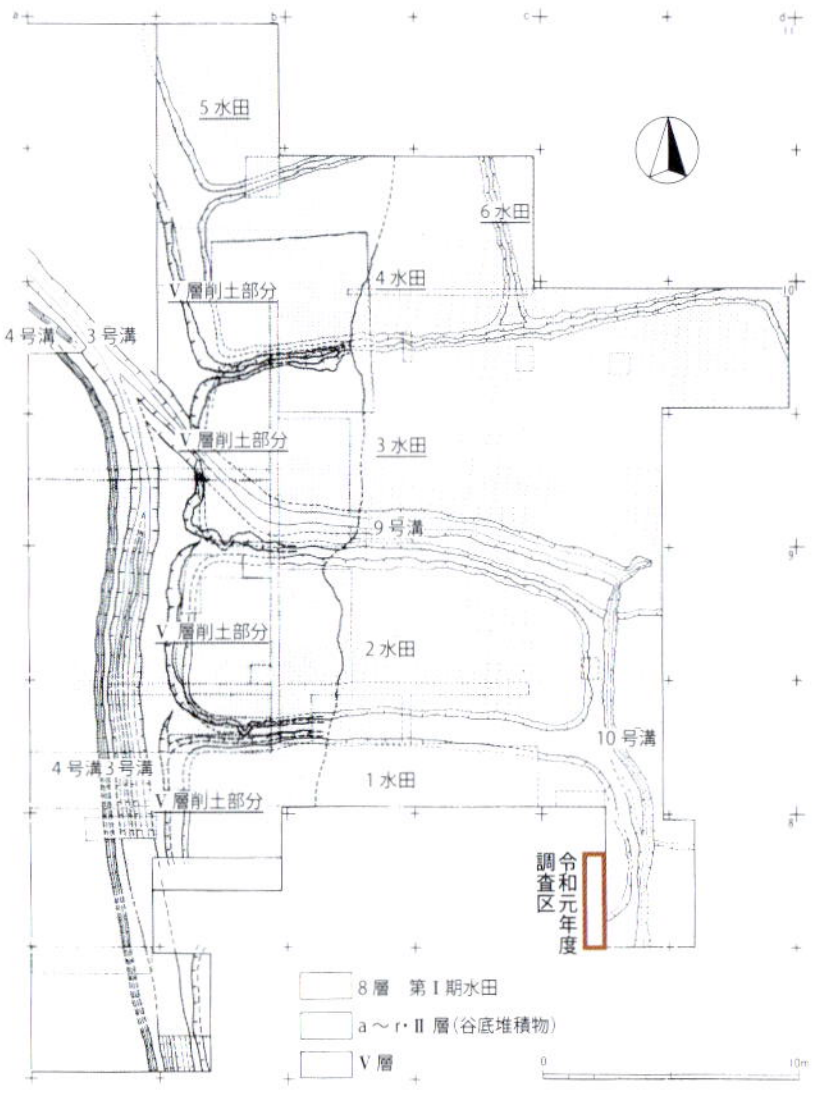

126 水田跡の平面図

砂沢遺跡は、弘前市大字三和字下池神地区にあり、弘前市砂沢溜池の南岸に立地します（図124）。明治期頃から土器が採集できることで有名な場所でした。昭和27（一九五二）年、東北大学の芹沢長介が吉崎昌一とともに遺跡を踏査し、採集した土器片を「砂沢式土器」と提唱したことで、弥生時代前期の標式遺跡として知られています。昭和59～63（一九八四～八八）年に弘前市教育委員会により本格的に発掘されました。縄文時代後期の竪穴住居のほか、弥生時代前期と推定される水田跡（図125・126）や溝、柱穴、捨て場が見つかりました。水田跡は調査区の台地東部に位置し（図127）、6枚分が見つかりました。この水田6枚にはその附属施設である畦畔や溝跡なども同時に検出されました。

出土遺物は土器、石器、土製品、石製品のほか、炭化米などの種子や魚骨などの動物遺体も見つかりました。

主な土器は、砂沢式土器で、変形工字文と呼ばれる文様が施されています（図128右）。器種には壺、浅鉢、鉢、台付鉢、深鉢、注口土器、甕、高坏、蓋があります。またその中には口縁部に動物意匠が施されたものがあります。加えて、西日本の水稲農耕文化の土器に類似する類遠《るいおん》賀川《がかわ》系土器も出土しました。

石器や土製品には、石鏃やスクレイパーなど縄文時代

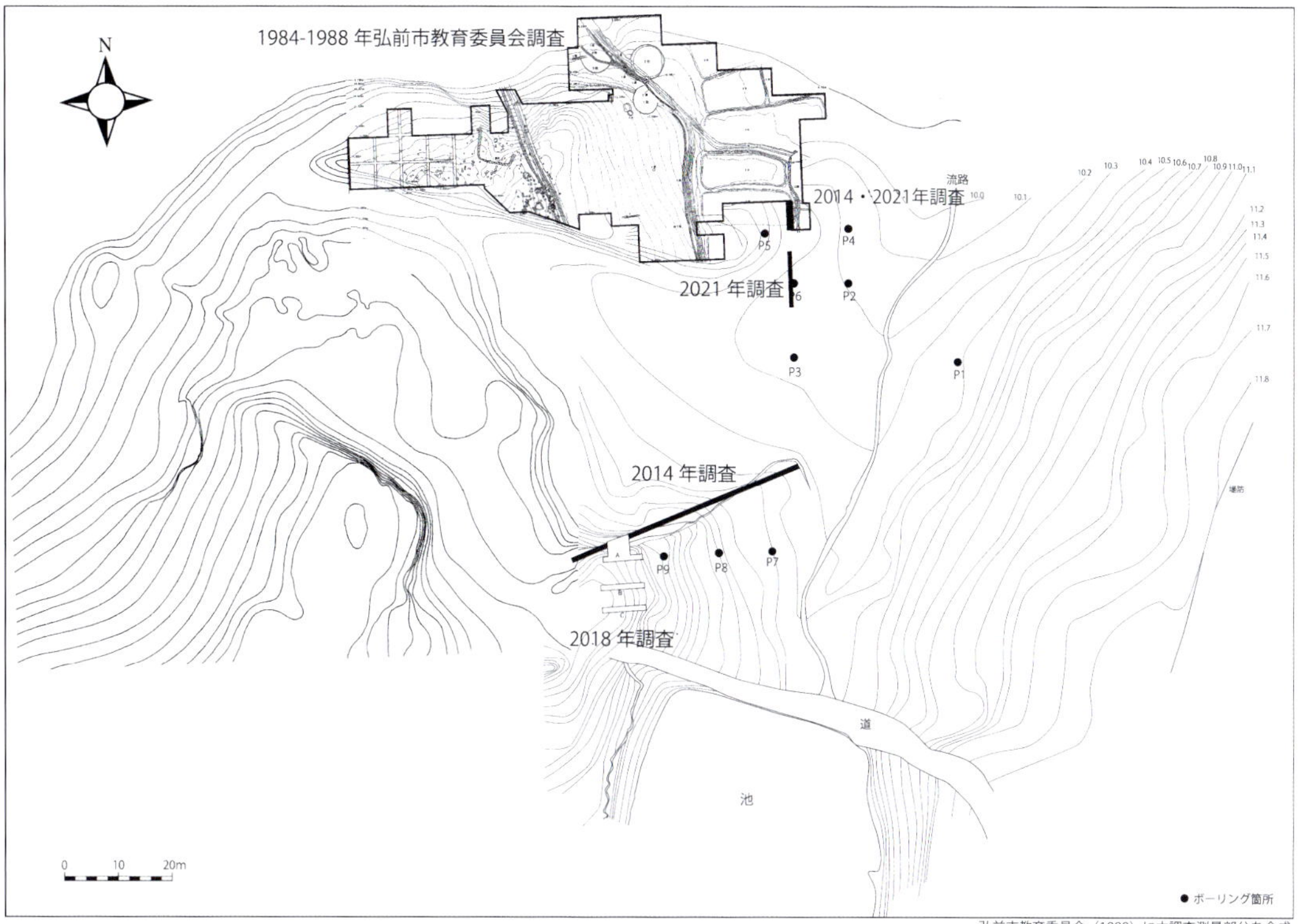

127　砂沢遺跡調査区の位置

晩期からの道具や、イノシシ形土製品などの縄文的祭祀具があります。これは当時の住民の生業が、水稲農耕のみではなく、狩猟・採集も伝統的に行っていたことを示します。

この弘前市教育委員会の調査の結果、東北地方北部においても、西日本とほぼ同時代に水稲農耕が存在したことが明らかになりました。砂沢遺跡のような北緯40°を超える寒冷地でも紀元前に稲作を行っていたという事実は当時の常識を覆すものでした。北海道では稲作が行われていないとされていたため、砂沢遺跡は日本最北・東北最古の水稲農耕集落といえる貴重な遺跡として知られるようになりました。

上記調査から30年以上経ち、調査地周辺と水田構造を再評価するため、平成26～令和元（二〇一四～一九）年、再び調査（担当 上條信彦）が行われました。なお、調査は遺跡が将来的に史跡として評価できるよう、できるだけ遺跡を壊さないように調査方法を工夫しまし

129　土偶

類遠賀川系土器

砂沢式土器（高坏）

128　昭和59～63年　弘前市教育委員会調査出土土器

た。

平成30（二〇一八）年、調査地から30ｍほど南の谷斜面でトレンチ（図130）調査を行った結果、砂沢式期の土坑がみつかり貯蔵域である可能性が高まりました。また、ジオスライサーを用いてボーリング調査（図131）をおこなった結果、遺跡の広がりをほぼ特定できました。さらに、令和3（二〇二一）年に、水田跡を調査した結果、水田跡の南端を確認することができ（図132）、水田跡が弘前市教育委員会調査時の6枚のほかに、少なくとももう1枚あることが分かりました。見つかった水田跡の土層（図133）を検討した結果、10層（縄文時代晩期）の頃から、沢筋の湧水地が埋没したことで水田適地である平坦な土地が生まれ、8層（C-1・2層）の弥生時代前期になって水田（I期水田）が作られ始めました。さらに、8層のうち、C-2層は水田作土、C-3層は畦畔の下にあって、作土にならなかった低い高まりと判断され、確実に畦畔が存在することが検証されました。その後、C-1層の段階では乾燥化が進み、畠になった可能性が浮上しました。おそらく、沢からの土砂の堆積により水路や水田面への水供給が困難になった結果、水田からの転換、もしくは別の水田適地への移動が選択されたと考えられます。このように、調査の結果、砂沢遺跡の水田が放棄された理由は気候だけでなく、地形の変化も影響していることが分かりました。土器圧痕や出土イネを分析した結果、多くのイネ圧痕が見出されたほか、イネの年代測定により砂沢式期に確実にイネがあり、水田跡でイネ栽培が行われていた蓋然性が高くなりました。

このように、本遺跡は水田跡・炭化米の出土などから水稲農耕が実証されただけでなく、近年の調査でさらに再評価されました。

130　平成30年B区調査区（手前が土坑）

131　ジオスライリーによる堆積相調査

132　令和3年砂沢遺跡発掘風景

文献

弘前市教育委員会『砂沢遺跡発掘調査報告書』（一九八八・一九九一年）

弘前大学人文社会科学部北日本考古学研究センター『岩木山麓における弥生時代前半期の研究』（二〇一九年）

（筭用子眞充）

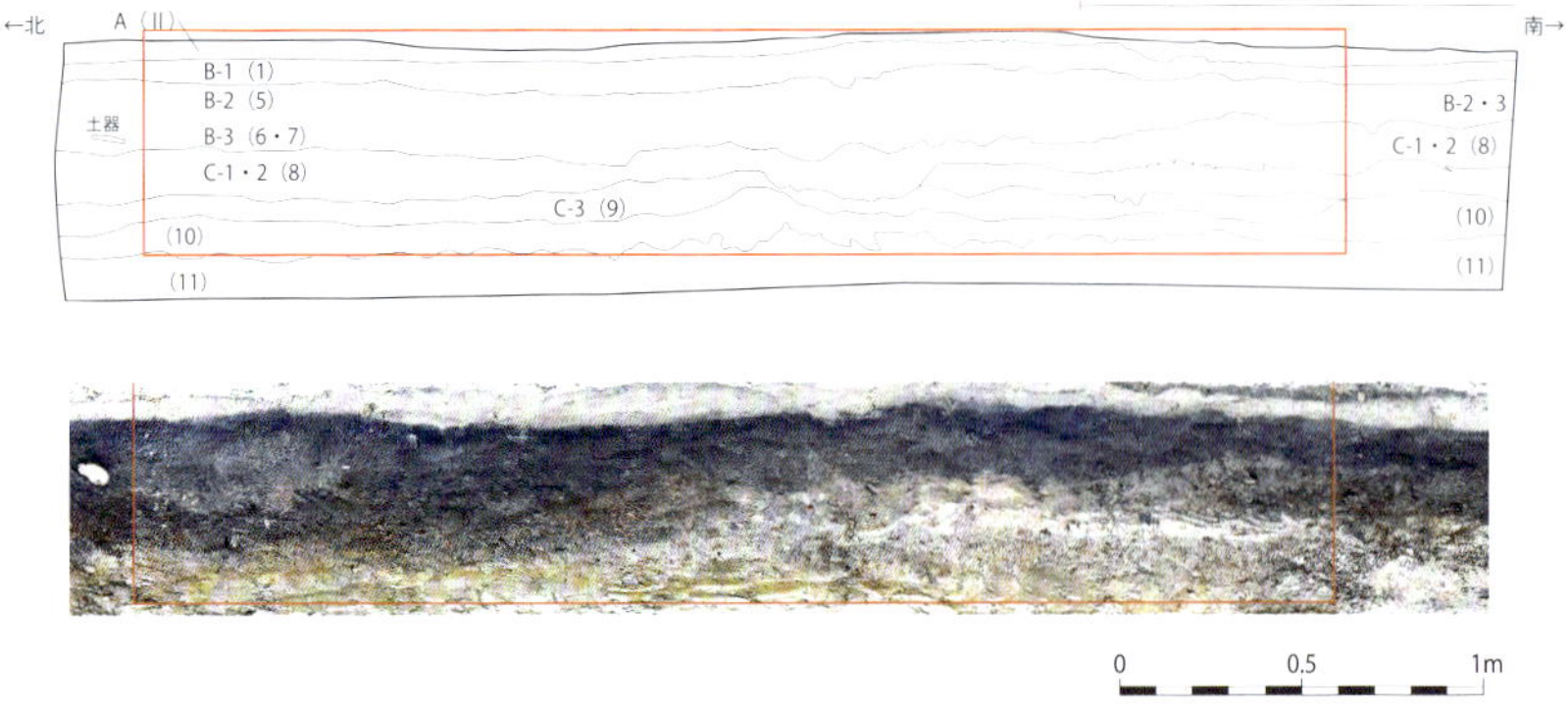

133　砂沢遺跡水田跡の土層断面（令和元年）（層序の（ ）は弘前市教育委員会調査との対応）

23

砂沢遺跡と対照的な非水稲農耕集落　湯の沢遺跡（弥生時代前期）

11で紹介した湯の沢遺跡は、昭和33（一九五八）年弘前大学村越潔氏らの調査により、縄文時代後期中葉の住居跡のほか上層で砂沢式土器（当時は大洞A'式　図136）が見つかっていました。しかし、遺跡の場所は今でも水田が困難な場所にあります。そこで非水稲農耕集落の実態解明のため、令和元～3（二〇一九～二一）年に発掘調査しました。

発掘の結果、弥生時代前期の砂沢式期に属する竪穴建物跡7軒と土坑1基が検出されました（図134）。竪穴建物跡（図135）は大型かつ円形で、直径は約7mほどです。掘り込みは浅いものの、中央に炉があり、建物跡の輪郭に沿うように周溝があります。また径40cm、深さ1m以上の太くて深い柱穴があります。壁周溝が重なっていることから、立替えが複数回行われました。建物跡は比較的密集していますが、居住域自体は拡大せず、遺物の散布範囲から本調査区を中心に、沢筋に沿った60m×30mの範囲が、居住域と推定されます。

遺物は建物跡の重なり方から、砂沢式を二段階に細分できることが分かりました。

花粉分析とプラント・オパール分析の結果から、当時の周辺環境はマツ、コナラ、クリなどの陽樹の高木林で、下層にはタケ亜科が繁茂していたと考えられます。食料資源としては、クリ、オニグルミ、トチノキの他に、サンショウ、キイチゴ属、ミズキの種実が検出されました。これらは周辺の縄文時代の遺跡と同様ですが、イネなどの栽培植物は見当たりませんでした。

そのほか、土偶やスプーン形土製品、土版、環状石斧などがあり、岩木山麓の同時期の遺跡と共通します（図137・138）。磨製石斧は北海道産の緑色岩が使用されています。珪質頁《けいしつけつ》岩《がん》や黒曜石は遺跡周辺にはなく、津軽半島の日本海沿岸域で採集され

134　湯の沢遺跡第3次（令和3年）北区遺構全体図

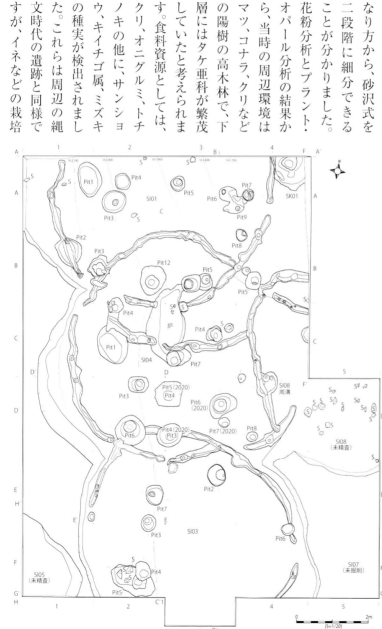

136　昭和33年調査で出土した砂沢式土器

135　大型竪穴建物跡

137　土偶

たものと考えられます。このような石材の利用は縄文時代と同様であり、縄文時代から続くネットワークが維持されていたとみられます。

このように、保存状態の良い弥生時代前期の居住域は、秋田市地蔵田《じぞうでん》遺跡などが有名ですが、津軽地域でみつかったのは初めてです。また土器が埋設された炉は太平洋側との共通性があり、砂沢式期の交流関係を知るうえで重要な発見となりました。

（上條信彦）

文献

弘前大学人文社会科学部北日本考古学研究センター『岩木山麓における弥生時代前半期の研究2』（二〇二三年）

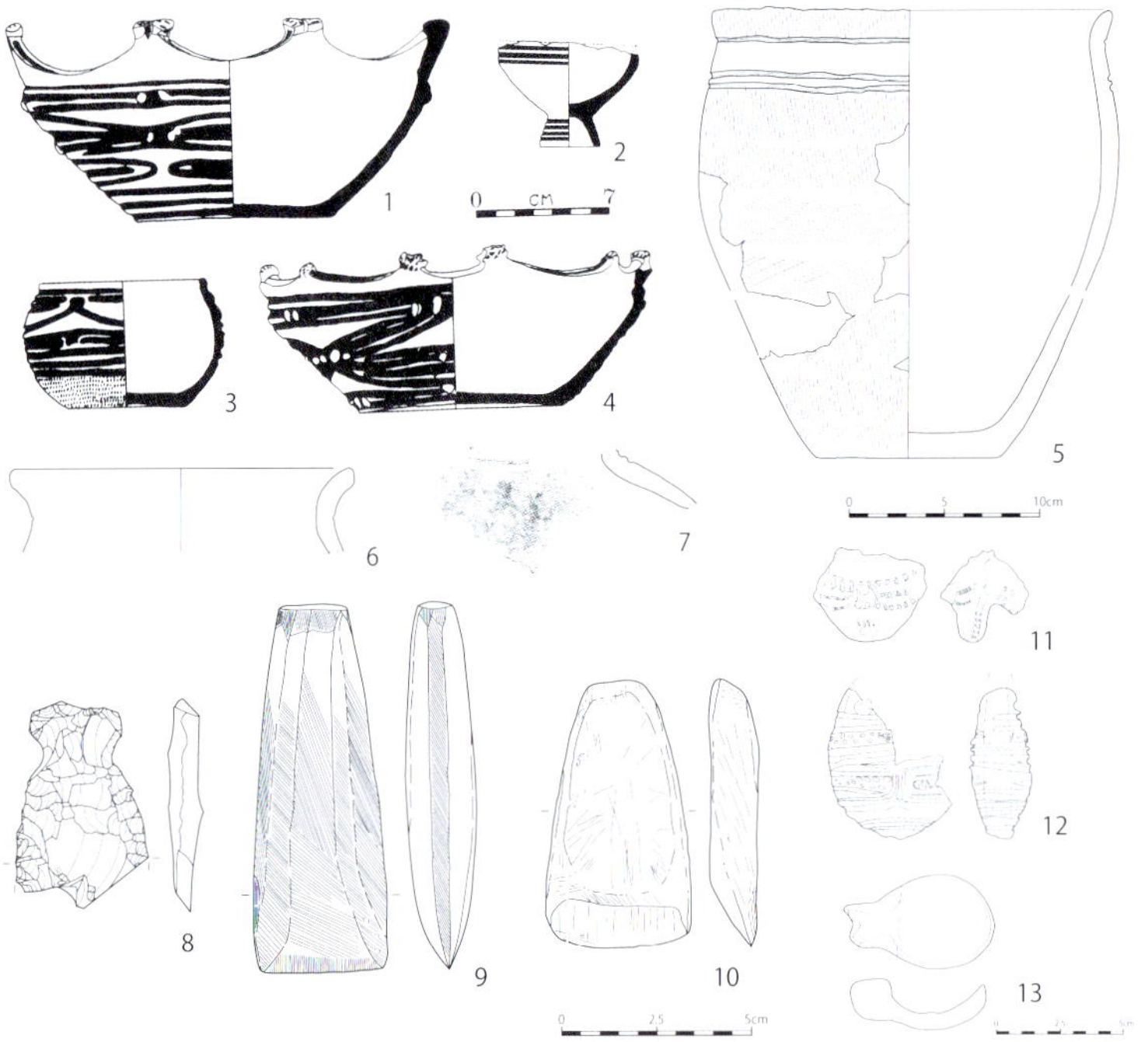

1～4:砂沢式土器、5～7:類遠賀川系土器、8:石匙、9･10:磨製石斧、11:土偶、12:土版、13:スプーン形土製品

138　湯の沢遺跡出土遺物

24

大規模水稲農耕集落への過渡期　清水森西遺跡

139　清水森西遺跡遠景

清水森西遺跡は弘前市大字十面《とつら》沢《ざわ》字清水森地区にあり、廻堰《まわりぜき》大溜池に向かって北西へ舌状に張り出した台地の上に位置します（図139）。本遺跡は地元研究者の工藤国雄によって資料紹介され、北東北で水稲農耕が始まった弥生時代前期の砂沢式期と大規模な水稲農耕が展開する弥生時代中期の田舎館式期の間に当たる時期である五所《ごしょ》式期の資料として注目されました。しかし、遺跡の正確な位置を含めてその実態が不明でした。平成29・30・令和4・5（二〇一七・一八・二二・二三）年に、その実態を明らかにすべく約500㎡が発掘調査（担当　上條信彦）されました。

その結果、竪穴建物跡（SI）5軒、土坑（SK）6基、ピット15基、遺物集中区（SR）が検出されました（図140）。全て弥生時代中期初頭（約2200年前）のものです。そのうち第2・3号建物跡と第4・5号建物跡は重なるように検出されました。それぞれの建物跡は円形で径約8mを測る大型竪穴建物跡です。遺構の深さは1～5㎝と浅く、壁面の立ち上がりは不明瞭です。第1・2・4・5号建物跡の内部には石囲炉と柱穴、貯蔵穴を伴います。各住居の柱穴は6本ほどで、径30㎝、深さ1m以上と細くて深いです。3号建物跡は集石炉とみられ、径1・2mの範囲に焼けた礫が集中します。一方、調査区西端で見つかった第5号建物跡のみ掘り込みが深く、他の建物跡と様子が違います（図141）。この建物跡からは多数の遺物が見つかりました。

遺物集中区は、平成29～30（二〇一七～一八）年度に検出されていた遺構の続きです（図142）。広さは2m×4mで、おそらく塚状のマウンドになっていたとみられます。土坑5基のうち3基は長さ

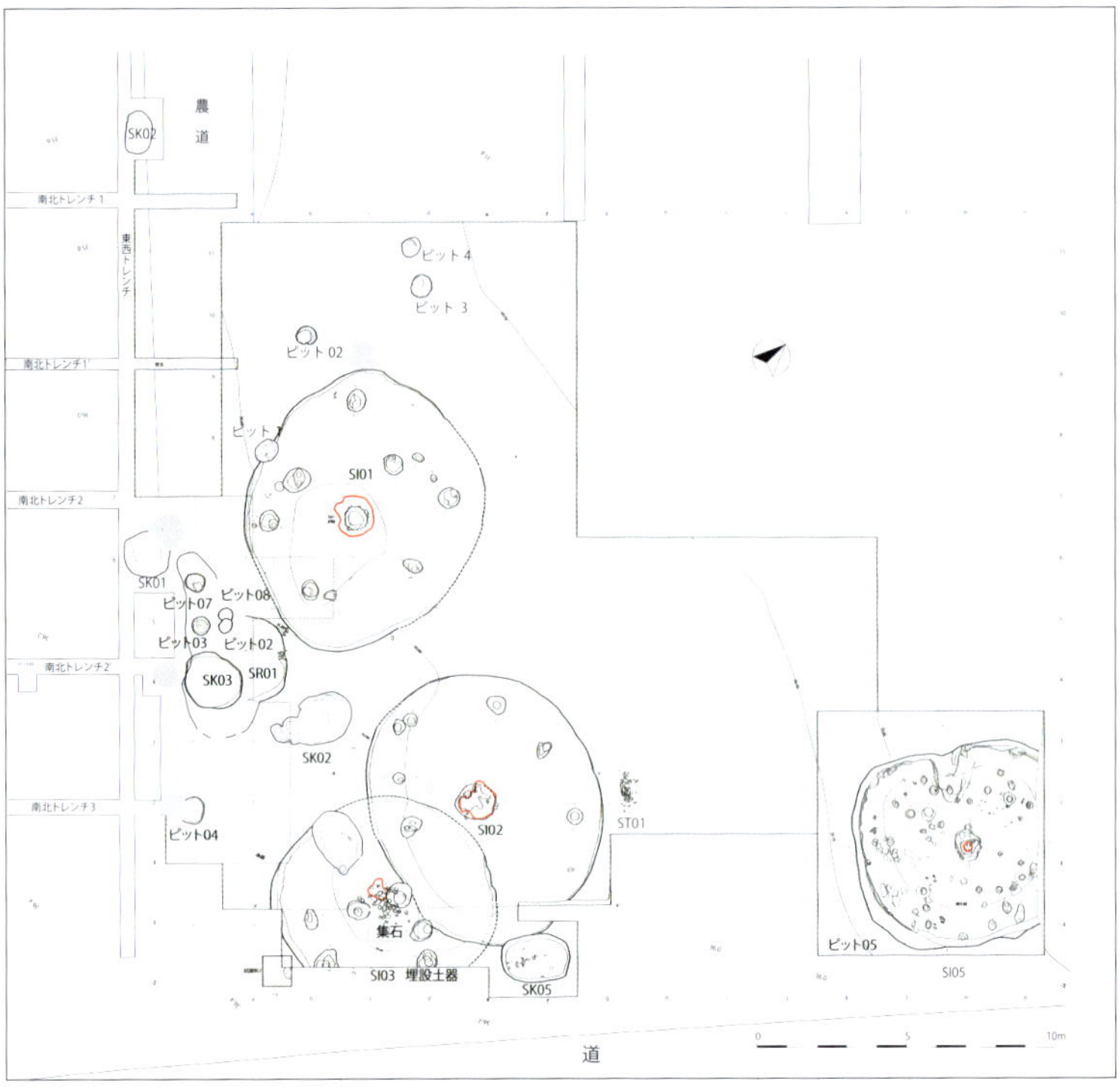

140　清水森西遺跡遺構配置

142　平成29年度遺物集中区

141　弥生時代中期初頭の竪穴建物跡（SI05）

143　清水森西遺跡出土遺物

2m程の楕円形です。底面からは土玉や壺が見つかりました。このことからお墓と推定されます。

石器剥片集中箇所（ST01）からは剥片約百点が見つかりました。多くは長さ3㎝程の珪質頁岩の剥片です。おそらく剥片石器素材としてカゴなどに入れられて保管されていたとみられます。石器製作技術の解明が期待されます。

遺物は、土器、石器、土製品・石製品、炭化種子があります（図143）。土器は甕、壺、浅鉢、深鉢、高坏、蓋があります。砂沢期に比べ、壺が増え、浅鉢が少なくなります。また、小型土器や類遠賀川系大型壺が目立ちます。文様は浅く、三角形を基本とする流水形の変形工字文や結節部をもつ多条沈線がみられます。このように砂沢式が変容し、刺突文が目立つなどの新たな特徴が現れます。

石器には磨製石斧や石鏃、磨石・敲石類、スクレイパーなどがあります。なかでも磨製石斧は緑色岩製であり、北海道で広く用いられる擦切技法によって形が整えられています。土製品・石製品は土玉や土偶、垂飾、磨き石があります。

炭化種子では、イネが百粒以上、他にもヤマブドウ、オニグルミ、アサダ、トチノキなどが検出されました（図144）。

放射性炭素年代測定の結果、イネや土器内面の炭化物は、約2200年前と判明しました。また、土器片からはイネの圧痕が見つかりました（図145）。

また土器の中に含まれるプラント・オパールを分析した結果、冷温帯に多いタケ亜科やヨシ属が主でした。さらに土器の粘土に含まれる火山ガラスを成分分析した結果、西日本の影響を受けたとされる類遠賀川系土器は、尾開山凝灰岩や八甲田第一期火砕流堆積物といった付近で採集できる粘土で作られていることが分かりました。少なくとも中期初頭段階の類遠賀川系土器は、西日本を含む南東北以南で作られた土器ではなく、遺跡周辺で製作された可能性が高くなりました。したがって、製作地が議論されている類遠賀川系土器は、遠賀川系土器のつくりを在地の人々が模倣したと推察されます。

このように、本調査により弥生時代出土イネの北限を更新したほか、その年代が明確となりました。出土資料は五所式期の一括資料として、当時の生活を知るうえで数少ない貴重な例となりました。西日本の水稲農耕文化に影響した遠賀川系の土器と、縄文時代からの伝統をもつ在地系の遺物が共伴して出土したこと、さらに自然科学分析による検証を経ることによって、津軽地域における大規模水稲農耕が定着するまでの過程が明らかとなりました。

文献

弘前大学人文社会科学部北日本考古学研究センター『岩木山麓における弥生時代前半期の研究』（二〇一九年）

（石戸谷龍生）

145　清水森西遺跡検出籾圧痕土器

144　見つかった炭化米

25

北東北で見つかった大規模水稲農耕集落の実態を探る

垂柳《たれやなぎ》遺跡とその周辺

146　垂柳遺跡周辺（高樋(1)遺跡）でのトレンチ調査（令和3年）　奥のバイパス付近が垂柳遺跡

垂柳遺跡は田舎館村大字垂柳地区にあり、浅瀬石川左岸の標高約30ｍの南西に緩やかに傾斜する扇状地上に立地しています。本遺跡の存在は工藤彦一郎（祐龍）によって紹介され明治期には知られていました。昭和31・32（一九五六・五七）年、工事の際、田舎館村で教員をしていた工藤正によって、イネ圧痕のある土器片が発見されました。この情報は東北地方の弥生文化を研究していた東北大学教授の伊東信雄へもたらされ、昭和33（一九五八）年、東北大学によって初めて発掘調査が実施されました。その結果、田舎館式土器と炭化米200粒以上が出土し、同地でのイネの存在が実証されました（図147）。さらに、昭和57・58（一九八二・八三）年、青森県埋蔵文化財調査センターによる国道102号バイパス道路の工事に先立つ発掘調査（調査会会長　村越

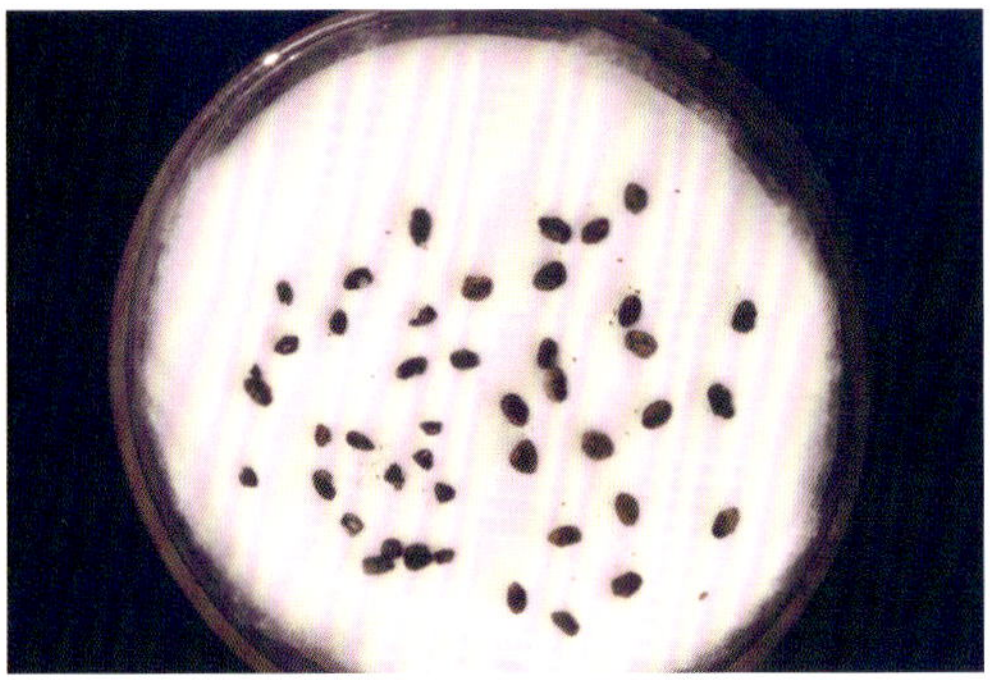

147　工藤正によって発見された炭化米

148　昭和57・58年調査で発見された水田跡

潔)によって、今から約2000年前の弥生時代の大規模な水田跡が見つかりました(図148)。水田跡656枚やそれに付随する水路跡、水田を区切る畦畔が検出されました。その後、高樋《たかひ》(3)遺跡や前川遺跡でも同様の水田が発見され、周辺遺跡と合わせると水田跡

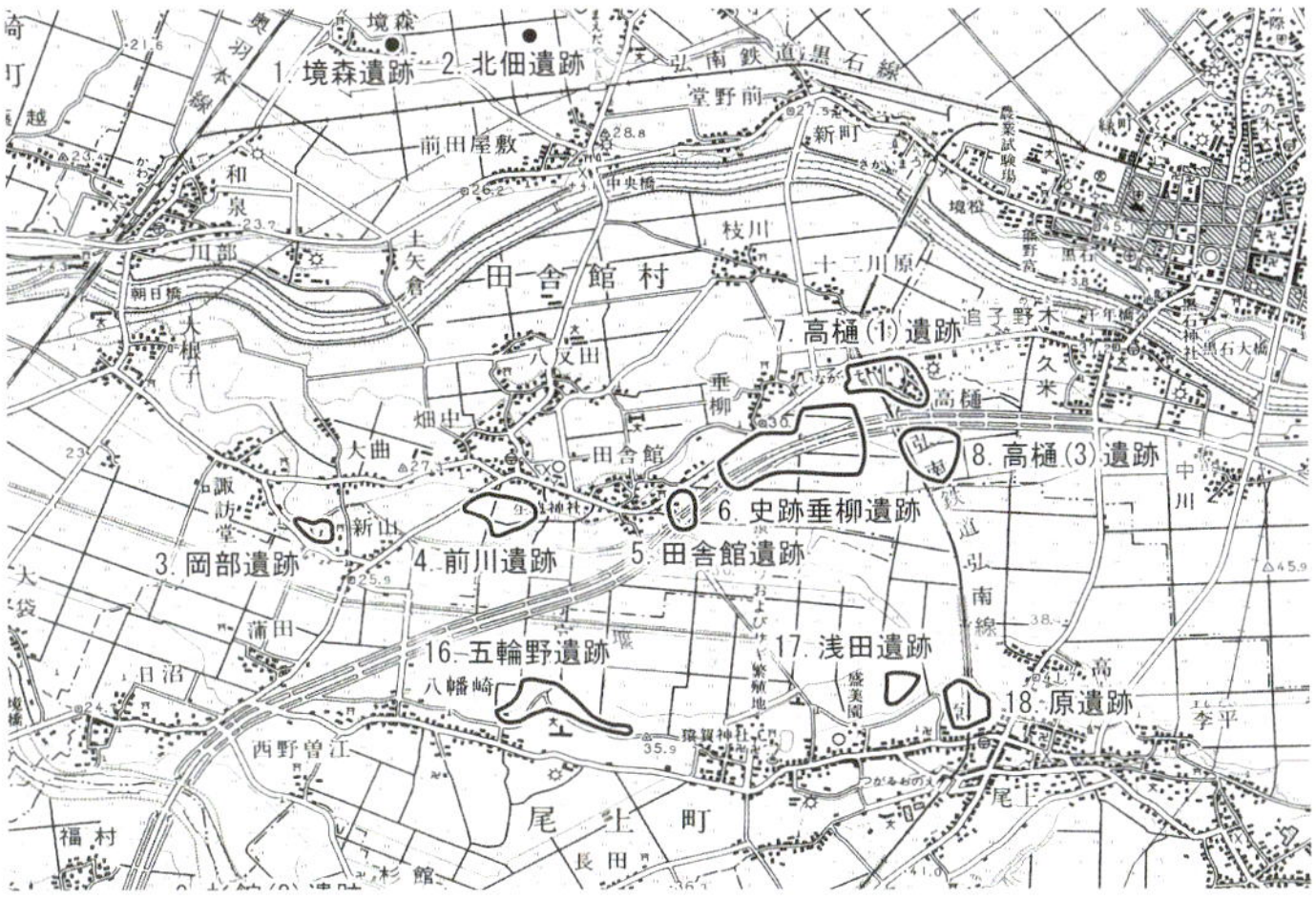

149　垂柳遺跡の周辺

は800枚以上にのぼります(図149)。水田1枚の広さは平均約8㎡で小さな区画が多数あり、こうした状況は西日本の大規模水田と共通します。さらに驚くのは、水田面には無数の足跡が残るほど保存状態が良かったのです。これは、水田を営んでいる最中に火山灰を含む土石流によって埋没してしまったためです。水田稲作が営まれた時期を示す田舎館式と命名された弥生土器、様々な生産活動を反映する多種の石器・木製品、植物種子などが多量に出土しました。これらは西日本からの波及だけでなく、東北地方南部や北海道との交流を示すものも含んでいることが判明しました。平成3(一九九一)年から数次にわたる田舎館村教育委員会の調査を経て、良好な遺存状態の遺構、豊富な遺物を伴う東北地方北部の初期稲作農耕文化の様相を示す貴重な遺跡と分かった結果、平成12(二〇〇〇)年に国の史跡に指定されました。現在青森県には国史跡が特別史跡の三内丸山遺跡を含めて22ヶ所あります。その多くは縄文時代の遺跡と中近世の城館跡で弥生時代単体の遺跡では唯一です。さらに東北地方まで拡大しても秋田市の地蔵田遺跡など2・3遺跡、東日本まで拡大して弥生時代の水田跡が見つかった遺跡で国史跡となっているのは、群馬県日高遺跡と静岡県登呂遺跡のみで全国をみても10遺跡もありません。つまり垂柳遺跡は日本の歴史を変える大発見の舞台になったのです。

　この間、多くの謎も出てきました。そのうちの一つに、水田を営んでいた人たちがどこに住んでいたかということがあります。そこで注目されたのが、隣接する高樋(1)遺跡でした。この遺跡は高樋地区にあり、田舎館村教育委員会によって昭和61・62(一九八六・八七)

150　高樋(1)遺跡 昭和61年調査

151　高樋(1)遺跡 昭和61年調査出土土器

年に調査が行われました（図150・151）。当時、埋蔵文化財に詳しい職員がいなかったため、この調査には弘前大学教育学部考古学専攻の学生が、主体的に参加しました。

調査の結果、焼土4ヶ所とともに大量の田舎館式土器が見つかりました（図152）。土器は甕形、壺形、台付鉢形、高坏形、鉢形、蓋形など器種が豊富です。文様には波状工字文、連続山形文、連繋菱形文があります。石器は石鏃や磨製石斧が出土し、丸玉や管玉などの装飾品、土偶が出土しました。煮沸用の甕が多い点や台付鉢や高坏など飲食と関連する器種が多い点、稲藁灰や炭化物、焼土の存在から本調査区は垂柳遺跡出土水田跡の耕作者の居住域と推定されます。

これまで、弥生文化とは水稲農耕を主にやっていた文化であり、縄文時代から続く狩猟・採集・漁撈を生業としていた文化は、弥生時代と同じ時期であっても続縄文文化と呼ばれています。続縄文文化は水稲農耕をやっていない北海道を中心とした文化ですが、その範囲は北東北まで含むという考え方が一般的でした。また水田跡は普通の集落跡と異なり、竪穴住居跡など分かりやすい遺構や遺物がほとんど出てきません。そのため、後年の耕作によって削られることもありますし、発掘できれいに水田と判断することも難しいのです。ところが、上記の発掘によって600枚を超える水田跡や水路が見つかり東北北部の弥生文化には稲作農耕はなかったという常識をくつがえしました。発見された一連の水田跡の規模は弥生時代の東北では随一です。幸いなことに火山灰を含む土砂によって、水田跡が奇跡的にパックされていたことも大発見の助けとなりました。

文献

青森県埋蔵文化財調査センター『垂柳遺跡発掘調査報告書』（一九八五年）
田舎館村教育委員会『垂柳遺跡』（一九八七年）
田舎館村埋蔵文化財センター『史跡垂柳遺跡発掘調査報告書13』（二〇〇九年）

（上條信彦）

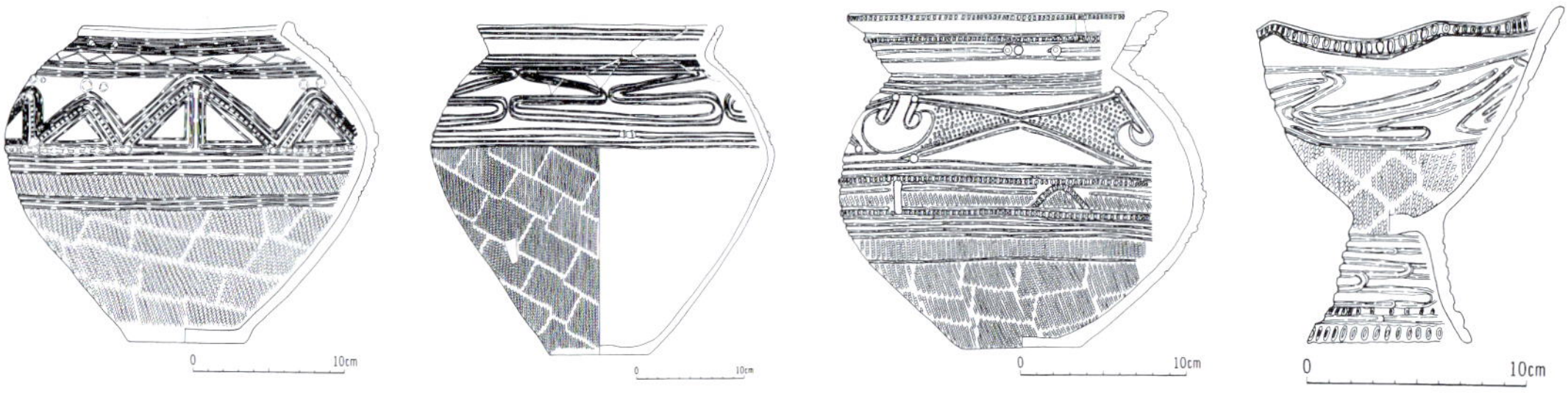

短頸壺（鋸歯文連続山形文）　壺（連弧文を重ねた変形工字文）　壺（錨文）　高坏（波状工字文）

152　田舎館式土器

154　トレンチ調査（高樋(1)遺跡 令和元年）

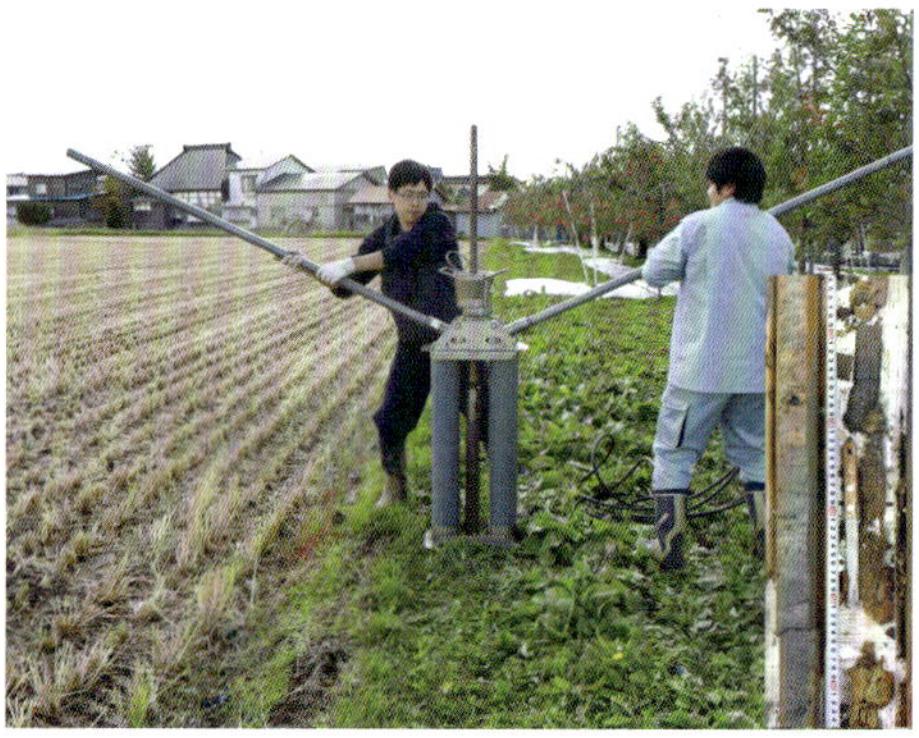

153　遺跡ボーリング調査と採取したコア（境森遺跡 令和元年）

26 九学会連合下北の調査　椙ノ木平《しなのきたい》(3)遺跡

椙ノ木平(3)遺跡はむつ市大字宿野部字椙木平地区にあります。この遺跡は、九学会連合下北調査委員会によって昭和39(一九六四)年に調査されました。九学会連合とは、日本民俗学を支えた渋沢敬三の提唱により、昭和22(一九四七)年にはじまった学際的組織です。人間科学に関係の深い民族学、民俗学、人類学、社会学、言語学、地理学、宗教学、考古学、心理学の9つの学会で構成されました。共同調査は、前期には離島などの特定地域で行われ、下北半島も対象となりました。下北調査委員会には弘前大学の村越潔も参加しました。下北半島における縄文土器文化以降の文化の中に弥生文化として認められるものが存在するのか、またこの文化の人々は下北地方で何らかの食用植物の栽培を始めていたのかについて研究するために昭和39(一九六四)年、椙ノ木平(3)遺跡が調査されることになりました。

8月10日・11日の両日、旧宿野部学校わきの松林の西側を発掘した結果、土器4点がまとまって出土しました(図156～158)。土器は細口壺形、甕形、台付浅鉢形、台付甕形土器で、沈線による鋸歯《きょし》状文や半裁管状の工具で連続刺突した刺突文が特徴的です。

これらの土器は、水稲農耕が受容されていた砂沢式、田舎館式に類似していることから、本型式土器が砂沢式、田舎館式の中間に位置すると考えられ、宿野部式と提唱されました。その後、伊東信雄(東北大学文学部教授)により二枚橋式に統合されることになりましたが、本州北限の地における農耕論の端緒となりました。

155　椙ノ木平(3)遺跡(宿野部小学校)

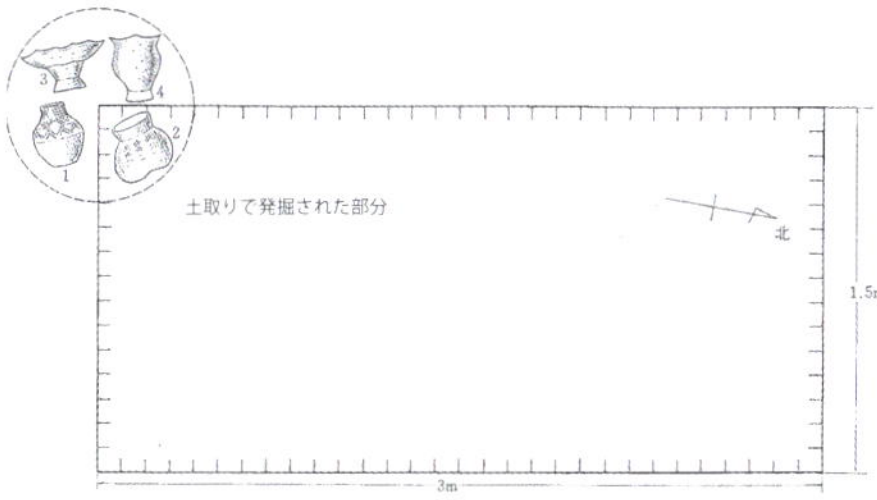

156　土器埋設状態見取り図

157　土器出土状況

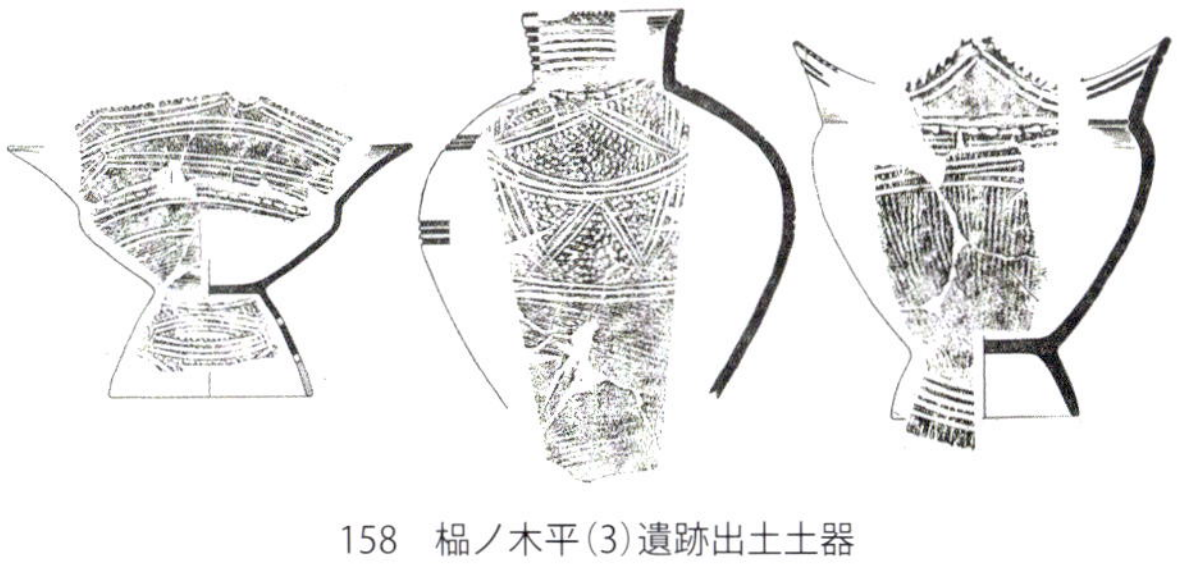

158　椙ノ木平(3)遺跡出土土器

文献
九学会連合下北調査委員会『下北　自然・文化・社会』(平凡社　一九六七年)

(上條信彦)

古代～近代

27

湖底の下の古代集落

廻堰大溜池《まわりぜきおおためいけ》⑴遺跡

159　廻堰大溜池⑴遺跡
遺構の輪郭がうっすらと見える。

廻堰大溜池⑴遺跡は青森県北津軽郡鶴田町大字廻堰にあります。本遺跡が位置する廻堰大溜池は、岩木山山頂から約13㎞北北東の方向にあり、標高18ｍ、水深約７ｍです。弘前藩４代藩主津軽信政が西津軽の新田開発のために堤防を築いて作らせました。現在は津軽富士見湖の愛称で親しまれています。

発掘調査は、平成28（二〇一六）年度に廻堰大溜池⑴遺跡が立地する丘陵の西に面する谷の開口部（図163）と、平成29（二〇一七）年度に廻堰大溜池⑴遺跡の埋蔵文化財包蔵地内（図159）で実施しました。

平成28（二〇一六）年度調査では、弥生水田探索を目的としたトレンチ調査でした（図163）。谷部で溝と水田と見られる層を検出しました。しかし、遺物や炭化物がなく、炭化物の年代測定の結果では、水田が推定された層より下位の層

160　第1号竪穴建物跡の検出

161　円形周溝遺構の検出

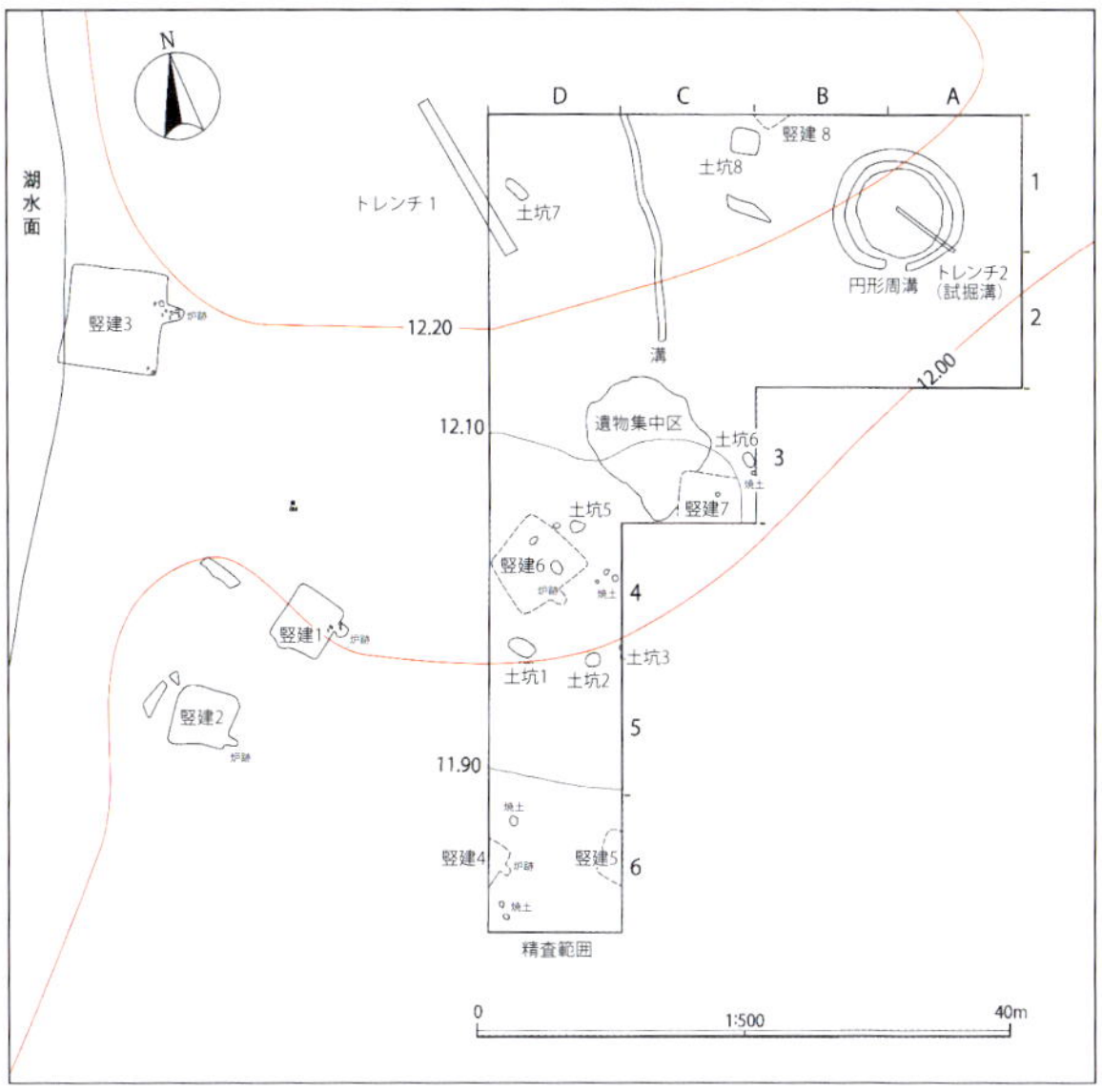

162　平成29年度調査 遺構配置図

の年代が出たため、年代的な位置づけは不明のままとなりました。プラント・オパールの分析結果では、最初は湿地で、やがて陸地化し湿性林が形成され、その後、溜池の造成に伴い再び水位が増した結果、再び湿地帯へと変化したことが分かりました。更なる河川からの土砂堆積により陸地化した結果、最終的に近代になって水田が作られました。岩木山麓の河川の開口部という砂沢遺跡の水田跡と同じ立地にある場所の地形と環境の変遷が明らかになりました。

平成29（二〇一七）年度の調査の結果では、古代の竪穴建物跡（推定を含む）8軒、土坑8基、溝1条、円形周溝1基、焼土4ヶ所、遺物集中区1ヶ所が見つかりました（図160～162）。なお、これらの遺構は、完掘せず、遺物が表出していた第3号竪穴建物跡の土師器の甕2点、坏3点を記録後、取り上げました（図164・165）。これらの遺構は空中写真から、遺構の輪郭が火山灰で縁取られていました（図159）。

このように、平成29（二〇一七）年度の調査では、白頭山《はくとうさん》（北朝鮮と中国の国境地帯にある火山）火山灰に覆われた10世紀初頭の古代集落を検出することができました。津軽地域のこの時期の集落は、数多く検出されているものの、黒褐色土層に建物跡を掘り込むため、遺構確認面がローム層になることが多く、埋没状況の確認や壁面などの検出が難しい場合もあります。本調査では、火山灰分析の結果、降下時期が分かる白頭山火山灰の堆積層から遺構検出ができた点で貴重です。集落は遺構の重複が少ないことから比較的短い存続期間とみられます。竪穴建物跡で構成される居住域と円形周溝を中心とする墓域、その間に走る溝によって両区域を区分するという、古代の集落景観を復元できます。

163　平成28年発掘風景

文献

弘前大学人文社会科学部北日本考古学研究センター『岩木山麓における弥生時代前半期の研究』（二〇一九年）

（上條信彦）

164　第3号竪穴建物跡遺物出土状況

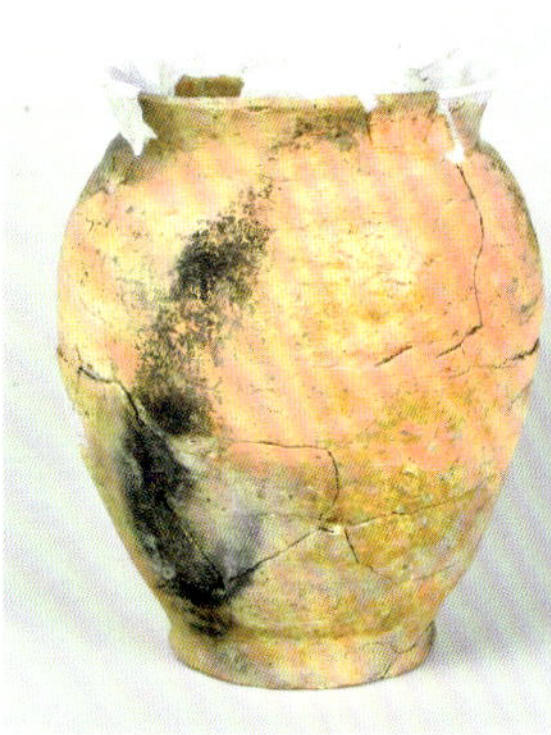
165　第3号竪穴建物跡出土土師器甕

28

古代防御性集落の研究

外ヶ浜町小国館《おぐにたて》跡（山本遺跡）の測量調査

北緯40°以北の北東北や道南では、10世紀第三四半期から11世紀代の環壕集落や高地性集落が多数発見されています。外ヶ浜町蟹田《かにた》山本の蟹田川南側丘陵上に立地する山本遺跡は遺構の保存状態が良く、古代の防御性集落を代表する遺跡と考えられることから、北日本考古学研究センター（担当 関根達人・上條信彦）が平成28（二〇一六）年に測量しました。

標高は約39mで、段丘下との比高差は約22mです。測量の結果、平坦面の北東部にあたる南北70m、東西50mの範囲を長方形に囲む環壕を確認しました（図166・167）。西側と南側は三重の壕がL字状に巡り、一部崩落するものの急斜面の北斜面と東斜面でも壕が確認されました。三重の壕は、中壕が小さく、西は内壕、南は外壕が大きいです。壕は現状で、最大幅7m、深さ2・5mほどの断面V字形です。西は外壕の外側、南は内壕の内側と外壕の外側に土塁があります。南側は中壕と外壕の間に平場があります。さらに南西隅には外壕の外側に2条の溝と土塁があります。この溝と土塁の東端は、外壕の屈曲部で途切れており、この部分が出入り口と推定しました。三重の壕の南側の平坦面には、東西の谷を繋ぐ形で幅5m、深さ1・2mの東西溝があり、東半分は壕の内側に、西半分は外側に土塁を伴います。平坦面には竪穴住居跡と推定される窪地（図168）が約80基、土坑か井戸跡とみられる窪地が8基分布しますが、遺構には重複がほとんど見られないことから、集落は短期間と推定されます。

（関根達人）

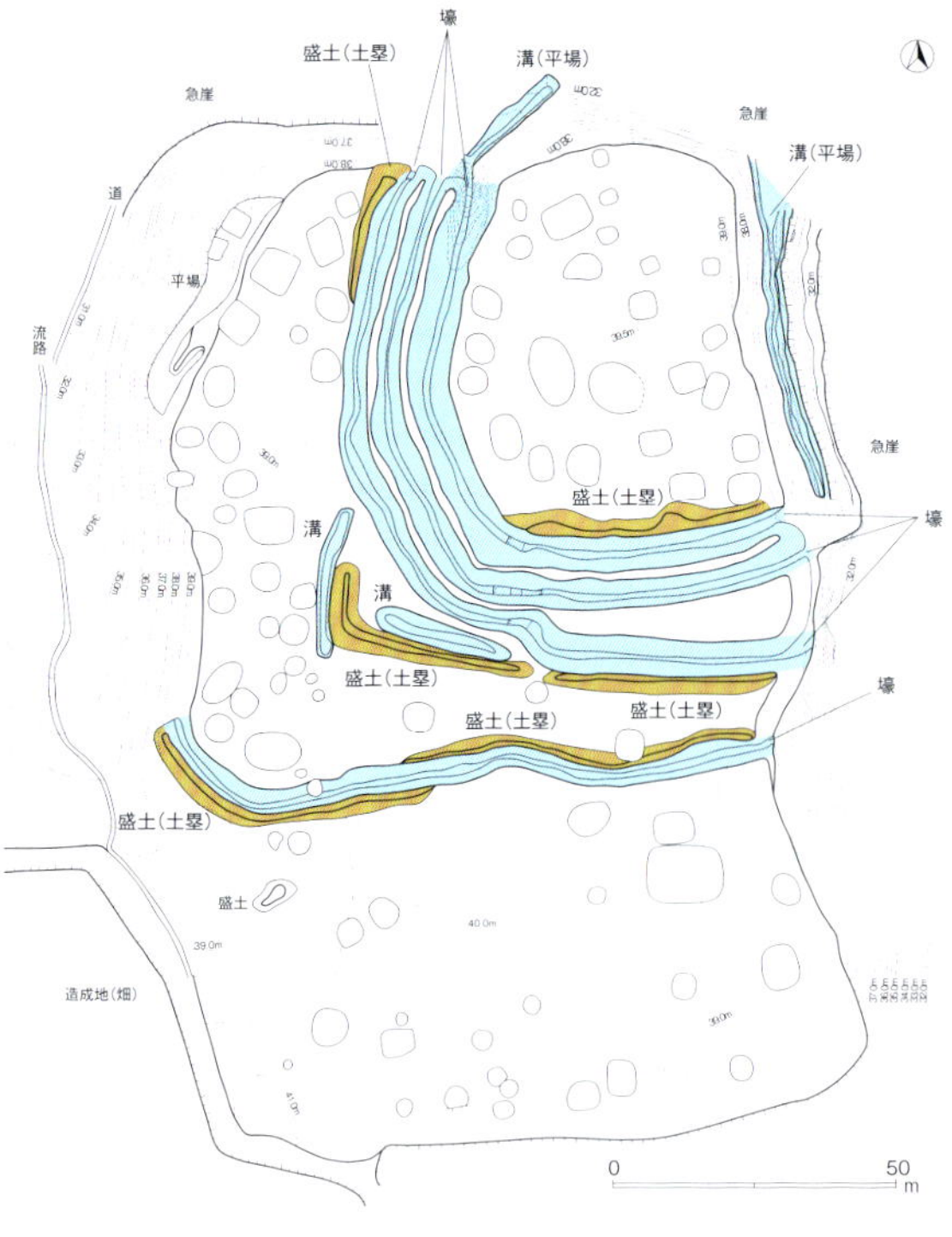

166　外ヶ浜町小国館跡（山本遺跡）測量図

167　環壕

168　窪みに雪の残る竪穴住居跡

29

浪岡北畠氏の拠点　浪岡城跡

169　浪岡城跡の堀跡調査（昭和52年　東堀）

浪岡城跡は、青森市浪岡字五所・林本、五本松字松本地区にあり、東から新館・東館・猿楽館・北館・内館・西館・検校館《けんぎょう》ほかの平場と周回する濠によって構築された中世城館で、城主は南北朝の忠臣とされた北畠顕家の末裔とされています。昭和15（一九四〇）年2月10日に国指定史跡となって、その指定面積は約136，000㎡です。

発掘調査は、昭和52（一九七七）年から始まり平成14（二〇〇二）年までの26，119㎡が対象となっていますが、弘前大学を中心に行ったのは初年度だけです。翌53（一九七八）年以降は夏休みにおける学生の考古学実習の場として活用されるようになり、「北海道・北東北の縄文遺跡群」を世界文化遺産に導いた岡田康博をはじめ、後に考古学研究に携わる多くの学生たちが参加していました。

弘前大学の発掘調査は、史跡公園化のため「史跡浪岡城跡整備基本計画」を作成する前段の調査でした。すでに旧浪岡町（現青森市）は明治百年を記念して昭和44～49（一九六九～七四）年度まで史跡の公有化事業を進め、指定地の73％を公有化していました。そこで町当局は、文化財審議会からの答申に拠り、調査団を組織して発掘調査を行うことにしました。調査団（正式名称は浪岡城跡整備基本調査団）の団長には、虎尾俊哉（弘前大学教育学部教授・浪岡町文化財審議会長）が就任、同じ教育学部歴史学研究室助教授の村越潔に調査担当を依頼しました。城跡の遺構・遺物把握のため7月28日から8月12日までの夏期休暇を利用して、東館と北館間の三重堀を中心に幅6mのトレンチを発掘しました。

その結果、北館では館の縁辺を巡る幅5m前後の土居状遺構と柵列らしい柱穴、東館では溝と柱穴を検出して中世の遺構面が広がることを確認するとともに、堀の間に残る中土塁の平坦面にも柱穴を発見して、柵列と推定しました。また、湧水に悩まされながらも北館側の堀跡（西堀と仮称）は館上端から深さ7m以上、堀跡表土面から2mまで掘り下げて箱堀状の形状、東館側の堀跡（東堀と仮称）は館上端から深さ6m、堀跡表土面から3mの薬研状の形状であることを確認しました（図169）。堀跡には多数の木製品や有機質の遺物が残存することもわかりました。古代の土師器・須恵器とともに13～16世紀の陶磁器、そして17世紀以降の陶磁器も出土しました。木製品には、下駄、桶底、曲物、箸、板材、屋根葺きの柾材、杭などがありました。ただし、調査面積が少なかったことや調査対象を堀跡に設定した結果、浪岡城跡最盛期の16世紀を主体とする陶磁器の量が以外に少なく、調査にあたって「もっと遺物が出てもいいのに」という戸惑いもありました。

青森県における中世城館の調査は、八戸市根城跡（昭和49〔一九七四〕年～）や弘前市堀越城跡（昭和50〔一九七五〕年～）そして青森市尻八館《しりはちだて》（昭和52～54〔一九七七～七九〕年）のように70年代から本格的に始まりました。浪岡城跡もその一角に加わり、弘前大学の考古学研究は、中世までの時代幅を示すことになりました。

浪岡城跡の発掘調査は、弘前大学以降に旧浪岡町教育委員会へ引き継がれ、19年間続きました。発掘地点は東館・北館・内館の平場と堀跡を中心に行い、新館・猿楽館・西館・検校館などは将来の発掘調査を期待して、ほぼ未調査のまま史跡公園化しています。長年の調査成果は次のように要約できます。

一つに、検出した建物跡（礎盤石建物・掘立柱建物跡など）や出土遺物（陶磁器・金属器・石製品・木製品など）から、内館が主郭としての城主空間であり、北館は家臣団の居住空間と推定できたことです。

二つは、城館の形成年代は出土した陶磁器などから、1期12世紀後半、2期13～15世紀前半、3期15世紀後半～16世紀末、4期17世紀前半となり、3期が浪岡北畠氏の居館時期となり、大浦氏の攻撃で落城したとされる天正6〔一五七八〕年以前と以後も城館機能が存在したと推定されたことです。

三つに、出土遺物の中に坩堝《るつぼ》・鋳型・漆箆《うるしべら》、銭貨・錘《おもり》、杮経《こけらきょう》・銅製仏具などが見られたことから、城館内には武士階層だけでなく職人、商人、宗教者も居住していたと考えられるようになったことです。特にアイヌ文物とされたガラス玉・中柄などの出土は、アイヌ民族が城館内に居住していたことを示唆します。つまり、全体の調査成果からみると浪岡城という城館は一種の「都市的な場」だったと考えてもさしつかえないものになりました。

弘前大学の学術調査から引き継がれた広範囲な行政調査によって、中世城館の曲輪機能を推定できたことは、北日本の城館の特質を考える一助となりました。

文献

村越　潔ほか『浪岡城跡発掘調査報告書』（浪岡町教育委員会　一九七八年）

（工藤清泰）

30 北海道渡島半島における戦国城館跡の研究　北斗市矢不来館跡

戦国時代、津軽海峡を挟んで青森県と対峙する北海道南西部の渡島半島には昆布や鮭・アワビなどの海産物や矢羽根に使う鷲羽、熊や鹿、海獣類の毛皮など北の産物を求め、本州から多くの和人が移住しました。彼らは渡島半島の各地に拠点となる和人館を築き、先住民であるアイヌと共棲し、時に武力衝突、次第に和人地化を図っていきました。

道南の中世史は、これまで『新羅《しんら》之記録』など松前藩に伝わる歴史書や、松前氏の先祖である蠣崎《かきざき》氏に関連する北海道上之国町の勝山館跡・花沢館跡・洲崎館跡の発掘調査により語られてきました。そうした「蠣崎（松前）家」の歴史は、蠣崎氏以外の和人館主やアイヌの人々の実態解明を通して、相対的に評価し直す必要があることから、人文学部文化財論研究室（担当　関根達人）では、平成22・23（二〇一〇・一一）年に北斗市矢不来館跡を発掘調査しました。

館跡は、函館湾口西岸、矢不来台場の西側、下矢不来川と館の沢川に挟まれた標高60ｍ前後の海岸段丘の突端に立地し、西側を3本の空壕で断ち切ります（図170）。面積約18，000㎡の単郭で、ほぼ平坦です。「別本下国《しものくに》系図抜書」には、享徳三（一四五四）年下北大畑から蝦夷島に渡った安藤政季《あんどうまさすえ》が、秋田男鹿島へ赴くまでの2年間、弟の家政とともに「茂別矢不来館」に住んだとあり、国史跡に指定されている茂別館とともに下国安藤氏の拠点でした。

調査地点は、館跡最奥部にある三重壕に接し、館内の北西隅にして最も高所にあたります（図171）。調査の結果、柵木列1条・土塁跡1基・土坑墓2基などの遺構が検出され、中国産青磁・青花・瀬戸焼などの陶磁器類、鉄鍋・古銭などの金

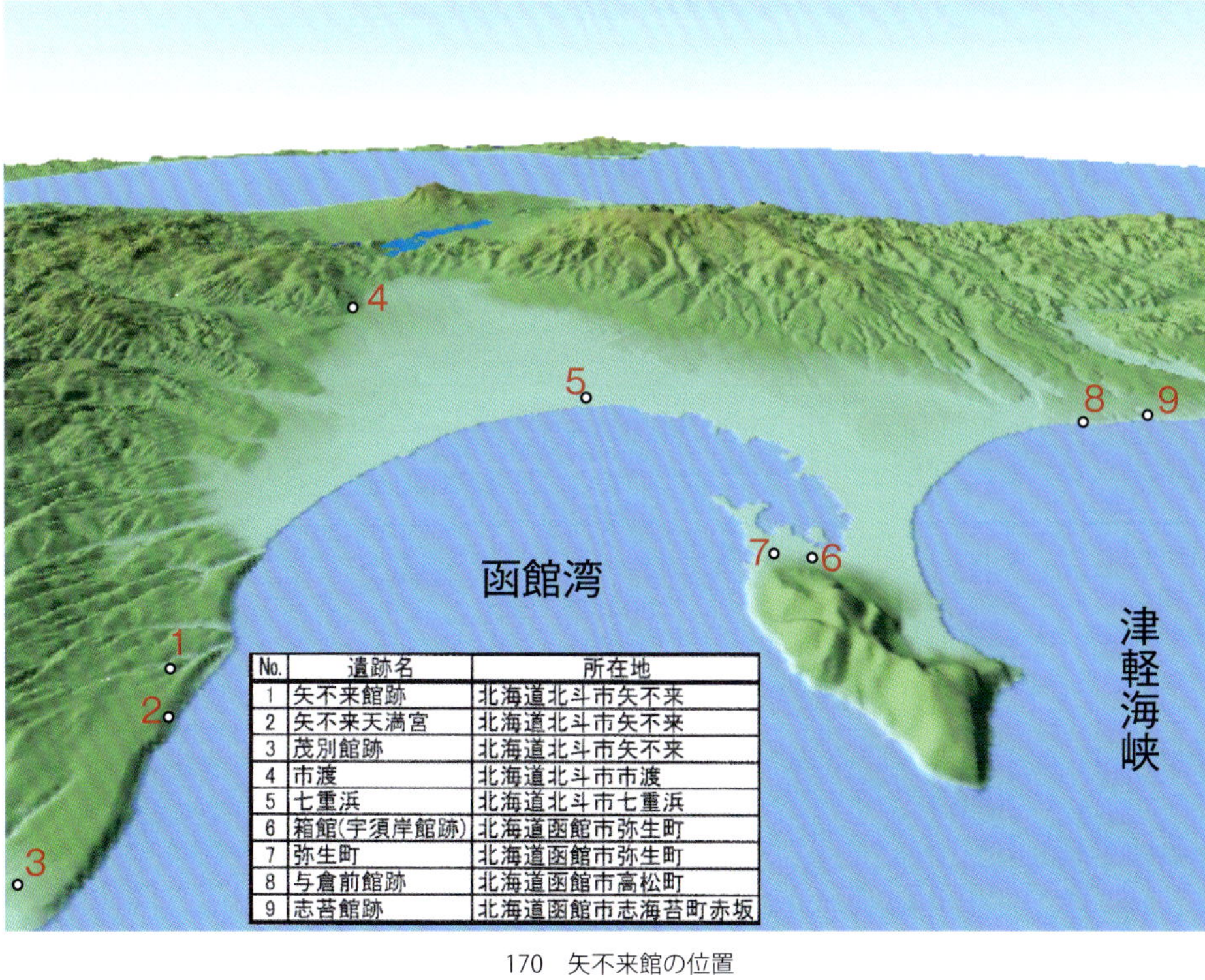

No.	遺跡名	所在地
1	矢不来館跡	北海道北斗市矢不来
2	矢不来天満宮	北海道北斗市矢不来
3	茂別館跡	北海道北斗市矢不来
4	市渡	北海道北斗市市渡
5	七重浜	北海道北斗市七重浜
6	箱館(宇須岸館跡)	北海道函館市弥生町
7	弥生町	北海道函館市弥生町
8	与倉前館跡	北海道函館市高松町
9	志苔館跡	北海道函館市志海苔町赤坂

170　矢不来館の位置

属製品、漆椀、ガラス玉などの遺物が出土しました（図172・173）。遺物では中国産の茶入と天目茶碗、茶釜、茶臼といった茶道具、銅製の香炉（図174）・花瓶・厨子蝶番などの仏具類、墓に副葬された六道銭と漆椀（図175）が注目されます。

調査の結果、矢不来館跡は、長禄元（一四五七）年に起きたアイヌ民族による最大の武装蜂起であるコシャマインの戦いの直後に、下国安藤氏が本城である茂別館の詰城（控えの城）として築城し、永正9（一五一二）年、函館周辺の東部ア

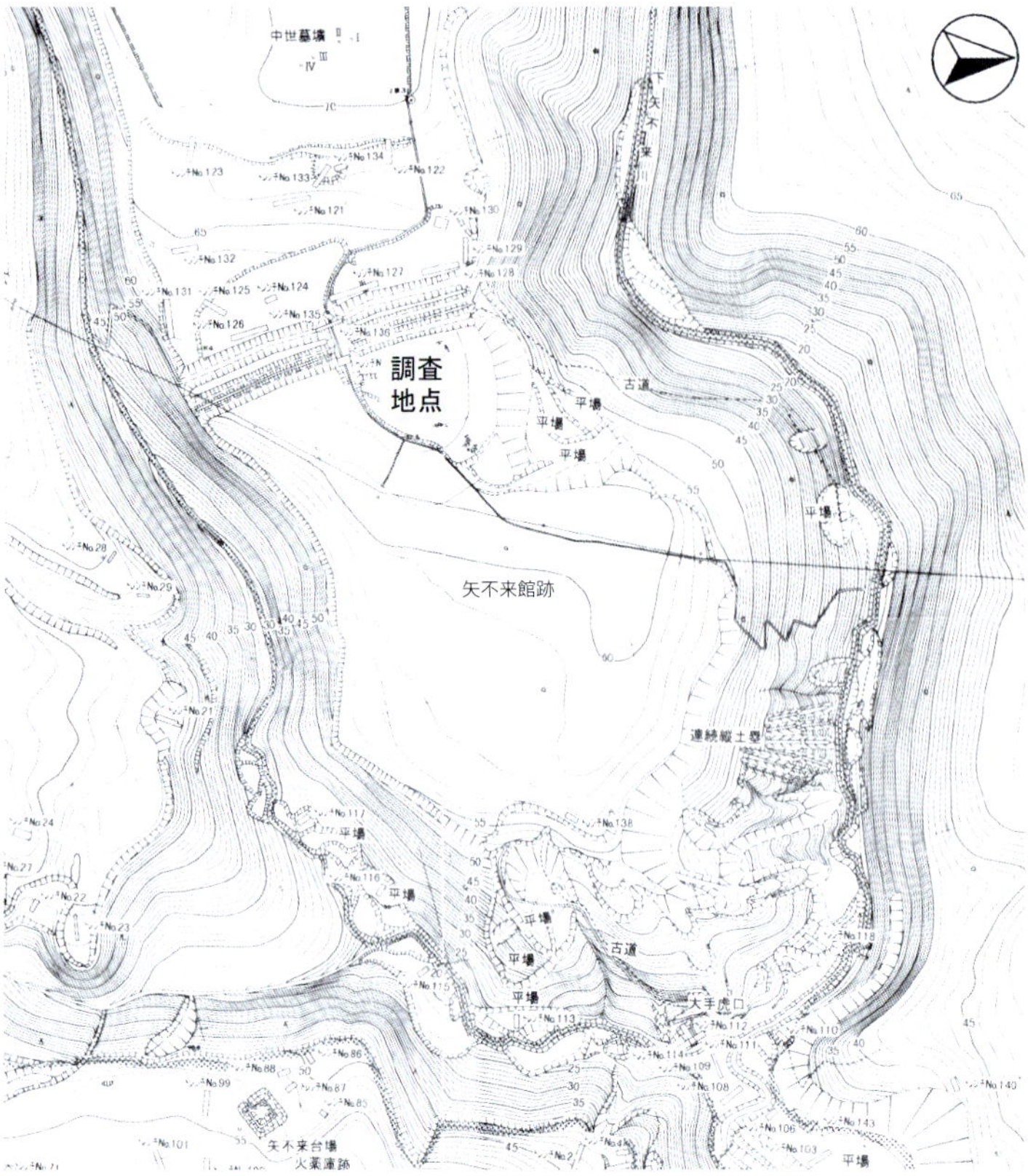

171　発掘調査地点

173　出土銅製品★

172　出土陶磁器★

イヌが武装蜂起した際、宇須岸《うすけし》（箱館）などとともに落城・廃絶された可能性が高いことが判明しました。

出土遺物から矢不来館には唐物を中心とした座敷飾りを持つ本格的な書院が存在し、唐物茶器による茶の湯と、三具足《みつぐそく》を用いた立て花が催されていた可能性が高いことが分かりました。矢不来館の館主下国安東（安藤）氏は、将軍足利義政やその側近たる同朋衆《どうぼうしゅう》の好みを反映した書院会所の唐物数寄を理解し、政治的・経済的・文化的にそれを受容する立場にあったと考えられます。下国安藤氏は、15世紀後半の段階でなお、政治的・経済的に、上之国の蠣崎氏を上回る勢力を保持していたと推測されます。コシャマインの戦いの後、道南では上之国勝山館に拠る蠣崎氏と茂別・矢不来を本拠とする下国安藤氏の勢力がせめぎ合う、「戦国的様相」がより顕著になったといえます。

174　銅製香炉出土状況

175　漆椀出土状況

文献

弘前大学人文学部文化財論研究室『北海道渡島半島における戦国城館跡の研究　北斗市矢不来館跡の発掘調査報告』（二〇一二年）

（関根達人）

31

中近世の蝦夷地と北方交易に関する研究

サハリン出土の日本製品と白主《しらぬし》会所跡

「中近世北方交易と蝦夷地の内国化に関する研究」（科学研究費基盤研究A　研究代表者　関根達人）に関わる学術調査として、平成23～26（二〇一一～一四）年度の4年間、弘前大学人文学部とサハリン州立郷土誌博物館、サハリン大学考古学・民族誌研究所が研究協力協定を結び、サハリン州立郷土誌博物館とサハリン大学が所蔵するサハリン島出土の日本製品の調査と、江戸時代に日本が樺太支配の拠点とした白主会所跡を測量しました（図176～181）。

サハリン州の州都であるユジノサハリンスクにあるサハリン州立郷土誌博物館は、旧北サハリン州の州都アレクサンドロフスク・サハリンスキーに明治29（一八九六）年に開設された北サハリン州郷土博物館と、日本統治時代の昭和12（一九三七）年に設置された樺太庁博物館の収蔵品を引き継いでおり、現在も旧樺太庁博物館の建物が使われています。同じくユジノサハリンスクにあるサハリン大学考古学・民族誌研究所は平成20（二〇〇八）年に設立され、サハリン大学がサハリンやクリル諸島で調査した遺跡から出土した資料が収蔵・展示されています。

サハリンから出土する江戸時代につくられた日本製品は、キセル・刀装具・漆器・鉄鍋・銭（寛永通寶）が確認されました。キセル・刀装具・鉄鍋がサハリン島の北部からも出土するのに対して、漆器はサハリン島の南部からしか発見されません。このことは、日本製のキセル・刀装具・鉄鍋が樺太アイヌのみならずサハリン北部に住むニヴフの手に渡っているのに対して、漆器はサハリン南部の樺太アイヌにしか受容されなかったことを意味します。サハリン島から出土している漆器は、漆椀・耳盥《みみたらい》・行器《ほかい》で、全

176　サハリン州立郷土誌博物館

177　サハリン大学考古学・民族誌研究所

178　博物館での調印式

179　サハリン大学ワシレフスキー教授

てアイヌの酒儀礼に関する道具です。日本製のキセルはサハリン全土から発見されており、キセルをもちいた喫煙が樺太アイヌだけでなくサハリン北部に住むニヴフにまで及んでいたことが明らかとなりました。

　サハリン島の最南端に位置する白主は、アニワ湾に面した久春古《くしゅんこ》丹《たん》（旧大泊・現コルサコフ）とならんで、江戸時代には、日本による樺太支配の最大拠点であり、いわゆる山丹《さんたん》交易の窓口でもありました。寛政２（一七九〇）年松前藩は白主に交易所（運上屋）を設け、施設の管理のため、毎年４月末から８月上旬にかけ、勤番侍と足軽を派遣するようになりました。白主会所跡のある南白主は、西能登呂《のとろ》（クリリオン）岬から北に約５㎞、マイデリア岬南側の入江に面し、着舟するのに適した場所としては西海岸で最も南に位置します。白主会所跡は、元朝が樺太南端に前進基地として築いたと推測される著名な白主土城跡から北に約３㎞しか離れていませんが、近年まで軍事上の理由から外国人の立ち入りが厳しく制限されていたため、これまで全く調査が行われていませんでした。

　現地調査の結果、白主会所の敷地は、南北約62ｍ、東西約33ｍの長方形で、背後の段丘の裾を削平して平坦面を造成しており、山側は切岸、正面の海側には土塁を築き、敷地の奥には日本式の庭を備えた格式ある施設であったことが判明しました（図182）。

（関根達人）

文献
関根達人『中近世北方交易と蝦夷地の内国化』（吉川弘文館　二〇一四年）

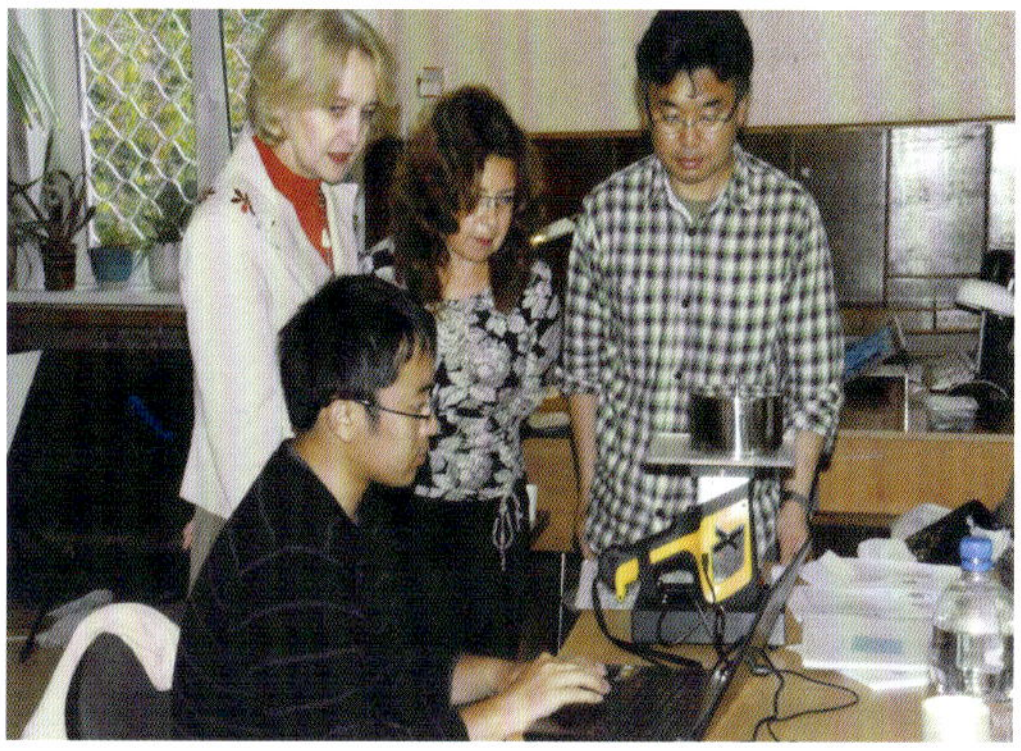
180　博物館での調査風景

181　サハリン大学の樺太アイヌ展示

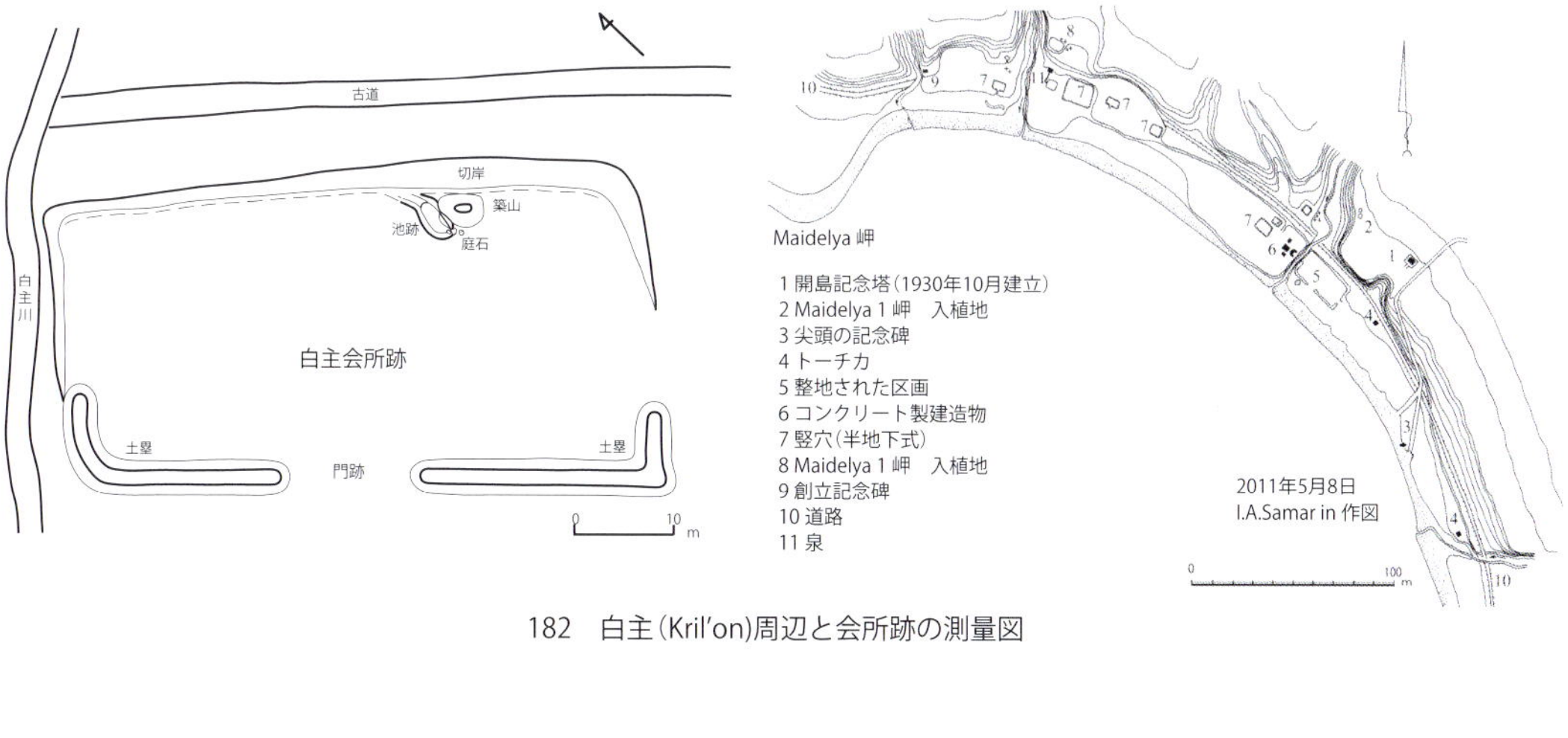

182　白主（Kril'on）周辺と会所跡の測量図

32

最北の城下町を掘る

松前町福山城下町遺跡

北海道最南端に位置する松前は、先史時代から本州との交流が盛んで、15世紀には松前大館が道南の和人の最大拠点でした。農業生産に頼らない松前藩の経済は大きく蝦夷地交易に依拠しており、様々な点で特異性が目立ちます。最北の近世城下町松前は、長崎・対馬・琉球とともに「四つの口」と呼ばれる近世日本の対外交渉地でもあり、アイヌなど北方民族を介し、サハリン（樺太）経由で大陸へ通じる北の交易ルートが存在しました。

人文社会科学部文化財論研究室（担当　関根達人）では、北方史の解明のため、北の玄関口であり、政治・経済の中心であった松前町福山城下町で発掘調査を行いました（図183）。

平成29（二〇一七）年に調査した正行寺北側地点は、文化年間（一八〇四～一八一八）頃の福山城下の町割りを描いた『松前分間絵図』によれば、藩の中堅をなす武家の屋敷地と正行寺に挟まれた空閑地に相当し、調査区内からは幕末の和人墓1基と幕末のゴミ穴が多数検出され、18世紀後葉～19世紀中葉の陶磁器や動物遺存体など多くの生活残渣《ざんさ》が出土しました（図184）。遺物で特に注目されるのは14点のガラス小玉です。ガラス玉は大部分が青系の小玉で、いずれも芯にガラス種を巻き付けて作られています。理化学的分析の結果、全てカリ石灰ガラスと判明し、19世紀に城下町松前でアイヌ向けのガラス玉が生産されていた可能性が初めて確認されました。

平成30（二〇一八）年に調査した小松前町地点は、史跡福山城跡の南側、城下町通りの海側に面した場所で、標高約6ｍ程度の低位段丘面に立地します。小玉貞良《こだまていりょう》が宝暦年間（一七五一～六四）前半

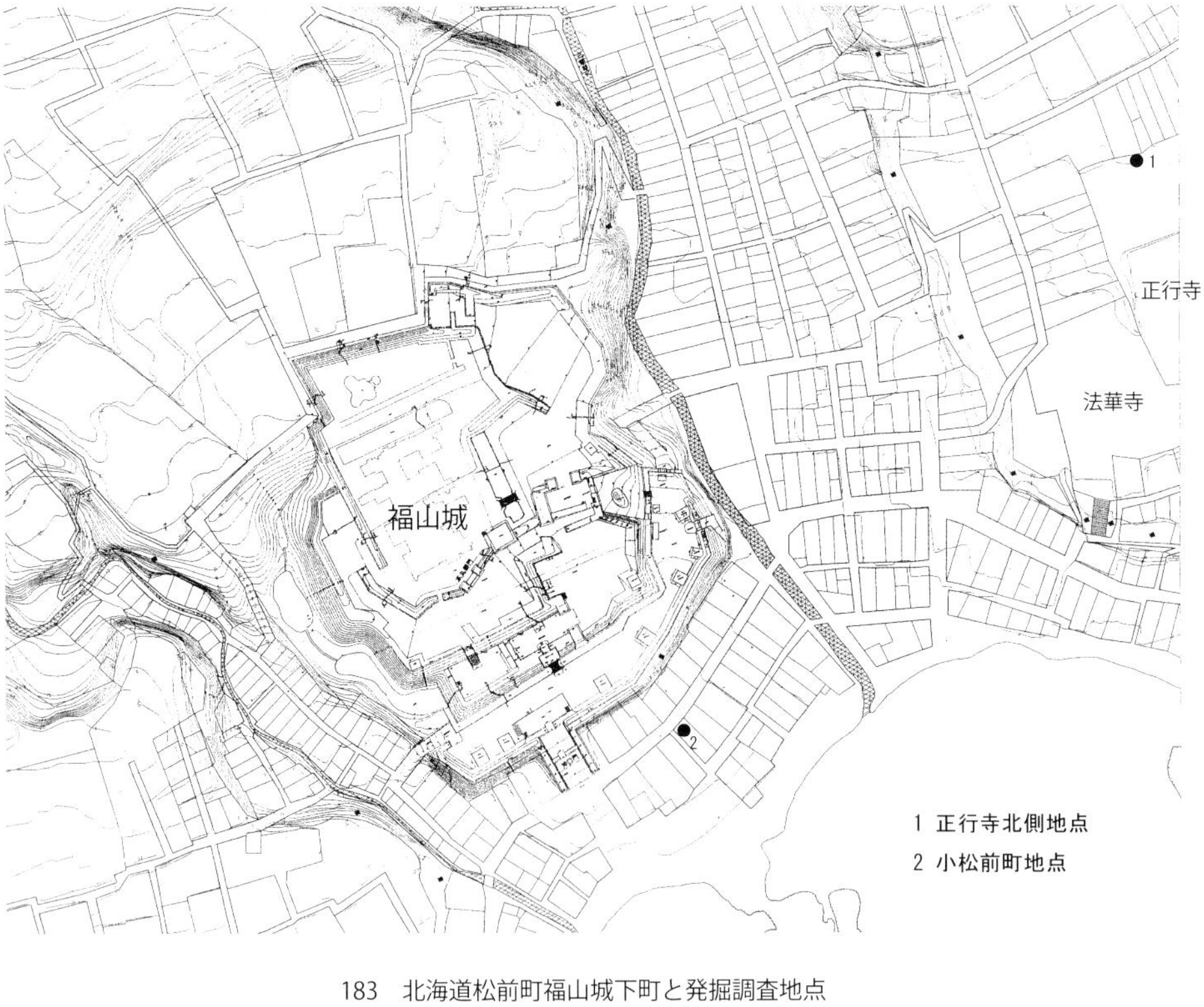

183　北海道松前町福山城下町と発掘調査地点

に福山城下を描いた「松前屏風」では、調査地点付近に城下の通りに沿って短冊状の地割りのなかに軒を連ねる町屋が確認できます。文化年間（一八〇四～一八）の絵図では、調査地点付近に松前藩士の平田惣和二の名前が認められ、明治27（一八九四）年頃の商家配置図では、調査地付近は栖原《すはら》屋と表記されています。栖原屋は、蝦夷地と本州との交易や漁場経営で有名な紀州出身の商人で、明和5（一七六八）年、5代目茂勝の時に松前の小松前町に出店しており、調査地点は江戸中期から明治中期まで、栖原角兵衛の店舗の一角であったと考えられます。

調査地点は、近代以降の盛土（1層）から地山《じやま》の砂層（9層）面まで約3・4mあり、2層から8層までが江戸時代の整地層です（図185）。2層・3層・4層・5層・6層・9層（地山）の各上面で、慶長期から幕末まで江戸時代の生活面が計6面検出されました。4層上面と5層上面は火災面で、出土陶磁器と古記録から前者は享保年間（一七一六～三六）の火災、後者は史料が残されていない17世紀第二四半期の火災と判明しました。

6層上面で検出された地鎮遺構に使われていた17世紀初頭の唐津焼の灯明皿（図185－29・30）に付着した炭化物に残る脂質を、理化学的に分析したところ、海産魚類に由来する灯明油が使用されていたことが明らかとなりました。わが国では石油の利用が本格化する明治30年代以前にはイワシ・ニシン・サメ・タラ・サンマ・フグ・イカナゴなどの魚油が使われていましたが、松前の地域性からいってニシンの可能性が最も高いと考えられます。

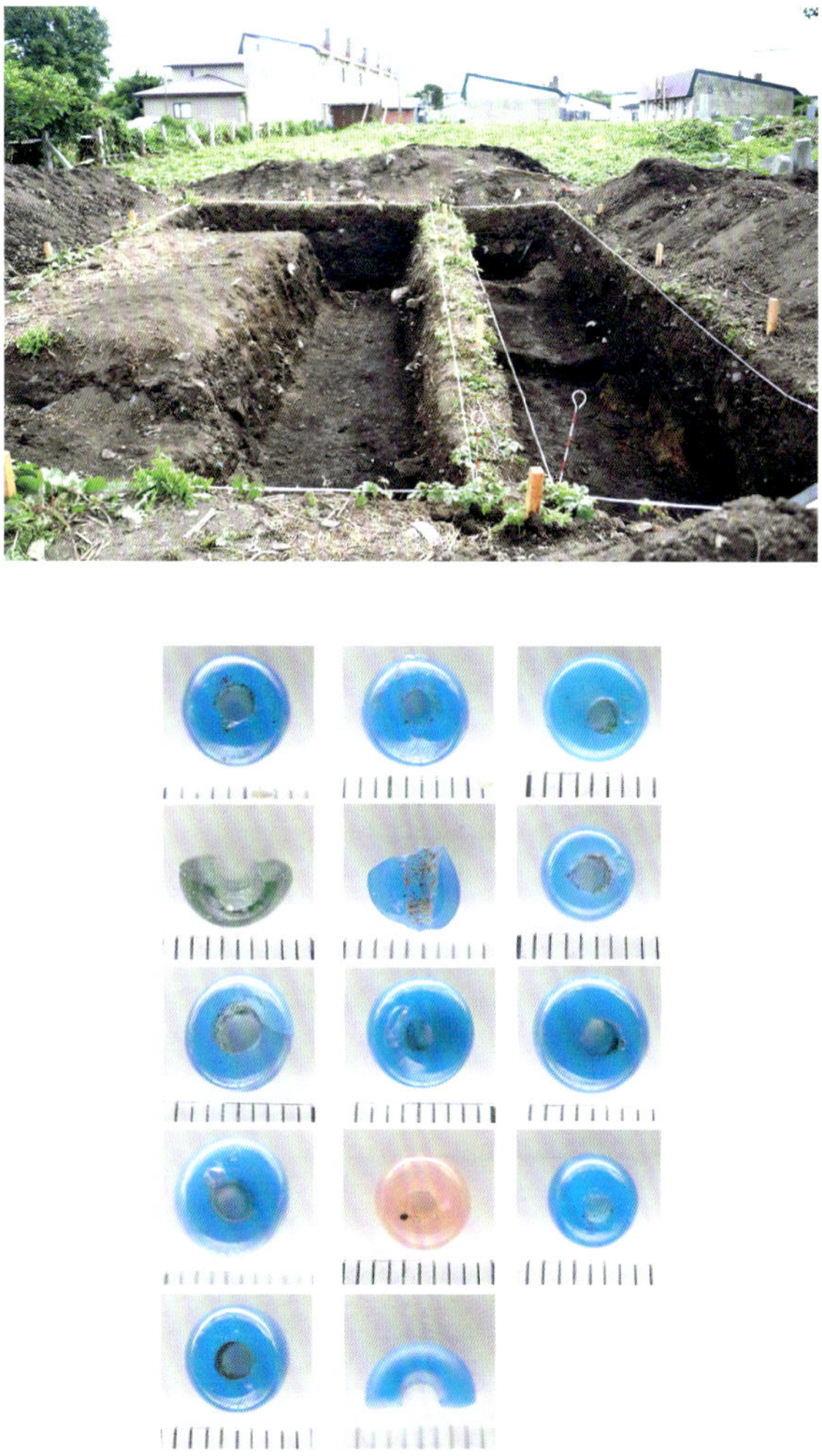

184　正行寺北側地点と出土したガラス玉

文献

関根達人「北海道松前町福山城下町遺跡小松前町地点発掘調査報告」（『弘前大学人文社会科学部 人文社会科学論叢』第七号　二〇一九年）

関根達人・米田 譲・宮田佳樹・宮内信雄・堀内晶子・吉田邦夫「福山城下町遺跡の地鎮に使われた灯明皿とその油種」（『北海道考古学』五六号　二〇二〇年）

関根達人編『松前藩福山城下町の考古学的研究1』（弘前大学人文社会科学部文化財論研究室　二〇一九年）

（関根達人）

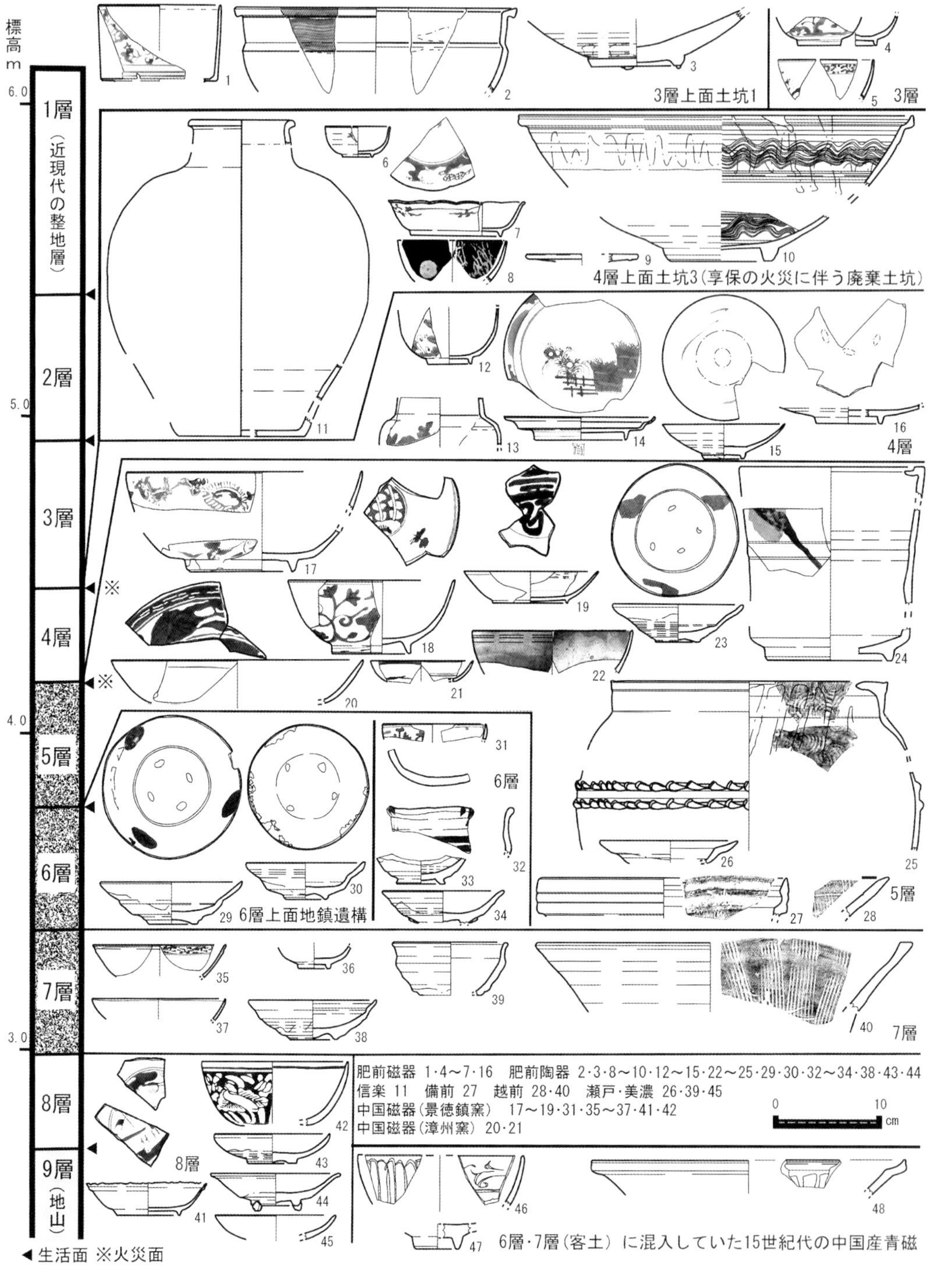

185　小松前町地点の基本層序と主な出土陶磁器

33
弘前大学の地下を探る

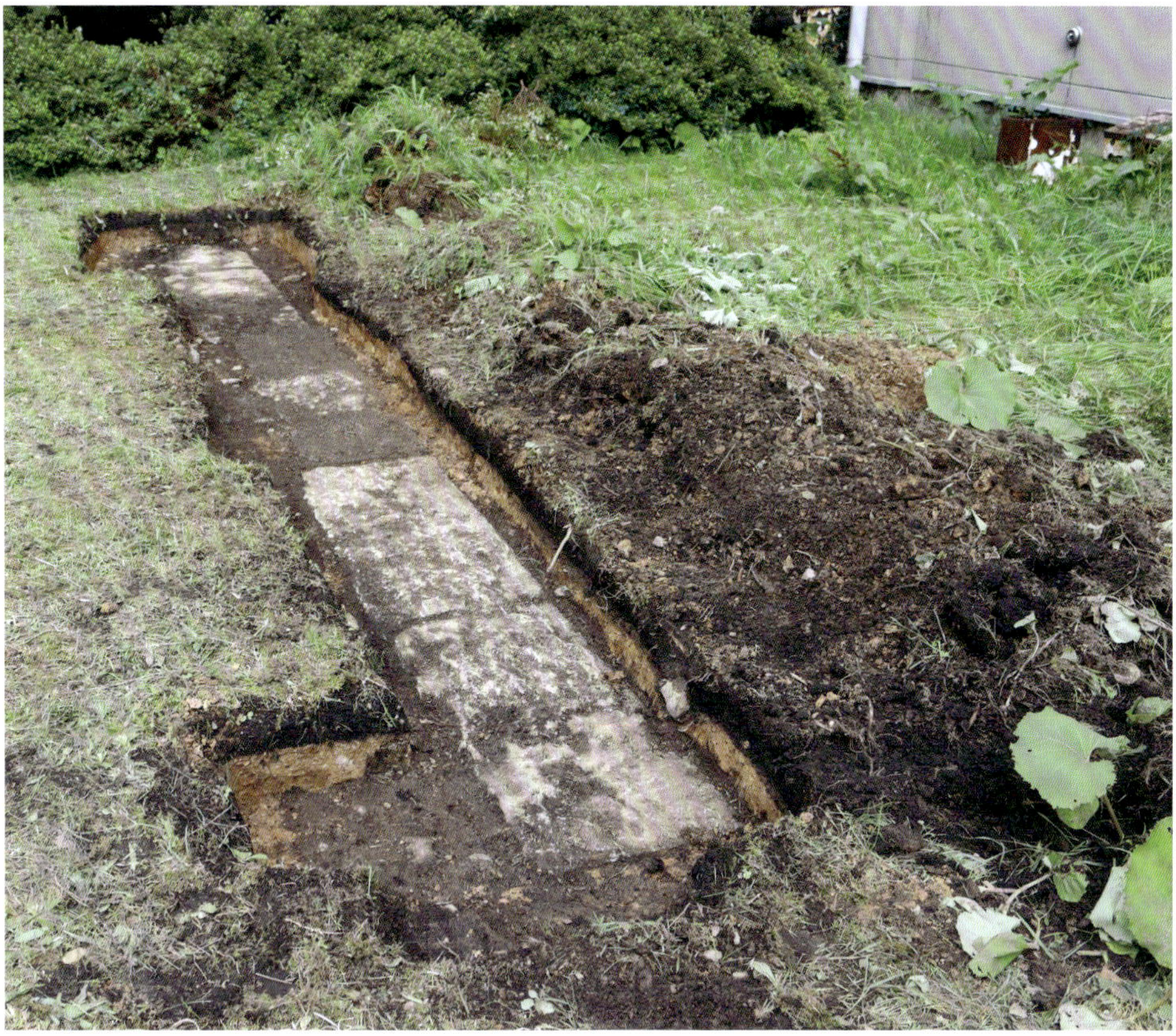

186　農学生命科学部中庭で姿を現した旧第八師団司令部庁舎の石積基礎

明治5（一八七二）年、日本初の鉄道が新橋－横浜間で開通した際、海上に線路を敷くために造られた近代化遺産の一つ「高輪築堤跡」（東京都港区）が、令和3（二〇二一）年に国史跡に指定されたことは記憶に新しいでしょう。近現代考古学は、発掘調査や型式学といった考古学的手法を用いて、過去の生活の再構成や解釈を行うことを目的としますが、特に文献史料の乏しい地域や記録を残さなかった階層、日常生活に関わる事項に対して、新たな歴史解釈を加えることができます。こうした流れのなかで、特に戦跡の場合、記録を残すことにより、後世への平和教育の材料としても利用されています。

江戸時代が終わり明治期になると藩の中心地としての役割を終え、県庁が青森市に移ると弘前の町は急速に衰退していきます。そのようななか、弘前における旧制高等学校と師団の設置は、学都と軍都として新たに栄えていくことにつながっていきます。

現在の弘前大学文京町キャンパスの場所には、大正9（一九二〇）年設立の旧制弘前高等学校と、日清戦争後、明治31（一八九八）年に設置された陸軍第八師団の司令部、旅団司令部、憲兵隊がありました。これら当時の建造物は、戦後まで利用されていましたが、現在で

187　昭和42（1967）年 解体直前の建物
左側に完成したばかりの新校舎が写っており（矢印部分）、この段階ではまだ解体されていないことが分かります。現在ロータリーのみ往時の姿を残しています。

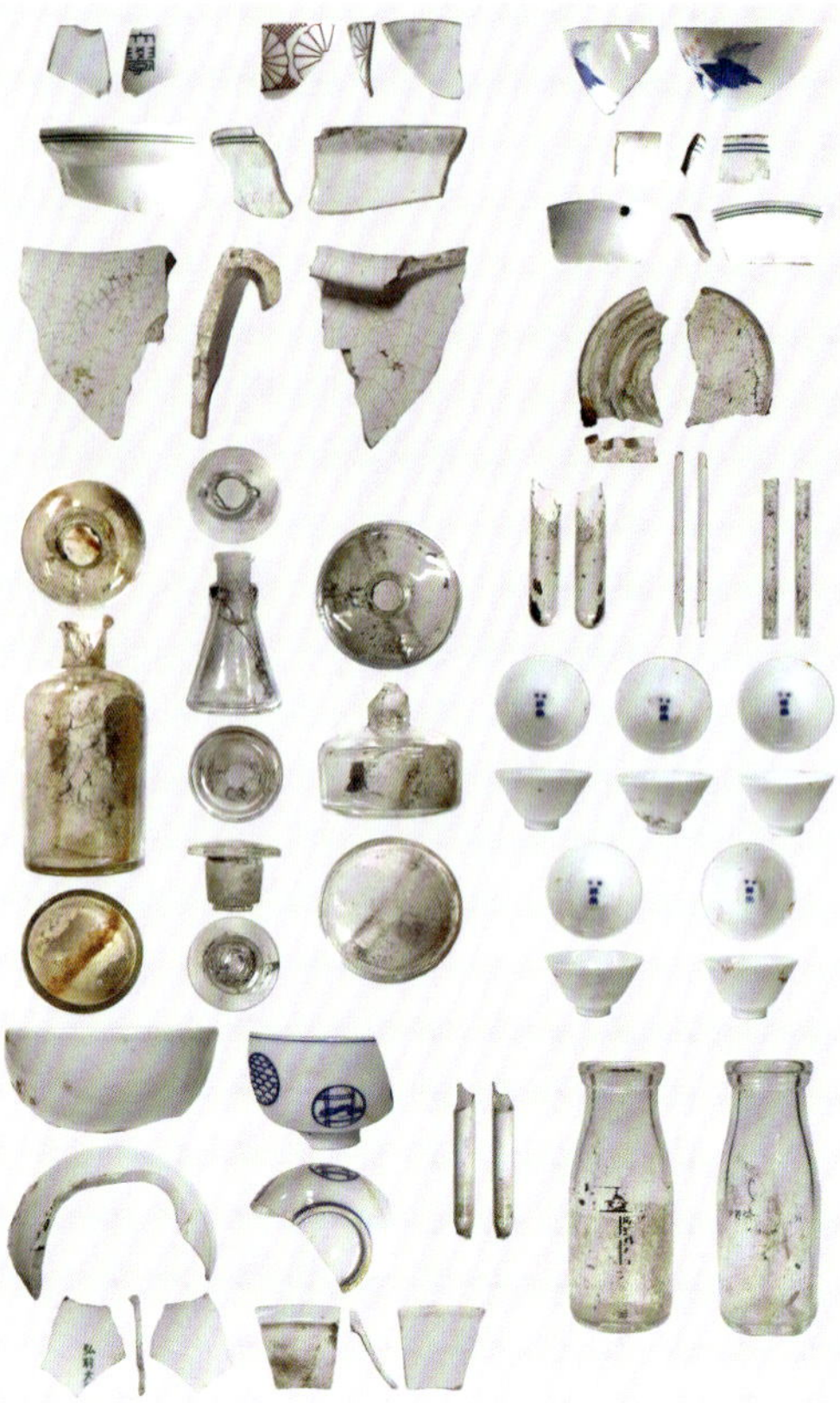

188　旧制弘前高等学校～弘前大学（昭和30年代）の出土品

189　旧第八師団司令部庁舎周辺の出土品

は解体され、現存しません。

　近代教育や軍制の象徴的な建物ともいえる旧制高等学校校舎、師団司令部庁舎は、全国的にみても現存するものは少ないものの、その価値が見直され、活用が図られている例も少なからずあります。例えば、旧弘前偕行社《かいこうしゃ》、旧第八師団長官舎、旧制弘前高等学校外国人教師館などは、近代化遺産として、積極的に活用が図られています。このような観点から、弘前大学構内は、戦跡考古学、近現代教育史双方から見て貴重な場所といえます。

　そのようななか、令和4（二〇二二）年度、師団司令部の石積基礎とみられる遺構や遺物が見つかり（図186）、現在の農学生命科学部敷地内にあった第八師団司令部庁舎の構造や実態が分かってきました。例えば、旧制弘前高等学校時代に使われていた食器（図188）からは、教育現場における陶器の統制化から、戦後期における大学名の入った食器類へと変化がたどれました。また、旧第八師団関係施設からは、軍部拡張に伴って明治後期に陸軍省の規則制定による建築物の秩序化が図られ、外観だけでなく部屋割りや仕様まで厳格になっていたことがうかがえます。一方、石材や瓦などの材料調達は地元に任せられ、地元産の建築材が使われました。建築材料の供給量の増大は、地元における新たな産地の開拓・拡大や、新規技術の導入を促進させました。地方において中央で作成された厳格な仕様は、近代建築の仕様を知る機会になり近代建築にふさわしい建築材料の量産化にもつながったと考えられます。また、進駐軍が飲んだとみられるコカ・コーラの瓶（図189）からは、確かに進駐軍が師団の中枢部に滞在した証拠として、飲料の普及を探るうえでも注目されます。

（上條信彦）

文献

上條信彦「弘前大学校地の近代考古学　旧第八師団司令部と旧制弘前高等学校」（『弘前大学人文社会科学論叢』第一三号　二〇二二年）

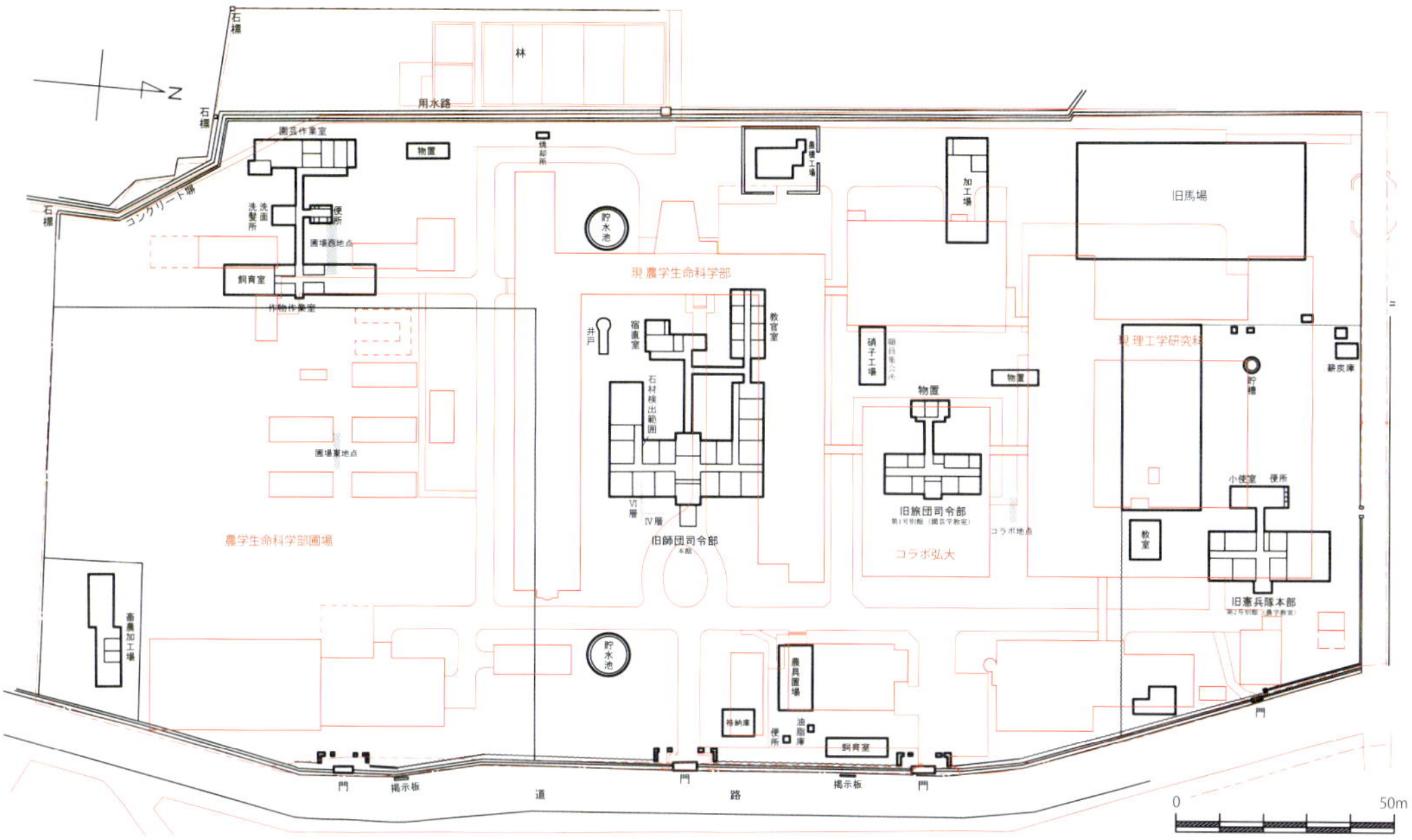

昭和 24（1949）年校舎配置（黒）および現校舎配置（赤）を加工

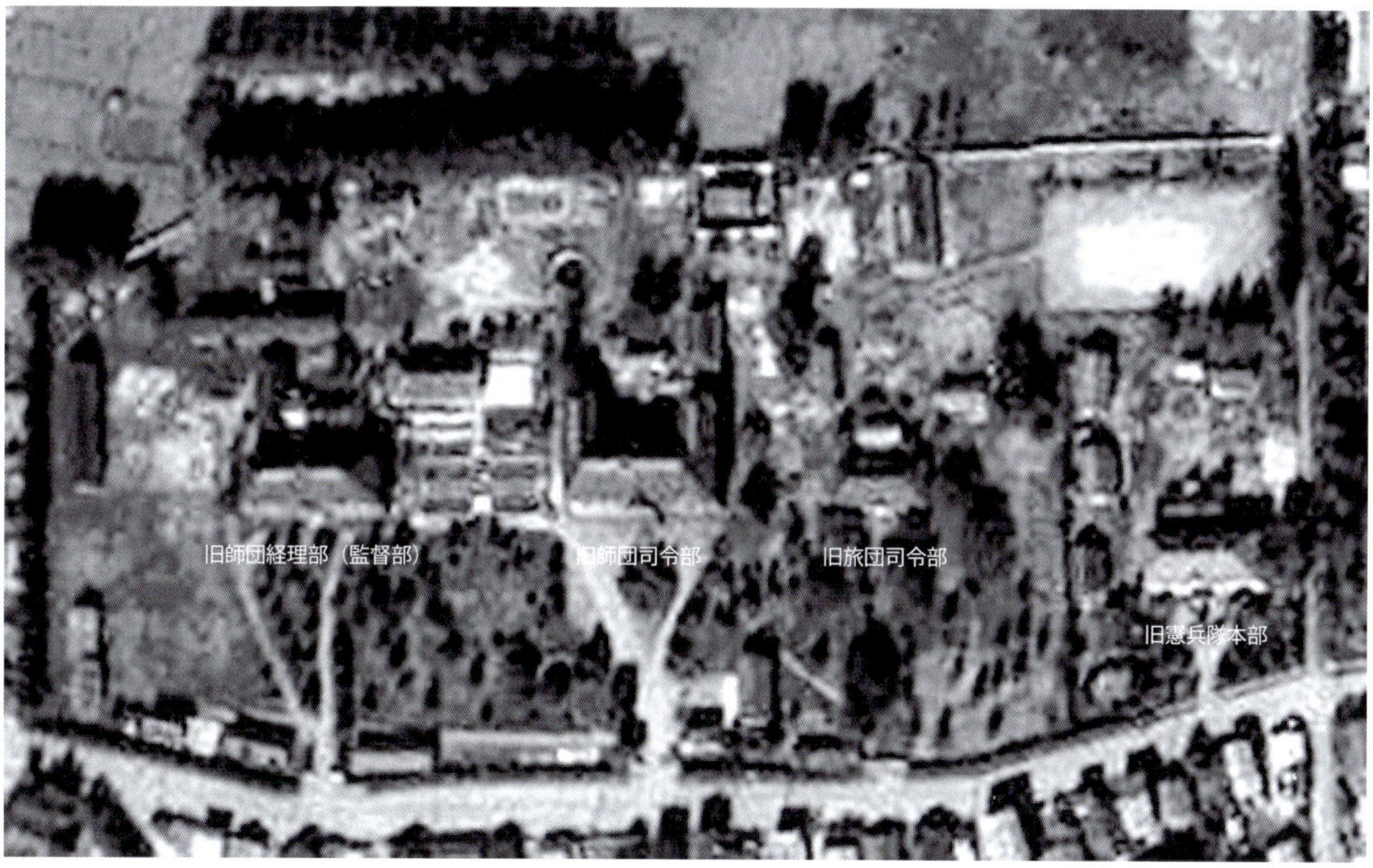

昭和 23（1948）年米軍撮影（USA-R1466-34）を加工

190　農学生命科学部および理工学研究科校舎の昔と今

Column 3 ちょっとひといき…

佐京窯便り

「よみがえる縄文の美」をテーマに土器、陶器陶胎漆器、骨角器等の作品を手掛けています。特に土器文様に興味を持ち、それらを陶器に写した作品を中心に制作しています。

その中で気づかされたことですが、文様は音楽のようです。線と空白が、施律、和音、リズムのような役割で、バランス良く、心地よい音楽を完成させるようなことに似ています。さらには、作り手のアドリブによって様々なメロディーが生まれるように多種多様な文様が作られたのではないかと推測に致りました。また生活用具すべてに美術が存在することに驚きです。縄文の人々の豊かな感性に触れて、そのような人々がくらした時代に憧れつつ、今後も縄文の魅力を作品の中で発信していければと日々考えています。

商品は八戸市是川縄文館などで購入できます。

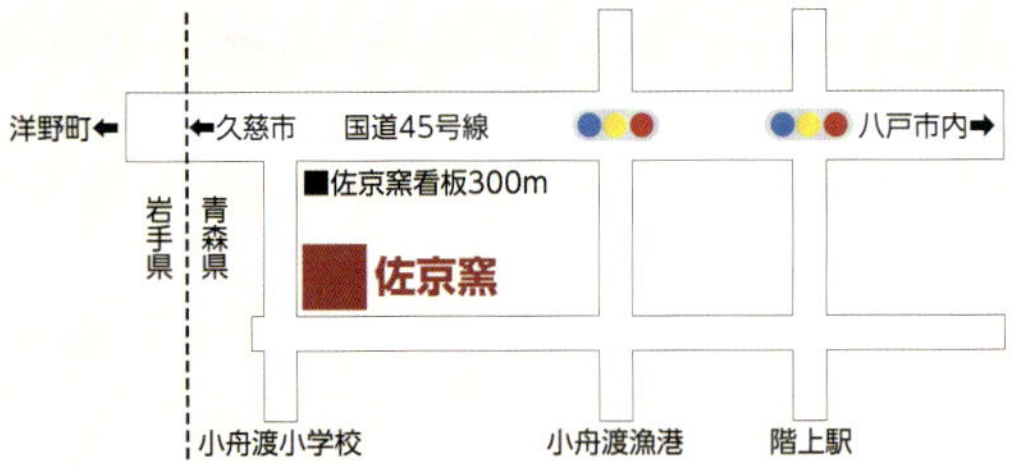

〒039-1201
青森県三戸郡階上町大字
道仏字泉田窪 20-3

佐京窯　佐京三義・和子

地域を結ぶ——学際的研究

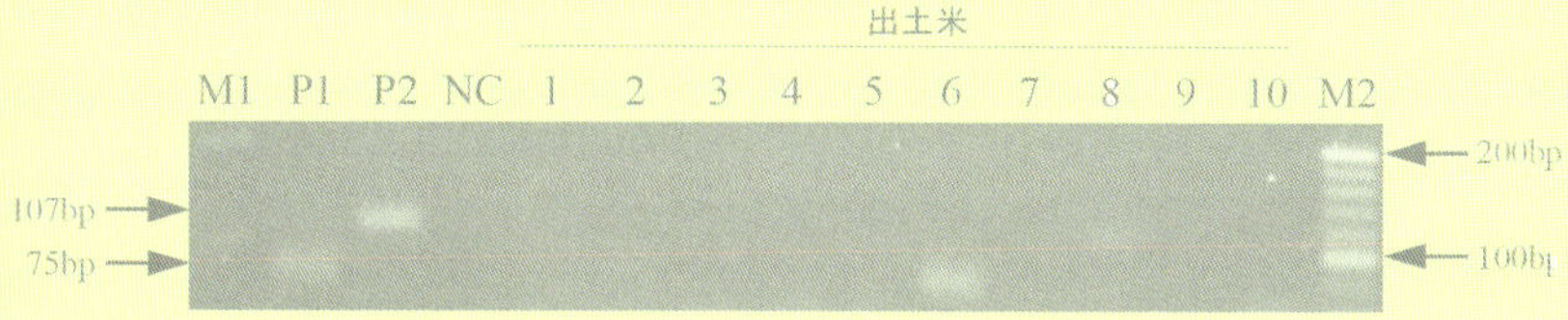

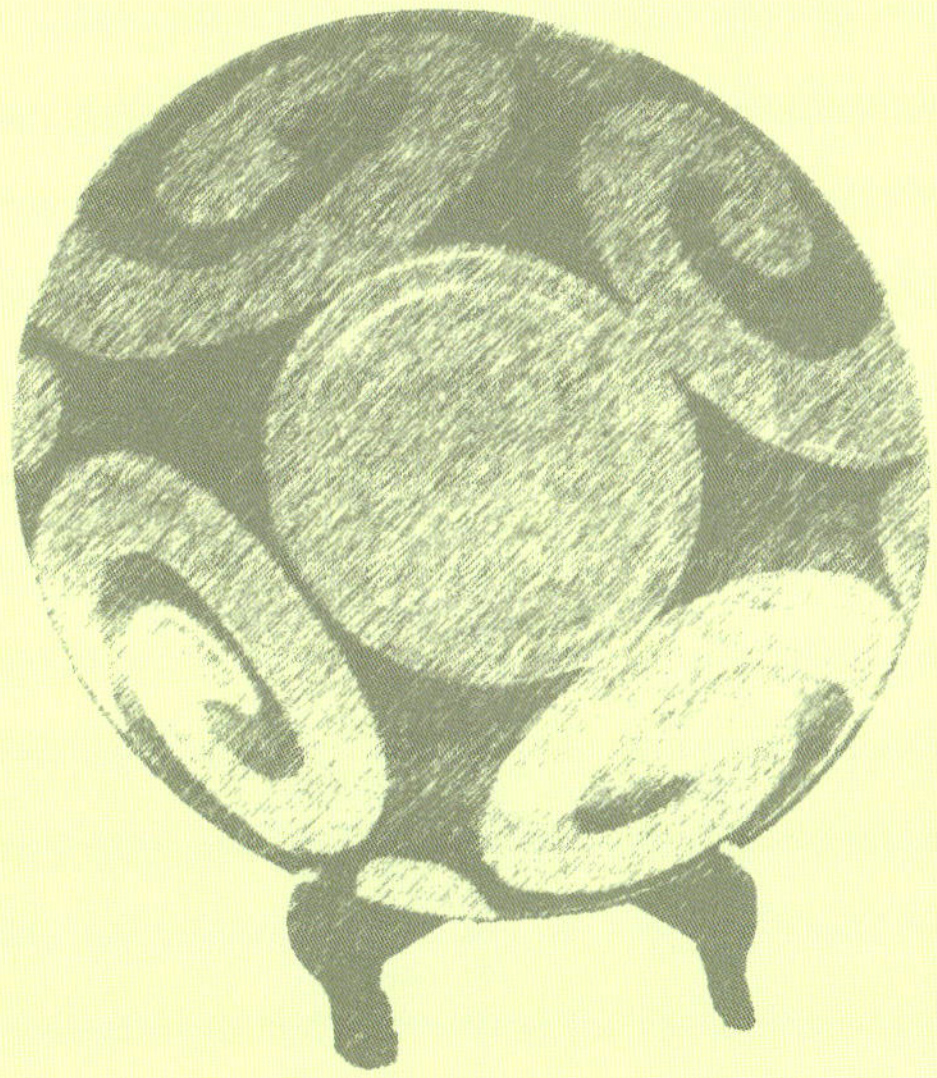

34

考古学と地理学の融合
学際的アプローチによる地形変化と人間の挙動に関する研究の可能性

1 考古学と地理学

著者の専門は地理学、その中でも自然地理学です。考古学と地理学は以前から連携がみられましたが、考古学において「地球科学と地理学の方法を考古学や歴史学に応用する研究分野」としてジオアーケオロジー[1]が提唱されることにより、両者の関係性は一層高まってきたといえるでしょう。地理という漢字は「地」の「理(ことわり)」を知るものであり、地理学は大地や土地にまつわる道理や理由を探る学問とされています(小野・吉田二〇二一)。地理学の一つの分野をなす自然地理学は地形学、気候学、陸水学などの個別領域が存在し、各領域でそれぞれ発展をとげてきました。しかし、専門性が高くなるにつれて、それぞれの領域のつながりが薄れ、本来、自然地理学がもつ地域の自然現象を俯瞰し、それらをつなげて検討する特徴が失われつつあるという批判もあります(岩田二〇一八)。

遺跡で生活していた人々は、足元の地形環境に大きく影響を受け、自然に適応、取捨選択しながら生活していたに違いありません。自然地理学は、様々な事象により構成されている自然を扱い、それらの相互関連性に着目して、その全体像を理解する学問でもあり(小野・吉田二〇二一)、時間スケールを考慮することも行われています。このような地理学においては、考古学との連携は古くから行われ、地理学研究者により考古地理学(小野一九八六)、環境考古学(安田一九八〇)といった新たな領域も提唱されました。これらでは、従来の自然地理学的な地形発達史研究では、あまり注目されなかった自然堤防や後背湿地といった微地形、100年オーダーの変化を取り扱い、地形の形成と人間の挙動との関わりが解明されています(小野二〇一四)。

このような特徴を有する自然地理学と、考古学との学際的なアプローチが可能となれば、細分化されてしまった自然地理学研究において、自然と人間活動との関係を俯瞰しながら検討するという本来の姿?を取り戻す一助にもなるのかもしれません。

ここでは、ジオアーケオロジーの視点で直接検討したものではないものの、著者が考古学の研究者と共同で行った自然地理学的な研究の成果(の一部)、また、今後、考古学と自然地理学の連携をさらに深めるために有効活用すべき小型UAV(Unmanned Aerial Vehicle:無人航空機)を用いた測量について述べてみたいと思います。

2 自然地理学による青森平野での地形発達の検討

青森平野には三内丸山遺跡、新田《にった》(1)遺跡をはじめとする縄文時代の遺跡が多く分布しています。日本の諸河川の最下流部では、氷期の海面低下時には陸地だった場所が、縄文時代の温暖化で海面が上昇することにより海域が広がりました(縄文海進)。その後、海面(の高さ)が安定すると、河川がもたらす土砂により水域の埋積が進み水域が縮小、平野が海側に前進することが明らかにされてきました。このような水域の変化は、臨海部で生活していた人々に大きな影響を与えたことは明らかであり、当時の海岸線等の古地理を復元することは遺跡の立地を考える上で重要な作業となります。

三内丸山遺跡においても、かつ

ては、縄文海進時には海水準が数m高かったとして、地形図上でその標高の等高線が分布する場所が当時の海岸線として、海域が示されてきました。しかし、過去の海岸線を記録する堆積物の上に、その後の新しい時代の土砂が積もっていることがあるため、現在の地表面の標高をそのまま使用して（堆積物を検討することなしに）海域を推定することは誤った情報を提供することになります。縄文海進が及んだような場所でボーリングをした場合、下位には陸成の堆積物、その上位に海の堆積物が重なっていて、その境界が海岸線になります。そこで年代測定が可能となれば、海岸線の空間分布を時系列で知ることができます。しかし、このような手法で、平野全体で密に実施することは、予算、時間的にも困難です。自然地理学の研究では、平野において適切な空間スケールで地形を区分、各地形を構成する堆積物の検討、空間分布などを考慮して古地理に関する情報を提供することができます。

　このような自然地理学的な研究は、青森平野においては、久保ほか（二〇〇六）により初めて実施されました。この研究では、多くの既存ボーリングの資料を整理、新たに得られたコアの分析により、縄文海進時の青森平野は、現在の海岸線から約3㎞内陸部まで海域となったことを指摘、海域には比較的早い時期に沿岸州、浜堤列《ひんていれつ》が形成され、その後、河川が運搬する土砂により水域が埋め立てられ、三内丸山遺跡の時代（約5900～4200年前）には、砂州の内側が湿地化していたことを明らかにしました。

　ここで青森平野における遺跡の

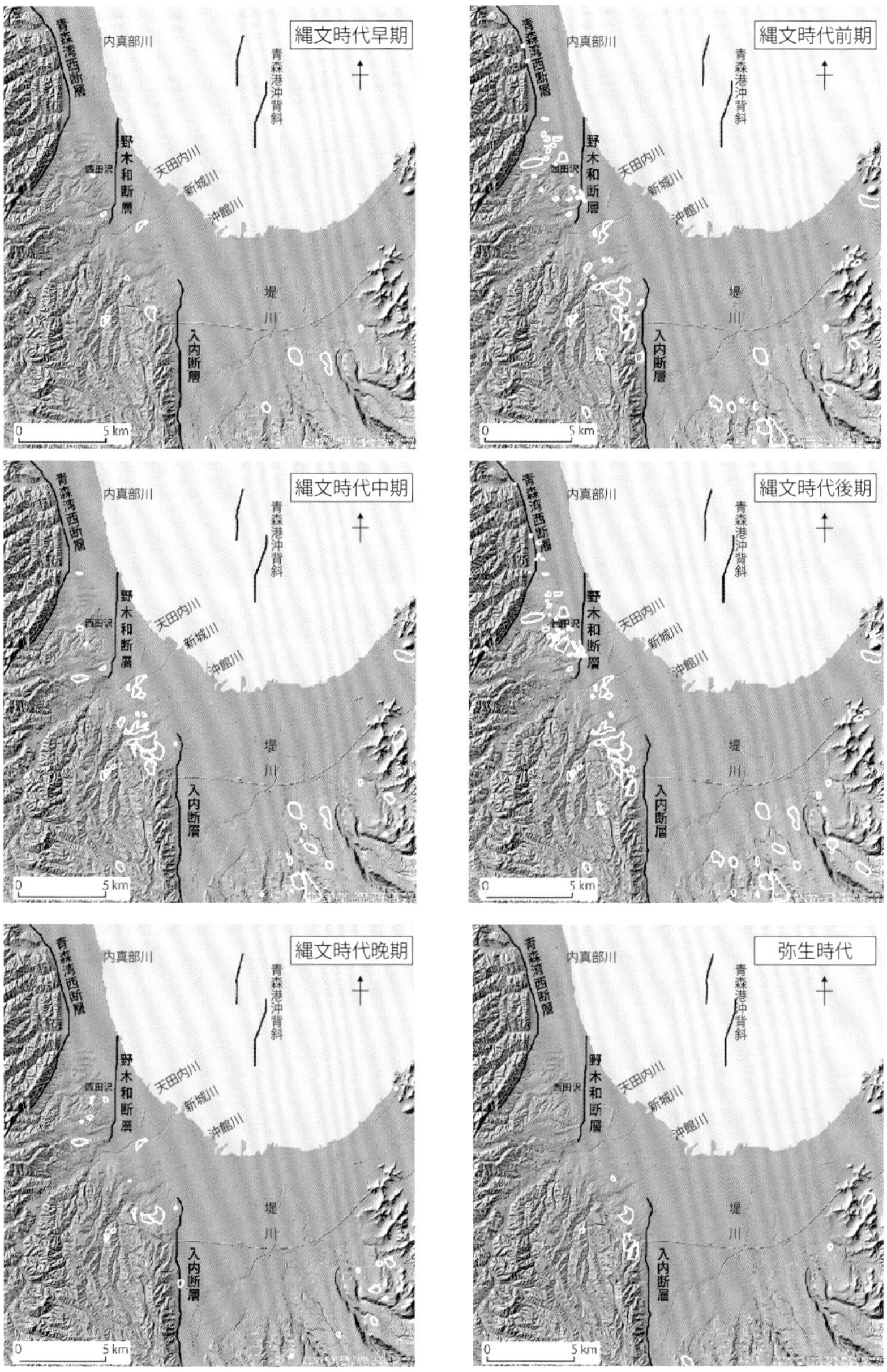

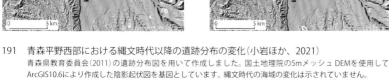

191　青森平野西部における縄文時代以降の遺跡分布の変化（小岩ほか、2021）
青森県教育委員会（2011）の遺跡分布図を用いて作成しました。国土地理院の5mメッシュDEMを使用してArcGIS10.6により作成した陰影起伏図を基図としています。縄文時代の海域の変化は示されていません。

分布と地形条件について検討してみましょう。図191の白線囲みは、青森平野における縄文時代早期～弥生時代の遺跡分布の変化を示しています（小岩ほか二〇二一）。この図から、工藤（二〇〇九）が指摘しているように縄文時代前期、および後期に遺跡数の増加が確認でき、さらに、平野の西部に遺跡が集中していることを読み取ることができます。青森平野西部の丘陵地と低地との境界付近には、南北方向の西上がりの複数の活断層が分布することが指摘されています（活断層研究会編一九九一）。これらの活断層は、青森湾西岸断層帯と呼ばれ、西から青森湾西断層、野木和《のぎわ》断層、入内《にゅうない》断層の3本に細分されます。図191において遺跡が集中しているのは、この青森湾西岸断層帯の上盤側（隆起側）であるようにみえます。これまでの研究で青森湾西岸断層帯は、縄文時代にも活動した可能性が高いといわれています。すなわち縄文時代以降に青森平野西部の遺跡に生活していた人々は、直下型の大地震を経験したはずです。このような地形条件にもかかわらず遺跡が増えるのはなぜでしょうか。

著者らは、新青森駅近くの羽白《はじろ》において、北海道新幹線の工事の際に掘削されたボーリングのコアを入手、それを分析する機会を得ました。このボーリングコア（以後、羽白コアとする）では、縄文時代以降の堆積物がみられる表層から深さ約10m分を分析しました（図192）。

このコアでは、標高マイナス7.5m以浅において、砂質堆積物が確認でき、標高マイナス4.9m～1.2mでは地表にむかうほど粒径が粗くなる傾向（上方粗粒化）がみられます（図192）。砂層中の標高マイナス5.2m、標高0.0mに挟まれる木片から、それぞれ約8000年前、約6600年前の^{14}C年代が得られました。この砂層の総イオウ含有量、および珪藻分析結果から、本地点では、縄文海進高頂期頃には水深数mの浅い汽水の水域が広がったこと、上方粗粒化を示すことから、デルタが前進してきたことが推定されました。この砂層よりも上位の堆積物では、淡水環境を示す珪藻が優占すること、標高1.8mのシルト層に挟まれる木片から約4100年前の^{14}C年代が得られました。このことから、本地点は、少なくとも縄文時代後期初頭以降は陸域の環境であったと推定されます。

海岸部において、海岸線と平行する砂でできている陸上の高まりは浜堤列と呼ばれています。青森

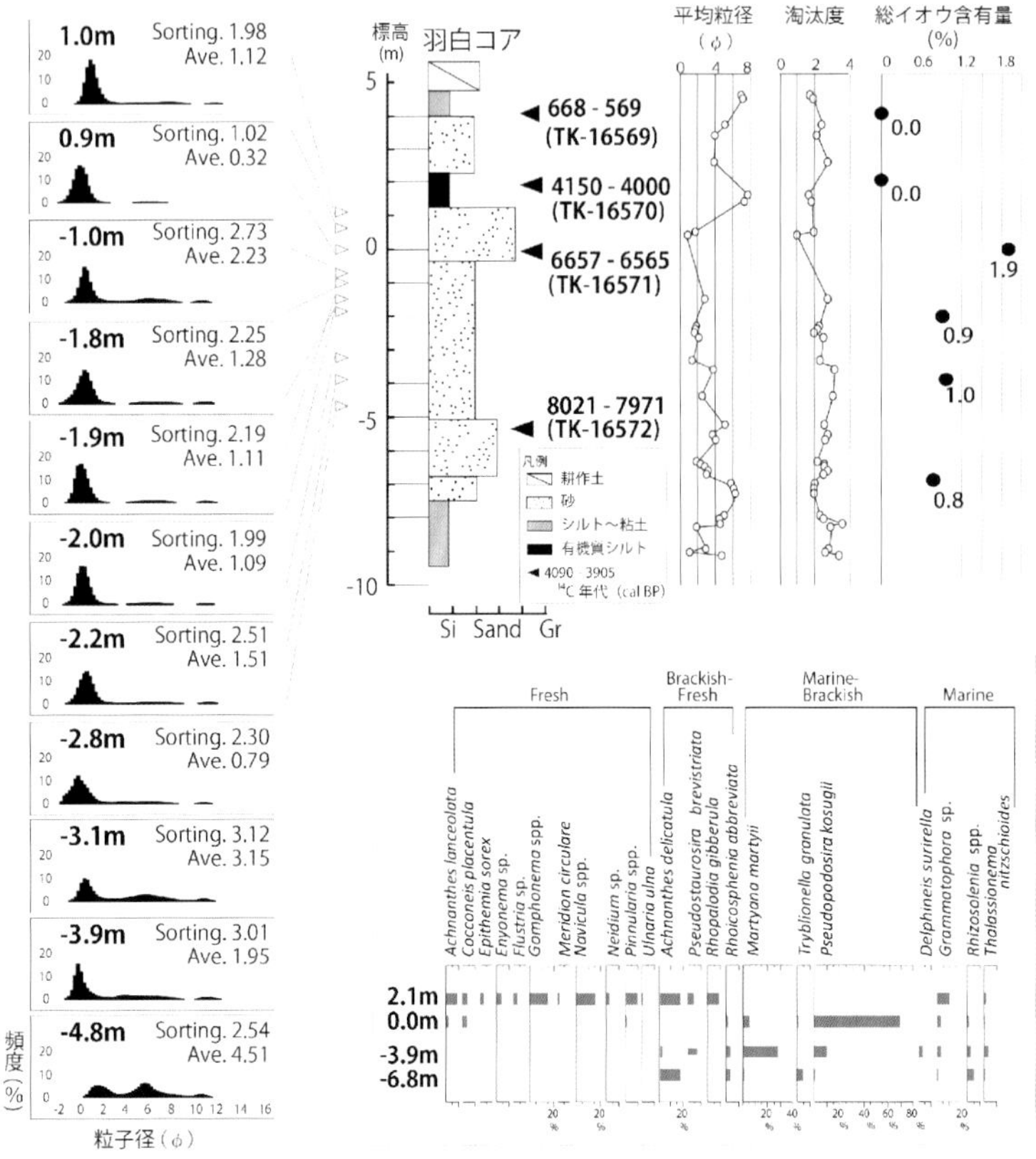

192　羽白コアの柱状図、粒度組成変化、珪藻分析結果（小岩ほか、2021）

平野では、２列または３列の浜堤列が発達していることが指摘されています（松本一九八四）。ここでは、内陸から第Ⅰ浜堤列～第Ⅲ浜堤列と区分します。著者らは、地形の分布が良好で、掘削が可能である地点を多く含むところを線状に設定し、ハンドボーリングで表層（掘削深度１～３ｍ）の堆積物を採取、羽白コアと同様の分析を行い、古環境の変遷の復元を試みました（図193）。

　縄文海進高頂期頃の約７０００年前には、青森湾西岸断層帯の西側（隆起側）では、第Ⅰ浜堤列と台地や丘陵地の間には、汽水域が広がっていました。これに対して、青森湾西岸断層帯の東側（沈降側）では、西部よりも塩分の高い内湾の環境にあったものと考えられます。このような活断層を境にして異なる環境が存在していたことは、その後の時期においても確認され、約５０００年前には、第Ⅰ浜堤列から内陸側では低湿地の環境、断層下盤側の平野東部ではなんらかの水域が残っていたことが推定されました。約３０００年前には第Ⅲ浜堤列（最も海側の浜堤列）の一部？が形成され始めました。小岩ほか（二〇二一）は、このような古地理の変遷には、地球規模での海面変動、さらに、地域固有の地殻変動、すなわち青森湾西岸断層帯の活動が大きく関与していることを指摘しました。活断層の活動が、直下型の大地震（マグニチュード７以上）という短期的には負の影響を与えることを想像させます。しかし、活断層は隆起することにより、長期的には縄文海進高頂期以降、エクメーネ（居住可能地域）の拡大をもたらすとともに、活断層の上盤側と下盤側で異なる地形環境、すなわち地形の多様性を創出したといえます。

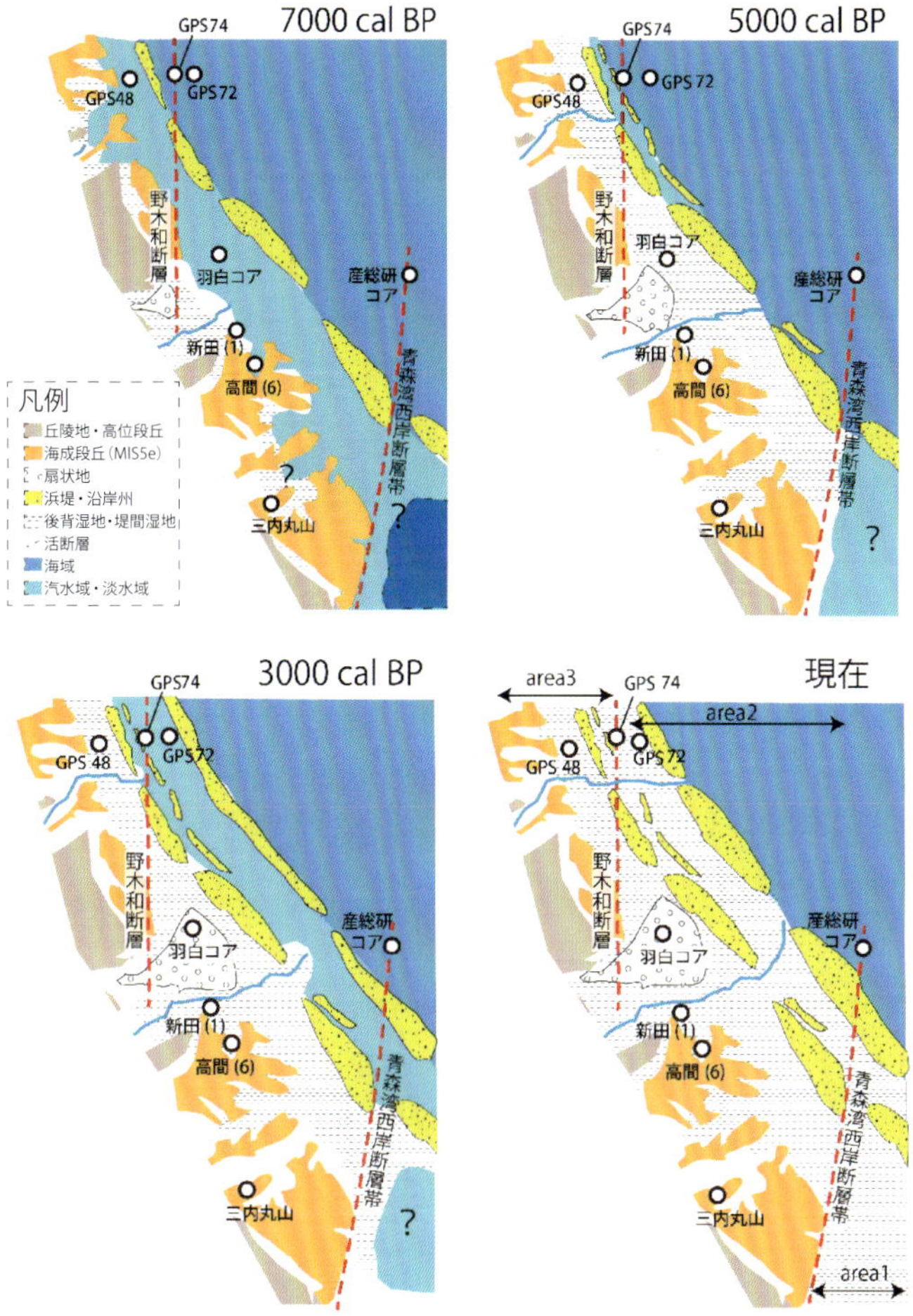

193　青森平野西部における縄文海進高頂期以降の模式古地理図（小岩ほか、2021）

3 ドローンを用いた地理学と考古学の連携の可能性

近年、急速に発達、かつ応用が進んでいる小型ＵＡＶを用いた調査も考古学と地理学を結びつけるツールとして有効になりつつあります。

　地形を把握するためには、高精度で地形計測することは極めて重要な作業です。日本国内においては、２０１０年代半ば以降に、小型ＵＡＶ（いわゆるドローン）で撮影した画像を用いた検討が行われはじめました。とくに多数のステレオペア画像を用いて対象物の三次元形状データを得ることができるSfM多視点ステレオ写真測量(Structure-from-Motion Multi-View Stereo Photogrammetry:早川ほか、2016:UAV-SfM測量と称される)の活用は、地形計測を大きく発展させました。これは、DSM(数値表層モデル)を用いた地形解析を、任意の地点・時間に高頻度で実施することを容易にできるのが特徴です。考古学分野においても、撮影した写真から遺跡とその周辺地形の3Dモデルを構築して研究に利用しようという試みも進んでいるようです。(2)

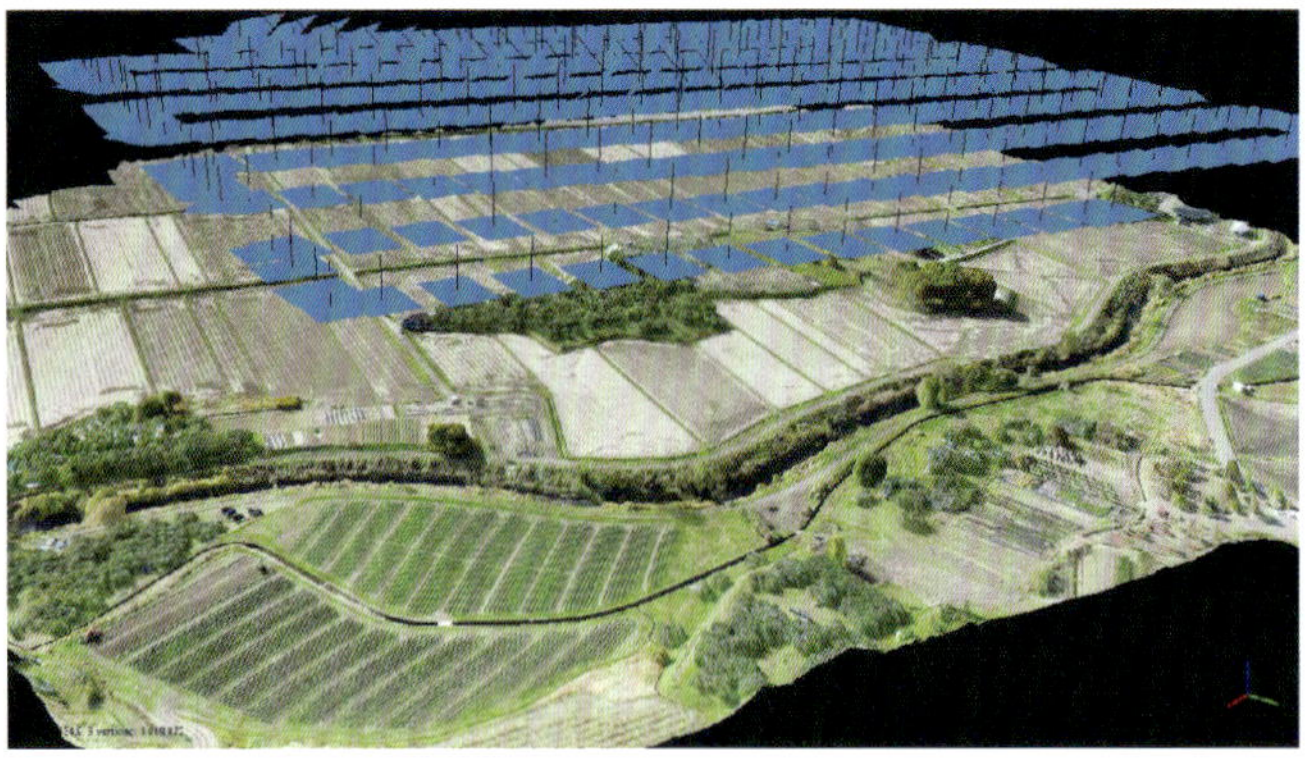

194　平川市杉館遺跡周辺の3Dモデル
遺跡周辺を北側から臨む。青枠は写真撮影地点を示します。

今回、平川市の杉館(1)遺跡において、小型UAVを用いた地形測量を試みました。平川の氾濫原に位置する杉館(1)遺跡は古代および弥生時代の遺跡です。遺跡の範囲は、微地形スケールでは自然堤防および後背湿地上に位置しています。この遺跡では、弘前大学北日本考古学研究センターと平川市との共同で調査が行われています。令和3(二〇二一)年度には試掘調査が実施されましたが、その際、著者らは、遺跡周辺をドローンで撮影、その写真を用いて測量しました。

ドローンは、DJI社のPhantom4 RTKを使用しました。高度約90mで自動飛行を行い、写真撮影はオーバーラップ率80%、サイドラップ率70%となるように設定して約200枚を撮影しました(図194)。撮影時間は約10分程度です。これらの多視点の写真を用いて、3Dモデルを生成可能なソフトウェアシステムであるMetashape(Agisoft社製)により、点群データ、地図と同じように歪みの少ないオルソ画像、DSMを作成しました。これをもとに地理情報システム(GIS)を援用し、標高分布図(図195B)、およびオルソ画像(図195A)を作成しました。

これらの作成に使用したDSMは20cmメッシュのものです。図195Bの標高分布図では、地形が詳細に表示されており、水田の畔、畑の畝はもちろんのこと、収穫後の水田の様子も判別可能です。この標高分布図には、もちろん地形の分布も明瞭に示され、トレンチ周辺の島状の自然堤防、引座川《ひきざがわ》を確認することができます。また、トレンチ、および掘削後の盛り土も判読することができます。

図195Cには、トレンチ周辺の地形断面を示しています。この測線上には、トレンチのほか樹木も存在していますが、これもきちんと断面に示されます。なお、DSMはあくまでも真上から地表面方向の撮影で得られたデータであることから、樹木の下部は上部に比べて正しく表現されていません。すなわち、本手法ではオーバーハングしているような地形等は対象とすることができないことにも注意する必要があります。

今回の試掘調査では、弥生時代の水田の痕跡の可能性のある層準が確認されています。現在、試掘地点は自然堤防上に位置していますが、弥生時代には異なる地形であり、弥生時代以降に自然堤防の堆積物が被覆している可能性もあります。これらを判断するためには、断面図において、その層準の位置を丁寧にプロットすることにより、周辺部(例えばa付近など)において、弥生の水田が広がっていた可能性があるかどうかを確認しなければなりません。正確な標高

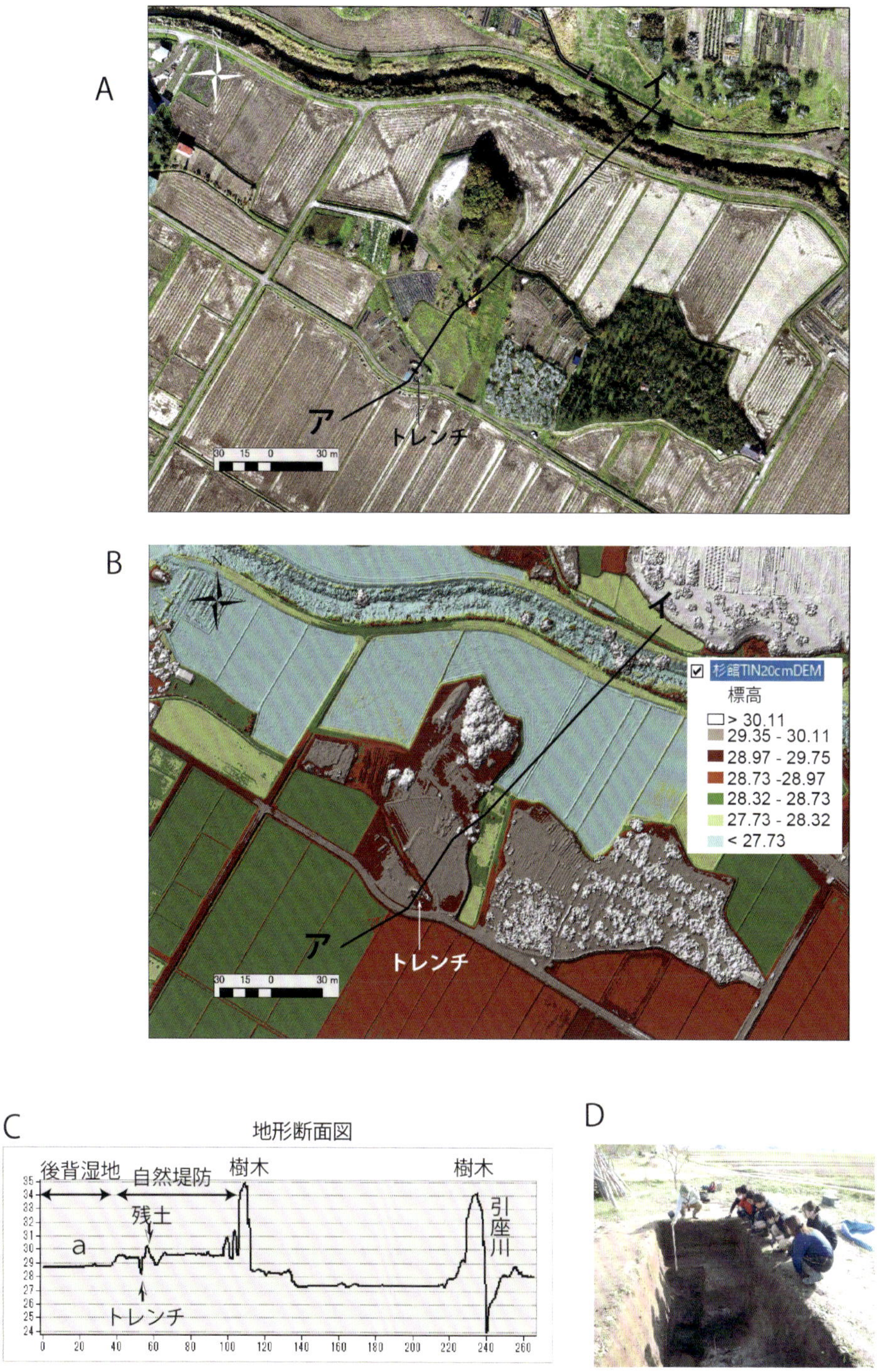

195　平川市杉館遺跡のオルソ画像(A)、標高分布図(B)、地形断面図(C)、トレンチ写真(D)。
A.：Metashapeで作成したオルソ画像／ B・C：Metashapeで作成したDSMによりEsri社のArcGIS10.6.1で作成

分布の情報と、密なハンドボーリングによる掘削調査によって得られた遺構等の情報を組み合わせることにより、遺跡当時の地形面の空間分布を高精度で復元できる可能性が高まります。

このように、RTKドローンによる測量では、大縮尺、かつ高精度な標高分布図を短時間で作成することが可能です。なお、今回作成した際に使用したドローン画像よりも、低い高度で撮影した場合には、測定誤差が数cm以内となります。また、遺跡発掘時の現場の測量を高頻度で実施することもでき、測量に関する調査時間の短縮、経費削減が可能となります。

4 おわりに

学際的アプローチは、両者の関連する部分を見いだしてそれぞれの分野からの検討結果を接合することでもあります。本稿で示したように、自然地理学の視点から、青森平野では、地球規模での海面変動や活断層の活動という地域的な地殻変動の相互作用によって、地形の多様性が生じたことを指摘することができます。しかし、この創出された地形の多様性が、人の生活（たとえば食料の獲得）にどのように関与してきたのか、今後、考古学分野からの検討結果とつきあわせることが必要となってきます。

隣接する考古学と地理学においてさえも、両者の融合の実現にはまだまだ課題がありそうです。当面の間、両者の専門性を活かしながら、少しだけ視点を変えて、接続可能なテーマをみつけ、これらをマッチングする作業を積み重ねることが必要ではないでしょうか。俯瞰性に特徴がある地理学の研究者の腕の見せ所なのかもしれません。

註

(1) 総合地球科学研究所ＨＰ https://www.chikyu.ac.jp/publicity/news/2018/0730.html （二〇二一年一月九日最終閲覧）

(2) 早稲田大学文化財総合調査研究所ＨＰ https://w3.waseda.jp/prj-heritage/project/drone/ （二〇二一年一月九日最終閲覧）

文献

青野壽郎「系統地理学」（『地理学辞典』二宮書店　一八〇－一八一頁　一九八九年）

青森県教育委員会『青森県遺跡地図二〇〇九年度Ｗｅｂ版』（二〇一一年）https://www.pref.aomori.lg.jp/bunka/education/isekitizu.html（二〇二〇年四月二五日引用）

岩田修二『統合自然地理学』（東京大学出版会　二〇一八年）

小野映介「グレート・ジャーニーの行方。低地居住の過去・現在・未来」（宮本真二・野中健一『自然と人間の環境史』海青社　三一－五八頁　二〇一四年）

小野映介・吉田圭一郎編『みわたす・つなげる自然地理学』（古今書院　二〇二一年）

小野忠凞『日本考古地理学』（ニュー・サイエンス社　一九八六年）

活断層研究会『新編日本の活断層―分布図と資料―』（東京大学出版会　一九九一年）

工藤清泰「青森平野の遺跡立地について」（『青森地学』第五四号　三－七頁　二〇〇九年）

久保純子・辻誠一郎・村田泰輔・辻圭子・後藤加奈子「最終氷期以降の青森平野の環境変遷史」（『三内丸山遺跡の生態史植生史研究』特別号第二号　七－一七頁　二〇〇六年）

小岩直人・高橋未央・佐伯綱介・伊藤由美子・米田穣・柴正敏・吉田明弘「青森野西部における縄文海進高頂期以降の地形発達史」（『文化財科学』第八三号　一七－三九頁　二〇二一年）

早川裕弌・小花和宏之・齋藤仁・内山庄一郎「ＳｆＭ多視点ステレオ写真測量の地形学的応用」（『地形』第三七号　三二一－三四三頁　二〇一六年）

松本秀明「海岸平野にみられる浜堤列と完新世後期の海水準微変動」（『地理学評論』第五七巻第一〇号　七二〇－七三八頁　一九八四年）

安田喜憲『環境考古学事始』（日本放送出版協会　一九八〇年）

（小岩直人）

35 考古学と民具学の融合

民具学とは、人間の生態学的観点から民具を通じ民衆の生産・生活に関する技術の発達を解明し、文化の始源、普及、定着、複合の姿を追究する学問です。

考古資料の場合、道具としての使い方や使い道といった人の動作や物を使う目的を解明するには、古くから民族例（民俗例）と対比されてきました。これを民族考古学的研究ともいいます。ただし、単に形が似ているからといって、生態や技術が今とは異なる考古資料に当てはめるには課題も多いです。道具に現われる社会的な背景を認識したうえで、それを差し引いた形で民族資料を考古資料の解釈に用いていくことが有効と考えます。そのため、やみくもに民族例を当てはめるのではなく、できるだけ過去と条件が一致する民具との対比を行うことが重要です。

こうした課題をふまえて、筆者は道具の使い方（機能）や使い道（用途）に注目しています。民具には、道具を使い込んだことによる使用の痕跡（使用痕）が現れます。

考古資料の使い方（機能）や使い道（用途）を知るには、もう一つ、実験という方法も用いられます。ただし、筆者が知りたい礫石器や木製品に現れる使用痕は数年～数十年単位の長時間使用によって現れ

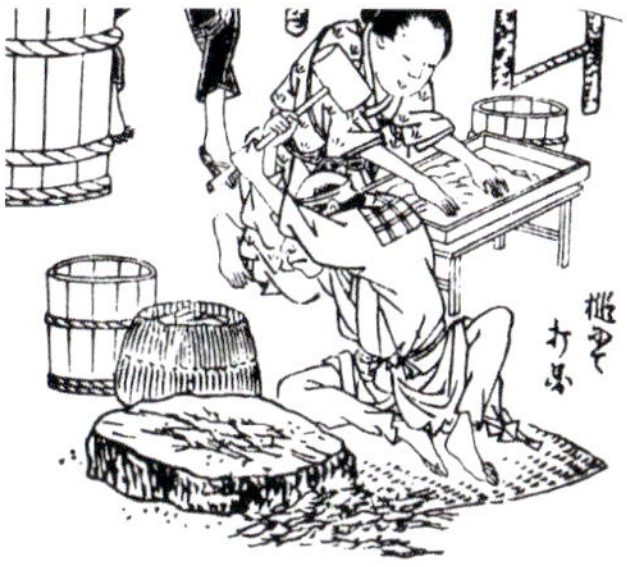

196 「葛粉を製法する図」
大蔵永常『広益国産考 五之巻』（安政6年）

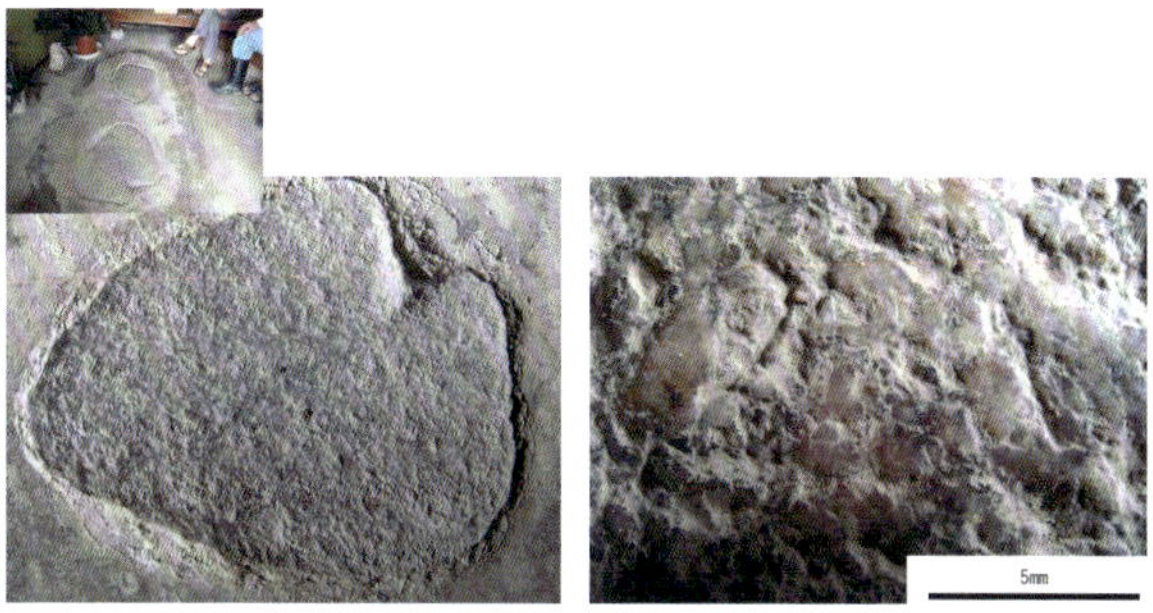

197 石川県宝達志水町の葛打ち用の台石

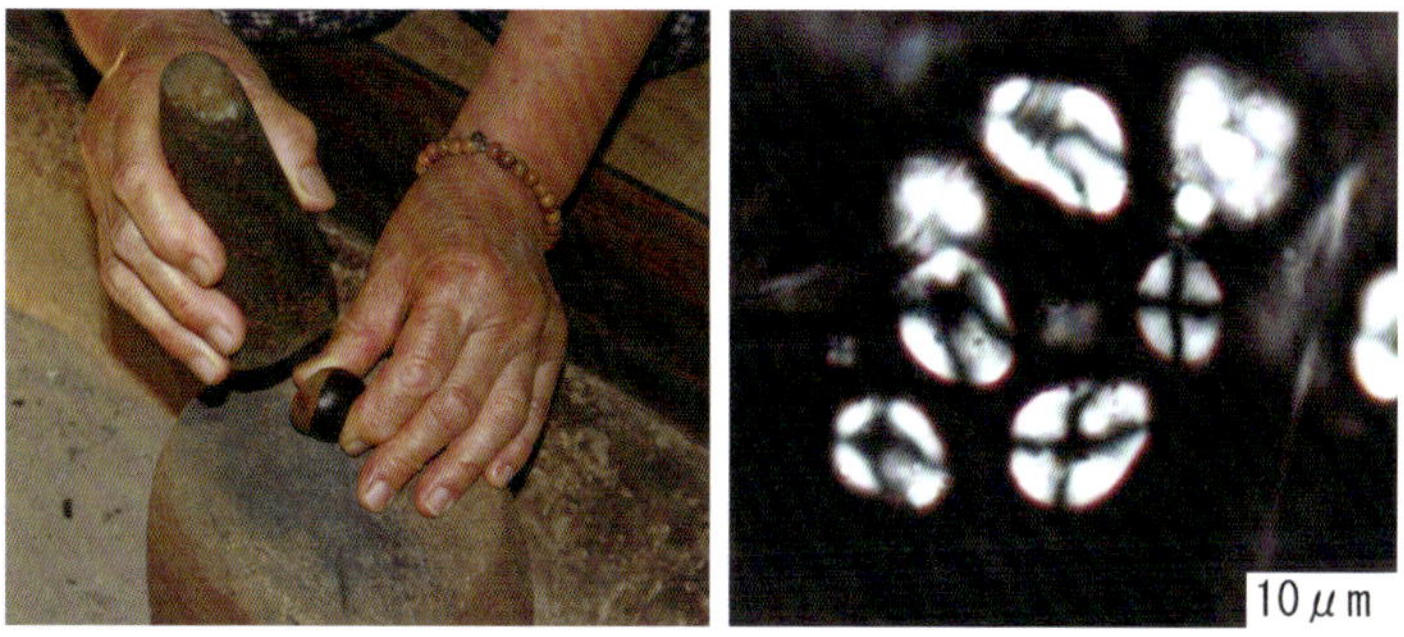

《スタンプ式》
飛騨におけるトチムキ石の使用法（白川村合掌造民家園）と検出デンプン

《ハンマー式》
南信地域におけるトチの皮むき石の使用法（天龍村・熊谷家）と皮むき後のトチノミ

198 トチノキの皮むき法の2種

るため、短期間の実験ではなかなか難しいです。また実験の場合、仮説をもつ実験者の意図が加わる可能性があります。その点、民具の観察は実験使用痕研究では得にくいこれらのデータを得られる特性をもちます。さらに、民具が使用されている環境や動作などの条件を見出すことにより、考古資料の形態や使用痕を比較できるという利点もあります。また視点は全く異なりますが、道具の使用者は、高齢化が進んでおり記録化が急務です。この点で、民俗学者によっても度々取り上げられていますが、道具の記述や図があっても、各使用法や痕跡に対する詳細な記述はまだまだ少ないです。

筆者はこれまで、トチノキやクルミの皮をむく敲石や、穀物の脱穀や調理に使う竪杵《たてきね》と臼を対象に分析を進めてきました。その結果、たとえ同じ対象物や動作、工程であっても地域によって道具の形状が変わることを明らかにしました。なかでも、使用痕は、対象物の性質のほか、加工目的・加工法によっても変化し、その要因には植物学的要因だけでなく、伝統や食文化といった社会的・文化的要因も含まれることが分かりました。こうした同じ加工目的あっても文化的変化のない共通する属性を実験使用痕分析のなかから見出したことによって、考古資料の地域性の背景を食料加工面から捉え直すことができます。

では、その例を示したいと思います。まず、先史時代には根茎類の食料利用が考えられますが、硬い殻に覆われているドングリ類とは異なり、その利用方法は不明でした。葛は葛餅の材料としても知られているほど根茎にデンプンを多く含んでいます。葛の場合、硬い根をほぐすために、槌と台石を使って敲砕します（図196）。実際に民具を観察すると（図197）、花崗岩のような硬い石を用い、古文献と同じ大きく平らな台石が使われていました。この使用痕を、顕微鏡を使って観察すると、石の高い部分がつぶれて磨滅し、平坦面になっていました。以上から、根の太い葛の敲砕用の台石として要求される石材や形、大きさの条件と特徴的な使用痕を見出すことができました。

次に、トチノキの皮むき石をみます。調査の結果、同じ皮むき作業であっても、石の持ち方と動かし方が地域によって2種あることが分かりました（図198）。短円柱状の石で下に振り落とすスタンプ式と、棒状の石で斜め横から敲《たた》くハンマー式です。この違いは地域的な伝統に起因しているようです。そ

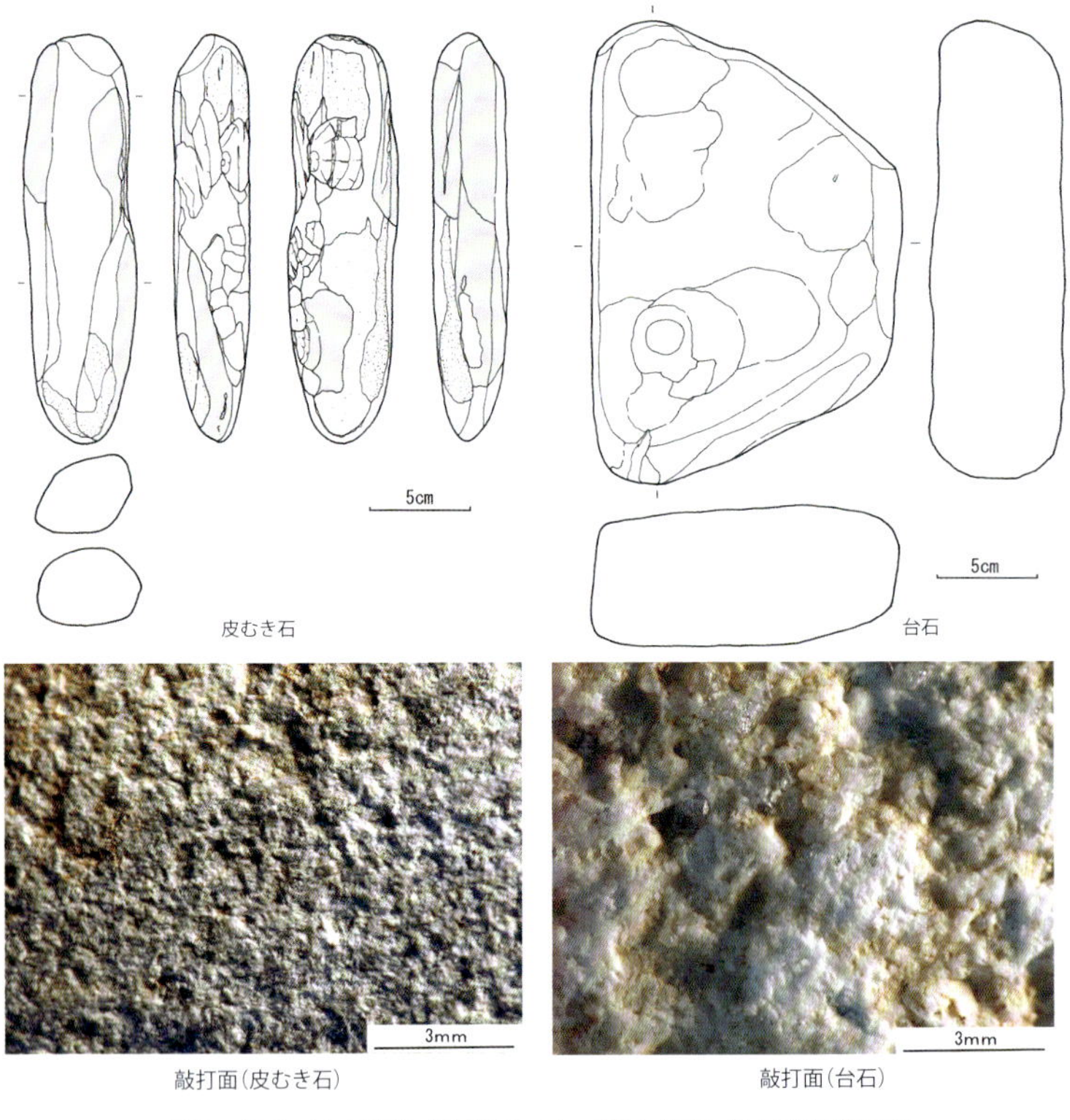

199　トチノキの皮むき石《ハンマー式》と台石、および各使用痕

して、実が当たる部分の使用痕は2種とも同じで小さな凹凸の広がる、ざらつくような磨耗面でした（図199）。台石には、根茎類と同じ磨耗面が見られますが、実を固定するためにその範囲は径10cmほどに限られます。さらにデンプンも検出されました。

　このように、作業目的が同じであれば、道具の形や使い方が異なっていても使用痕はほぼ同じになることが確認されました。さらに考古資料では従来「磨耗面＝擦ってできた面」と考えられてきましたが、皮むきのような「軟物質を敲いた」際にも特徴的な磨耗面ができることが明らかになりました。

　では、対象物を「擦って」加工した道具には、どんな特徴があるのでしょうか？世界各地の民具をみると、その多くがイネ科のような小さな種実の皮むきや粉砕に用いられています。粒が小さいという植物学的な条件のため、こうした世界共通の動作が生まれたのです。図200はスーダンのナーリム族が使っていた石臼です。ソルガムという、タカキビに類するイネ科種子を加工していました。石の形は片手で作業する縄文時代の磨石にそっくりです。しかし、使用痕をみると、光沢を帯びるほどの滑らかな面で、石を動かした際の傷である線状痕が多数確認できます（図200b・c）。この特徴は、まさに、先史時代のアワ・キビ農耕文化に伴う磨棒・磨盤と同じ使用痕です（38「デンプンと使用痕からみた石器の機能と用途」参照）。

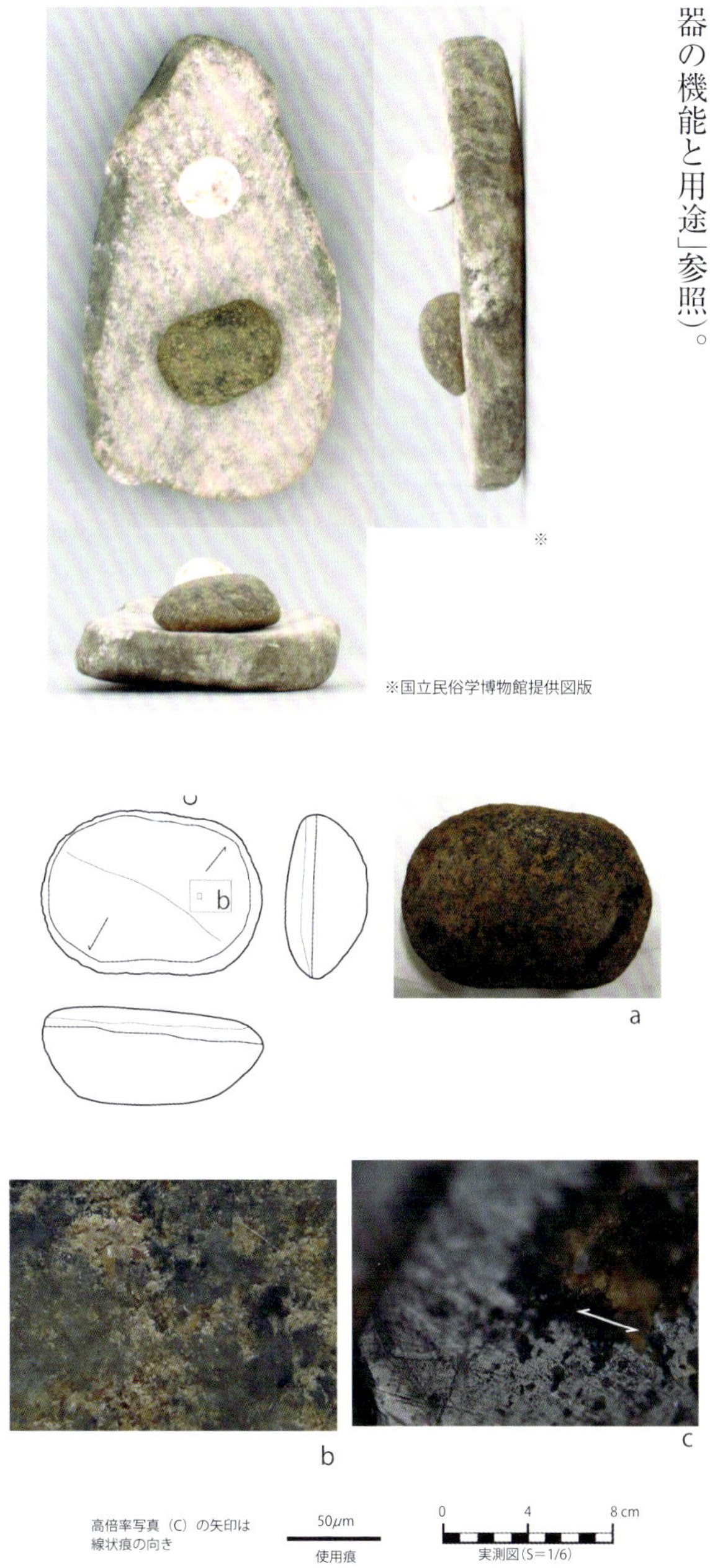

200　スーダン ナーリム族の石臼とその使用痕

　このように、民具からは道具の形や使い方が異なっていても、対象物や作業目的が同じであれば使用痕レベルで共通点が見いだせることが明らかになりました。考古資料の機能や用途を解釈する際には、形態だけでなく使用痕レベルで議論する重要性が示されました。この民具から出された仮説モデルに基づき、再度考古資料を検討することによって、従来縄文時代の磨石として一括で扱われていた石器をより深く知ることにつながります。

（上條信彦）

文献

上條信彦「民具から考古資料を見直す」（『理論考古学の実践』同成社　二五九－二七八頁　二〇一七年）
上條信彦「磨石・石皿類の磨耗痕—民族資料との比較から—」（『石器痕跡研究の理論と実践』同成社　二〇二〇年）

36

土器をミクロに見る
胎土分析から見た津軽海峡域での亀ヶ岡式土器の移動

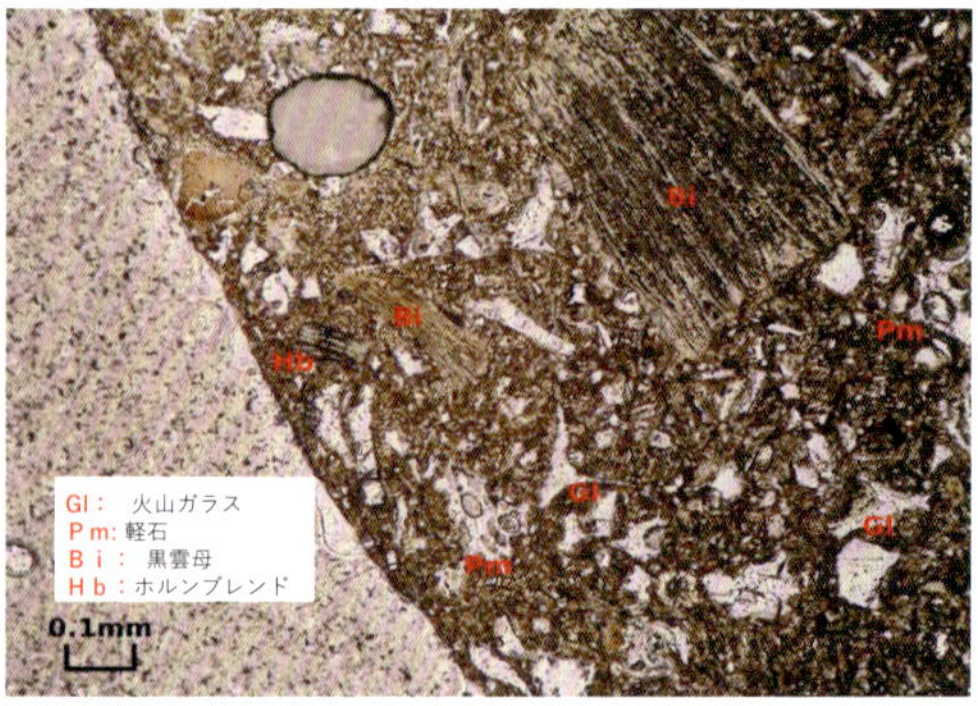

201　津軽海峡域、亀ヶ岡文化期の5つの遺跡と胎土の内部
亀ヶ岡式精製土器胎土に含まれるガラスの主たる源となった尾開山凝灰岩の分布外縁と湯ノ沢カルデラの位置を示しました。

1 縄文土器の型式と胎土

遺跡から出土する縄文土器がどこで作られたかは、土器を基本に議論されている文化圏の問題だけではなく、通婚圏などの集団関係や社会組織を論じるうえで、中枢をなす重要な問題が含まれています。しかし、生産地を特定する時に必要となる窯跡を持たない縄文土器の場合、生産地の推定は胎土分析に拠ることになります。胎土には生産地以外に、製作技法・古環境・材料の選択など様々な情報が含まれているにもかかわらず、縄文土器の胎土分析の多くが産地同定を目的としてきたのはそうした理由によると考えられます。

縄文土器の製作地・流通に関する重要な課題として、同一型式分布圏内で移動した土器を選び出すという問題がありますが、しかし理屈の上では型式学的操作により同一土器型式分布圏内での土器の動きを捉えることはできません。認識できる土器型式分布圏の大きさは、時代により、地域により、また研究者の能力により一様ではな

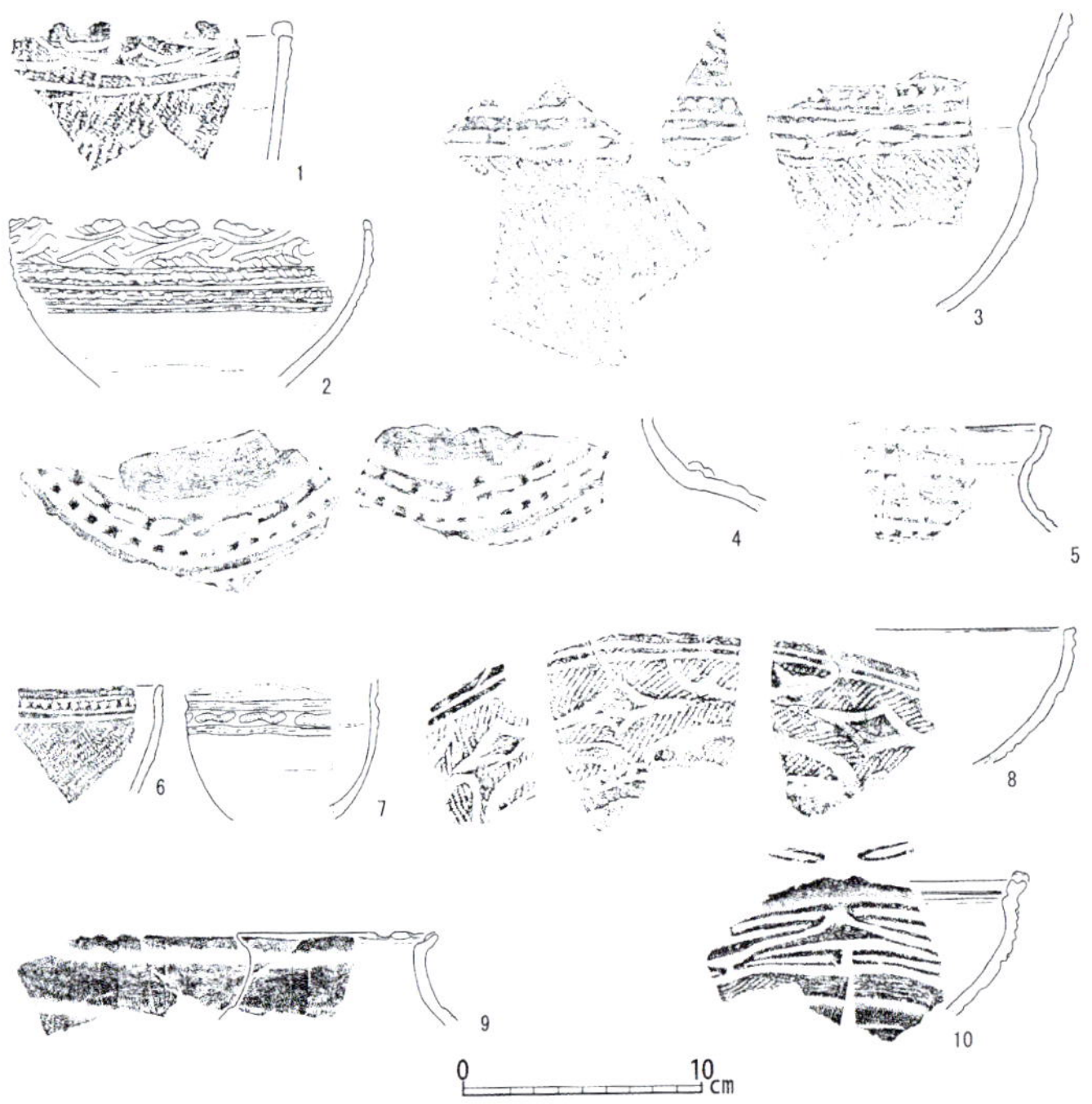

202　青森県不備無遺跡の胎土分析を行った土器

く、同一土器型式分布圏内での土器の移動を認識することは困難との理由から、ほとんどの縄文土器研究はその可能性を検討せず進められてきたと考えられます。果たして本当に縄文土器は「現地調達」なのか。縄文土器供給モデルに関して正面から取り組んだ研究はわずかです。

2 火山ガラスによる製作地推定

縄文晩期の東北地方に分布する亀ヶ岡式土器は、工芸的技術に秀でており、その専業性について議論するに最もふさわしい土器といえます。亀ヶ岡式土器の胎土分析は、古くは滋賀里《しがさと》遺跡における北陸・東北系土器の検討(清水一九七三)がありますが、現在にいたるまで低調でした。そのなかで、秋田県内の平鹿《ひらか》遺跡・虫内《むしない》Ⅰ遺跡から出土した後期末から晩期の縄文土器の胎土について偏光顕微鏡下での薄片観察と土器表面の肉眼観察を行った西田泰民は、壺・鉢・台付鉢・皿・注口土器などの精製土器には火山ガラスが顕著に見られるのに対して、深鉢などの粗製土器は石英・斜長石を主体とした砂を含み火山ガラスは乏しいとしたうえで、火山ガラスの噴出源を特定できるかが、晩期の土器流通システム解明の大きな鍵を握っていると述べています(西田一九九六・一九九八・二〇〇八)。

西田も指摘しているように、土器に含まれる火山ガラスは加熱を受けているため本来の屈折率は保持されていないため、屈折率から給源火山を特定することは不可能です。しかし焼成温度が低い縄文土器では被熱の影響が少なく、火山ガラスの化学組成は保存されて

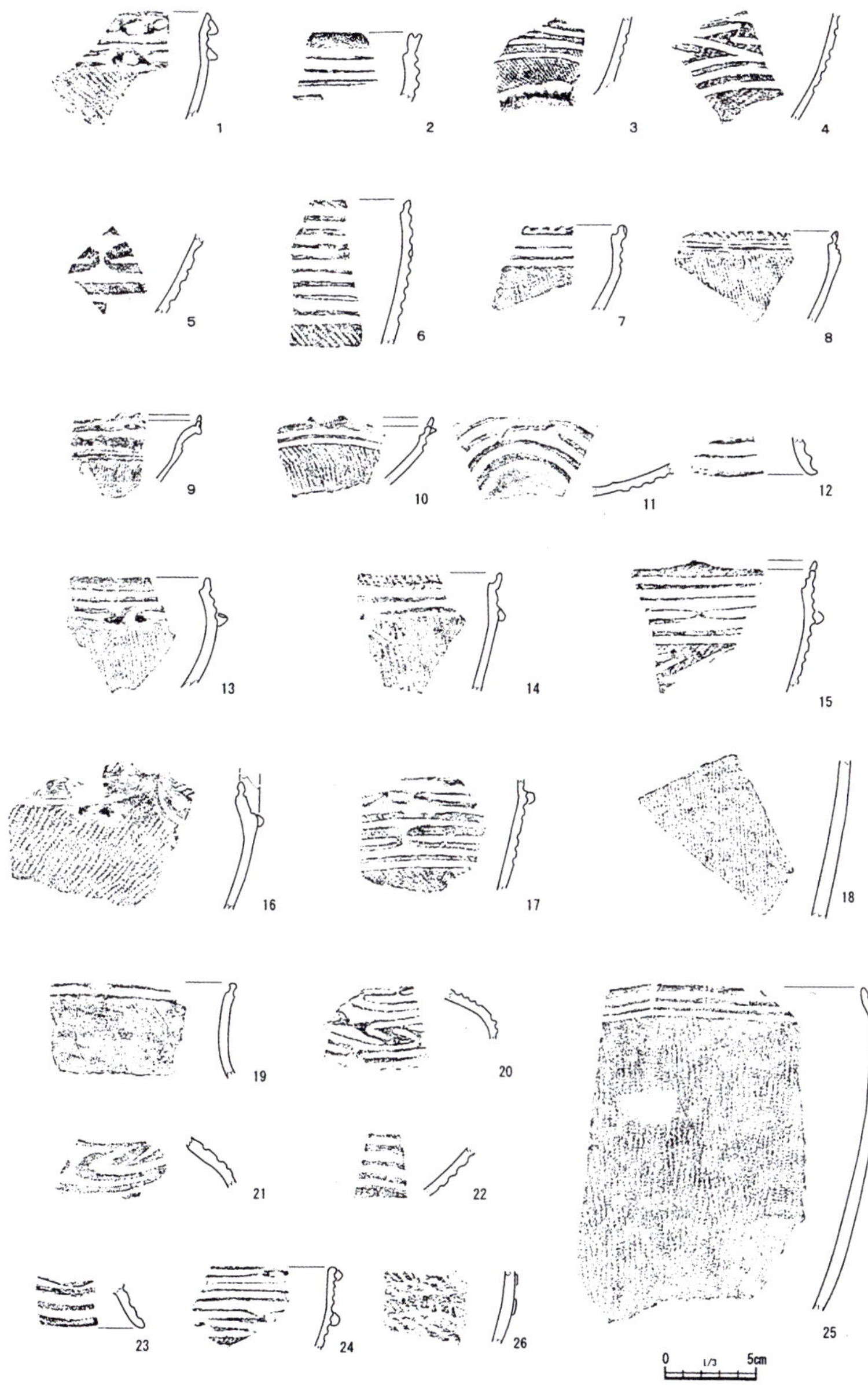

203　青森県二枚橋(2)遺跡出土の胎土分析を行った土器

いると考えられます。柴は、縄文前期から晩期までの土器について胎土分析を行い、電子プローブマイクロアナライザー（ＥＰＭＡ）を用いて火山ガラスの化学組成を決定し、その給源火山を検討してきました（柴・徳永二〇〇七、柴二〇一四、柴・関根二〇一五など）。

胎土分析と並行して、青森県内の後期中新世、鮮新世、更新世および完新世のテフラガラスのデータベース化も行ってきました。その結果、尾開山凝灰岩（約３５０万年前）から十和田ａテフラ（延喜15〔九一五〕年）のガラスの化学組成が明らかとなりました。

また近年、国内のテフラの分布やそのガラス組成のデータベース化が進み、胎土分析に利用できるようになってきています（町田・新井二〇〇三、青木・町田二〇〇六など）。本書ではこれらのデータを利用して、青森県むつ市不備無遺跡（図202・208）、むつ市二枚橋⑵遺跡（図203・209）、青森県五所川原市五月女萢《そとめやち》遺跡（図204・210）、北海道北斗市添山遺跡（図206・207・212）および北海道上ノ国町竹内屋敷遺跡（図205・211）の縄文晩期の土器に含まれる火山ガラスの組成からその帰属を検討し、土器の製作地とその流通を検討しました。

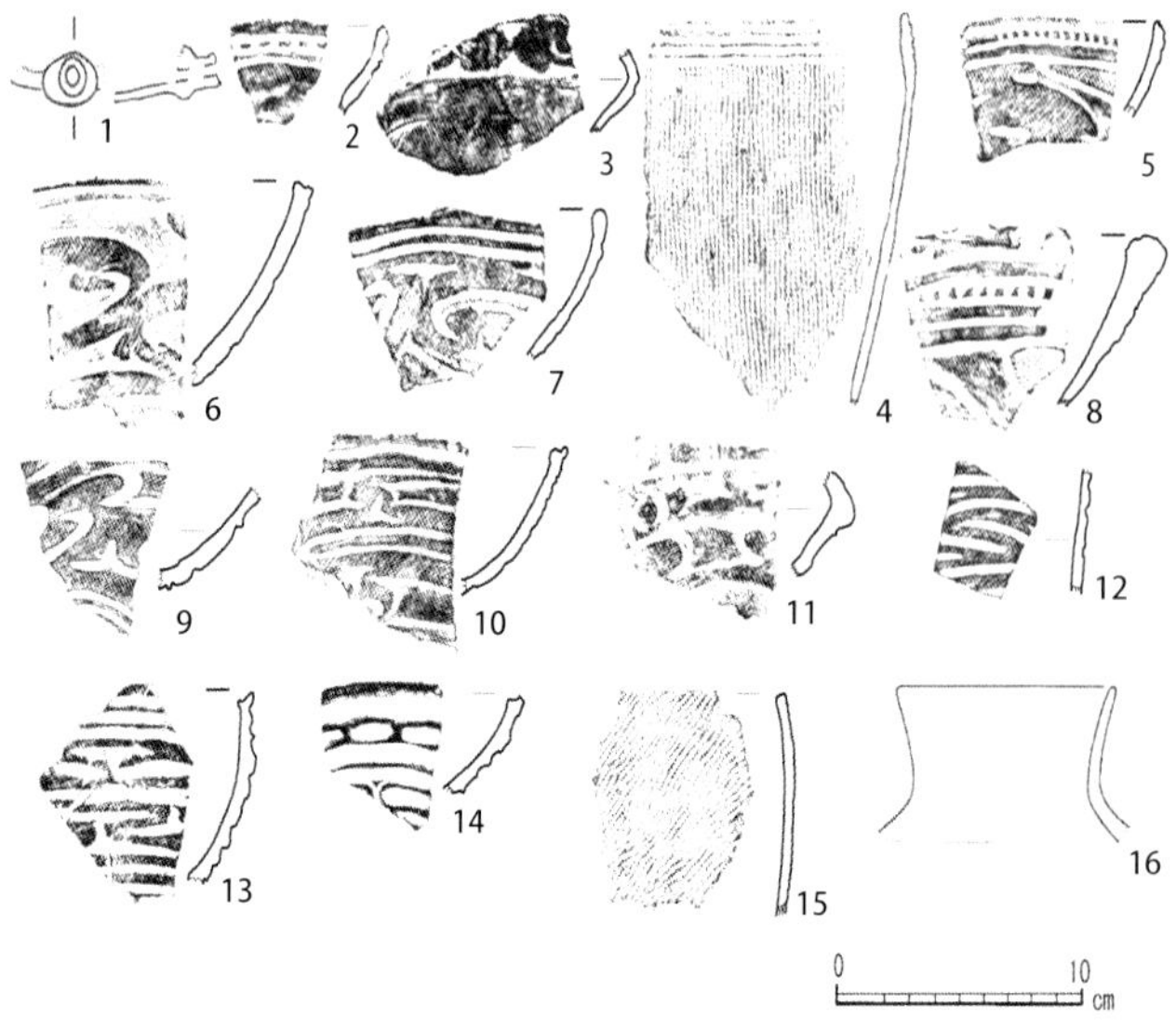
204　青森県五月女萢遺跡出土の胎土分析を行った土器

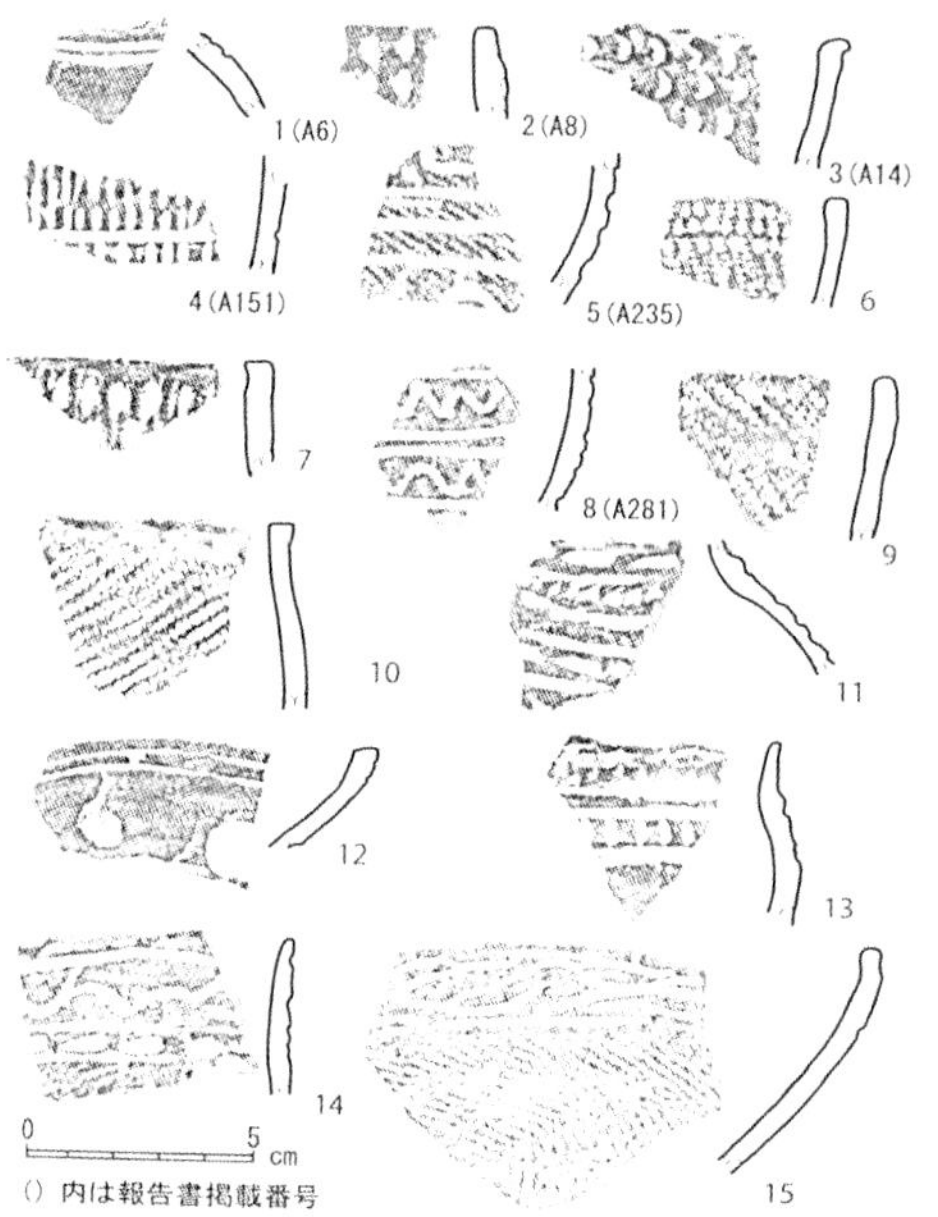
205　北海道竹内屋敷遺跡出土の胎土分析を行った土器

　土器胎土を構成する火山ガラス粒子の化学組成を、弘前大学機器分析センター所属の日本電子製ＥＰＭＡ（ＪＸＡ－８２３０）を用いて、次の条件で元素について定量分析を行いました。加速電圧15kV、照射電流６×10^{-9}A、定量元素（酸化物として）SiO_2、TiO_2、Al_2O_3、FeO_2、MnO、MgO、CaO、Na_2OおよびK_2O。照射電流は定量中のNa_2Oの拡散を低減するために６×10^{-9}Aに設定しました。また、FeO_2は、全鉄をFeOとして表しました。

　得られた火山ガラスの分析値をハーカー図上にプロットし、テフラガラス・データベースのハーカー図と比較・照合し、９元素すべての組成範囲とよく重なるか、または含まれる場合、ガラスをそのテフラに帰属させました。

確認されたのは次の5種類のテフラに由来する火山ガラスです。

・上部中新統の金木凝灰岩（根本・高平二〇〇八）
・鮮新統の尾開山凝灰岩（湯ノ沢カルデラ起源

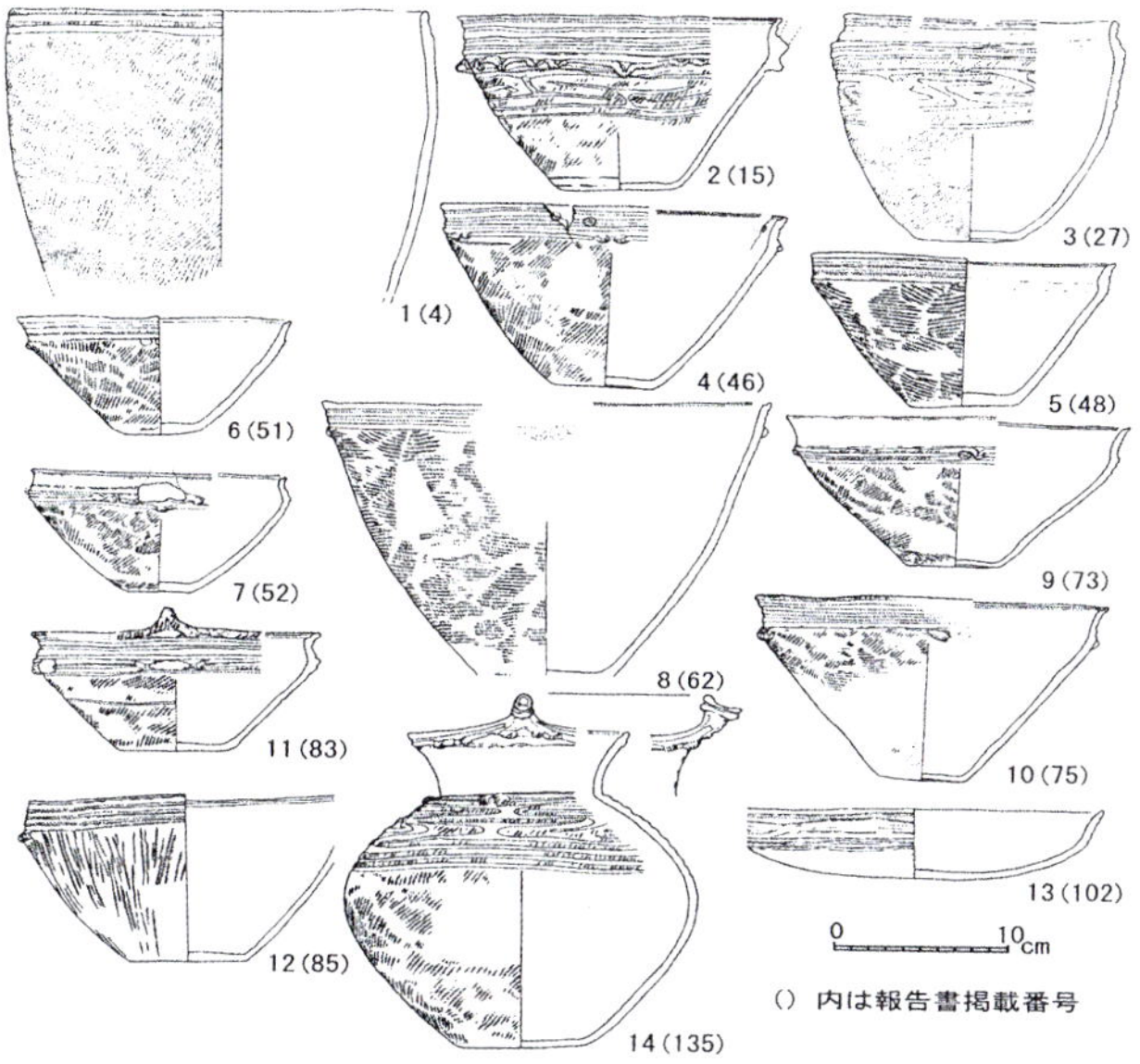

206　北海道添山遺跡出土の胎土分析を行った土器

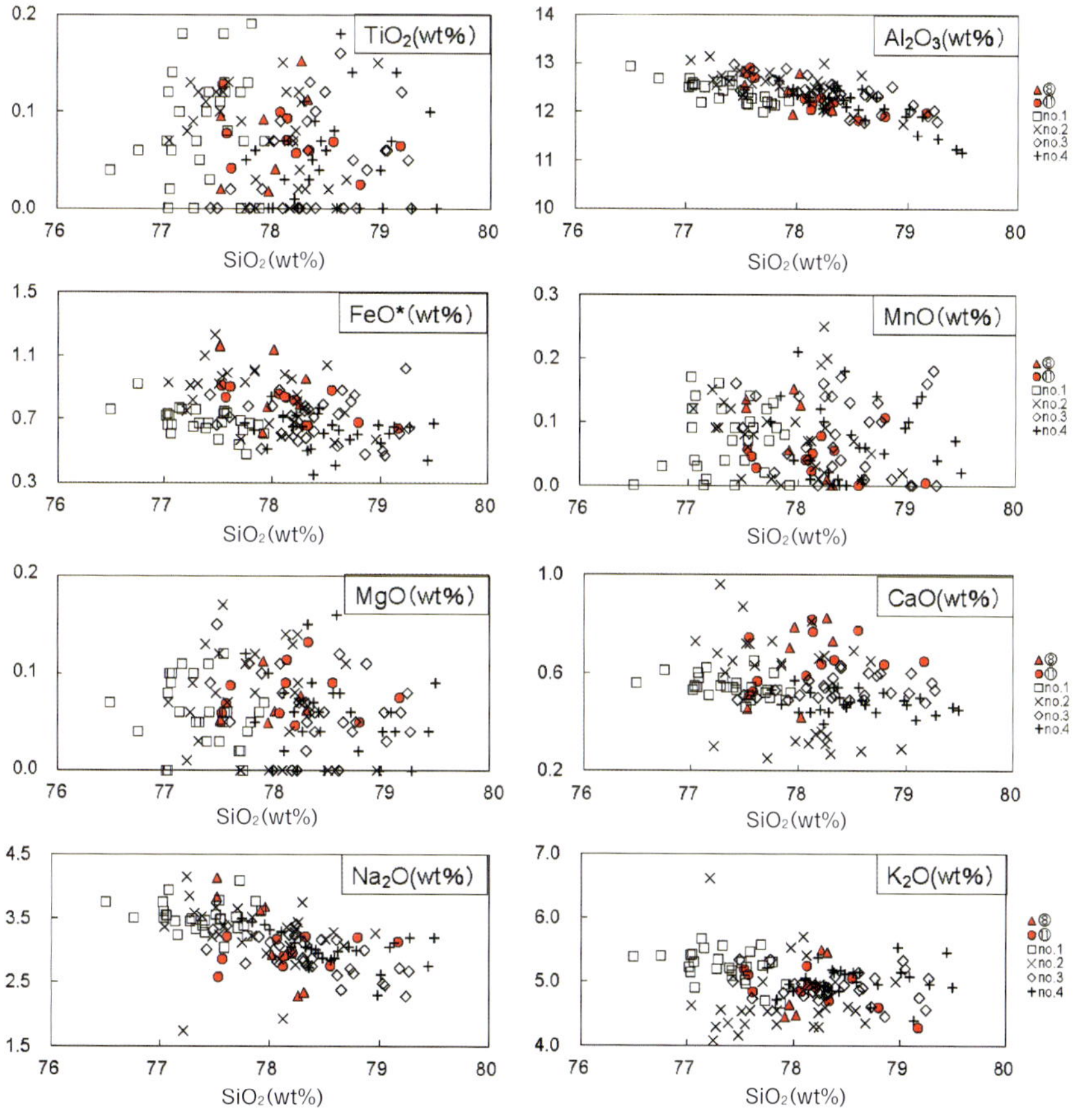

207　北海道添山遺跡出土の土器胎土に含まれる火山ガラス組成と尾開山凝灰岩の火山ガラス組成との比較

土器胎土に含まれる火山ガラス組成は、尾開山凝灰岩の火山ガラス組成と極めてよく一致します。図中の⑧と⑪は、それぞれ、表212の試料番号8と11に対応します。また、No.1 ～ No.4は、根本・藤田（2008）により公表された、尾開山凝灰岩のガラス組成を表します。

図202	胎土に含まれるガラスの帰属	器種	精/粗	土器型式	EPMA分析	備考
1	尾開山凝灰岩	深鉢	精製	大洞BC式	○	
2	尾開山凝灰岩	鉢	精製	大洞BC式	○	
3	虹貝凝灰岩？	鉢	精製	大洞BC式	○	内外面炭化物付着
4	尾開山凝灰岩	壺	精製	大洞BC式	○	
5	尾開山凝灰岩	壺	精製	大洞BC式	○	
6	金木凝灰岩	鉢	半精製	大洞C1式	○	
7	尾開山凝灰岩	鉢	半精製	大洞C1式	○	内面接合痕明瞭
8	十和田八戸テフラ	浅鉢	精製	大洞C1式	○	
9	洞爺テフラ、尾開山凝灰岩？	壺	精製	大洞C2式	○	
10	十和田八戸テフラ	浅鉢	精製	大洞A'式	○	赤彩

208　青森県不備無遺跡出土の土器胎土のガラスの帰属、土器の器種、精/粗、土器型式、EPMA分析を行った試料（○印）

図203	胎土に含まれるガラスの帰属	器種	精/粗	土器型式	EPMA分析
1		鉢		大洞C2式	
2		鉢		大洞A'式	
3		鉢		大洞C2式	
4		鉢		大洞A式	
5		鉢		大洞A式	
6		深鉢	粗製	大洞A式	
7		鉢		大洞A式	
8		浅鉢		大洞A式	
9		浅鉢		大洞C2式	
10		浅鉢		大洞C2式	
11	尾開山凝灰岩	浅鉢	精製	大洞C2式	○
12	尾開山凝灰岩	台付浅鉢	精製	大洞A式	○
13		鉢		大洞A式	
14		鉢		大洞A式	
15		浅鉢		大洞C2式	
16		深鉢	粗製	大洞C2式	
17		深鉢	粗製	大洞A式	
18		深鉢	粗製	大洞C2式	
19		壺	粗製	大洞C2式	
20		壺	粗製	大洞C2式	
21		壺	粗製	大洞C2式	
22		浅鉢	精製	大洞C2式	
23		台付浅鉢		大洞A式	
24		鉢		大洞C2式	
25		深鉢	粗製	大洞C2式	
26		深鉢	粗製	円筒上層d式？	

209　青森県二枚橋（2）遺跡出土の土器胎土のガラスの帰属、土器の器種、精/粗、土器型式、EPMA分析を行った試料（○印）

図204	出土区	胎土に含まれるガラスの帰属	器種	精/粗	土器型式	EPMA分析	備考
1	盗掘土坑07	尾開山凝灰岩	注口	精製	大洞B2式	○	
2	表採	尾開山凝灰岩	注口	精製	大洞BC式	○	
3	盗掘一括	尾開山凝灰岩	注口	精製	大洞BC式	○	
4	盗掘一括	尾開山凝灰岩	深鉢	精製	大洞C1式	○	
5	盗掘土坑09	金木凝灰岩	浅鉢	精製	大洞C1式	○	
6	盗掘土坑03	金木凝灰岩、尾開山凝灰岩	浅鉢	精製	大洞C1式	○	
7	盗掘土坑03	尾開山凝灰岩	浅鉢	精製	大洞C2式	○	
8	盗掘土坑08	金木凝灰岩、尾開山凝灰岩	浅鉢	精製	大洞C1式	○	
9	盗掘土坑08	尾開山凝灰岩	浅鉢	精製	大洞C2式	○	
10	盗掘土坑09	尾開山凝灰岩	浅鉢	精製	大洞C2式	○	
11	盗掘一括	金木凝灰岩	注口	精製	大洞C2式	○	
12	表採	鶴ヶ坂凝灰岩	鉢	精製	聖山式		赤彩
13	表採	鶴ヶ坂凝灰岩	鉢	粗製	聖山式		炭化物付着
14	表採	尾開山凝灰岩	浅鉢	精製	大洞A式	○	赤彩
15	盗掘土坑09	金木凝灰岩、尾開山凝灰岩、鶴ヶ坂凝灰岩	深鉢	粗製	晩期前半？		炭化物付着
16	盗掘土坑09	金木凝灰岩	壺	精製	晩期中葉？		

210　青森県五月女萢遺跡出土の土器胎土のガラスの帰属、土器の器種、精/粗、土器型式、EPMA分析を行った試料（○印）

図205	胎土に含まれるガラスの帰属	器種	精/粗	土器型式	EPMA分析
1		細頸壺	精製	上ノ国式（大洞BC~C1式並行）	
2		深鉢	粗製	上ノ国式（大洞BC~C1式並行）	
3		深鉢	粗製	上ノ国式（大洞BC~C1式並行）	
4		深鉢	粗製	上ノ国式（大洞BC~C1式並行）	
5		浅鉢	精製	上ノ国式（大洞BC~C1式並行）	
6		深鉢	粗製	上ノ国式（大洞BC~C1式並行）	
7		深鉢	粗製	上ノ国式（大洞BC~C1式並行）	
8		深鉢	精製	上ノ国式（大洞BC~C1式並行）	
9		深鉢	粗製	上ノ国式（大洞BC~C1式並行）	
10		深鉢	粗製	上ノ国式（大洞BC~C1式並行）	
11		細頸壺	精製	上ノ国式（大洞BC~C1式並行）	
12	尾開山凝灰岩	注口	精製	上ノ国式（大洞BC~C1式並行）	○
13		鉢	精製	上ノ国式（大洞BC~C1式並行）	
14		鉢	精製	上ノ国式（大洞BC~C1式並行）	
15		浅鉢	精製	上ノ国式（大洞BC~C1式並行）	

211　北海道竹内屋敷遺跡出土の土器胎土のガラスの帰属、土器の器種、精/粗、土器型式、EPMA分析を行った試料（○印）

図206	胎土に含まれるガラスの帰属	器種	精/粗	土器型式	EPMA分析
1		深鉢	粗製	聖山Ⅱ式（大洞A式並行）Ⅰ	
2	尾開山凝灰岩	鉢	精製	聖山Ⅱ式（大洞A式並行）Ⅰ	○
3		鉢	精製	聖山Ⅱ式（大洞A式並行）Ⅰ	
4		鉢	粗製	聖山Ⅱ式（大洞A式並行）Ⅰ	
5		鉢	粗製	聖山Ⅱ式（大洞A式並行）Ⅰ	
6	尾開山凝灰岩	鉢	粗製	聖山Ⅱ式（大洞A式並行）Ⅰ	○
7		鉢	粗製	聖山Ⅱ式（大洞A式並行）Ⅰ	
8	尾開山凝灰岩	鉢	粗製	聖山Ⅱ式（大洞A式並行）Ⅰ	○
9		鉢	粗製	聖山Ⅱ式（大洞A式並行）Ⅰ	
10		鉢	粗製	聖山Ⅱ式（大洞A式並行）Ⅰ	
11	尾開山凝灰岩	鉢	精製	聖山Ⅱ式（大洞A式並行）Ⅰ	○
12		鉢	粗製	聖山Ⅱ式（大洞A式並行）Ⅰ	
13		皿	粗製	聖山Ⅱ式（大洞A式並行）Ⅰ	
14	尾開山凝灰岩	壺	精製	聖山Ⅱ式（大洞A式並行）Ⅰ	○

212　北海道添山遺跡出土の土器胎土のガラスの帰属、土器の器種、精/粗、土器型式、EPMA分析を行った試料（○印）

テフラ、村岡・長谷一九九〇、根本・藤田二〇〇八）
・更新統の虹貝凝灰岩（碇ヶ関カルデラ起源テフラ、村岡・長谷一九九〇）
・更新統の洞爺テフラ（Toya）、
・上部更新統の十和田八戸テフラ（To-HP）

土器に含まれるガラスは、これらいずれか一つのテフラ起源のものからなる場合が多いです。すなわち、ガラスは、テフラ層の露頭から直接採取されたものが使用されたと推測されます。また、これら5つのテフラの中で、最も多く確認されたテフラガラスは尾開山凝灰岩起源のガラスです。一方、複数のテフラガラスからなるものは、河川等の二次堆積物の砂粒子を採集したものと考えられます（片岡・長橋・小野二〇一五）。これらのことは、前述した西田（一九九六・一九九八・二〇〇八）の観察結果を裏付けるものです。

　これらテフラのなかで、青森県全域に分布するのは、Ｔｏ－Ｈ（土井一九九三）およびＴｏｙａ（町田・新井二〇〇三）であり、津軽地域にその分布が限定されるのは尾開山凝灰岩・金木凝灰岩・虹貝凝灰岩です。従って、北海道南西部の上ノ国遺跡添山遺跡や下北地域の不備無遺跡や二枚橋(2)遺跡から出土したこれらの凝灰岩起源の火山ガラスを含む土器は、津軽地域で作成され、運搬された可能性が高いと言えます。

　縄文晩期の北海道南西部、下北、および津軽は同じ土器型式文化圏に属しており、両地域間で土器が移動していたとしても型式学的観点から認識することはできません。不備無遺跡から出土した土器の胎土分析により、津軽で製作された土器が、むつ湾を隔てた対岸の下北に搬入されていることが分かりました。津軽から下北への搬入が確認された土器は、大洞ＢＣ式では精製深鉢と精製壺、大洞Ｃ１式では半精製の鉢です。不備無遺跡からは晩期後葉の大洞Ａ式や末葉の大洞Ａ'式相当の土器も出土していますが、胎土分析では津軽で製作されたと判定された土器はありませんでした。このことは、陸奥湾を隔てた下北と津軽との間での土器の移動（流通）が晩期中葉を境に低調となった可能性を示唆します。下北と津軽を隔てるむつ湾の入口にあたる平舘海峡は、最狭部の幅が約11㎞です。不備無遺跡からは赤色顔料の原料となる今別町赤根沢《あかねざわ》産の赤鉄鉱や外ヶ浜町蟹田産の可能性のある天然アスファルトが発見されており、土器以外にも海峡を挟んだ物資の移動が確認されています（福田二〇一四）。

これまで亀ヶ岡式土器文化圏内での土器の移動を正面から検討した研究はなく、土器が移動していたとしてもそれは浅鉢・壺・注口土器などの精巧に作られた小型土器であろうと考えられてきたのではないでしょうか。胎土分析により津軽から下北や北海道南西部へ移動が確認された土器には、精製の深鉢や半精製の鉢といった、想定外の土器も含まれていました。このことは亀ヶ岡文化圏内では、極めて在地性に富む粗製の深鉢を除き、予想以上に多種多様な土器が移動（流通）していたことを示唆しています。

文献

青木かおり・町田 洋「日本に分布する第四紀後期広域テフラの主元素組成－K_2O-TiO_2図によるテフラの識別」（『地質調査研究報告』第五七巻第七／八号 二三九－二五八頁 二〇〇六年）

片岡香子・長橋良隆・小野映介「津軽平野岩木川下流域における複数起源のテフラの再堆積と混合」（『第四紀研究』第五四号 二一一－二一九頁 二〇一五年）

柴 正敏・徳永 慧「二股⑵遺跡出土土器の胎土について」（『二股⑵遺跡』青森県教育委員会 二五五－二六〇頁 二〇〇七年）

柴 正敏「津軽の地質と縄文土器原料」（『第四紀研究』第五三巻第五号 二四九－二五七頁 二〇一四年）

柴 正敏・関根達人「胎土分析から見た亀ヶ岡式土器の製作地─土器胎土に含まれる火山ガラスの帰属について─」（『考古学と自然科学』第六七号 三九－四六頁 二〇一五年）

清水芳裕「縄文式土器の岩石学分析─滋賀里遺跡出土の北陸・東北系土器について─」（『湖西線関係遺跡発掘調査団 湖西線関係遺跡調査報告書』二二五－二三二頁 一九七三年）

関根達人・上條信彦編『下北半島における亀ヶ岡文化の研究─青森県むつ市不備無遺跡発掘調査報告書』（弘前大学人文学部附属亀ヶ岡文化研究センター 二〇一二年）

土井宣夫「盛岡市付近に分布する十和田─大不動・八戸火砕流堆積物の産状」（『日本地質学会東北支部会報』第二二号 八－九頁 一九九三年）

西田泰民「片野Ⅰ遺跡出土の海綿骨針含有土器」（『秋田外環状道路建設事業に係る埋蔵文化財発掘調査報告書Ⅳ』二六三－二七〇頁 秋田県教育委員会 一九九六年）

西田泰民「虫内Ⅰ遺跡出土縄文土器・土製品の胎土」（『虫内Ⅰ遺跡』二三八－二六三頁 秋田県教育委員会 一九九八年）

西田泰民「情報としての縄文土器」（『縄文時代の考古学』第七巻 三－一五頁 同成社 二〇〇八年）

根本直樹・高平康司「津軽半島南部に分布する〝二本松凝灰岩部層〟について」（『弘前大学理工学研究報告』第五号 一七－三〇頁 二〇〇八年）

根本直樹・藤田一世「青森県西津軽地域に分布する鮮新統軽石凝灰岩の対比」（『地球科学』第六二号 一七－一九頁 二〇〇八年）

根本直樹・氏家良博「青森県の地質」（『大地』第五五号 五二－六八頁 二〇〇九年）

福田友之『津軽海峡域の先史文化研究』（六一書房 二〇一四年）

町田 洋・新井房夫『新編火山灰アトラス─日本列島とその周辺』（東京大学出版会 二〇〇三年）

村岡洋文・長谷紘和『黒石地域の地質─地域地質研究報告（5万分の1地質図幅）』（地質調査所 一九九〇年）

（関根達人・柴 正敏・辻 綾子）

37 アスファルトの考古学

アスファルトは、「原油中の軽質分及び潤滑油留分を取り除いた残油で、黒色粘着性の常温で半固体状の物質」と定義されています。石油鉱床地帯は北海道稚内から石狩低地帯、渡島半島南部を経て本州の青森から新潟県域までの日本海沿岸にみられます。アスファルトは高い粘性と撥水性を有し熱を加えると容易に融解する性質を持つため、縄文時代以降、接着剤や着色剤として利用されてきました。

先史時代の天然資源の利用戦略としては黒曜石・ヒスイなどの石材、水銀朱やベンガラなどの赤色顔料などの流通が議論されています。そのなかで、出土アスファルトは太平洋沿岸域などの鉱床地帯から１００km以上離れた遺跡からも数多くみられ、広域な交易活動の証拠となっています。こうした物質の流通過程を知ることは集団どうしの交流関係を知るうえでも重要です。

考古資料から流通を明らかにするためには、製作地（原産地）と消費地との関連の解明が不可欠であり、アスファルトにおいても数々の原産地推定法が検討されてきました。さらに、考古資料でも秋田県堀之内遺跡など油田近くの遺跡で原油を気化させてアスファルトを作り出している例が見つかり、原産地が複数ある可能性が高くなりました。

そこで筆者らのチームは、理化学研究所と共同で産地推定において、より高精度かつ微量分析の方法としてイオウ同位体に注目しています。これまで大学や研究機関に保管されているロシアサハリン州から新潟県までの原油標本34油田63試料、および、北海道から新潟県の縄文時代中期～晩期の出土アスファルト64遺跡１２０試料を分析しました。

アスファルト塊（北海道豊崎B遺跡）
アワビの殻に入れられていたためその痕が残ります。

土器に貯蔵されたアスファルト
（青森県大川添⑷遺跡）

石鏃のつけ根に付着するアスファルト

213　遺跡で見つかったアスファルト

その結果、イオウ同位体比（δ^{34}S）は原油標本の場合、幅広いδ値が得られ、6つのグループに分けられました。これら6つのグループは、石油鉱床地帯や油がしみ出す地層ごとに地域的なまとまりが見出せます。

　そして、出土アスファルトも幅広いδ値が得られ、これまで秋田県槻木《つきのき》のみといわれてきたアスファルトの産地が、少なくとも複数あることが確実となりました。そして原油標本と比べることで信濃川・最上川・雄物川を介した交易のほか、津軽海峡と奥羽山脈を越えた交易が分かってきました。

（上條信彦）

文献

上條信彦・高橋和也・南　武志「イオウ同位体比分析による列島産アスファルトの原産地推定」（『日本文化財科学会第37回大会研究発表要旨集』二〇二〇年）

214　北海道石狩油田

215　現在でも湧き出る原油（新潟県新津油田）

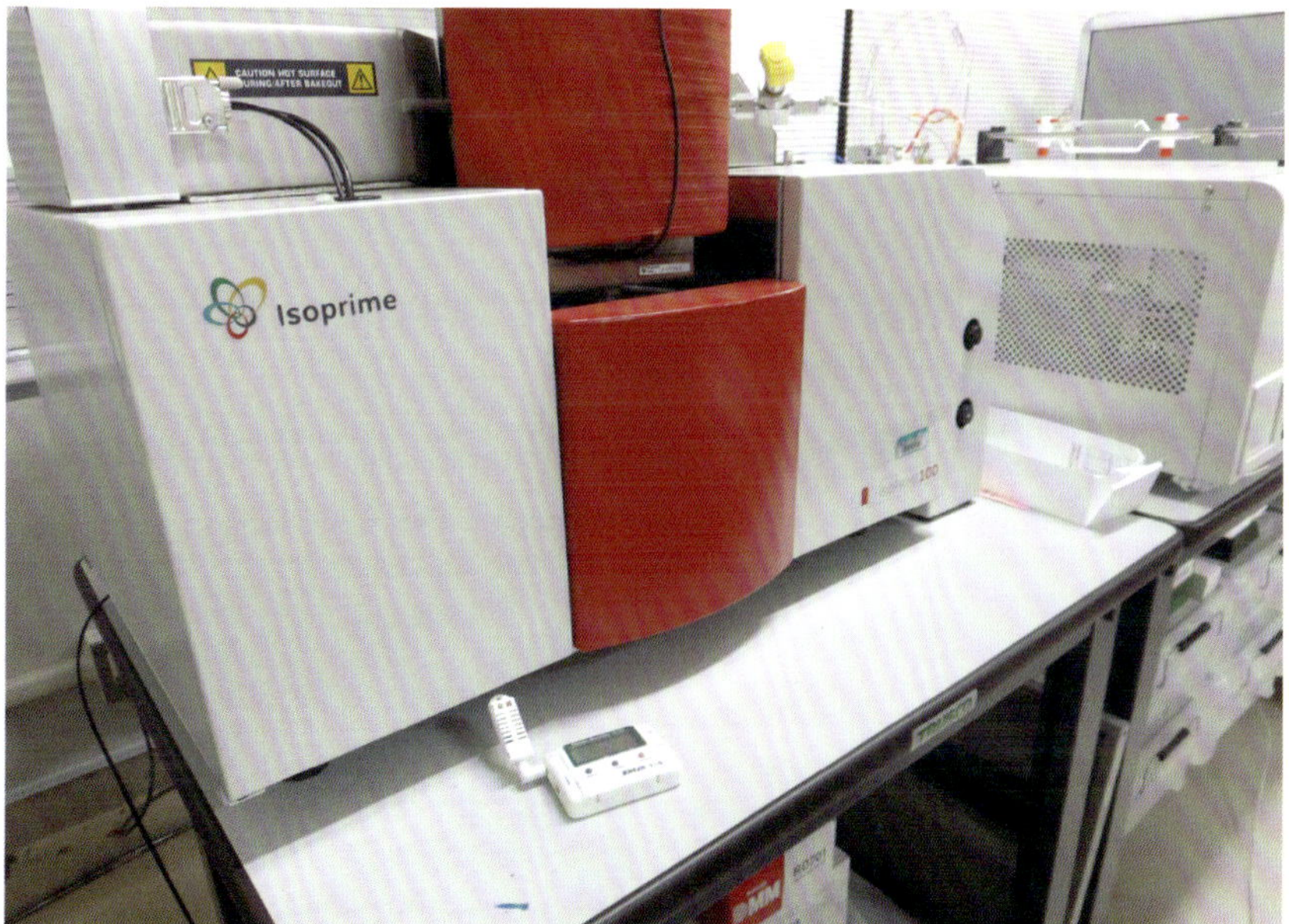

216　安定同位体比分析用質量分析計（理化学研究所）

38

デンプンと使用痕からみた石器の機能と用途

考古学というと発掘された土器や石器から人間活動を復元する、というイメージがあります。ところが、まるで「科捜研」みたいな世界、それが考古学にもあります。その一つとして、石器に付着したデンプンや使用痕を見つけ出す分析を紹介します。

デンプンは、人類にとって欠かせないエネルギー源の一つです。しかし、デンプンのほとんどは生のまま食べることはできず、熱などで加工することで食料にします。縄文人はその食料化の技術を発明し、土器や石器を用いて大量処理を実現させたことでその繁栄を築き上げたといっても過言ではありません。

デンプン粒は植物ごとに形などが異なります。また、水に溶けず酸などにも強いので、微生物によって分解されなければ長く残ります。縄文人のデンプン食というと、殻が残りやすいドングリやクルミ以外にも、イモやマメもあったはずですが、なかなか証拠が出てきません。そこで、食料加工具である磨石や石皿に付着するデンプンを調べました。大切な遺物を傷つけないよう、主に水を使って石器表面に残るわずかな試料を回収します。回収した試料からプレパラートを作った後、偏光顕微鏡で観察します。

結果、磨石や石皿からデンプンを発見できました（図217）。なかには、ユリ科やクズといった根茎・球根類のデンプンがあります。これらは蕨餅や葛餅で知られるように、沢山のデンプンが含まれており、つぶして水にさらすことでデンプンが取り出せます。また、凹石とよばれる石器からはオニグルミとみられるデンプンがありました。この石器でオニグルミの殻を割ったことが分かります。前期中葉に増える石鹸形の磨石からはナラ類やイネ科植物に多いデンプンが見つかります。よって、これらの殻むきや粉砕の用途が推定できます。このように磨石と石皿は形によって使い分けられ、デンプン質食料加工に用いられたことが分かります。単なる大きな石にみえる石器でも先史人の知恵と技の高さが伝わってきます。

もう一つの使用痕分析とは、道具を使った際に生じる細かな傷などの痕跡から、その道具の使い方や使い道を探っていきます。実体顕微鏡や金属顕微鏡を使って微小剥離痕・光沢・線状痕・磨滅・破損を観察します。

縄文時代には磨石と呼ばれる石器で木の実を加工したとよくいわれます。ただ、この加工法には殻むきのような敲打《こうだ》と、細かな粉にする粉砕という2つの使い方があります。東日本を中心に分布する石鹸形磨石をみると、表裏面の光沢は、

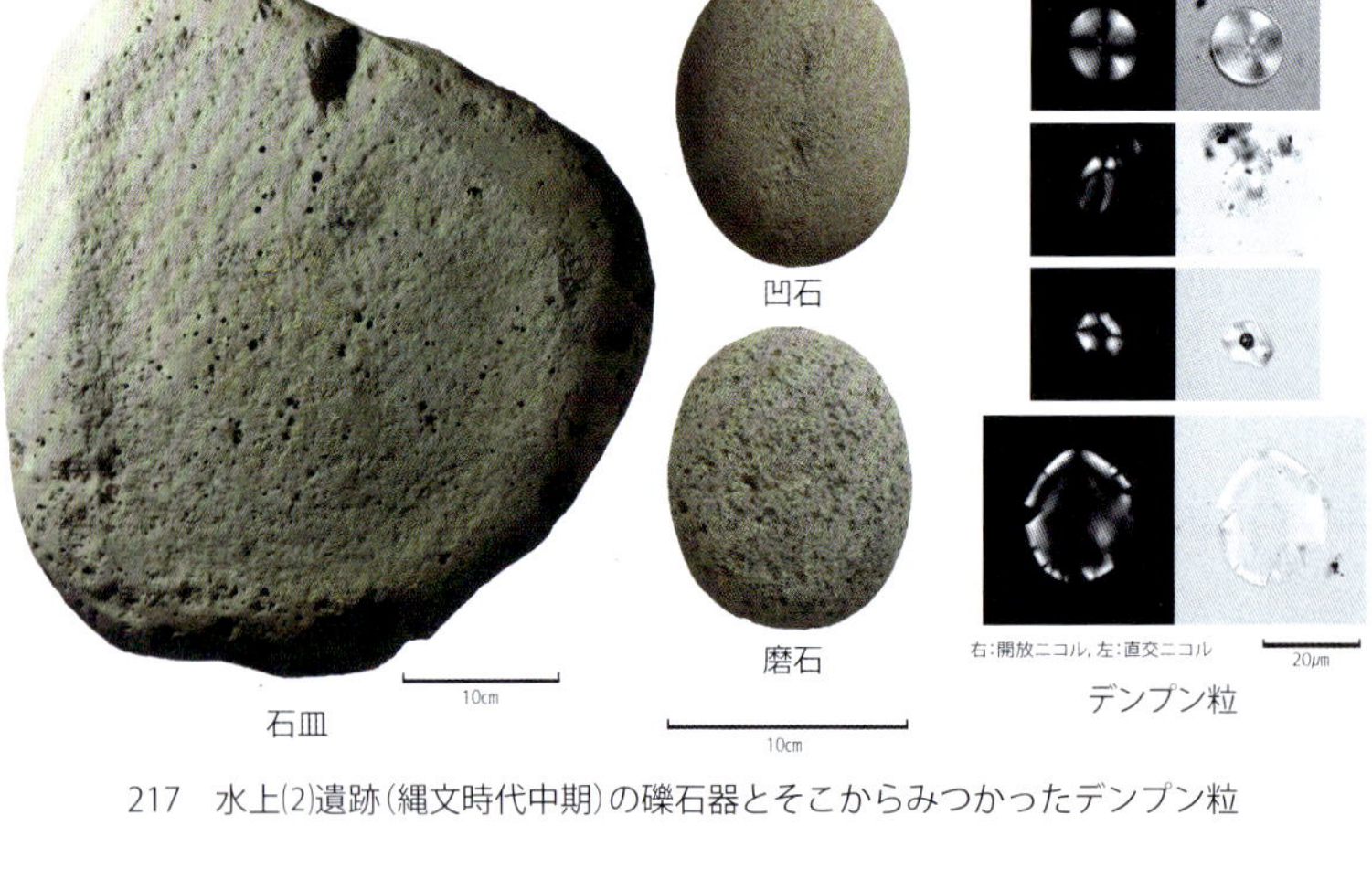

217　水上(2)遺跡（縄文時代中期）の礫石器とそこからみつかったデンプン粒

後に述べるイネ科植物の加工で生じるものとは異なり、かつ擦った際に生じる線状のキズもありありません。このことから、磨石を上下方向に手首をスナップさせながら「おしつぶす」操作が想定されます。例えば、堅果類の粉砕作業が考えられます。またこの磨石は側面も使われています。この部分の痕跡はざらついたような凹凸があり、鉱物の頂点が丸くなります。このことから、堅果類の殻むきや根茎類の敲打など軟らかいものを敲いた痕跡と推定されます。

　このように、一つの道具でも使用痕を見ることにより複数の使い方と使い道を推定できます。特に、磨石の磨耗痕は、これまで漠然といわれていた擦ったために生じたのではないことが分かりました。つまり、「磨石」はすりつぶして細かな粉にするための道具ではなく、食べ物のアク抜きや食べやすくするために開発された主に軟物質を敲いたり、つぶしたりした道具なのです。

　さらに、先史時代農耕の受容過程の問題として、食料採集地域へのアワ・キビ雑穀農耕と水稲農耕の受容過程の問題があります。石器からも農耕とのかかわりを示す道具の推定が行われています。その一つとして磨盤・磨棒という食料加工具が注目されます。

　例えば、磨棒を観察すると（図218）、珪酸分の多いイネ科植物を加工した際に現れる特徴的な光沢が見えます。この光沢の強度分布をみると磨棒の光沢の強い平坦面は、強い圧力のかかった部分を示しており、両端に近い部分を両手でつかんでの作業が推定されます。その作業時の運動方向は、磨棒の縦方向の線状痕が使用時の運動方向を示していると考えられることから、両手でつかんだ磨棒を手前から奥へ前後に往復させたとみられます。このことから、縄文時代の磨石とは異なり対象物を「擦る」ことによって機能を果たしていたことが想定されます。

　使用痕観察からみた磨棒の対象物は、イネ科植物のうち磨棒・磨盤の小さな隙間に入り込むことのできるアワやキビなどの小さな種子が挙げられます。特に磨棒にはかなり強く発達した光沢面が認められたことから、果実だけではなく、珪質分を含む果皮をむくような作業に用いられたと推定しました。

文献

上條信彦「水上⑵遺跡検出礫石器の残存デンプン粒分析」（『水上⑵遺跡Ⅲ』青森県埋蔵文化財調査センター　九五－九九頁　二〇一七年）

上條信彦「礫石器の使用痕観察と残存デンプン粒分析結果」（『東アジア旧石器・新石器移行期の基礎的研究―河南霊井遺跡出土品の徹底分析―』三四－四一頁　二〇一九年）

（上條信彦）

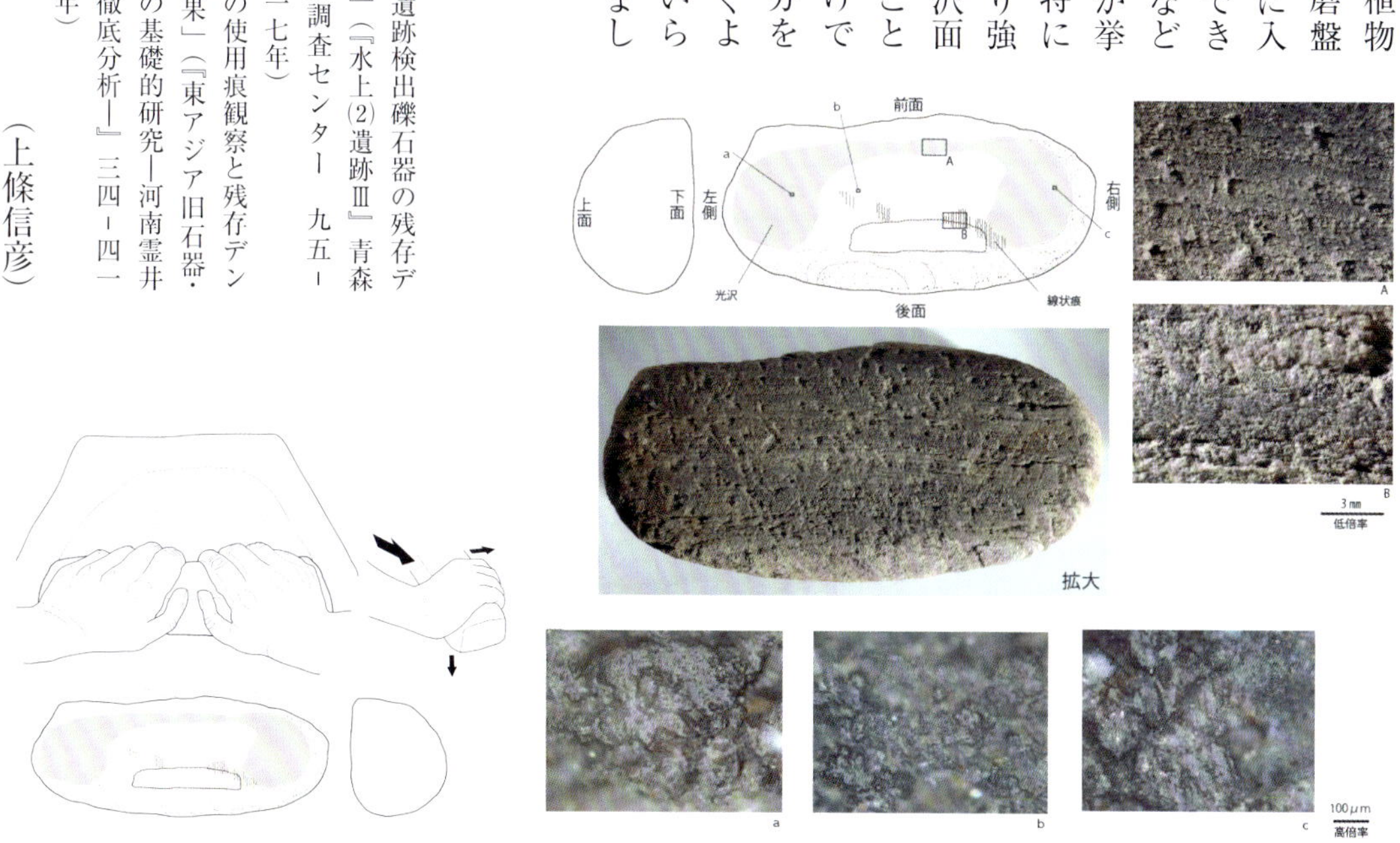

218　中国河南省霊井《りんじん》遺跡出土磨棒の使用痕と、その使用模式図

39 出土イネの古DNAからみたイネの歴史的展開

1 古いDNAを見つける

DNA、デオキシリボ核酸は、一度は耳にしたことがある言葉かと思いますが、親から子へ、子から孫へ受け継がれる遺伝物質です。ただ、生物学の教科書を見ていただいたらわかることですが、遺伝物質には細胞内の核だけでなく、ミトコンドリア、そして植物の場合には葉緑体にもDNAが含まれています。それら3種類のDNAについて遺伝する様式は異なっています。核DNAは父親と母親からそれぞれ半分ずつ受け継ぎ、次の世代ではそこから半分が受け継がれます。ミトコンドリアDNAと葉緑体DNAの遺伝は、栽培イネに関していえば、母親から受け継がれます。この遺伝様式の違いを鑑みると、どのDNAを調べるかによって、知り得る情報は変わります。

2 古DNA分析の壁

著者の研究対象である遺跡出土種子は土に埋もれて年月を経てから発掘されたものです（図219）。土に埋没している間に種子に内在するDNAは劣化を受けています。DNAはアデニン、グアニン、シトシン、チミンの塩基がリン酸、デオキシリボースを介して連なり（「塩基配列」と呼ばれる）、2本の塩基配列において向かい合う塩基が決まった法則で結合しています。古人骨の分析で解っていることとして、年月が経ると、2本の塩基配列や片側の塩基配列が破断し、また、破断部位の塩基の種類が変わります（Briggs et al. 2007）。このため、いざ遺跡出土種子からDNAを取り出して分析するとなると、幾つか乗り越えなくてはなら

219　遺跡から出土したイネ種子
遺跡から出土したイネ種子は外部や内部ともに黒く、もろくて壊れやすくなっています。

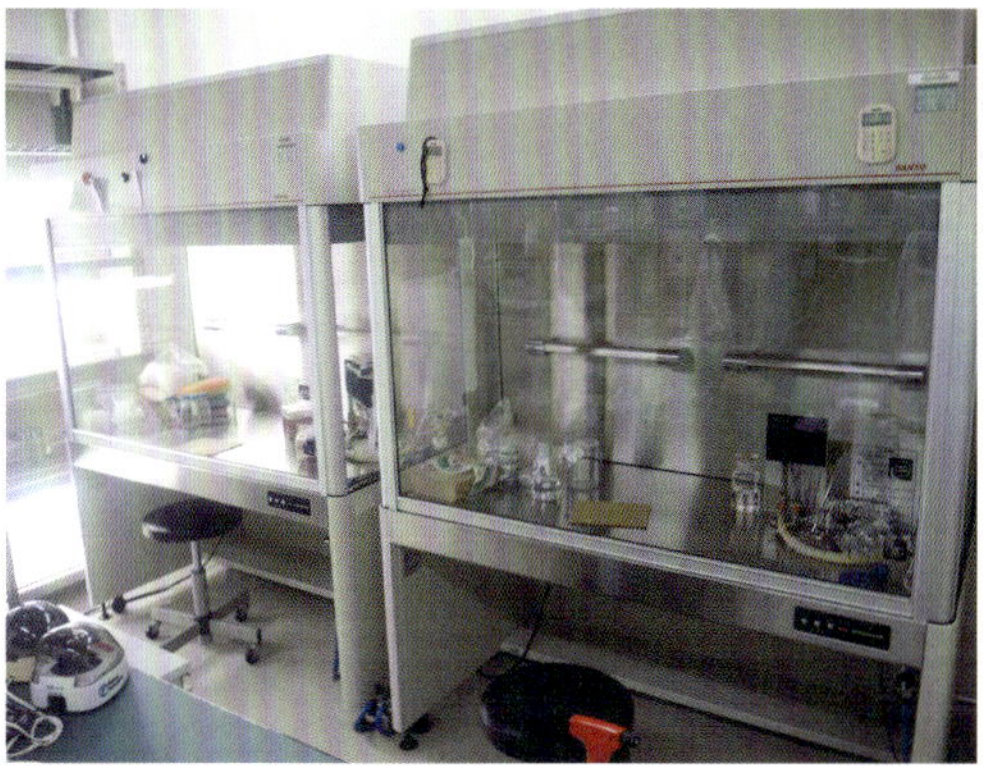

221　弘前大学農学生命科学部に設置された古DNA分析室

古DNA分析は外来のDNAが分析中に混入しないよう専用の部屋において実施しています。

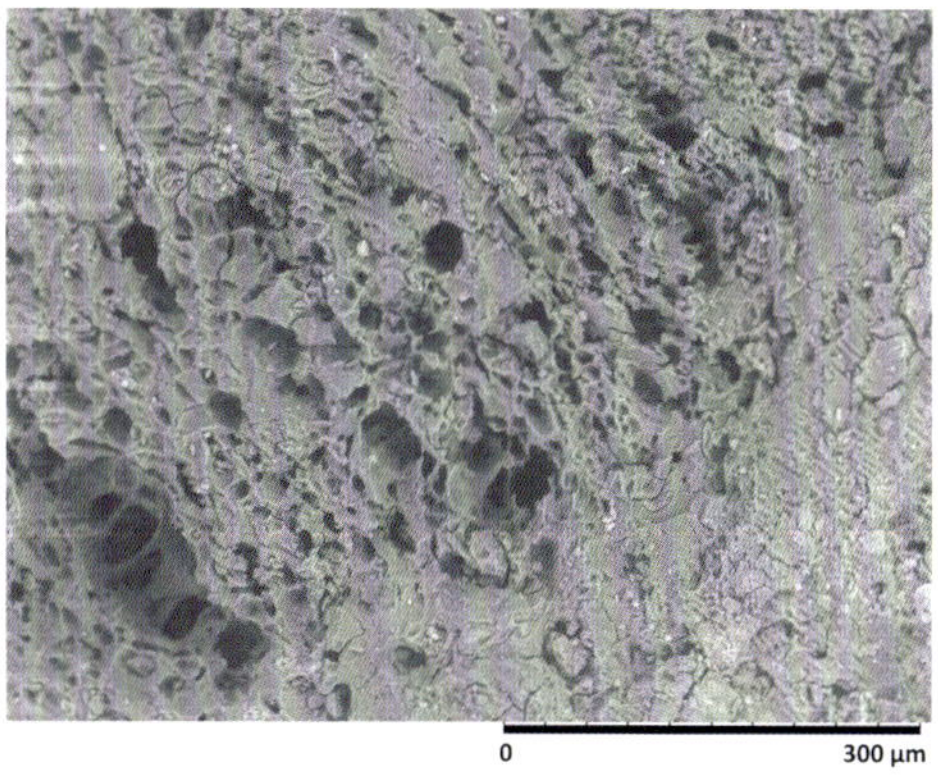

220　遺跡から出土したイネ種子の横断面

写真は電子顕微鏡を用いて250倍の倍率で撮影。種子の内部において空洞ができており、現生の種子で認められるような水やデンプン粒は消失しています。

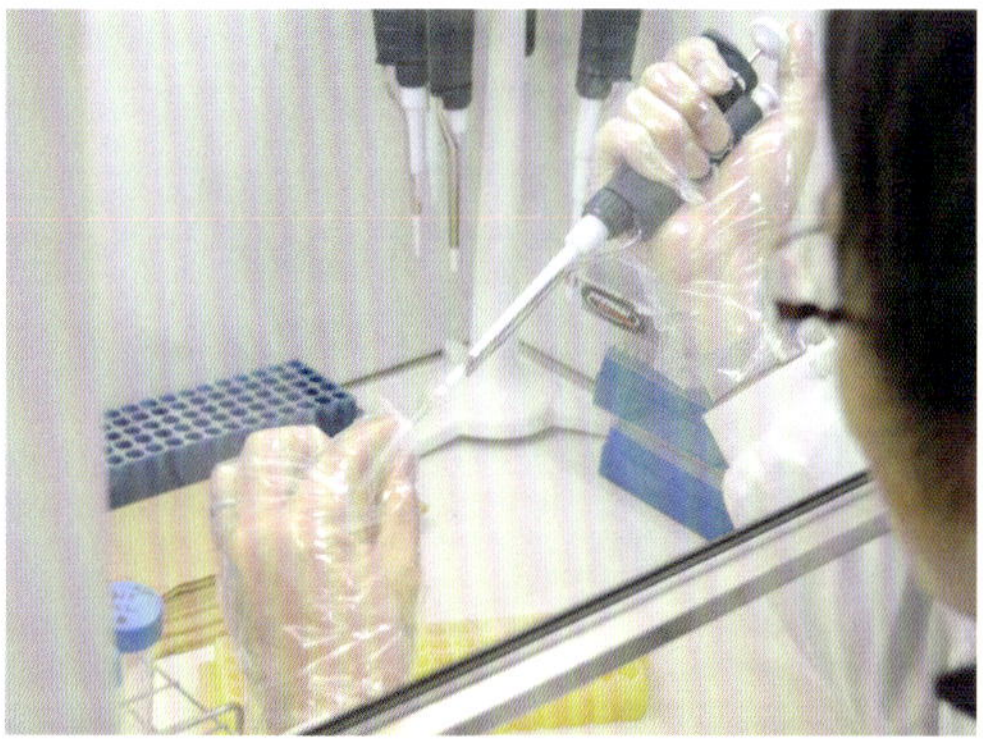

222　古DNA分析の作業

外来DNAの混入を防ぐために、古DNA分析の手作業は外気が直接入ってこないスペースで行っています。器具類は現生試料とは別のセットを使用しています。

ない壁があります。

遺跡出土種子のDNAは、先述したとおり、経年により劣化しているとともに分解を受けて極めて少なくなっています（図220）。遺跡から出土したオオムギ、ブドウ、イネやトウモロコシの穂軸において、次世代塩基配列解析により解読できた配列は、現生試料において100％とした場合、遺跡出土種子では最大でも0・12％と僅かです（Nistelberger et al. 2016）。その僅かな遺伝物質に外部から現生のDNAが混入すると、そのDNAの塩基配列を解読することになりかねません。外部からのDNAの混入は容易に起こり得ます。例えば、花粉が飛散していれば花粉に含まれるDNAは空気中に漂っていることになります。また、現生試料が部屋で扱われて床に落ちるなどして取り除かれず、やがて踏まれて粉砕されれば、その試料のDNAは部屋のあらゆる場所に飛散することになります。この混入を避けるために、対象とする植物種が扱われたことがない、且つ、外気が直接入りにくい部屋において分析を実施する、現生試料を扱ったことがない機器と器具を利用する、対象とする植物種の花粉が飛散しない時期に実施する、といった配慮が遺跡出土種子の分析において必要となります（図221・222、Sabato et al. 2019）。

DNA分析では、塩基配列を解読することになります。解読のためにはある程度の量の解読するDNA領域が必要となります。例えば、広く普及しているサンガー法による塩基配列の解読では、ポリメラーゼ連鎖反応（PCR）により、解読対象のDNA領域を増や

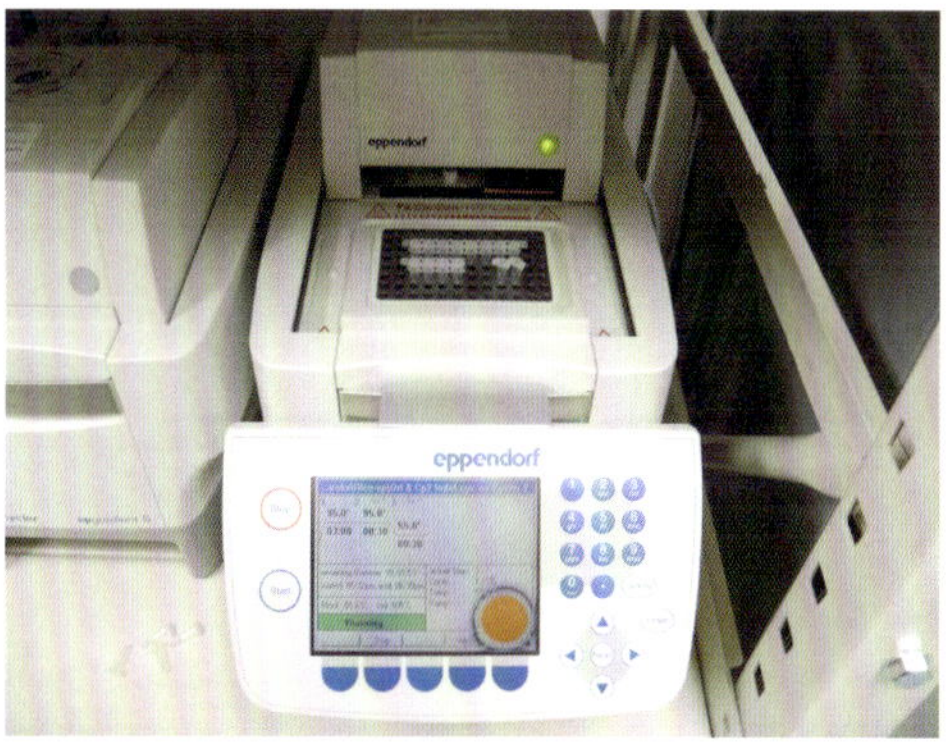

223　DNA増幅を行うサーマルサイクラー

PCRを行う機器は古DNAと現生試料と同じ機種を用いますが、遺伝子が混ざらないようにそれぞれ別々に利用するため最低2台は必要になります。

します。1回の増幅で2本の塩基配列が4本に、次の増幅でその倍に、次の増幅でさらに倍にと、増やしていき、この増やす操作を20回〜35回程度繰り返します（図223）。増幅の元となるDNAが十分量あれば、解読対象のDNA領域は莫大な数となります。一方、遺跡出土種子においては解読対象の元となるDNAが経年によって極めて少ないため、塩基配列の解読に必要な数は、増幅を70回程度繰り返すことによってようやく確保できます。

加えて、解読対象となるDNA領域は、経年により途中で寸断されていれば、PCR増幅法では増えません。解読対象のDNA領域が長くなればなるほど、途中で寸断されている確率は高くなります。遺跡から出土した植物では、寸断されていない状態で残っているDNAの長さが１５０塩基対以下とされているので、PCR増幅法で増やすことができるDNA領域の長さは制限されます（Gutaker & Burbano 2017）。次世代塩基配列解読技術などによって、昨今、塩基配列を解読できる長さや領域数が増えているものの、それらの解読技術をそのまま遺跡から出土した遺物へ適用することは非効率です。そこで古人骨の研究分野ではターゲットキャプチャー法が開発されました（Carpenter et al. 2013）。この方法は、解読対象となるDNA領域をDNA溶液から取り出して分析する手法であり、保存状態の良い遺跡の試料、例えばピラミッドから出土したエンマーコムギ種子においては塩基配列から収量の形質が選ばれた証拠が提示されるなど、我々に新しい知見を提供してくれます（Scott et al. 2019）。ただ、遺跡出土イネ種子では、経年によるDNAの分解や塩基配列の寸断が進んでおり、塩基配列の解読を阻む壁となっています（熊谷ら二〇二二）。

3 葉緑体DNAを調べる利点

遺跡出土イネ種子においてDNAの塩基配列が解読しにくい状況ではありますが、葉緑体DNAを標的とする場合にはやや救いはあります。植物の1つの細胞において、核内にある染色体は、両親から半数ずつ受け継いでいます。その半数のセットが、所謂、ゲノムと呼ばれています。核ゲノムのある1ヶ所のDNA領域も両親からそれぞれ遺伝しているので、1つの細胞において1つの核があることを加味すると、そのDNA領域の数は2つになります。無論、その領域が核ゲノムにおいて複数ヶ所あれば、領域数は増えますが、次にあげる葉緑体ゲノムに比べれば、少ないと感じるでしょう。葉緑体ゲノムは環状の構造をしていて、1つの成熟した葉緑体あたり50から１００あります。1つの細胞あたり葉緑体の数が50個から１００個あるので、葉緑体ゲノムの数は２、５００から１０、０００近くあります。そのため、DNAが分解を受けている遺跡出土種子からPCRによってDNA領域が増幅される可能性は、葉緑体ゲノムにおいて高くなります。この可能性の高さを鑑みて、遺跡から出土した植物や種子のDNA分析では葉緑体ゲノムを標的としていることが多いです（Palmer et al. 2012）。

ただし、収量、食味や栽培環境への耐性などイネが受容される際に選ばれたであろう多くの形質は、核ゲノムに内在する遺伝子によって制御されています（Huang et al. 2013）。ある地域においていかなる形質がイネの定着に寄与したのか、どの程度の選抜を受けてきたのか、についての情報を得たければ、核ゲノムのDNA領域を調べることになります。葉緑体ゲノムでは、母親から遺伝する特徴を生かして、イネを幾つかの母親グループに分けること、手持ちの遺跡出土イネ種子がいかなる母親に由来するのかを知ることができます(Kumagai et al. 2016)。冒頭で述べた「知り得る情報は変わる」は、核ゲノムと葉緑体ゲノムとにおいて標的のDNA領域が増幅できる確率、ゲノムに内在する遺伝子の種類、遺伝様式が違っていることを踏まえて述べています。これらのゲノムの特徴を踏まえつつ、北日本におけるイネの定着について研究するために、筆者は核ゲノムではイネの種皮色や生態型を判別するDNA領域、葉緑体ゲノムでは母親型や亜種を判別するDNA領域についてPCRを経て塩基配列を解読することにしました。

224　大阪府弥生文化博物館における収蔵状況
段ボール箱には、イネやコムギなどの遺跡出土種子が収蔵されています。それら遺跡出土種子には番号が付けられていて、管理しやすいよう電子データ化されています。

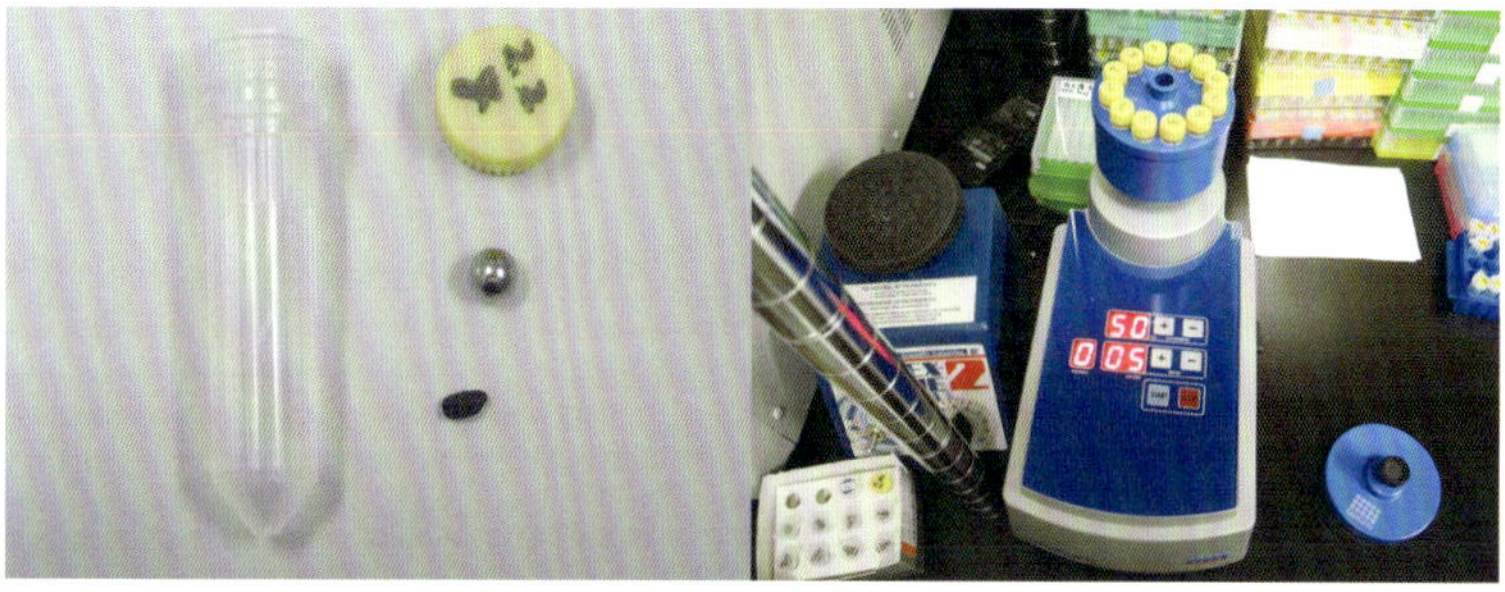

225　遺跡出土種子を粉砕する機器類
遺跡出土種子の内部に残っているDNAを取り出すために試料は左の写真の金属玉とともに小さなチューブに入れられて、右の写真の機器によって粉砕されます。

4 出土種子研究の生命線

研究の成果を紹介する前に今ひとつ触れておかなければならないことは、研究体制についてです。研究で用いた遺跡出土イネ種子は、城跡、住居址や土器などの人工遺物と同じく遺跡を構成する資料であり、当時の生活などを研究するうえで、またそれらの状況を誰もが知るうえで貴重な文化財です。遺跡から出土した文化財が出土した状態で研究者を含む一般の方々が利用できるよう、博物館や自治体が適切に管理しています(図224)。DNA分析では、種子の細胞に残存するDNAを抽出するために、遺跡出土種子が粉状になるまで機械によって破壊されます(図225)。粉砕された資料から元の状態へと戻すことが不可能なので、遺跡出土種子のDNAを分析するためには、その資料の保管元である博物館や自治体からの「破壊分析」の許可が必要になります。分析許可を得るための交渉では、DNA分析の内容や意義を伝えて、理解を得ることになります。ただ交渉相手からすれば、こちらの話す内容は異分野です。相手の方に分かりやすく伝えるうえで考古学の研究者に助言をいただき、場合によっては交渉の場に同席していただいたこともあります。このおかげで、分析の許可を得て、研究成果を出すに至っています。研究を進めるうえで、材料とともに研究を支える体制が如何に大切であるかということを知らされました。

ついでながら、「材料」である遺跡出土イネ種子の「貴重さ」についてもう一つ触れておきたいことがあります。遺跡出土イネ種子の出土する地点は、柱穴などの穴跡、井戸跡、土器の内部、溝において、それらを埋めた土の中から検出されています。遺跡出土イネ種子は黒い小さなコメ粒ですので、発掘で土壌を削っている段階では黒い粒として認識されるのみで、見落とされがちです。その黒い粒を含んだ土を経験豊かな発掘担当者が見極めて、丁寧に土壌から洗い出されることによって、遺跡出土イネ種子は資料として利用できるようになります。イネ種子が発掘できる可能性は、遺跡にイネ種子が埋没した確率、発掘担当者の観察眼、それと遺跡出土イネ種子の発掘に掛ける気力、この3つが伴って成立します。特に、「発掘に掛ける気力」は、資料を扱う研究者が発掘担当者に探していただくよう依頼するか、発掘担当者が着目しなければ、皆無に等しいでしょう。遺跡出土イネ種子は、佐藤敏也先生の研究によって資料としての重要性が認知されたことから、割と採集されてはいます(佐藤一九七一)。先生が研究のために収集された遺跡出土イネ種子は、その点数から世界でも有数のコレクションであり、筆者の研究においても利用しました(図226)。遺跡から出土した資料が、発掘する担当者、収集する研究者、保管する担当者といった先人の功績によって、研究で利用可能になっていることは、資料を扱ううえで決して忘れるべきではないのかもしれません。

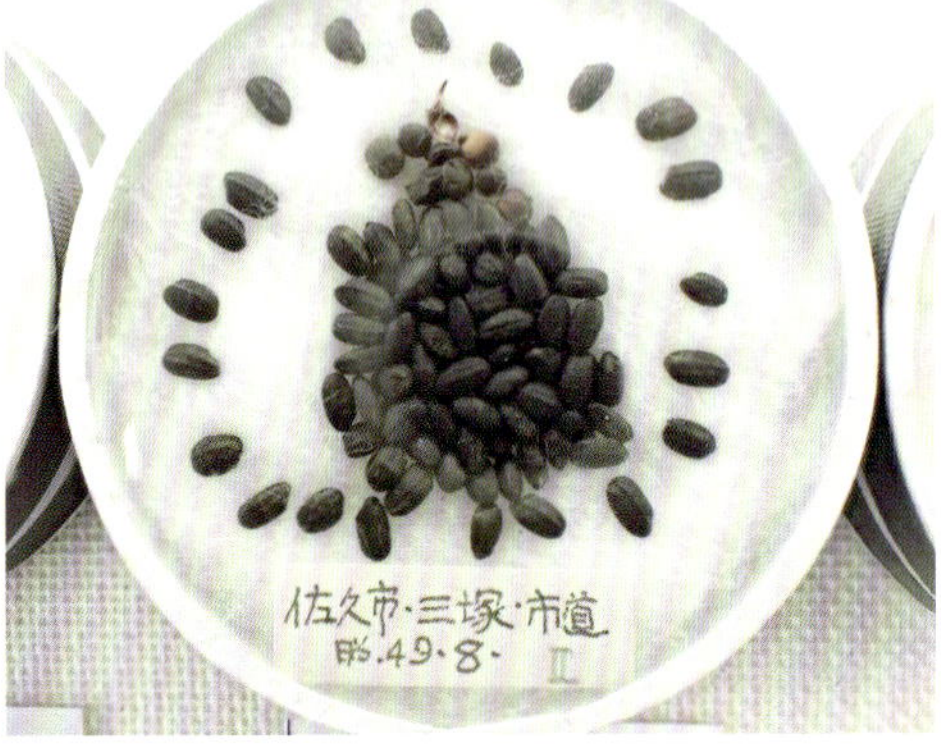

226　佐藤敏也先生が収集された遺跡出土イネ種子
174遺跡から10万粒のイネ種子遺存体が集められて丁寧に保管されています。

5 イネタイプの歴史的変動

先述した佐藤敏也先生の収集品を含む日本全国の遺跡出土イネ種子について、葉緑体ゲノムを分析しました。標的とした葉緑体ゲノムの領域は、*petN*遺伝子と*trnC*との間の領域、*rpl14*遺伝子と*rpl16*遺伝子との間の領域です(田中・上條二〇一四、田中ら二〇一五、小泉ら二〇一八)。69遺跡から出土した1、890粒のイネ種子において、分析によって検出できた葉緑体ゲノムのタイプは1つであり、遺跡出土イネ種子の祖先が同じであることを示していました。なお、別の研究では唐古《からこ》・鍵《かぎ》遺跡から出土した弥生時代前期のイネ種子遺存体においてインディカに相当するイネの葉緑体ゲノムタイプが認められており、インディカを生み出した母系が日本に入ってきた時代は弥生時代頃ではないかと提案されています(Kumagai et al. 2016)。中国の浙江省良渚遺跡群では5500年前、インドでは2000年前にはインディカに相当するイネの母系がDNA分析によって認められています(Castillo et al. 2016、田中二〇二〇)。これらDNA分析の結果は、ジャポニカと親戚関係にあたるイネやインディカと親戚関係にあたるイネを弥生早期の日本において利用できる状況が大陸においてすでに整っていたことを物語っています。

核ゲノムについては種皮色に関わる遺伝子(*Rc*)とイネの6番目の染色体にある塩基配列の違い(IDJ6)について分析しました(田中・上條二〇一四、田中ら二〇一五、小泉ら二〇一八)。種皮色の遺伝子は、赤米では種皮が赤色なので赤色として、現代の日本でよく食べられている白米では種皮が茶色なので茶色として判別できます。遺跡出土イネ種子では赤米と判断できたのは青森県の隠川《かくれがわ》(4)遺跡から出土した1粒だけでした。遺伝子が検出できた割合は全ての試料の1%に満たなかったため、核ゲノムにある遺伝子から遺跡出土イネ種子の特徴をつかむことの難しさを示していました。後者のIDJ6の塩基配列は、イネの温帯ジャポニカとインディカや熱帯ジャポニカとで異なっています。この塩基配列は温帯ジャポニカと

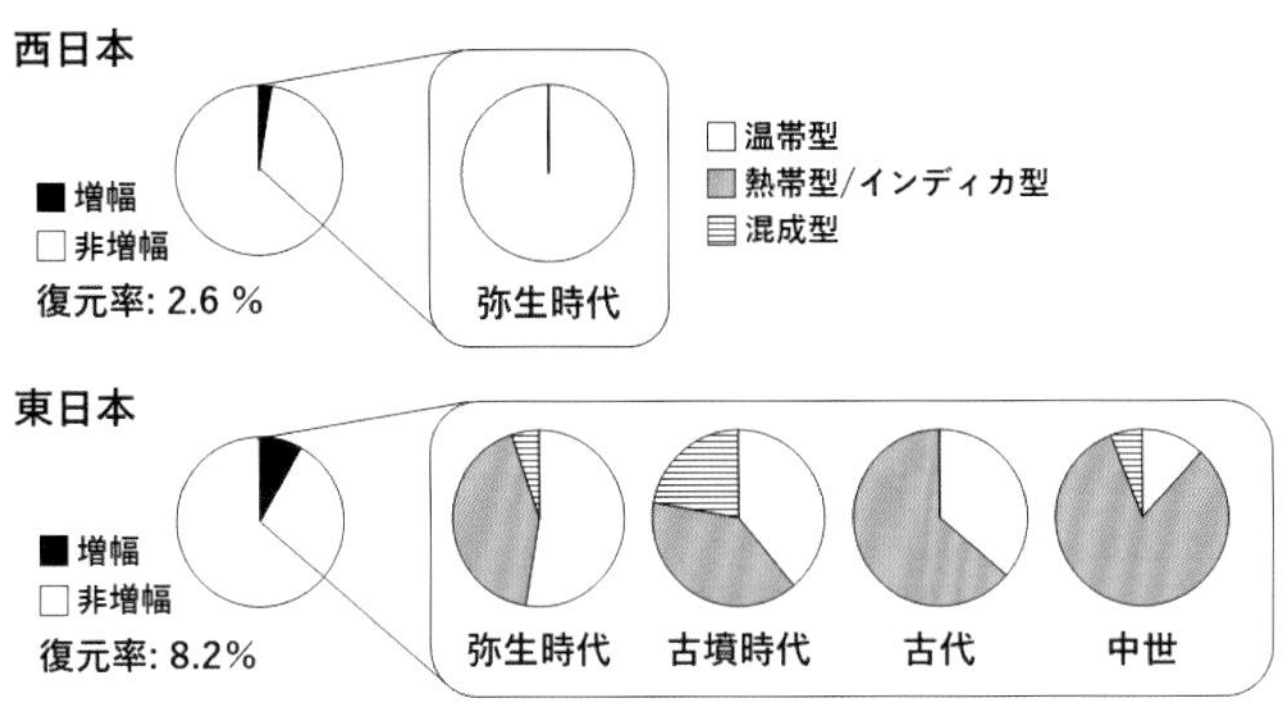

227　IDJ6領域の塩基配列によって検出された遺跡出土イネ種子のDNAタイプ
西日本では22遺跡の470粒、東日本では47遺跡の1420粒の遺跡出土イネ種子を利用しました。

それ以外のイネとの性質の違いを決める遺伝子ではないので、両者を正確には判別できません。しかし、イネ種子をDNAの塩基配列に基づいてタイプ分けして、それぞれのDNAタイプの歴史的、地域的広がりをみることができます。遺跡出土イネ種子ではIDJ6の塩基配列を検出できた割合が6%弱と低かったものの、その塩基配列に基づいたDNAタイプは2つあり、それら2タイプの混成タイプも認められました(図227)。特に東日本全体においては、時代が新しくなるにつれて、インディカまたは熱帯ジャポニカによく認められるDNAタイプが多くなっていました。この結果は、イネが小規模な集団から東日本へ広まった、あるいは、東日本へ持ち込まれる際や持ち込まれた後にイネが選ばれたことを示します。

6 北東北における稲作の受容

東日本や北東北でのイネ栽培では、土壌や水質よりも気温が大きな問題となります。近世の農書を紐解くと東日本や北東北では冷害、冷水害の災害が認められます(嵐一九七五)。それらの災害は現代のイネ栽培においても問題であり、近世以前においても悩みの種であったと考えられます。日の長さも北東北のイネ栽培では問題になります。イネには日長が短くなる状況を感じ取って穂を形成する性質があります。日長を感じとる性質が強いと穂が形成される時期は遅くなります。穂が出てくる時期が秋口であると、寒くて花粉の機能が落ちてしまい、受精が成立せずに、種子は実りません。結果、不作となります。穂の形成に関わる*Hd3a*／FTタンパク質、所謂フロリゲンと呼ばれるタンパク質の発現は、概日時計に関わる遺伝子群など多くの遺伝子群によって制御されています(Hori et al. 2016)。*Hd1*遺伝子や*DTH2*遺伝子に加えて、*OsPRR37*遺伝子や*DTH8*遺伝子といったこれらの制御遺伝子が非機能型になると、ある程度植物が成長すれば穂は形成されます。イネの体が大きくなって、夏に穂が出て、花が咲いて、受精が成立すれば、収量は北東北においても確保できます。北東北において稲作が生業の主体となっていた場合、気温や日長といった外環境に対して収量が確保できるイネが選ばれていたことが予期されます。その論理は逆もあり得て、低温や冷水に対する耐性や日長に合ったイネが栽培されていたことが分析によって明らかになった場合、そういったイネを作らなければならない理由があったとも考えられます。東日本から北日本における稲作の定着を明らかにするために、遺跡出土イネ種子が有していた農業特性の解明が次なる課題

となるでしょう。

文献

Briggs, AW., Stenzel, U., Johnson, PLF., et al. 2007. Patterns of damage in genomic DNA sequences from a Neandertal. *Proceedings of the National Academy of Sciences USA*, 104, pp.14616–14621

Nistelberger, H.M., Smith, O., Wales, N., Star, B. & Boessenkool, S. 2016. The efficacy of high-throughput sequencing and target enrichment on charred archaeobotanical remains. *Scientific Reports*, 6, 37347

Sabato, D., Esteras, C., Grillo, O., et al. 2019. Molecular and morphological characterization of the oldest *Cucumis melo* L. seeds found in the Western Mediterranean Basin. *Archaeological and Anthropological Sciences*, 11, pp.789–810

Gutaker, R.M. & Burbano, H.A. 2017. Reinforcing plant evolutionary genomics using ancient DNA. *Current Opinion in Plant Biology*, 36, pp.38–45

Carpenter, ML., Buenrostro, JD., Valdiosera, C. et al. 2013. Pulling out the 1%: whole-genome capture for the targeted enrichment of ancient DNA sequencing libraries. *American Journal of Human Genetics*, 93, pp.852–864

Scott, MF., Botigué, LR., Brace, S., et al. 2019. 3,000-year-old Egyptian emmer wheat genome reveals dispersal and domestication history. *Nature Plants*, 5, pp.1120–1128

熊谷真彦・水野文月・王 瀝「良渚遺跡群出土炭化米の古ゲノミクス解析の試み」(中村慎一 編『中国江南の考古学』六一書房　二二五－二三二頁　二〇二一年)

佐藤敏也『日本の古代米』(雄山閣　一九七一年)

Palmer, SA., Smith, O., Allaby, RG. 2012. The blossoming of plant archaeogenetics. *Annals of Anatomy*, 194, pp.146–156

Huang, R., Jiang, L., Zheng, J., Wang, T., Wang, H., Huang, Y., Hong, Z. 2013. Genetic bases of rice grain shape: so many genes, so little known. *Trends in Plant Science*, 18, 4

Kumagai, M., Kanehara, M., Shoda, S., Fujita, S., Onuki, S., Ueda, S. & Wang, L. 2016. Rice varieties in archaic East Asia: reduction of its diversity from past to present times. *Molecular Biology and Evolution*, 33, pp.2496–2505

田中克典・上條信彦 編『日本の出土米Ⅰ』(六一書房　二〇一四年)

田中克典・佐藤洋一郎・上條信彦 編『日本の出土米Ⅱ』(六一書房　二〇一五年)

小泉翔太・田中克典・上條信彦 編『日本の出土米Ⅲ』(六一書房　二〇一八年)

Castillo, CC., Tanaka, K., Sato, YI., Ishikawa, R., Bellina, B., Higham, C., Fuller, DQ. 2016. Archaeogenetic study of prehistoric rice remains from Thailand and India: Evidence of early *japonica* in south and Southeast Asia. *Archaeological and Anthropological Sciences*, 8, pp.523–543

田中克典「良渚遺跡群より出土したイネ種子のDNAは何を語るのか?」(中村慎一・劉斌 編『河姆渡と良渚―中国稲作文明の起源―』雄山閣　二五三－二五六頁　二〇一〇年)

嵐 嘉一『近世稲作技術史』(農山漁村文化協会　一九七五年)

Hori, K., Matsubara, K., Yano, M. 2016. Genetic control of flowering time in rice: integration of Mendelian genetics and genomics. *Theoretical Applied Genetics*, 129, pp.2241–2252

(田中克典)

40 考古研究をヒントにした冷温帯域のイネ品種開発

1 気候変動とイネの危機

気候変動が言われる中で、今後の農業における影響が懸念されます。イネの育種が本格化したのは昭和以降です。国の育種が生み出した農林1号から51号まで品種登録されました。それ以降は、コシヒカリのようにカタカナでの品種名などが冠された品種が育成されました。現在は多様な品種名で登録されています。

東北でも様々な品種が育成されていましたが、その初期の育種目標で最も重要であったのは多収性とともに耐冷性でした。特に、亜熱帯から熱帯に野生種が適応し、その後、北方に伝播したイネにとって、冷害回避のための早生や耐冷性の付与は欠かせませんでした。昭和初期に東北は凶作にみまわれ、耐冷性育種の強化策のため農林省凶作防止試験地として青森県藤坂試験地、宮城県古川試験地など数か所が設立されました。いまや耐冷性極強品種が栽培されているものの、それでも平成15（二〇〇三）年には凶作になることがありました。そのため、いまでは更なる耐冷性品種の基準が策定され、品種開発が進められています。その目安の温度が18・6℃です。[1]

その一方、気候変動は東北において夏場の高温に対する対応策を必要としています。イネ穀粒における胚乳デンプンの蓄積は外部環境に大きく影響されます。特に高い温度では乳白、そして背白など様々な被害粒が生じます。特に、開花後、10日間の高温は胴割れに影響することが報告されています（長田二〇〇四）。玄米においては穎花《えいか》発育速度が増加することが胴割れに起因しているという報告もあります（長田二〇〇六）。また登熟後、籾含水率の低下に応じて、気象条件や乾燥調整などの刈り入れ後の水の分布が不均一になることにより玄米の部位別膨縮差が胴割れに関与していることが報告されています（長戸・江幡ほか一九六四）。このように玄米の細胞構造の変化が、胴割れと関わっています。栽培による回避は既に試みられており、掛け流しによる水温度の調整による植物の高温回避が行われています。しかし、利用可能な水資源にも限りがあります。モンスーンの蛇行による降水量の変動により安定した灌漑水の供給が保証されなくなりました。さらに、日本における農家の減少や宅地開発による農地の転用は、灌漑用水の安定した供給の妨げになり、掛け流しを行うための水資源が限られるようになりました。栽培による回避には栽培期間の移行が行われ、登熟期に高温回避をする地域もあります。東北では春先の低温や霜、晩秋の雪害などが懸念され、さらに夏に長い日長となるため栽培をずらすことができません。そのため、遺伝的な改良による成果が望まれます。以上のことから、東北ではこれまで重要視された耐冷性に加え、高温障害に対する耐性を与える必要がでています。

品種における胴割れの差は存在しており、遺伝的な要因が直接的もしくは間接的に影響します。滝田（一九九二）によると刈り遅れによる胴割れ程度の変異をインド型・日本型で比較すると、両品種群間において差異があります。開花期以降の温度変化においても品種間変異が報告されています（川村・小林ほか二〇一〇）。しかし、これらの異なる要因における胴割れ耐性を支配する遺伝子群の関連は明らかにされていません。青森県の

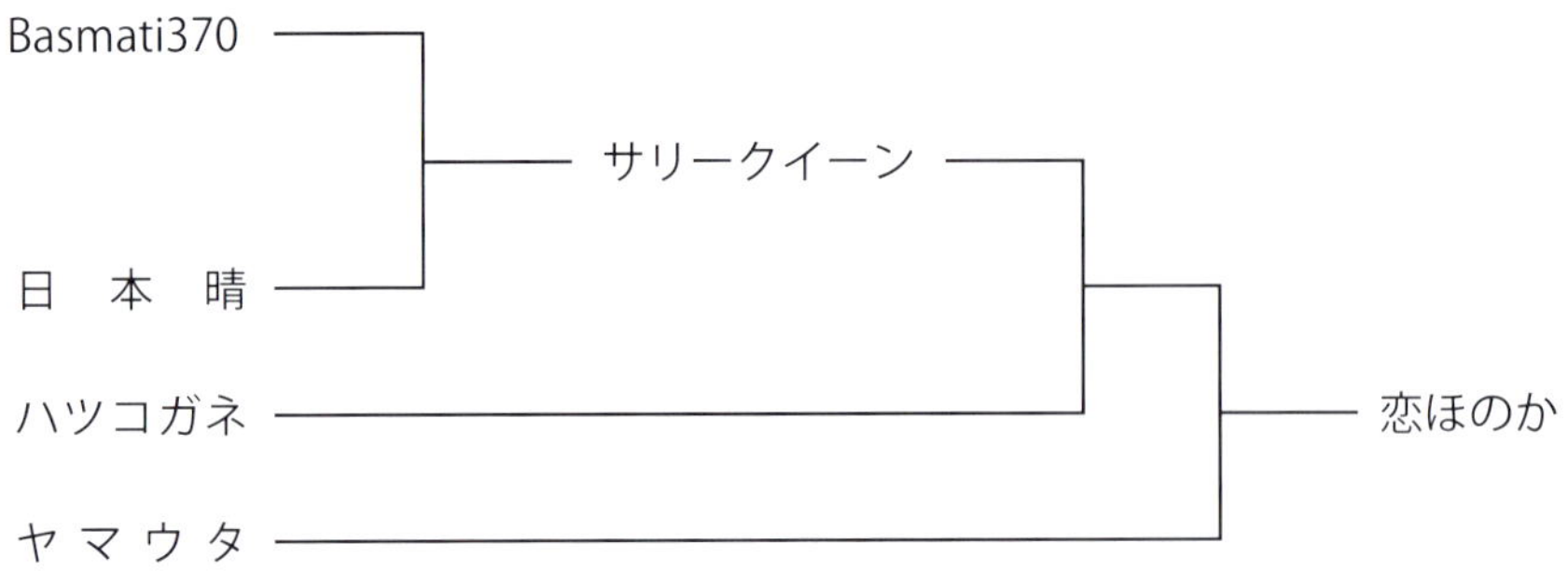

228　「恋ほのか」の系譜

229　恋ほのか、香り米の親系統、青森県の主力品種まっしぐら

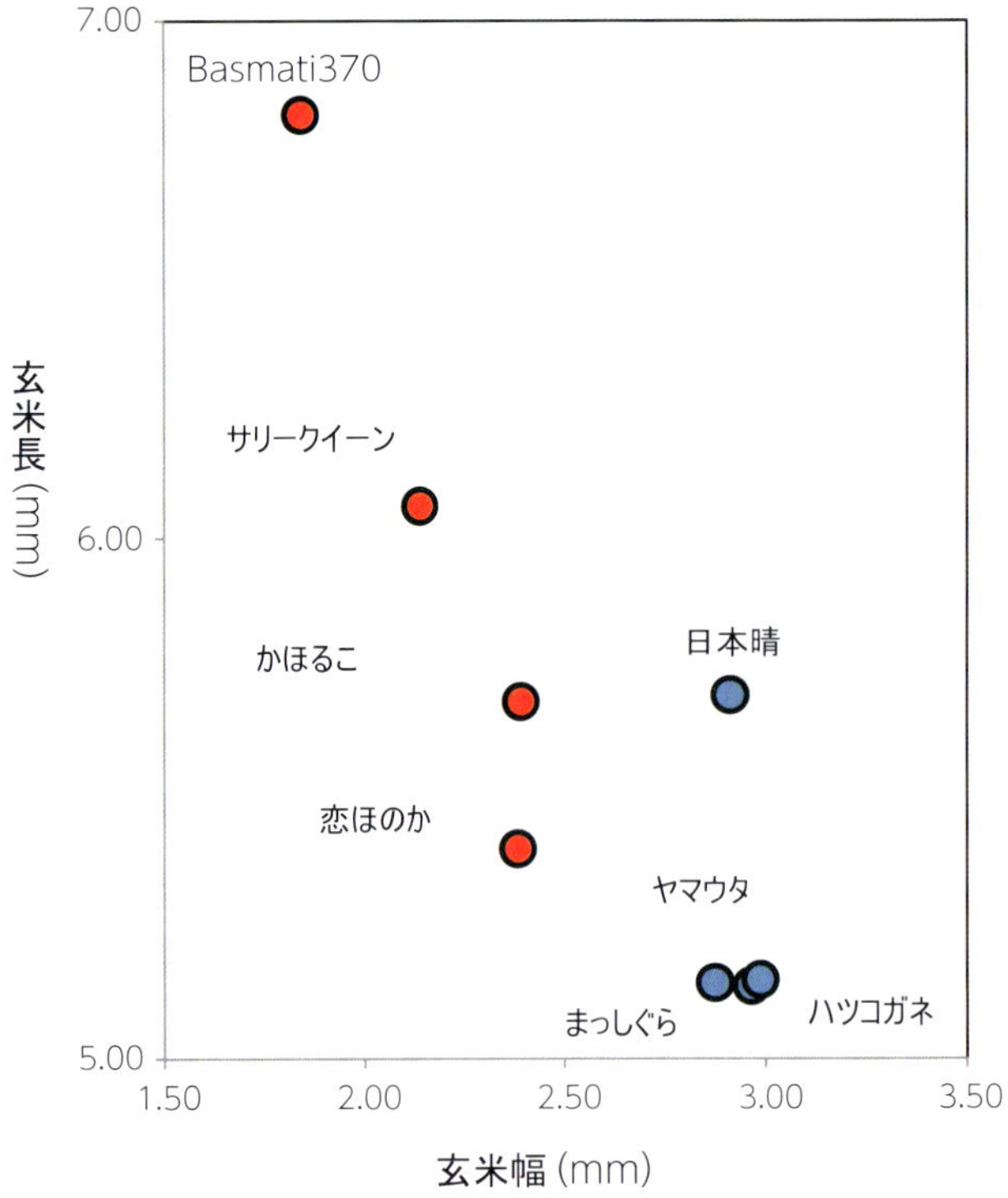

230　玄米の粒形変異

栽培品種では従来の良食味品種が胴割れ感受性を示し、恋ほのかが高い耐性を示します（川村・小林ほか二〇一〇）。恋ほのかは農水省の育種プログラムにより、バスマティ370（インドやパキスタンなどカシミール地方で栽培されているインド型良質香米品種）からの香り遺伝子を導入することにより、育種されました。バスマティ370に日本晴を交配してサリークイーンが育成され、サリークイーンにハツコガネ、さらにヤマウタを交配することにより香りを有する恋ほのかが生まれました（三上・高舘ほか二〇〇七）。恋ほのかは日本型品種に3回交雑した結果、そのゲノムの75%が日本型に置換されました（図228）。ただ、バスマティ370からの形質も遺伝しているためやや細粒形です（図229・230）。

　青森県の他品種が高温登熟化において胴割れを示しても同時期に開花／登熟した恋ほのかは胴割れしませんでした（川村・小林ほか二〇一〇）。そこで、弘前大学では、恋ほのかの耐性形質の遺伝解析を行うことにより、胴割れ耐性を有する良食味品種を育成することを目的とする研究を進めました。

2 植物供試材料

まっしぐら×恋ほのかの交雑後代を新潟ならびに青森県の水田において慣行法にて栽培しました。登熟から2週間の平均気温は、高温区にて32・6℃±2・60、正常区では29・0℃±3・34でした（図231）。次世代ゲノム解析はDNeasy Plant抽出キットにより抽出しました。形質、粒形は穀粒判別器にて1穂分の玄米の平均を計測しました。胴割れの調査では収穫してから水分含量が15％まで減少するまで乾燥させました。胴割れの程度は、1個体から2穂抽出して全粒を玄米にしてグレインスコープにて調査しました。

3 次世代ゲノム解析の結果

恋ほのかを次世代ゲノム解析にかけ、その構成を明らかにしました（図232）。それぞれの親品種由来の領域もある程度大きく導入されており、バスマティ370からは第2・8、ならびに9染色体に導入された領域が特定されています（図233）。同様にハツコガネからは第6・7ならびに11染色体から大きな断片として導入されています（図234）。ヤマウタからは第4染色体に、20Mb程度の断片としての導入が推定されます（図235）。多型がみられない領域は全ての品種に

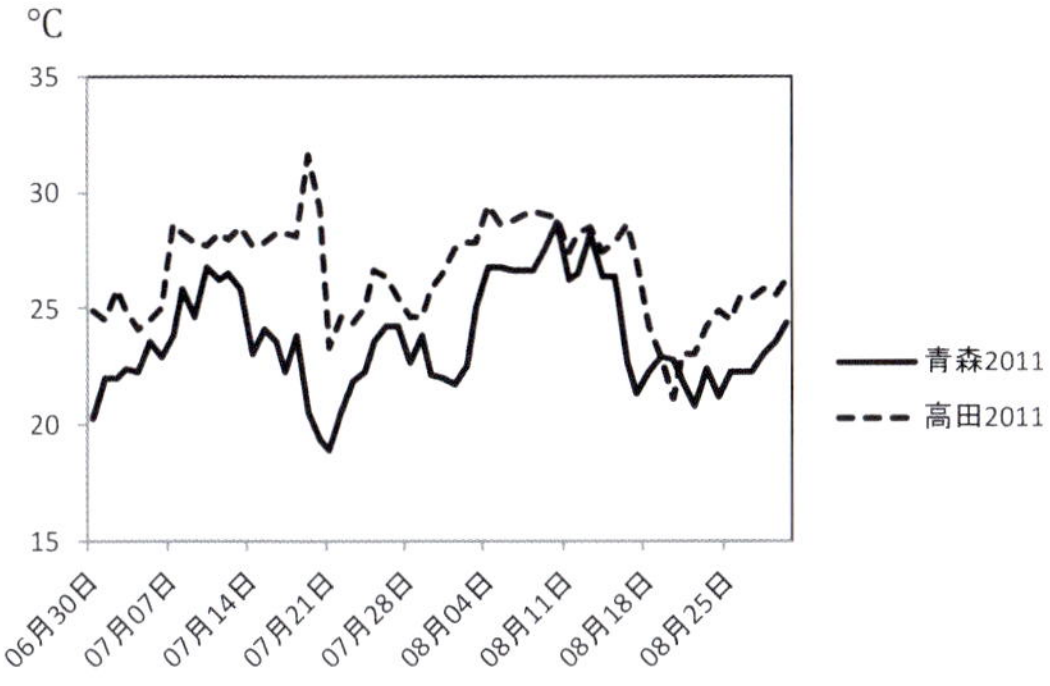

231 アメダスデータによる新潟県上越市と青森県黒石市の日平均気温

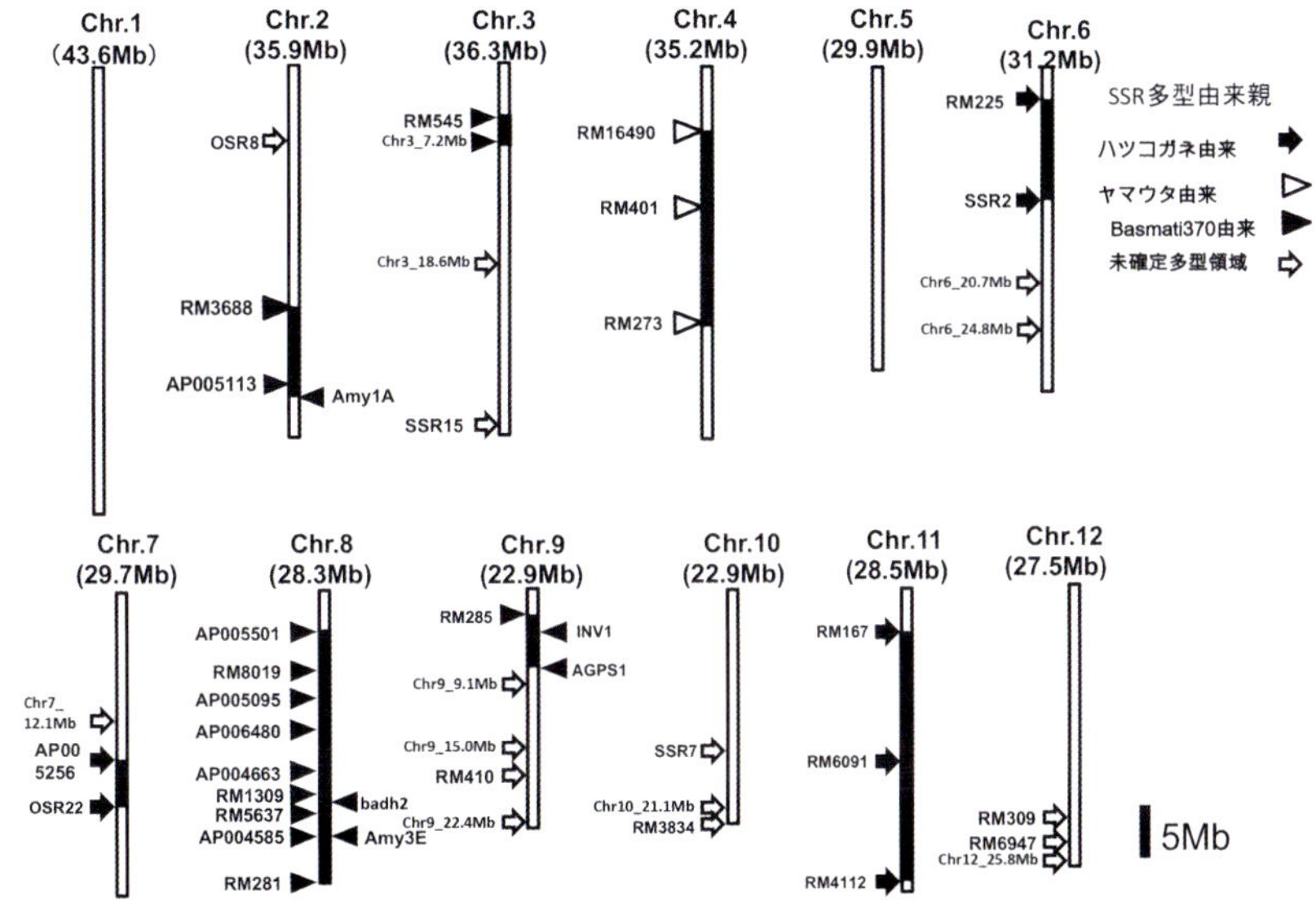

232 イネ染色体マップにおける恋ほのかの染色体構成

Basmati370由来領域

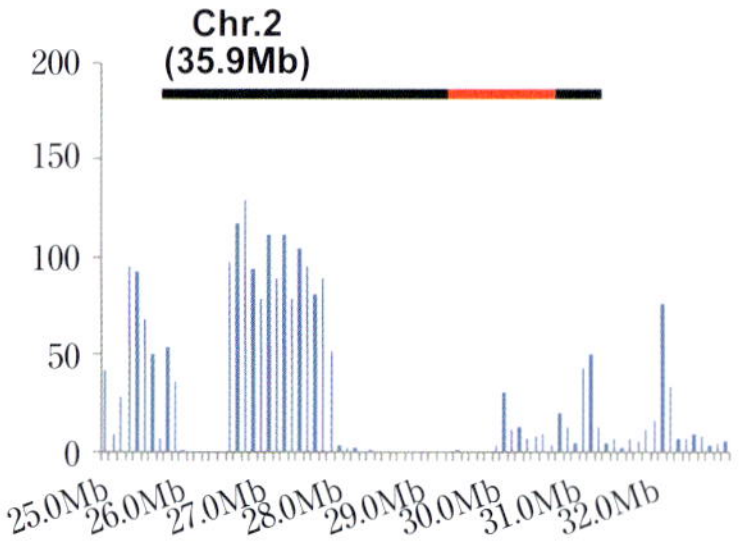

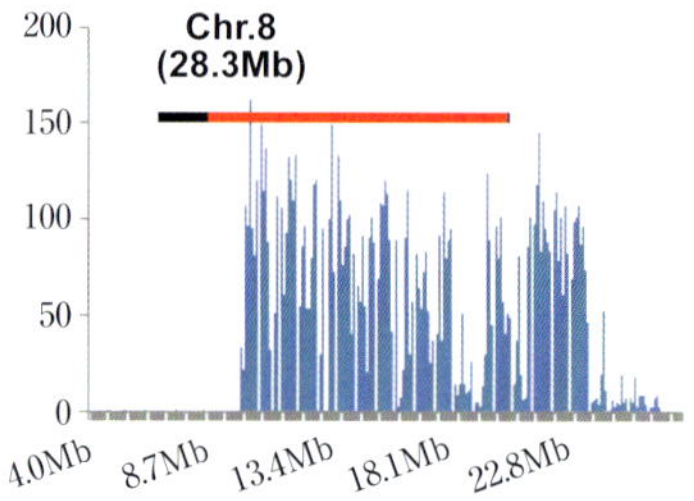

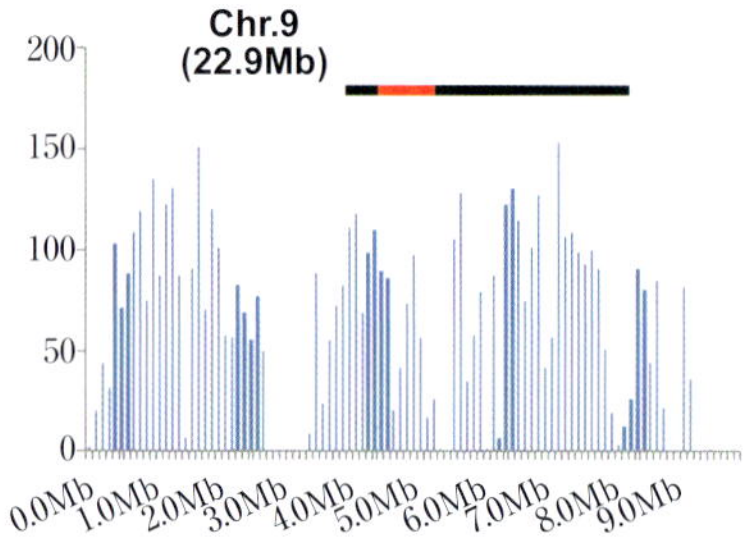

233　Basmati370由来の領域が確認された染色体
ヒストグラムは100kb毎に日本晴と比較したSNP数を示す。黒い色の横棒が染色体全長を、赤色の部分がBasmati370由来の領域を示します。

ハツコガネ由来領域

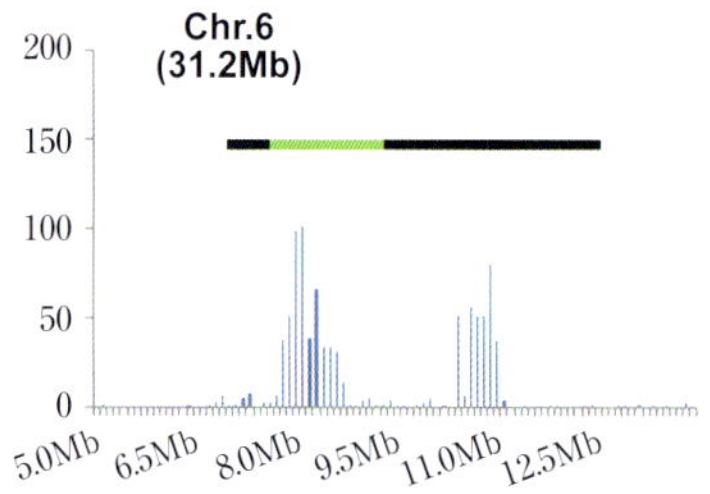

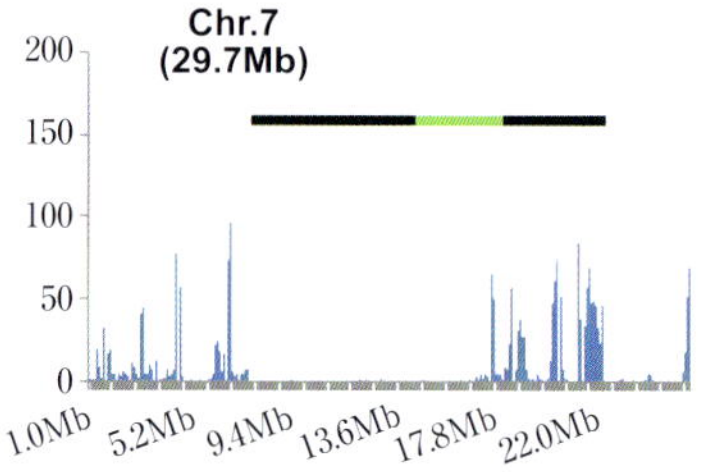

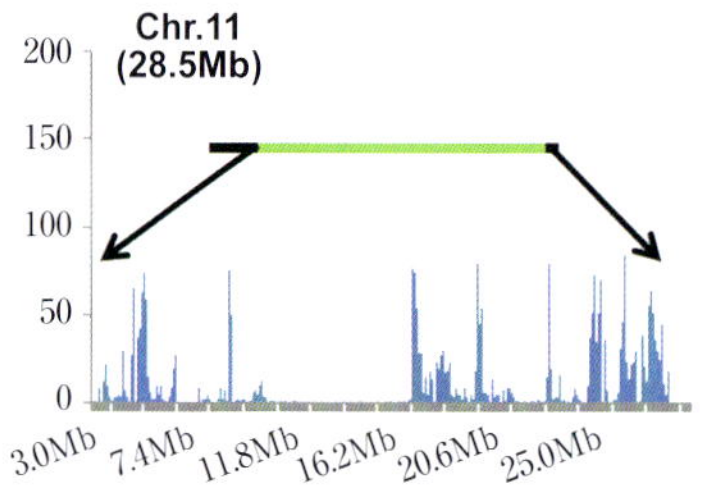

234　ハツコガネ由来の領域が確認された染色体
ヒストグラムは100kb毎に日本晴と比較したSNP数を示します。黒い色の横棒が染色体全長を、緑色部分がハツコガネ由来の領域を示します。

ヤマウタ由来領域

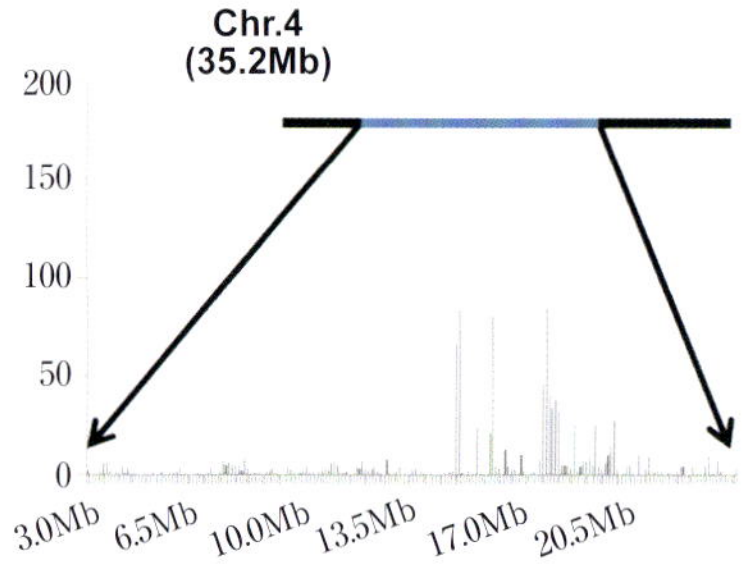

235　ヤマウタ由来の領域が確認された染色体
ヒストグラムは100kb毎に日本晴と比較したSNP数を示します。黒い色の横棒が染色体全長を、青色部分がヤマウタ由来の領域を示します。

おいて同じ遺伝子型のマーカーを共有しています。日本晴と同じDNA配列では、SNP領域が日本晴と同じため0を示すことになります。このような材料をもとに、現在推定される温暖化に向けた対応策として品種開発を進めることとしました。

まっしぐらが日本晴に対して多型を示した領域は、これまでの耐冷性育種や現地に適応してきた過程で早生化した出穂性に関わる領域と考えられます。恋ほのかはこれら領域をともに示す傾向があります。これは恋ほのかの育種過程において青森県の品種が2回交雑親として選ばれたことによります。一方、恋ほのかのみが示す高いSNP領域が見出されました。これら領域のうち、第5ならびに第8染色体では比較的広い領域に渡って高いSNP頻度が維持されました。第5染色体の5Mb近傍には細粒性に関わるqSW5座が座乗します。恋ほのかの細粒はバスマティ370由来のqSW5によることが明らかになりました。第8染色体の21Mbには香米の遺伝子であるBadh2座が座乗します。バスマティ370の香り米は同座の第7エキソンにおける8bp欠失によることが知られています。この欠失を識別するマーカーを利用して恋ほのかを調査したところ、恋ほのかにも同じ8bp欠失が見出されました。そのため、香米を育種する目的で選抜されたときに、この領域を導入したものと結論されました。

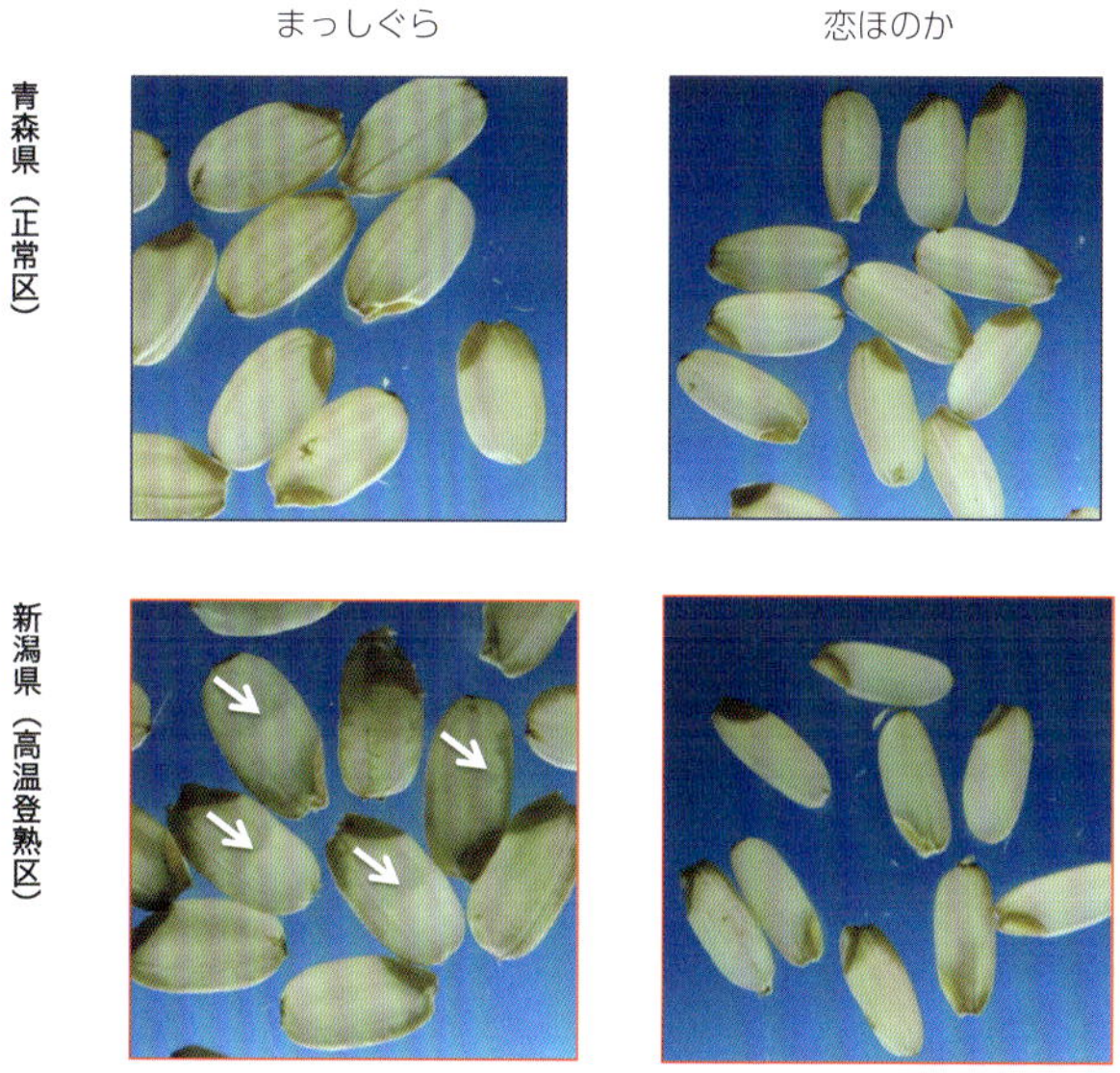

236　通常と高温条件での胴割れ発生状況
白矢印は胴割れを示します。

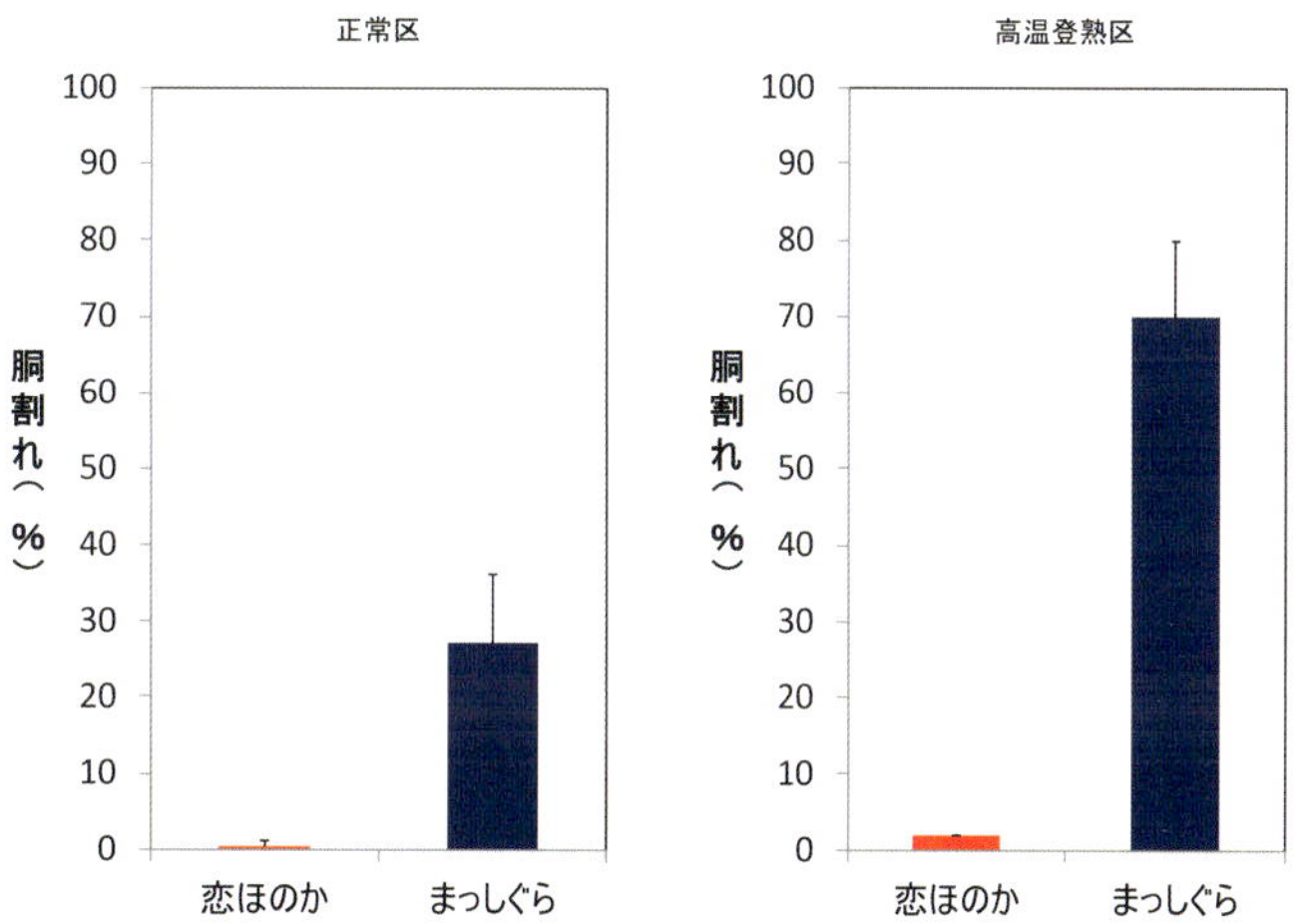

237　正常区と高温登熟状況における恋ほのかとまっしぐらの胴割れ率

4 胴割れの分離

平成23（二〇一一）年の親系統ならびに分離系統は、青森では8月7日から1週間で全系統が出穂しました。この期間では開花後の平均気温は、24・3℃でした。7日に

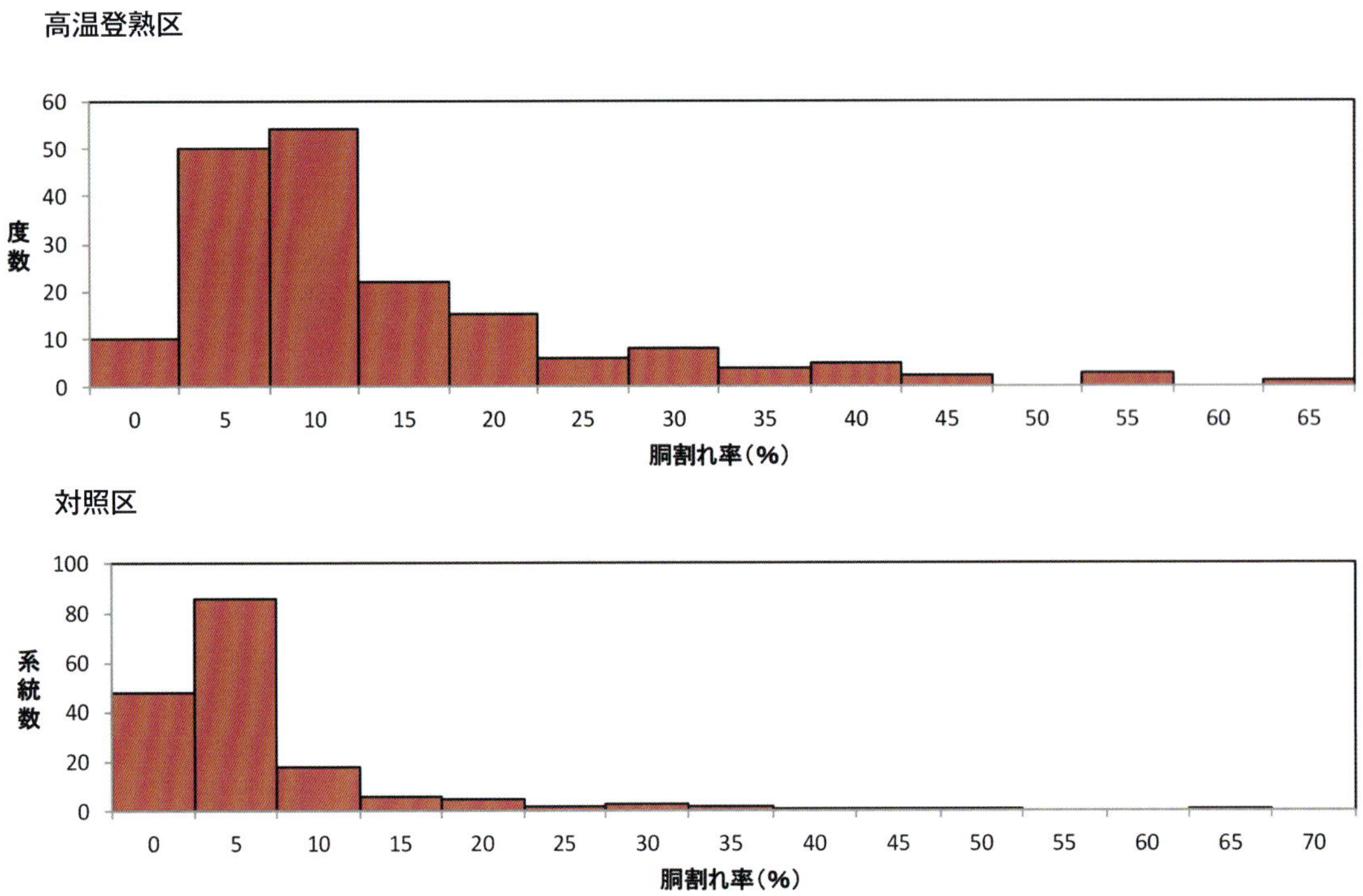

238　高温登熟区と青森県の2011年におけるF6 RIL系統の胴割れ率のヒストグラム

出穂した系統では平均25・4℃、13日に出穂した系統では23・1℃でした。親系統の胴割れは対照区では、恋ほのか、ならびにまっしぐらがそれぞれ0.5%および27・5%となり、恋ほのかの方が胴割れに強いことがわかっています（図236・237）。新潟県上越市の高温区では、恋ほのかならびにまっしぐらが胴割れ程度がそれぞれ0.5%および70%でした。平成24（二〇一二）年に再度試験を行い、同じ結果が得られました。

分離集団では、正常な温度で育成した対照区では胴割れ平均が4.7%（最小0.0%－最大60・0%）、高温区では胴割れ平均が11・5%（最小0.0%－最大64・3%）でした。対照区では0－10%までの系統が全体の87%を占めており、集団全体の胴割れ発生は低くなりました。しかし、高温区では0－10%が61%となり、全体的に胴割れ程度が高くなりました。高温区の胴割れ程度の頻度分布は不連続分布を示さなかったことより、胴割れ程度はQTLにより支配されているものと予測されます（図238）。平成24（二〇一二）年度も同じ実験をしました。その年は平均1℃以上高かったせいか、より一層高い胴割れが生じました。平成23（二〇一一）年と平成24（二〇一二）年の親子相関をみたところ有意な相関を示しました。

5 粒形調査

親品種は粒形が極端に異なり、まっしぐらおよび恋ほのかの玄米の粒長（㎜）は5・40および5・14であり、粒幅（㎜）は2・88ならびに2・39でした。恋ほのかの細粒性はバスマティ370由来です。日本晴と交雑して得られたサリークイーンも細粒型です。分離集団では粒長ならびに粒幅は超越分離を示しました。粒長ならびに粒幅は連続分布を示していることから、複数のQTLにより支配されていることが明らかでした。長幅比については連続分布であるものの、親の異なる粒形に対応した２つのピークがみられます。この長幅比も複数の遺伝子群により支配されているものの、ＲＩＬにおいて遺伝的な分離を示したのでしょう。胴割れと粒形の関係をみたところ、平成23（二〇一一）年では、ｒ＝－０・５７４、平成24（二〇一二）年ではやや低い値として、ｒ＝－０・２１２が得られました。いずれも有意でした。胴割れに強い系統は細粒性を示し、弱い系統は非細粒形を示す傾向が認められました。分離系統では、平成23・24（二〇一一・一二）年両年とも粒形と胴割れ程度の対応関係では、粒形が細くても胴割れ感受性の系統があり、粒形が丸い傾向があっても抵抗性の系統がみられました。この傾向は粒形と胴割れ耐性が組換え可能なことを示しています。平成23・24（二〇一一・一二）年の結果から平成23（二〇一一）年の胴割れ程度が０％もしくは５％程度であり、平成24（二〇一二）年の胴割れが20％以下である25系統を選抜できました。これらのうちまっしぐらを代表とする日本の良食味改良品種に近い粒形の品種として横幅２・62－２・86㎜、縦４・87－５・68㎜までのものを選抜しても13系統が該当しました。

6 胴割れ程度の変異

平成23（二〇一一）年に胴割れ耐性を示した上位20系統を１Ｔ～20Ｔとし、強い感受性を示した上位20系統を１Ｓ～20Ｓとして遺伝子型頻度を比較しました。その結果、第５染色体の５Ｍｂ～10Ｍｂ、第８Ｍｂ染色体の18Ｍｂ～22Ｍｂについては耐性形質と連鎖が見られました。ＱＴＬ解析（ＤＮＡマーカーで構築された連鎖地図を用いて量的形質を支配する遺伝子座（ＱＴＬ）の数、染色体上での位置、効果の大きさを推定すること）を行うことで、それら領域に複数のピークが見られました。

ｑＳＷ５の上流と下流、ならびに第８染色体のＢａｄｈ２から短

品種/系統	胴割れ(%)
まっしぐら	40
恋ほのか	0
4T	0
16T	0
20T	3
S4-9 (n=6)	0

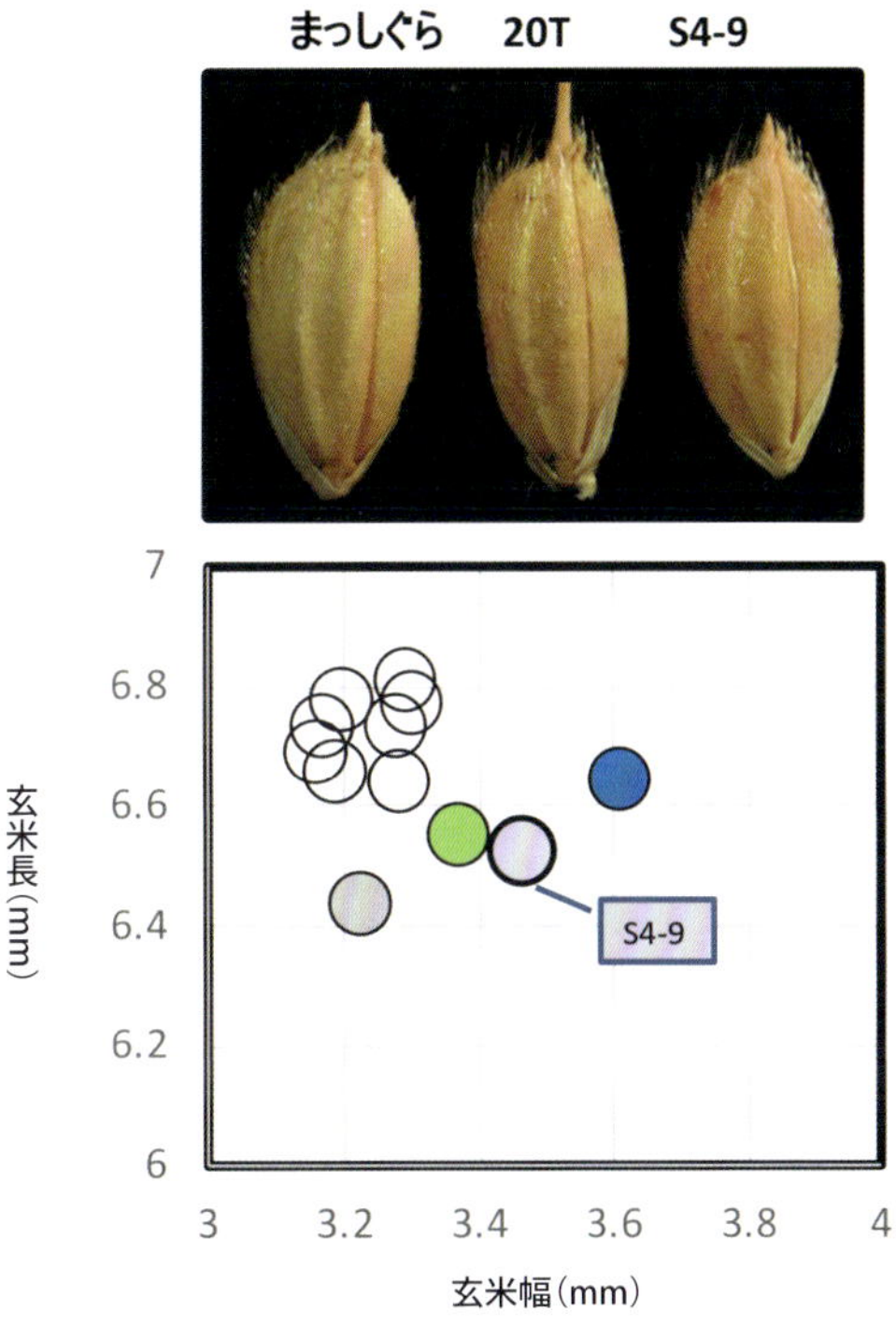

239　選抜育成されたS4系統の粒形と胴割れ

腕側と長腕側にピークがみられました。それぞれ、qCK5-1、qCK5-2、qCK8-1、ならびにqCK8-2と名付けました。これらの遺伝子組み合わせを集積したRIL系統の胴割れ程度を調査したところ、集積効果により恋ほのかなみの高度胴割れ耐性を示すことが明らかとなりました。香りは通常の良食味系統において好まれないため、香りのない耐性系統を選抜しました。4T、16T、ならびに20Tは香りがなく、胴割れ耐性も強い系統でした。しかし、4Tならびに16Tはまっしぐらに比較して長稈、20Tは短稈でした。粒も細粒であったことから、それぞれまっしぐらに戻し交雑しました。20T×まっしぐらからのF3世代から耐性系統を50系統選抜して草型が良好でかつ胴割れ耐性を示す系統、S4を選抜しました(図239)。F5世代まで自殖で維持して、S4-30-1、S4-30-2、S4-9-1~15までを有望系統としました。これらの食味は優れており、穂長、穂数などの農業形質も高いため品種候補としました。

7 考古学と未来の育種に向けて

このように、近年導入された熱帯日本型由来の香米からの胴割れ耐性因子の解析を通して、今後の気候変動に耐えられるイネ品種育成のための基礎的な知見を得るとともに実際に育種しました。現在、S4系統は品種登録に向けた形質を評価しています。温暖化は決して悪影響を及ぼすだけでなく、まっしぐらがAから特A品種になったように、これまで稲作に適していないという地域における良質なイネ品種を栽培できる環境を提供できるようになります。一方、冷温帯に適応するように耐冷性を強化してきたイネ育種は、育種方向を広い視野で設定する必要に迫られています。冷害が今後も生じうる高緯度地帯において、冷害に対する耐性を有しながら、同時に温暖化においても良質なコメを生産できる品種育種が求められます。気候変動は北極振動の高まりを加え、ブレが大きくなることが予測されます。予測が困難な気候にも耐えられる複雑な遺伝的構成を有するイネ品種が必要となってくるでしょう。単純に南方のイネを持ってきたとしても高緯度一帯の日長は夏場の短日程度が弱いため、コシヒカリを代表とするような東北以外に適地を有する品種の栽培は東北では困難です。過去の気候変動を知り、その振れ幅に耐えられる品種育成が必要です。

日本における稲作の定着は徐々にすすみ、現在では、北海道においても複数の特A米品種が育種されています。この地は、およそ150年前には稲作が不可能といわれ、試作されても定着することがありませんでした。しかし、在来種、赤毛がその感温性による出穂適応を果たし、数多くの海外の品種導入による遺伝的多型を得ることでいまの良食味系統を作り上げてきました。東北では、海外の品種を交雑親に用いることが少なかったものの日本の品種間の交雑を通して、耐冷性を獲得させていまの良食味品種を作り上げてきました。

ここに至るまでの長い間、低温に悩まされ、昭和初期には複数回の凶作を経験してきました。ただ、古気候学による解析ならびに在来種の遺伝的組成の解析を通してみると、弥生時代の比較的温暖な気候も推定され、熱帯にみられる熱帯日本型品種の導入が行われた形跡が確認されます。ただ、縄文晩期や中世、江戸時代における顕著に冷温な気候も推定されるとともに、実際に飢饉が生じたことも歴史上明らかです。

このような気候の変遷は今後も続くことが容易に想像され、人為的な気候変動の要因も追加されるでしょう。過去の遺物からのDNA解析から多様なイネ導入が行われたことがわかってきました。今後も遺伝的に多様なイネを利用する育種が求められます。

註

(1)農研機構 平成21年度東北農業研究成果情報「東北地域における水稲耐冷性〝極強〟以上の新基準品種の選定」https://www.naro.affrc.go.jp/org/tarc/seika/jyouhou/H21/suitou/H21suitou016.html（二〇二四年一一月二八日最終閲覧）

文献

安東郁男・金田忠吉・横尾政雄・根本 博・羽田丈夫・伊勢一男・池田良一・赤間芳洋・中根 晃・志村英二・古舘 宏・井辺時雄・小林 陽「細長粒香り米品種「サリークイーン」の育成」（『作物研究所研究報告』第五号 五三-六六頁 二〇〇四年）
伴 敏三「人工乾燥における米の胴割れに関する実験的研究」（『農業機械化研究報告』第八号 一-八〇頁 一九七一年）
川崎通夫・川村陽一・岩澤紀生・石川隆二「青森県育成・奨励水稲品種における胴割れ米の発現と構造に関する形態学的研究」（『日本作物学会東北支部会報』第五四号 二九-三二頁 二〇一二年）
川村陽一・小林 渡・前田一春・今智穂美・神田伸一郎「青森県における登熟気温が異なる年次の胴割米発生程度」（Tohoku Agri. Res 63 一七-一八頁 二〇一〇年）
三上泰正・高舘正男・横山裕正・川村陽一・小林渡・舘山元春・前田一春・工藤龍一・中堀登示光・小山田善三・工藤哲夫「香り米水稲品種〝恋ほのか〟の育成」（『青森県農林総合研究センター報告』第四一号 四五-六二頁 二〇〇七年）
長戸一雄・江幡守衛・石川雅士「胴割米の発生に関する研究」（『日本作物学会紀事』第三三号 八二-八九頁 一九六四年）
滝田 正「遺伝子源利用による稲の育種。マレーシアにおけるツングロ病抵抗性及び地域適応性の育種」（『国際農林業協力』第一一巻第四号 四三-四九頁 一九八九年）
長田健二・滝田 正・吉永悟志・寺島一男・福田あかり「登熟初期の気温が米粒の胴割れ発生におよぼす影響」（『日本作物学会紀事』第七三巻第三号 三三六-三四二頁 二〇〇四年）
長田健二「高温登熟の米の胴割れ」（『農業および園芸』第八一号 七九七-八〇一頁 二〇〇六年）
佐藤正夫「籾の胴割機構について」（『農業および園芸』第三九号 一四二一-一四二二頁 一九六四年）
Srinivas. T. M.K. Bhashyam. M.Mahadevappa and H.S.R.Desikachar. 1977. Varietal difference in crack formation due to weathering and wetting stress in rice Indian J. *Agric. Sci.* 47. pp. 27-31
滝田 正「日本型およびインド型稲における胴割米発生の品種間差異」（『育種学雑誌』第四二巻第二号 三九七-四〇二頁 一九九二年）

（石川隆二）

41 出土文化財の保存科学

1 文化財分野における保存科学の役割

保存科学とは、自然科学的な手法によって文化財の状態を観察し、文化財をより良い状態で後世に遺していくための保存方法を開発する学問です。保存科学が扱う文化財は、文化財保護法に規定された文化財のうち、「建造物、絵画、彫刻、工芸品、書跡、典籍、古文書その他の有形の文化的所産で我が国にとって歴史上又は芸術上価値の高いもの並びに考古資料及びその他の学術上価値の高い歴史資料」で、いわゆる有形文化財のすべてが対象となります。ここでは、出土文化財（考古資料）を例にとって、保存科学の役割を説明します。

遺跡の考古学的調査では、建築構造材、工具、農具、武器、祭祀具など、古代の人の営みがわかる貴重な文化財が多く出土します。これらの考古資料は、発見と同時に、色や形が変わるなど、急速に劣化が進みます。また、発見後管理を怠って何年も放置してしまうと、カビが生えたり、亀裂が入るなど、徐々に劣化が進んでしまいます。こうした考古資料の状態の変化は、文化財としての価値を損なうことと同義です。したがって、発見後に急速に劣化しないように、現在ある形や色を保った状態で適切に保存すること（現状保存）が、文化財を扱う関連分野において求められています。

こうした文化財分野における現状保存の考えに基づく文化財の保存方法の開発や、保存を実践していく人材の育成のため、保存科学が実用的な学問として体系化されてきました。

文化財を材料別に捉えると、岩石、粘土、木材、金属など多岐にわたります。材料の違いは、性質の違いでもあることから、劣化メカニズムも異なります。材料の種類の数だけ適した保存方法があるということです。さらにいえば、同じ素材であっても、あるときは、まるで一昨日まで使用していた新製品のような状態で発見される場合もあれば、またあるときは、持ち上げると自重で崩れるほど脆い状態で発見される場合もあります。したがって、有機物と無機物の両方において、材料ごとの性質や劣化メカニズムに関する知識が必要で、同時に、保存の実践的な経験知も必要です。また、言うまでもなく、研究対象が文化財であることから、ほかにかわりになるものがないものを相手にしています。保存科学の一般的な研究方法は、個別の文化財の分析や保存の実践を繰り返すことで新しい分析方法や保存方法が生まれ、その積み重ねによって一般的な方法論を導き出すといったように、ケーススタディ的なアプローチが中心となっています。

保存科学という言葉は、昭和27（一九五二）年に東京文化財研究所（当時）に美術部、芸能部と並んで保存科学部を設置したときに初めて作られた言葉であり、同所保存科学部の初代部長の関根克によって名付けられました。関根（一九六四）によれば、保存科学が扱う諸問題は多岐にわたっていて、その解決が容易ではなく、むしろ科学的処置の過信や乱用は慎むべきであるとした上で、文化財の非破壊観察法（X線やγ線）を使った構造調査、材料の定性・定量分析、紫外線による退色性の問題、輸送時における温度や湿度など環境変化の問題、大気汚染の問題、生物汚染の問題、合成樹脂の開発の課題について取り上げています。これらの保存科学分野の黎明期に取り上げられた課題は、現在でも継続して議論されています。現在、保存科学は、文化財科学というより大きな学際的な領域に分類されています。文化財科学の研究分野は、例えば、日本文化財科学会年次大会のセッション名がまさに説明に相応であり、保存科学のほか、年代測定、産地同定、材質・技法、古環境、探査、情報システム、文化財防災、文化財科学一般がメインストリームです。

2 弘前大学の保存科学

弘前大学に文化財科学研究室が設置されたのは、弘前大学人文学部（当時）が文部科学省特別研究「冷温帯地域の遺跡資源の保存活用促進プロジェクト」（平成23～27〔二〇一一～一五〕年）を遂行するにあたり、縄文時代の低湿地遺跡の発掘調査から出土する有機物遺物（木製品や漆製品）の保存と分析の必要性から、保存処理ラボならびに分析ラボが設置されました。

その後、平成28（二〇一六）年4月には、新しく文化財科学ゼミナールが開講されました。

(1) 遺跡出土有機質遺物の状態

木製品や漆製品などの有機質遺物は、湿潤な土地、川底・湖底・海底、氷河・永久凍土、砂漠などの環境下で発見されますが、日本においては、湿潤な土地から水浸しの状態で発見される場合がほとんどです。有機物は通常、食物連鎖の環の中にあるため、最終的に菌類などの微生物によって、形状が崩壊しながら、低分子の有機物や二酸化炭素などに分解されます。

例えば、木製品は、樹木を材料としています。その樹木の細胞壁の主成分は、多糖類であるセルロースとヘミセルロースとリグニンから構成されています。縄文時代の遺跡などから、何千年も前の木製品がしばしば発見されますが、器種の判別が可能なほど、原形をとどめていることに驚かされます。また、形だけでなく、色調の鮮やかさも現代の木製品とほとんど変わらない場合があります。長い年月を経てもなお分解されず、今日まで遺った理由は、地下水など酸素が遮断された嫌気的な環境にあり、樹木を積極的に腐朽させる菌類などの微生物の活動が大きく抑制され続けたためと考えられています（高妻 二〇〇〇）。しかしながら、長い年月にわたり土中に埋没している間に、細胞壁構成成分はゆっくりとですが、確実に分解消失しており、容易に握りつぶせるほど脆弱になっているものも珍しくありません。この細胞壁構成成分の分解消失は、木材細胞壁内の空隙量の増大を引き起こしていて、分解消失して形成された空隙には水が侵入しています。水のおかげで形を保っていますが、一旦乾燥させてしまえば、不可逆的な収縮・変形を生じてしまいます（図240）。

このような状態である木製品を博物館などで展示・保管するためには、必要な強度を与えた後、適切な方法で乾燥し、安定した状態となるような保存処理を施す必要があります。

日本において実用化している保存処理方法は、ポリエチレングリコール含浸法、真空凍結乾燥法、高

乾燥前　乾燥後

240　乾燥による遺跡出土木材の変形と収縮

241　遺跡出土木製品用の樹脂含浸装置

級アルコール法、トレハロース含浸法などがあります。これらの保存処理方法は、樹脂含浸と乾燥・樹脂固化の2工程から成り立っています。樹脂含浸工程は、木製品を常温で固形である合成樹脂を溶かした溶液中に浸漬して、空隙に含有される水分と合成樹脂を徐々に置換することで木製品に強度や寸法安定性を付与する処理工程です。なお、溶媒には、用いる合成樹脂の可溶性に合わせて、水、エタノールやメタノール、t—ブチルアルコール（TBA）などのアルコール類を用います。乾燥・樹脂固化工程は、自然乾燥や真空凍結乾燥による溶媒の除去、同時に、合成樹脂の冷却固化や結晶化を行う工程です。自然乾燥は、常温常圧の環境下において、溶媒が液体から気体へと変化する蒸発という現象を利用して乾燥させる方法です。一方で、真空凍結乾燥は、合成樹脂の処理溶液を凍結させて、溶媒を固体から気体へと変化させる昇華という現象を利用した乾燥方法です（図242）。自然乾燥では、乾燥中の液体の水の毛管現象による移動等の影響で、木製品の収縮を引き起こす力が働きますが、一方で、真空凍結乾燥ではこのストレスが少ないため、形状の変化が少ない状態で溶媒の乾燥が進められます。

(2) 遺跡出土有機質遺物の保存の実際

中山遺跡「漆塗り木製品（弭）」の保存

漆塗り木製品（弭）（図243）は発見当初、泥の中にありました。弭とは、弓の両端部の弦を引っ掛ける箇所を示します。表面にわずかに漆塗膜が残り、肉眼観察から胎が木質である木胎漆器と分かりました。保存処理では、最初に、木取りの調査をかねて、内部の亀裂の有無など構造を調べました。内部の構造調査には、非破壊で内部の断層画像（CT画像）が得られるX線マイクロCTスキャナを用いた調査が有効でした。図243の右は、漆塗り木製品（弭）内部の任意部分のCT画像です。製品の中心よりやや外側に外れた部分に年輪の髄が見られることから、木取りは芯持ち材と分かりました。また、年輪に沿うように接線方向に亀裂が入っており、樹脂含浸後の乾燥処理に

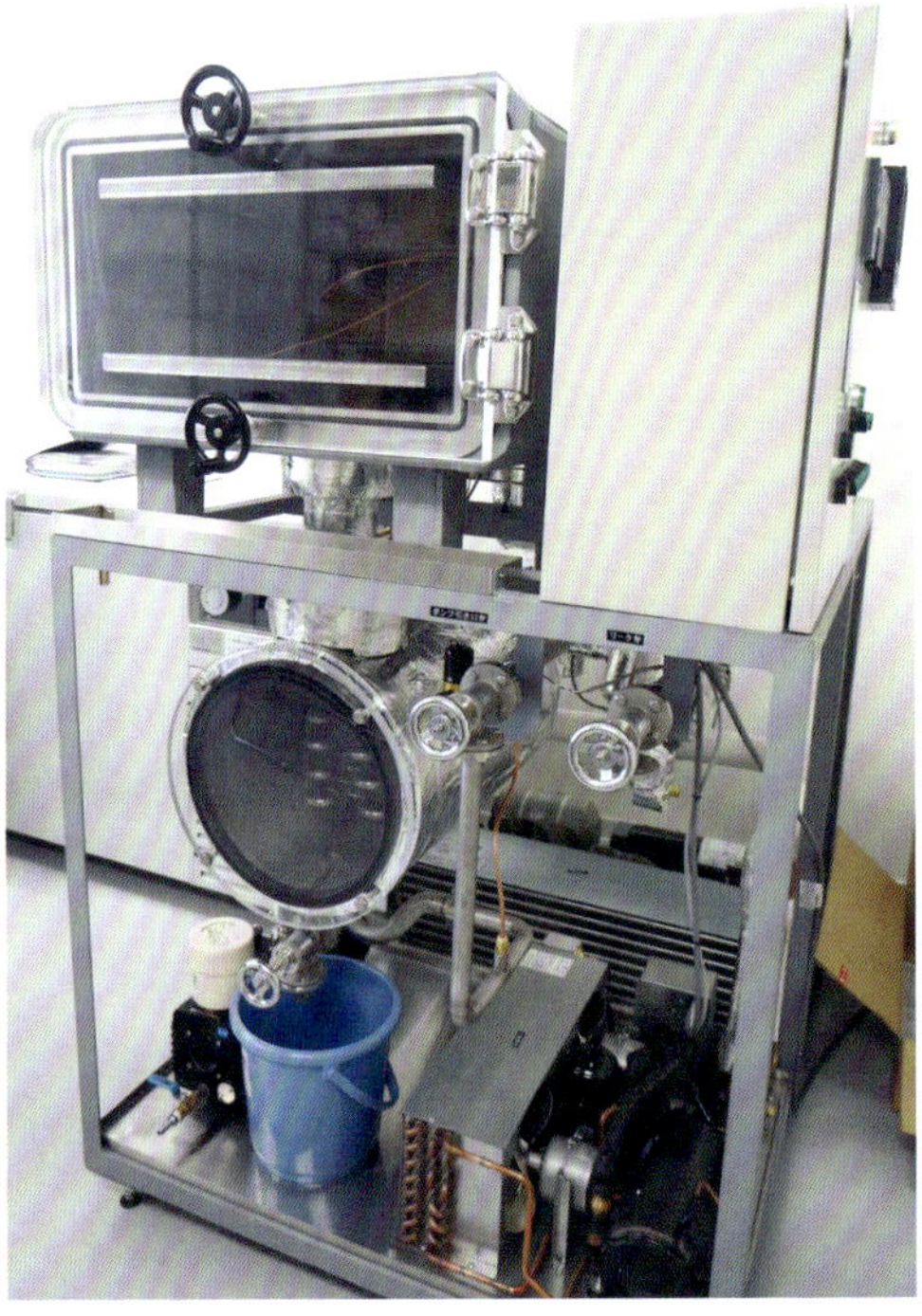

242　遺跡出土木製品用の真空凍結乾燥装置

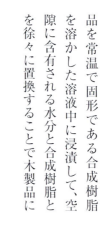

243　漆塗り木製品（弭）の保存処理

慎重さを要することが分かりました。したがって、本資料の保存処理では、樹脂（ポリエチレングリコール）水溶液を含浸後、乾燥にともなうストレスとの少ない真空凍結乾燥処理という方法を用いました。結果、形状および質感ともに良好な状態で保存処理できました（図243）。

中山遺跡「藍胎漆器」の保存

藍胎漆器とは、縄文時代晩期頃に多く見られる編組製品の一種で、かごを編み、その上に漆を塗り重ねた容器のことです。この藍胎漆器（図244）は、当初、漆塗膜のみ残り、地下水を豊富に含む粘土の層に辛うじて散らばっている状態で見つかりました。触れるとすぐにバラバラになってしまいます。発掘調査を進めると破片は集中して広範囲に及んでいることがわかったため、すべて同じものと推定しました。漆塗膜は、水に濡れた紙のように、とても薄くて脆く、現場の粘土が付着していたため、その全容を把握するためには慎重なクリーニングが求められました。さらに、乾燥させてしまえば、反り返って変形してしまうことが想像できます。一方で、発掘調査では期間が限られているので、作業の迅

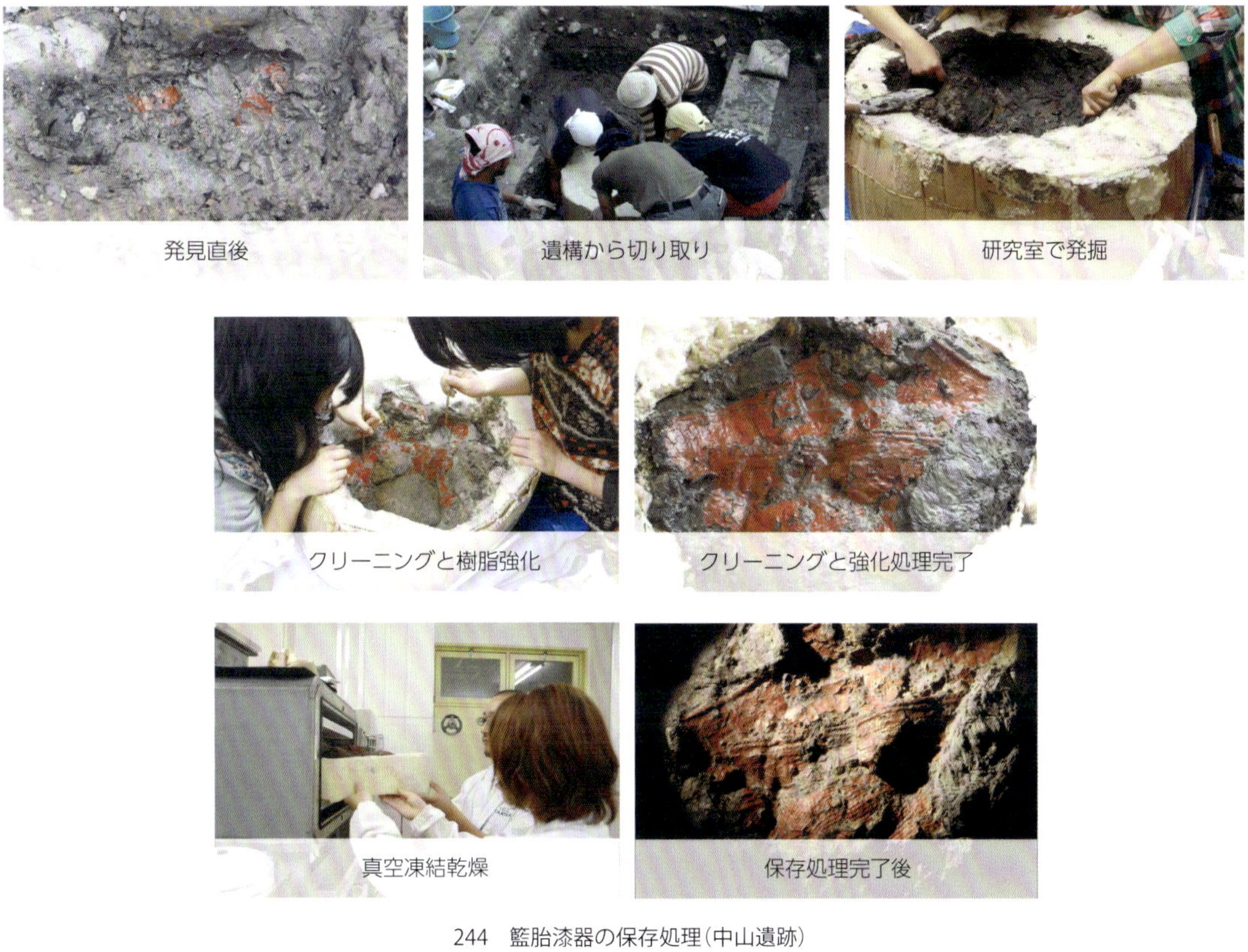

244　藍胎漆器の保存処理（中山遺跡）

速さも求められます。以上の状況から、発掘現場でクリーニングして全容を確認するのではなく、漆塗膜の破片が広がっている範囲の土壌ごと遺構から切り取って、研究室での発掘とクリーニングを実施してから調査することとしました。発掘現場では、まず、乾燥を防ぐために、保湿剤でもあるポリエチレングリコールの水溶液を含ませた紙製ウエスを漆塗膜と土壌全体に貼り付けました。切り取る範囲を設定してダンボールで囲んだ後、保護材である発泡ウレタンを必要量調合して、ダンボールで囲んだ土壌の隙間に液体の状態で包み込むように充填させました。ウレタンの発泡・硬化完了後に、土壌を切り取り、数人の力で現場から運び出しました。研究室に持ち帰ってから発掘調査を進めると、漆塗膜の破片だと思われていたものが、実際には一体に繋がっており、口縁を伴う大型の容器が、横方向に押しつぶされた状態と判明しました。表面のおおよその粘土を除去した後、霧吹きで水蒸気をかけながら筆を使って粘土を徐々に除去していくと、漆塗膜表面には、規則正しい凹凸が見られるようになりました。この凹凸が編組と判明したことから、本漆器は、木胎ではなく、籃胎漆器と断定しました。

　問題は、どう保存処理するかです。粘土は、漆塗膜の現在見えている面からは除去しました。現状、水で濡れた紙のような漆塗膜が、粘土の上に張り付いた状態です。漆塗膜である籃胎漆器からみれば、粘土は、いわば異物です。できれば、分離させて、籃胎漆器だけとしたいところですが、編組の凹凸の形を保ったまま剥がす適切な方法がありません。仮に剥がせたとして、合成樹脂を塗って強化したとしても、自重により変形してしまうことが想像できます。そこで、この籃胎漆器は、粘土から切り離さずに、粘土ごと乾燥処理することとしました。すなわち、現状保存の考えのもと、出土状況がわかることを兼ねて、発見時の状態を保持したまま保存するという方法をとりました。このような保存方法は、編組製品など、脆弱な遺物に対して標準的に実施される保存処理方法です。乾燥前には、籃胎漆器と粘土には、点滴の容量で、少しずつ表面からポリエチレングリコールを染み込ませました。乾燥方法は、自然乾燥すると、反り返ってしまう恐れがあったため、慎重を期して、真空凍結乾燥法を採用しました。

　以上、2点の保存処理事例を実践的な流れを添えて紹介しました。考古資料の保存処理では、上記のような保存処理工程に加え、同時に、様々な学術的な調査が行われます。木胎漆器であれば胎の樹種鑑定が実施され用材研究の蓄積や古環境研究に供されます。また、籃胎漆器であれば、網代編みやござ目編みといった編組の技法、漆の塗りの技法や顔料の種類はどうであったかなど、材質・技法的な研究が実施されます。これらについては、特に籃胎漆器について次章の「亀ヶ岡文化の漆工芸」で後述します。

3 弘前大学の文化財科学のこれから
地域文化財の保存と活用のサポート

　保存科学という言葉ができてからまだ70年弱です。また、保存科学を含めた文化財科学の学問体系の整備は発展途上であり、考古学と比較してまだまだ新しい学問分野です。この間、自治体からの要請に応えるかたちで、地域文化財の保存と活用に関する共同研究をいくつか進めてきました。その事例を一つ紹介しつつ、これからの弘前大学の文化財科学について述べます。

　弘前大学人文社会科学部（担当片岡太郎）と黒石市教育委員会が共同で研究を進めた「ししが沢のしし石の活用に係る保存科学的研究」（二〇一八・一九）です。黒石市上《かみ》十《と》川《がわ》地区に「しし石」（市指定文化財）と呼ばれる、獅子（鹿）が彫られた石が2基現存しています。しし石は、寛政10(一七九八)年、江戸時代の紀行家・菅江真澄が記した『追柯呂能通度(つがるのつと)』に描かれたのが記録として最古であり、少なくとも寛政10(一七九八)年には存在していたことが判明しています。

石は現在、大きい石と小さい石の2基があり、調査前には、大きい石には8体、小さい石には2体の獅子の頭が刻まれていることがわかっていました。

しかし、しし石は覆屋内によって直接の風雨から守られてはいたものの、当時、石全体がコケや菌、植物等の着生生物が繁殖しており、表面の状態が不明瞭となっていました。また、石に植物の根が入り込むことによって細かい亀裂が発生しており、そこに水が入り込みやすい状態でした。この状態が今後も続くと、冬季間の凍結における水分の体積膨張によって石の表面が剥がれ落ちる恐れがあり、文化財としての価値が著しく損なわれる可能性がありました。また、しし石のような文化財は全国的にも類例がなく、貴重な地域の文化財であるにもかかわらず、正確な製作年代や、作られた理由などが分かりません。また、石そのものが大きく、コケなどの着生生物によって表面が不明瞭であったことなどから、これまで拓本や実測などによる正確な記録調査が実施できずにいました。

このような事情から、黒石市教育委員会からの要請に応えて、弘前大学人文社会科学部が保存科学的な共同研究を実施しました。

まず、石全体に繁殖した着生生物を、刷毛や竹串などを使って物理的にクリーニングしました。その後、地衣類・藍藻類除去剤を塗布する化学クリーニングを実施しました(図245)。一連の保存科学的な作業は、文化財科学ゼミナール所属の学生が主体的に務め、黒石市教育委員会の職員と共同で進めました。保存処理の結果、従来、着生生物で覆われて目視困難であった石表面のししの線刻が、

保存処理前　　保存処理後1年経過後

245　しし石(大きい石)の保存処理

明瞭に確認できるようになりました(図246)。

次に、拓本(湿拓)を実施しました。拓本作業は、文化財論ゼミナールの関根達人が実施し、画仙紙を霧吹きと棒状のタオルを使って石表面に密着させて、油墨を塗布しながら凹凸を浮かび上がらせたのち、画仙紙を剥がして拓本を完成させました。獅子の頭数の確認は、現地で画仙紙を石に密着させた状態で、参加者全員で1点1点確認しました。結果、従来、しし石(大きい石)で確認されていた獅子の頭数は8頭でしたが、拓本を使った観察により、頭数が増加し、計20頭の獅子の頭を確認しました(図246)。さらに、保存処理後の状態を記録するために、従来の写真撮影に加え、フォトグラメトリを使った三次元的な記録を行いました(図246)。フォトグラメトリとは、写真測量を使った三次元計測の一種であり、Structure from Motionという被写体を様々な方向から複数枚撮影して得られる画像から被

拓本

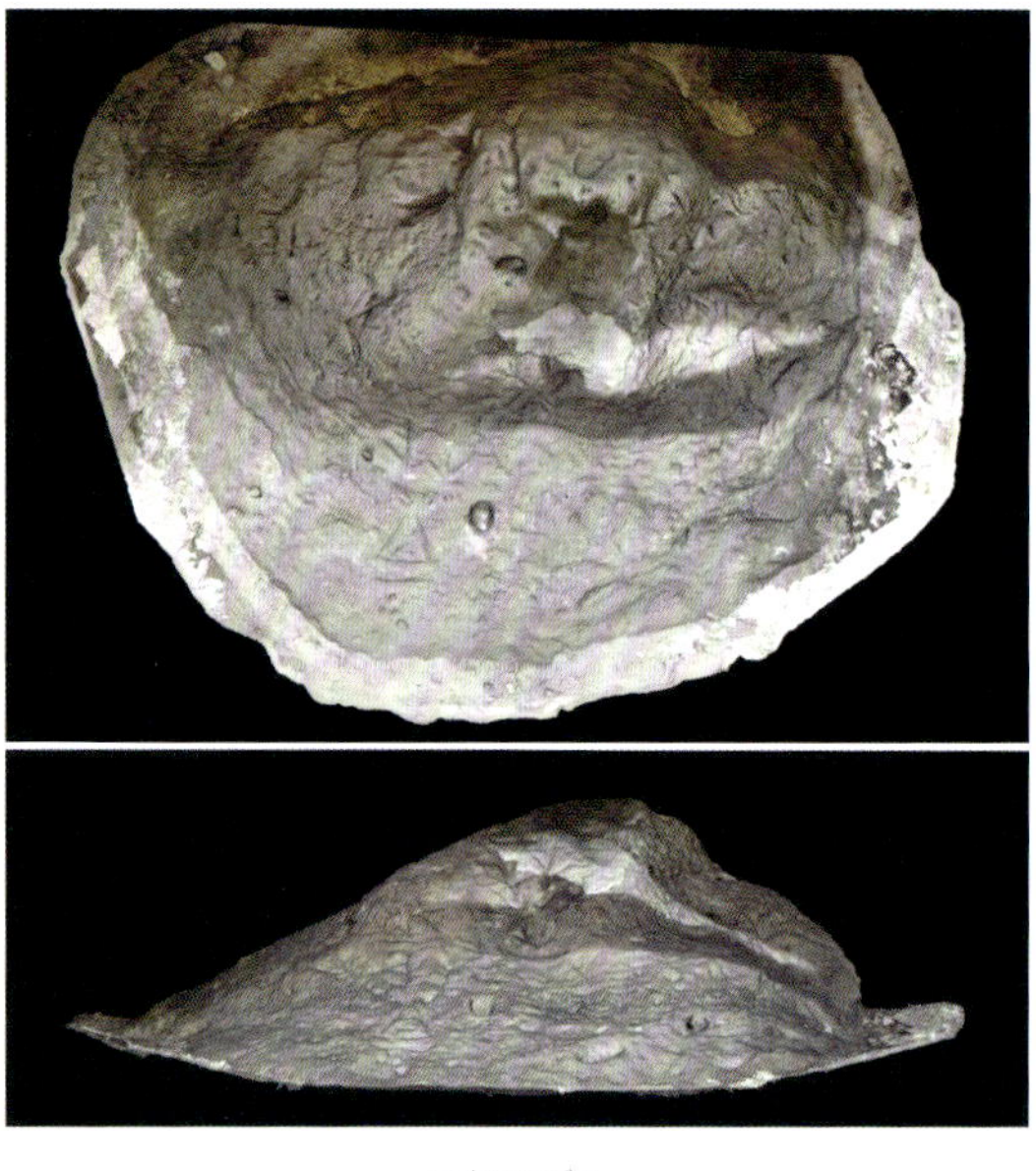

三次元モデル

246　拓本と三次元モデルを使った獅子の頭数確認の様子

写体の形状を三次元的に復元する計算アルゴリズムを使った計測技術です。しし石の記録では、1／2・3型CMOSの有効画素数が1600万画素のコンパクトデジタルカメラを使って写真撮影後、フォトグラメトリ用ソフトウェアを使ってしし石の三次元モデルを作成しました。結果、拓本による記録を元に、フォトグラメトリで作成した三次元モデル上でも、獅子の頭の線刻が明瞭に観察することができました。なお、このフォトグラメトリを使った記録と獅子の頭の計測と観察は、保存科学的な作業と同様、文化財科学ゼミナール所属の学生が積極的に参加しました。

　弘前大学人文社会科学部では、今後も、地域社会からの要請に応じて、地域文化財の保存を実践しながら、文化財の保存方法の開発と文化財を保存・活用していく次世代の人材の育成を続けて行きたいと考えています。

文献

高妻洋成「三瓶小豆原埋没林出土スギ巨木の保存処理について」（『三瓶埋没林調査報告書（平成十～十一年度概報）』島根県環境生活部景観自然課　一〇九－一一三頁　二〇〇〇年）

沢田正昭『文化財保存科学ノート』（近未来社　一九九七年）

関根 克「文化財保存科学研究概説」（『保存科学』東京文化財研究所　一－一六頁　一九六四年）

片岡太郎・栗本康司「出土木材の保存」（『コンサイス木材百科　改訂二版』秋田県立大学木材高度加工研究所 編　パレア　一六八－一六九頁　二〇一一年）

上條信彦 編『八郎潟沿岸における低湿地遺跡の研究　秋田県五城目町中山遺跡発掘調査報告書』（弘前大学人文学部北日本考古学研究センター・弘前大学人文学部日本考古学研究室　二〇一六年）

（片岡太郎）

42 亀ヶ岡文化の漆工芸

1 縄文時代の漆工芸研究の意義

漆工芸とは、材料の一つにウルシなどの木の樹液（漆）を使って製作した工芸のことです。ここでは、日常的な生活道具としての漆器または意匠性と技巧性を兼ねた工芸品の総称としても使用しています。平成29（二〇一七）年、青森県を代表する伝統工芸である「津軽塗」が、国の重要無形文化財に指定されました。これは、漆工の〝技術〟そのものが歴史上または芸術上価値の高いものとして、国によって保護されたということです。文化財に指定されたというと、もしかしたら、一般社会からとてもかけはなれたもの、古いものとしての印象を持つ方がいるかもしれません。しかし、個人的な印象ですが、かならずしもそうではなく、例えば、弘前市内の商店街や百貨店、セレクトショップには、身近な生活道具の一つとして津軽塗がおかれており、現代の製品と同様に、品物を気軽に見てさまざまなデザインから選ぶことができます。もちろん、美術工芸品としての要素もありますが、弘前市内のギャラリーやイベントでよく開催されているクラフトフェアでは、カジュアルな雰囲気で楽しむことができ、とても親しみやすい製品です。

津軽塗の漆工技術を嗜みたいと思えば、現代では、さまざまなメディアやイベントを通じて、その方法を学ぶことができますが、これは、津軽塗技術保存会（平成13（二〇〇一）年設立）をはじめ、津軽塗の普及や発展、技術保存活動に携わってきた方の支援の所産によるものです。

一方で、縄文時代の漆工技術を知るためには、どのように調べたらよいでしょうか。津軽の地に漆器産業が根付いたのは、17世紀の終わり頃といわれていますが、それよりはるか以前の縄文時代の終わり頃、漆器が日常的に使用されていたことがわかっています。

日本列島最古の漆製品は、北海道函館市（旧南茅部《みなみかやべ》町）の縄文時代早期の垣ノ島B遺跡の土坑墓から出土した漆糸《うるしいと》とされるもので、被葬者の副葬品です（南茅部町埋蔵文化財調査団二〇〇二）。縄文時代晩期になると、いわゆる亀ヶ岡文化圏を中心として、多種多様な漆器が出土するようになります。漆は、櫛や耳飾などの装飾品、籃胎漆器（植物素材を編み・組み、漆で目止めした編組製品の一種）、木胎漆器や漆塗り土器などの生活用品など、多種多様な器種へ利用されていました。例えば、令和3（二〇二一）年に世界文化遺産として登録された「北海道・北東北の縄文遺跡群」の構成資産の一つである亀ヶ岡遺跡には、重要文化財の遮光器土偶など、装飾性豊かな土偶や土器などが有名ですが、籃胎漆器や漆櫛（後述）の優品が数多く発見されています。また、国宝合掌土偶のある八戸市埋蔵文化財センター是川縄文館に、荘厳でおびただしい数の漆器が展示されているように、是川中居遺跡の漆器群の発見と保存は、縄文時代の漆工技術の研究史上、重要です。是川中居遺跡では、石田収藏の調査、泉山岩次郎・斐次郎兄弟の調査、昭和4（一九二九）年の大山柏ら大山史前学研究所の調査によって、湿潤な土壌環境から多量の土器や石器が検出されたほか、多種多様な漆製品が注目されました。特に、杉山寿栄男は植物を素材とした遺物に着目し、詳細な図録を刊行しました（喜田・杉山一九三二）。その研究は、漆製品の種別や籃胎漆器などの編組製品研究の先駆となっています（杉山一九四二）。

この他、青森県内だけでなく、北海道・東北地方の縄文時代の遺跡から、多くの漆器が発見されています。あらためて述べれば、縄文時代の漆工芸研究の課題は、これらの漆器がどのように作られたかを明らかにすることです。そして、各遺跡の漆器の材質・技法の特徴を捉えて、地域間の交流や交易の可能性を考えるのが、漆工芸研究の現在です。製作技術を理解するにあたり、現代の漆工芸のように、文字や映像を使った記録があればよいのですが、縄文時代の漆工芸はそうはいきません。漆器に遺された製作技術にかかわる痕跡を根気よく観察することで、漆器の持つ特徴を丁寧に導き出すことが大切です。

2 縄文時代の漆工芸研究の近年の動向

縄文時代の漆工芸研究における、自然科学的手法を用いた観察の有効性は、一九五〇年代から検討されてきました。江坂輝彌は、つがる市亀ヶ岡遺跡から出土した漆櫛のX線透視撮影（レントゲン）しました。その結果、櫛歯や櫛歯を束ねた紐は消失しつつも、その痕跡から断面形状が円である櫛歯を、繊維紐を使って交互にすだれ状に束ねて（結歯式の）頭部を作り出していると推定しました（江坂一九五五）。同様の観察方法は、平川市八幡崎遺跡でも行われ、考古資料の自然科学的研究としても先駆となりました（尾上町教育委員会一九六四）。中里ら（一九七一）は、宮城県栗原市山王囲遺跡出土の漆櫛を保存処理する過程で、蛍光X線分析とレントゲン調査、破断面を観察しました。結果、顔料が酸化鉄系のベンガラであり、頭部を成形している材料は、地の粉成分よりも漆成分が多い漆地粉であると推定しました。また、レントゲン観察により、櫛歯の固定方法についても検討しています。

現在、漆製品の材質・技法研究から縄文社会と漆文化の議論がより活発になっています。これは、縄文時代の低湿地遺跡の発掘調査とそれにともなう漆製品の発見例が蓄積されるなかで、その保存技術の向上とともに、考古学が、植物解剖学（ウルシ材の同定）、分析化学（漆液の成分分析）、放射性炭素年代測定学（ウルシ材や漆塗膜の年代決定）、鉱物学（顔料の同定）、漆工芸学（製作技法研究）などの各専門領域と連携して検討する機会が増加したことが大きな理由の一つです。

特に、二〇〇〇年代頃から、コンピュータの技術が大きく発展したことと相まって、文化財科学分野における材質技法に関する研究分野に、X線マイクロCT（Computed tomography）スキャナを使って内部構造を非破壊観察する研究事例が増えました。レントゲン画像では、二次元像であるフィルムに、表面と内部の画像が重なった状態で写し出されるため、一枚の画像としての情報量がとても多く、立体的な解釈が複雑困難です。これに対して、X線CTでは、X線を文化財の様々な方向（180～360度）から照射して、透過したX線の強度をコンピュータの計算により再構成することで、任意部分の輪切りのCT画像が得られます。CT画像は、レントゲン画像よりも情報量が絞り込まれていて、相対的に解像度が高く観察できます。また、CT画像を積み重ねることで三次元画像が作成できます。こうした特性から、非破壊を基本理念とする文化財調査において、X線CTはレントゲンよりも明快な観察ができ、内部構造の理解に最も効果的な手法といえます（田口・鈴木ほか二〇〇八、片岡・上條二〇一四）。

3 弘前大学の縄文時代の漆工芸研究

平成25（二〇一三）年度、X線マイクロCTスキャナを導入して、つがる市亀ヶ岡遺跡や秋田県五城目町中山遺跡から出土した漆器を対象に、CT撮影から構造解析までの標準的な解析手順を構築しました。その後、さらに分析試料数を増やし、その結果は『亀ヶ岡文化の漆工芸Ⅰ・Ⅱ』（二〇一四・一五年）、『福島県荒屋敷遺跡の漆工芸』（二〇一九年）として公表してきました。さらに栗原市教育委員会と結んだ研究協定「史跡山王囲遺跡の漆工芸研究」（平成27〜令和元〔二〇一五〜一九〕年）に基づき、同遺跡出土の漆器の保存処理と材質技法的な研究を進めました。また、この間、X線CT撮影の技術協力として、東北大学総合学術博物館と連携しています。

ここでは、上記3遺跡の研究成果を4例紹介するとともに、研究アプローチについても解説します。

亀ヶ岡遺跡出土籃胎漆器

図247aは、亀ヶ岡遺跡から出土した籃胎漆器で、現在、つがる市縄文住居展示資料館において展示中（個人蔵）です。籃胎漆器とは、植物性のタテ材とヨコ材を編組してカゴを作り、タテ材とヨコ材の隙間を漆で目止めして、編組の技法が見えなくなるぐらい漆を塗り重ねた容器のことです。

図247bに任意部分のCT画像を示しました。CT画像は、白と黒の8bit（256色）のグラデーションで表現していて、例えば、白色へ近づくほど密度が高い部分となり、逆に、黒色へ近づくほど密度が低く、この場合、黒色は空洞を意味します。この表現に従えば、この籃胎漆器の場合、内部が

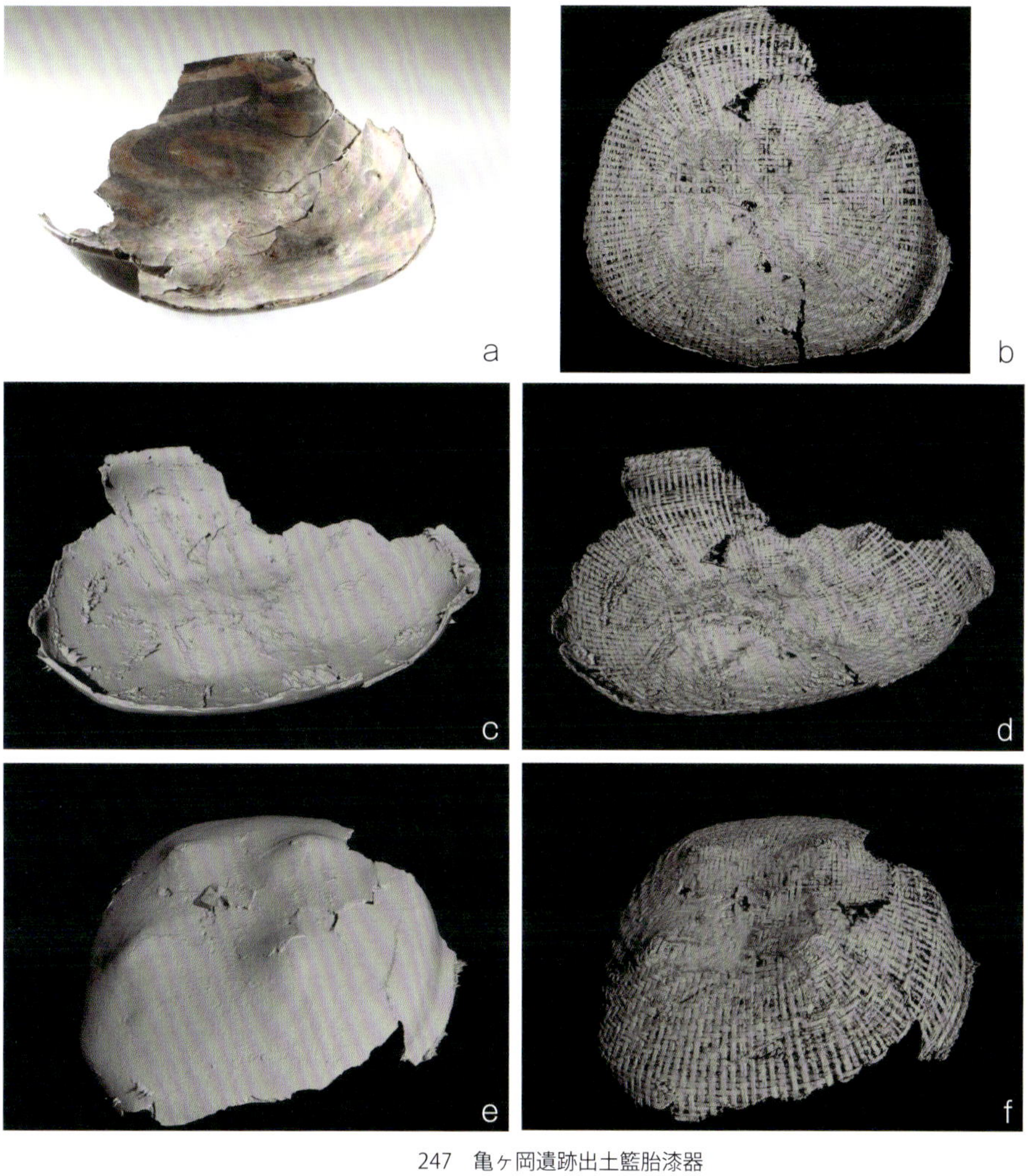

247　亀ヶ岡遺跡出土籃胎漆器

空洞になっていて、現状、漆塗膜だけで形を保っていることが分かりました。空洞化の理由は、土中に埋没中に、植物性の編組部分が劣化により分解消失してしまい、一方で、漆塗膜だけが相対的に残ったためです。注目すべきは、空洞の形が編組の形をかたどっていることです。そこで、空洞だけをコンピュータ上で抽出して三次元的にボリュームレンダリング法により立体的に観察すると、図247ｄ・ｆのようになりました。結果、亀ヶ岡遺跡出土の籃胎漆器の編組技法は、底部が、タテ材とヨコ材それぞれを1本1単位とする網代編み（3本越え・3本潜り・1本送り）と分かりました。また、底部から胴部へと、立ち上げの部分から技法を変化させており、胴部では、タテ材とヨコ材それぞれを1本1単位とする飛びござ目（2本越え・2本潜り・1本送り）と分かりました。また、底部の4つ足の突起は、内面から外面へ向かって押し込んで形を作っていました。

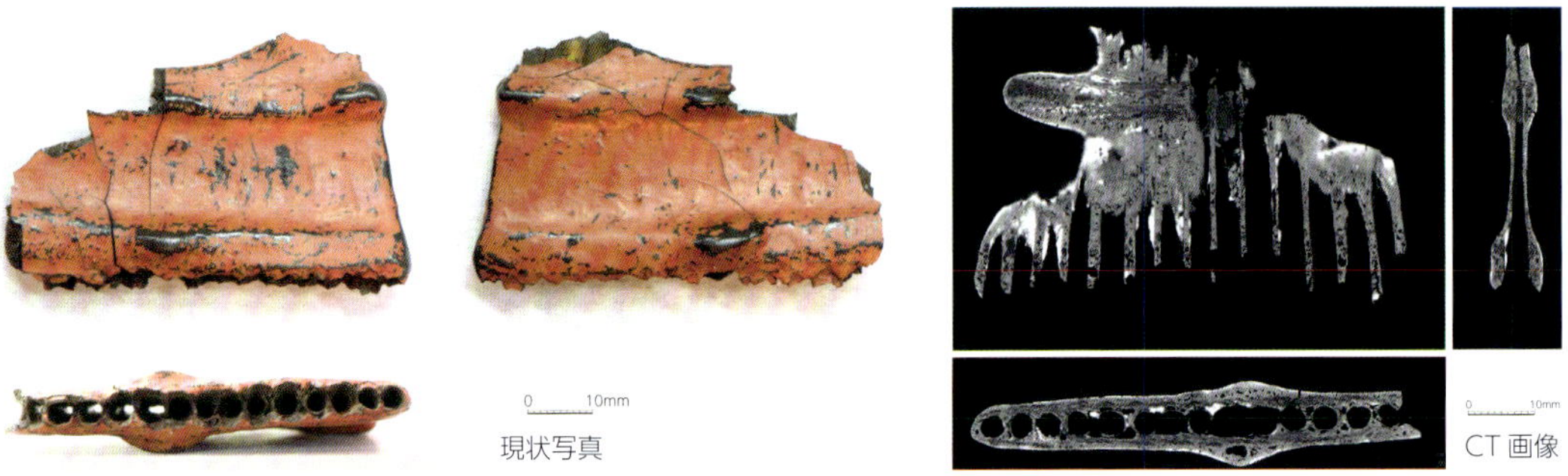

248　中山遺跡出土漆櫛とCT画像

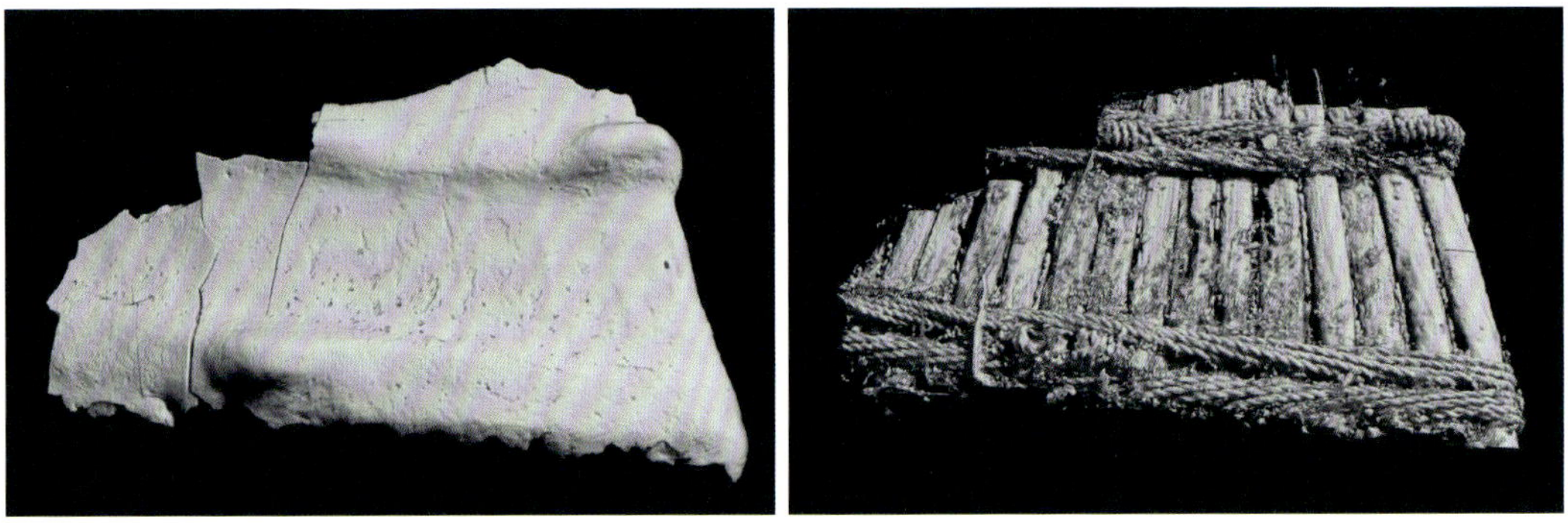

249　中山遺跡出土漆櫛の外観（左）と櫛歯と撚り紐（右）の三次元画像

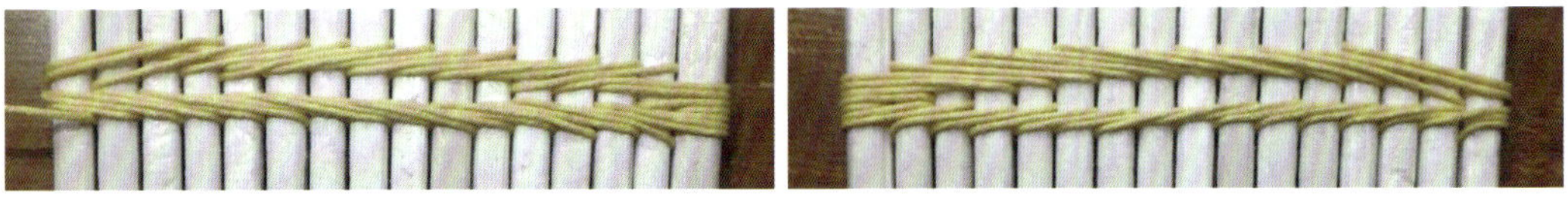

250　中山遺跡出土漆櫛の結歯方法の再現（左：正面、右：裏面）

中山遺跡出土漆櫛

櫛歯が失われており、頭部のみ残っています（図248左）。CT画像（図248右）を観察すると、櫛歯が失われている部分の空洞が、櫛歯そのものの形を模していることが分かりました。漆で作った頭部の中には、空洞あるいは密度が低い状態で〝撚り紐〟の痕跡がみえました。

次に、内部の構造をよりわかりやすく観察するために、櫛歯や撚り紐と思われる部分を抽出して、3次元画像を作りました（図249）。結果、撚り紐が、櫛歯を固定している姿が浮かび上がりました。

製作工程順に、作り方を考えてみます。まず、合計15本の櫛歯の断面をみると、頭部の下部分が円形で、上部分にかけて薄く平坦な長方形となるように削っていました。次に、撚り紐を使った櫛歯の固定方法ですが、以下の①～⑪の手順で巻き付ければ、三次元画像のように組むことができました（図250）。

①櫛歯4本に紐を巻きつける。
②櫛歯1本を足して裏面を右へ5本分進む。
③正面を左へ4本分戻る。
④前述②③の動作を繰り返す。
⑤15本目の櫛歯が1本に巻き付けるように巻き付けるのを1本ずつ減らす。
⑥折り返す。
⑦正面からみて4本に巻き付けるようになるまで1本ずつ増やす。
⑧正面を左へ4本進む。
⑨裏面を右へ3本戻る。
⑩前述⑧⑨の動作を繰り返す。
⑪1本目の櫛歯が1本に巻き付けるように巻き付けるのを1本ずつ減らす。

以上の手順で下側の紐組みができ、その後、上側にもう一条ある紐組みを施して結歯工程が完了です。その後、巻紐を突起部分に取り付けた後、漆で固めて赤く彩色すれば、漆櫛が完成します。

中山遺跡出土藍胎漆器

上述の二例の漆工芸研究では、編組構造や櫛歯の固定方法といった骨組みの作り方に着目しました。漆工芸というと、もう一つに、漆塗りの技術があります。次に、本書の「41出土文化財の保存科学」で紹介した、中山遺跡から発見された大型の籃胎漆器を例に挙げ、塗り重ねの技術を紹介します。

塗り重ねの検証は、漆塗膜の断面を顕微鏡により観察します。観察の手順としては、籃胎漆器本体から遊離した2㎣程度の漆塗膜破片をエポキシ樹脂で包埋して、漆の透けるまで研磨してプレパラートを作成しました。その後、デジタルマイクロスコープを使って漆塗膜の断面を透過および反射像を観察しました。結果、植物性の胎（編組部分）の上に、黒色の粒子、おそらく木炭のようなものを混ぜた漆を塗り、次いでその上層に漆だけを塗り重ねていたことが分かりました。さらに、電子顕微鏡を使って、観察を進めると、最表面に鉄を主成分とする粒子、ベンガラを混ぜた漆を重ね塗りしていることが

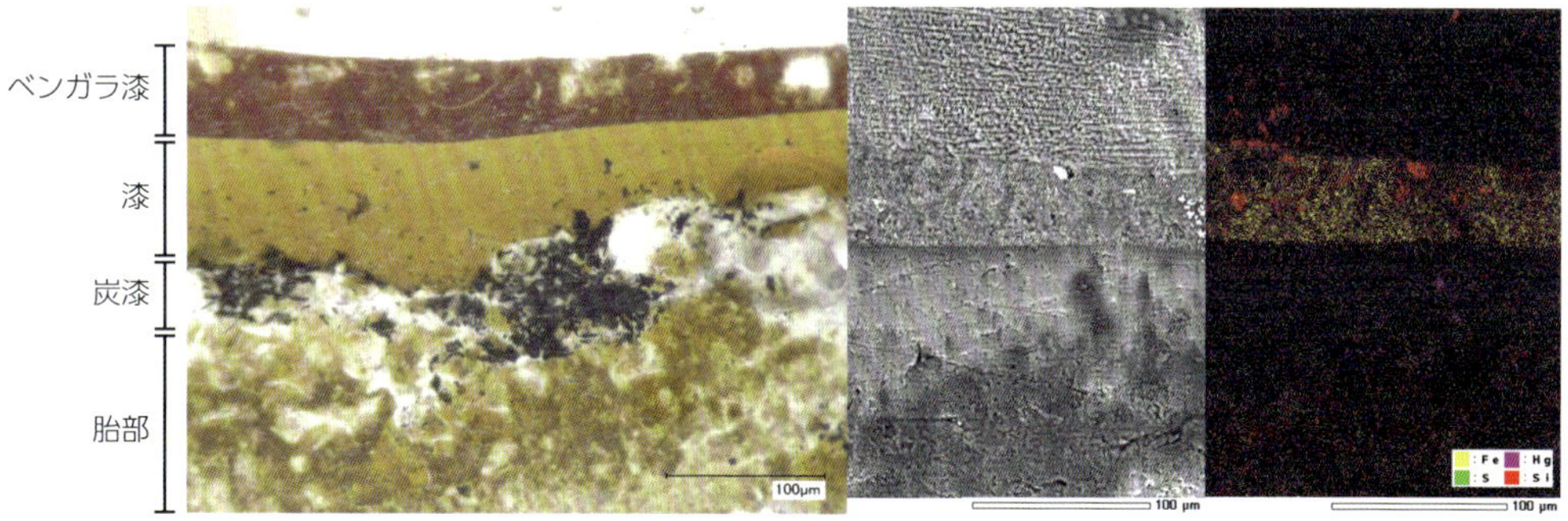

光学顕微鏡写真　反射電子像　元素マッピング

251　中山遺跡出土藍胎漆器の塗膜構造

分かりました。このように、数㎣の小さな破片から、縄文時代における漆の塗り重ね技術の実態が明らかになります（図251）。

山王囲遺跡出土漆櫛

現状、櫛歯が失われていますが、頭部はほとんど残っています（図252左）。発見時は3片に分かれていたようで、前述のように、昭和46（一九七一）年に東京文化財研究所が、保存処理とX線写真による透過観察、蛍光X線分析による元素分析を実施しました。現在、漆櫛は、山王ろまん館において常設展示されています。

ＣＴ画像（図252右）を観察すると、頭部のさまざまな部分にみられる突起の内部には、骨組みとなるような構造がなく、すべて漆で作られていることがわかりました（図252右矢印1）。この漆には、木屎などの増粘剤のようなものを混ぜ込んでいる可能性はありますが、詳細は不明です。少なくともＳｉ（ケイ素）の粒子など、密度の高い鉱物の粒子は確認できません。

一方で、櫛歯同士の隙間には、相対的に密度の高い粒子状のものが均一に埋め込まれていました（図252右矢印2）。これは、この漆櫛の頭部を成形するにあたって、2種類の漆の材料を、段階を分けて使っていることを示しています。側面からみたＣＴ画像を観察すると、長方形あるいは不定形の空洞が4つ、櫛歯のあった空洞を囲むようにしてみられました（図252右矢印3）。これらの空洞部分を抽出し、3次元画像を作成すると、頭部の骨組みが鮮明に観察できました（図253）。製作工程としては、まず、櫛歯を正面と背面から櫛歯よりも細い材（上下に2本、合計4本）で挟みます。次に、その細い材の上から、ゆるい左撚りの紐を櫛歯1本ずつに巻き付けるように固定します。そして、密度の高い粒子状の、おそらく砂のようなものを漆に混ぜ込んだ材料を充填して固めた後、さらに、突起などの装飾部分には、粒子が混ぜ込まれていない漆

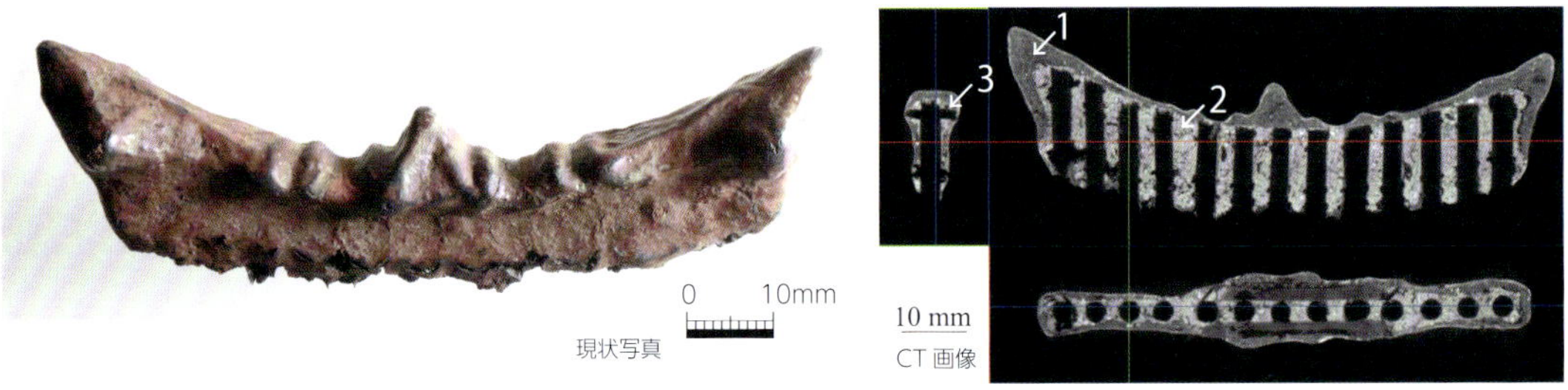

252　山王囲遺跡出土漆櫛とCT画像

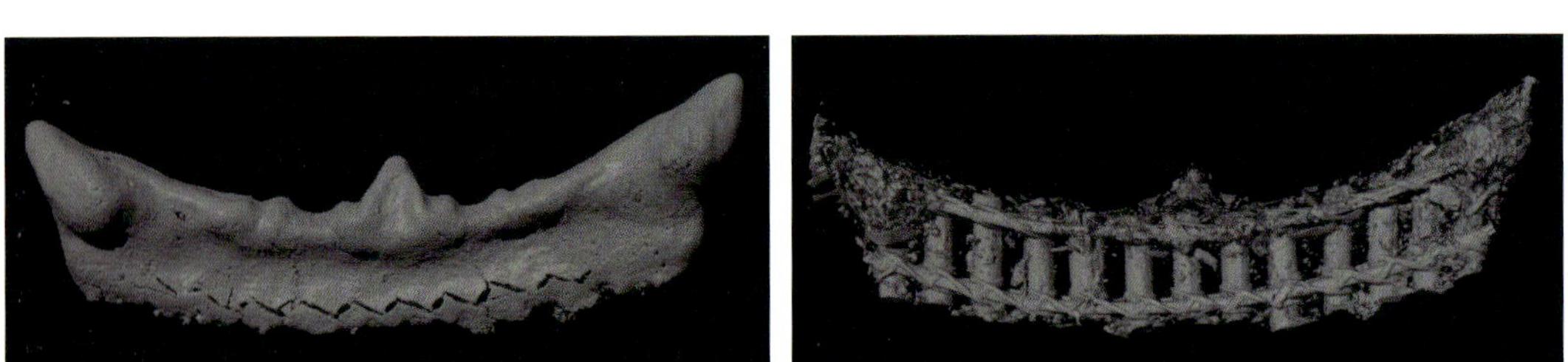

253　山王囲遺跡出土漆櫛の外観（左）と内部の骨組み（右）の三次元画像

により成形して完成させたと推定しました。

4 まとめ

縄文時代の漆工芸研究に関し、本学が実施してきた材質技法の観点からの研究事例を紹介しました。ケーススタディ的なアプローチを続けることで、ここ10年で縄文漆器のCTデータの蓄積が進みました。今後、CTデータを活用して、地域の活性化と考古学研究の発展に貢献できればと思っています。

文献

江坂輝彌「日本最古のクシ—縄文文化末期—」（『科学朝日』五‐六頁 一九五五年）
尾上町教育委員会『八幡崎遺跡発掘調査概要』（一九六四年）
片岡太郎『福島県荒屋敷遺跡の漆工芸』（弘前大学人文社会科学部北日本考古学研究センター 二〇一九年）
片岡太郎・上條信彦『亀ヶ岡文化の漆工芸 I 青森県板柳町土井⑴遺跡漆製品の自然科学・保存科学的研究』（弘前大学人文学部北日本考古学研究センター 二〇一四年）
片岡太郎・上條信彦・鹿納晴尚・佐々木理「宮城県大崎市根岸遺跡出土籃胎漆器の製作技法—X線CT分析を使った構造調査—」（『東北歴史博物館研究紀要』第一六号 五三‐五八頁 二〇一五年）
片岡太郎・上條信彦『亀ヶ岡文化の漆工芸 II 北日本における先史資源利用の研究』（弘前大学人文学部北日本考古学研究センター 二〇一五年）
片岡太郎・上條信彦・鹿納晴尚・佐々木理「X線CT観察による北東北の縄文時代晩期の漆櫛の製作技術」（『考古学と自然科学』第七二号 二九‐四三頁 日本文化財科学会 二〇一七年）
片岡太郎・上條信彦・関根達人『国史跡山王囲遺跡の研究I 漆器編』（弘前大学人文社会科学部北日本考古学研究センター 二〇二〇年）
喜田貞吉・杉山壽榮男『日本石器時代植物性遺物圖録』（刀江書院 一九三二年）
杉山壽榮男『日本原始繊維工藝史』（雄山閣 一九四二年）
田口 尚・鈴木 信・土肥研昌・今津節生・鳥越俊行「X線CTスキャナーを活用した赤色漆塗櫛の構造と製作技法の調査」（『日本文化財科学会第二五回大会研究発表要旨集』二四二‐二四三頁 日本文化財科学会 二〇〇八年）
中里寿克・江本義理・石川陸郎「宮城県山王遺跡出土弁柄漆塗櫛の技法とその保存処置」（『保存科学』第七号 東京文化財研究所 四七‐六〇頁 一九七一年）
南茅部町埋蔵文化財調査団『垣ノ島B遺跡』（南茅部町教育委員会 二〇〇二年）

（片岡太郎）

43

自然災害と文化財防災
東日本大震災の教訓から

1 はじめに

ここ数年、自然災害が多発しています。台風や梅雨前線等の影響による集中豪雨、地震など自然災害の多発は、生活や経済・社会活動に深刻な影響を与えます。自然災害発生時において、最も重要な行動原則は、人命優先であり、生活優先であることは言うまでもありませんが、同時に、日本の文化においても甚大な被害をもたらしています。

文化の一つの表現として、文化財があります。自然災害時には多くの文化財が失われる危機に直面します。戦後、全国的な自然災害が度重なり、文化財保護法に規定される文化財、すなわち、有形・無形文化財、民俗文化財、記念物、建造物など、全ての文化財に影響を及ぼすことがわかってきました。例えば、地震が発生すると、博物館や美術館に展示・収蔵されている歴史資料や芸術作品が倒れて壊れてしまったり、火災によって失われてしまう場合もあります。また、大きな地震では、城などの建造物が倒壊したり、古墳の墳丘や石室に亀裂が入るなどの被害があります。一方、こうした形ある文化財だけでなく、工芸技術や民俗芸能など、無形・民俗文化財も、震災後の急速な人口流出や過疎化により継承が難しくなることで、失われる危険性が増します。

自然災害と文化財防災は、普遍的な課題です。ここでは、東日本大震災における弘前大学の文化財レスキュー活動の経験から、いくつかの成果と課題を考えてみます。

2 東日本大震災時における文化財レスキューの実施体制

日本において、自然災害により被災した文化財に対し、全国規模の体制が整えられてレスキュー活動が実施されたのは、平成7(一九九五)年1月17日に発生した阪神・淡路大震災のときです(日高二〇一九)。関係各機関の代表と協議が重ねられ、2月17日に「阪神・淡路大震災文化財等救援委員会」が発足し、事務局を東京文化財研究所、現地本部を神戸芸術工科大学とした体制で文化財レスキューが進められました(日高二〇一九)。阪神・淡路大震災から15年後の平成23(二〇一一)年3月11日、日本国観測史上最大の巨大地震が三陸沖で発生しました。マグニチュード9.0を記録した巨大地震が大津波を発生させ、東北、北海道、関東地方の太平洋沿岸地域に甚大な被害をもたらしました。被災地の被害の大きい地域では、大津波の影響により、家々や家財道具、生活にかかわるすべてのものが流され、瓦礫と化し、相対的に被害の小さい地域でも、あらゆるものが浸水しました。大量のものが、ほぼ同時に、広範囲にわたって、被災しました。そして、国や地方の指定の有無にかかわらず、文化財と判断できる歴史的芸術的価値のあるものが、太平洋側全域にわたって被害を受けました。この被害の全容把握と文化財レスキューを実施するために、阪神・淡路大震災で構築した体制をモデルとして、「東北地方太平洋沖地震被災文化財等救援事業(文化財レスキュー事業)」が作られました。平成23(二〇一一)年3月30日にこの実施要項が発表されることで、文化財レスキュー活動が全国的に呼びかけられました。事業内容は、「緊急に保全措置を必要とする文化財〝等〟について、救出し、応急処置」することであり、レスキューの対象物は、「〝国・地方の指定等の有無を問わず〟当面、絵画、彫刻、工芸品、書跡、典籍、古文書、考古資料、歴史資料、有形民俗文化財〝等〟の動産文化財及び美術品を中心」と明記されました。特筆すべきは、〝等〟や〝国・地方の指定等の有無を問わず〟という文言を入れたということです。これは、「被災地域にとって文化財（文化財保護法に規定される文化財）と判断するものは、すべてレスキューの対象である」ということを明確化していて、被災地の事情に即した対応が円滑に進められた文言でした。

3 弘前大学の文化財レスキュー活動

人文学部附属亀ヶ岡文化研究センター（当時）では、プロジェクト遂行のため、保存科学専門の特任助教を採用していました。東日本大震災を受け、被害を受けた地域に対し、センターとしての専門性を活用しながら、微力ながらも何か地域の復興に役立つことができないかと考えており、文化財レスキュー事業への協力を準備しました。結果、文化財レスキュー活動として、岩手県九戸郡野田村におけるレスキュー活動、岩手県下閉伊《しもへい》郡山田町（鯨と海の科学館）におけるレスキュー活動、宮城県石巻市雄勝町におけるレスキュー活動を実施しました。ここでは、野田村における活動を述べます。

岩手県九戸郡野田村におけるレスキュー活動

弘前大学では東日本大震災後、ボランティアセンターを立ち上げ、野田村での救援事業を行っていました。そのような折、平成23（二〇一一）年秋頃に、ボランティアセンター長で弘前大学人文学部（当時）の李永俊教授へ「野田村歴史の会」会長から震災で津波被害を受けた歴史資料（古文書などの紙資料）の修復の相談がありました。そして、李教授より同学部の上條信彦に資料修復の相談があり、これを受けて、平成24（二〇一二）年1月23日に、上條と同学部の保存科学専門の片岡太郎が現地を訪れて資料を実見し、会長から修復に関する相談を受けました。その結果、資料の点数が個人で対応できる量を超えている点、内容的に村政に関わる資料が含まれており、将来的に活用されるべき価値を有している点などから、資料の保存修復を引き受けることにしました。

修復にかかわる保存科学では、資料の状況を見て、カビのような生物汚染が少なく、汚染原因の大部分は泥と海水であると判断しました。また、全資料は、会長が被災

254 屋外での古文書のクリーニング

現場から救出してから乾燥させた状態でした。さらに、油などが含まれていない点から、刷毛を使った泥落としを中心にクリーニング作業を進めることにしました。クリーニングは、広めのスペースと粉塵が舞うことを考慮して屋外で作業しました（図254）。そのほか、紙の固着など劣化の進行しているものは、水漬けにして脱塩処理（図255）したのち、文化財用の真空凍結乾燥機または自然乾燥を用いて乾燥しました。クリーニングは、慎重に泥を掃き落す作業で、人的協力を必要としたため、5月8日に弘前大学のボランティアセンターを通じて、学生・一般の方のボランティアを募集した結果、15名の方にご参加いただきました。一般の方から参加理由をうかがったところ、「復興に協力したいが、安全性の面から現地へ行く手段がありません。被災地ではないところでもお手伝いできることはないか」といったことでした。また、参加後には、「文化財レスキューといえば、専門的な技術がなければできないと思っていたが、このくらいの作業であれば時間はかかるができる」といった声もありました。

255　古文書の脱塩作業

　修復完了後、被災資料を歴史資料として整理しました。修復作業は結果的に、２、０３２点（ダンボール10箱分）でした。そして、資料群は、私的資料と公的資料に大別されることが分かりました。公的資料を整理した結果、従来知られていた幕末期の資料のほか、近代期の資料群には、地元の政治のみにとどまらず、地方独自の産業の歴史や地方と中央との政治関係を知ることのできる資料が多く含まれていることから、今後の活用が期待されます。修復を終えた資料は、平成24（二〇一二）年7月に、会へ無事返却することができました。

野田村での文化財レスキュー活動を振り返って

　弘前大学が所在する弘前市は、豪雪地帯ですが、比較的自然災害の少ない地域です。野田村での文化財レスキュー活動を今振り返ってみれば、弘前大学が果たせた役割は、泥落としを一生懸命してくださった学生や市民の方の言葉そのものではないかと思えます。

　一つは、被災地から比較的近くもあり、被害の少ない地域にある大学として、救援を求められたときには迅速に応援に行ける機動力が発揮できたことです。これは、野田村だけでなく、他地域（山田町や雄勝町）への活動でも同様でしたが、適度な距離感で、「後方支援」として活動できたからだと思います。もう一つの役割は、被災した地域と安全な地域とを結ぶ「中継器（ＨＵＢ）」となったことです。災害復興は、被災地だけの活動だけでなく、安全な地域での活動でも十分貢献できることを証明しました。

4 おわりに

東日本大震災時の文化財レスキュー活動後は、普及・啓発活動を継続して実施しています。例えば、まだ震災直後である平成25(二〇一三)年の7月には、弘前大学において、日本文化財科学会の弘前大会が開催され、「文化財防災」セッションに、上記の活動を紹介するブースを設けて地域と連携した活動の重要性を訴えました。また、平成29(二〇一七)年の10月には、弘前大学資料館において、弘前大学人文社会科学部と国立歴史民俗博物館の教育研究連携協定に基づいて、企画展「被災地と向き合う—文化財レスキューの取り組み—」を開催し、文化財レスキュー活動に必要な道具や身近にできる文化財防災対策について紹介しました(図256)。令和3(二〇二一)年には、弘前大学が被災地支援・震災復興に何をしてきたのかを全学の部局がリレー形式で紹介する、「東日本大震災から10年「弘前大学リレーシンポジウム」」を開催し、その中で、文化財レスキュー活動の実際と課題について紹介しました。

以上の活動は、今後も地域を支える大学として続けていくべきものであり、将来の震災に備えて積み重なっていくことを願います。弘前大学としての活動は、継続中です。本稿執筆中に、被災した文化財を修復し続ける機関を訪れ、いまだ自然災害にともなう文化財の被害と向き合っている方々が多くいることを実感しました。現在なお業務に携わっている方ならびに携わってこられた方全てに敬意を表します。

(片岡太郎)

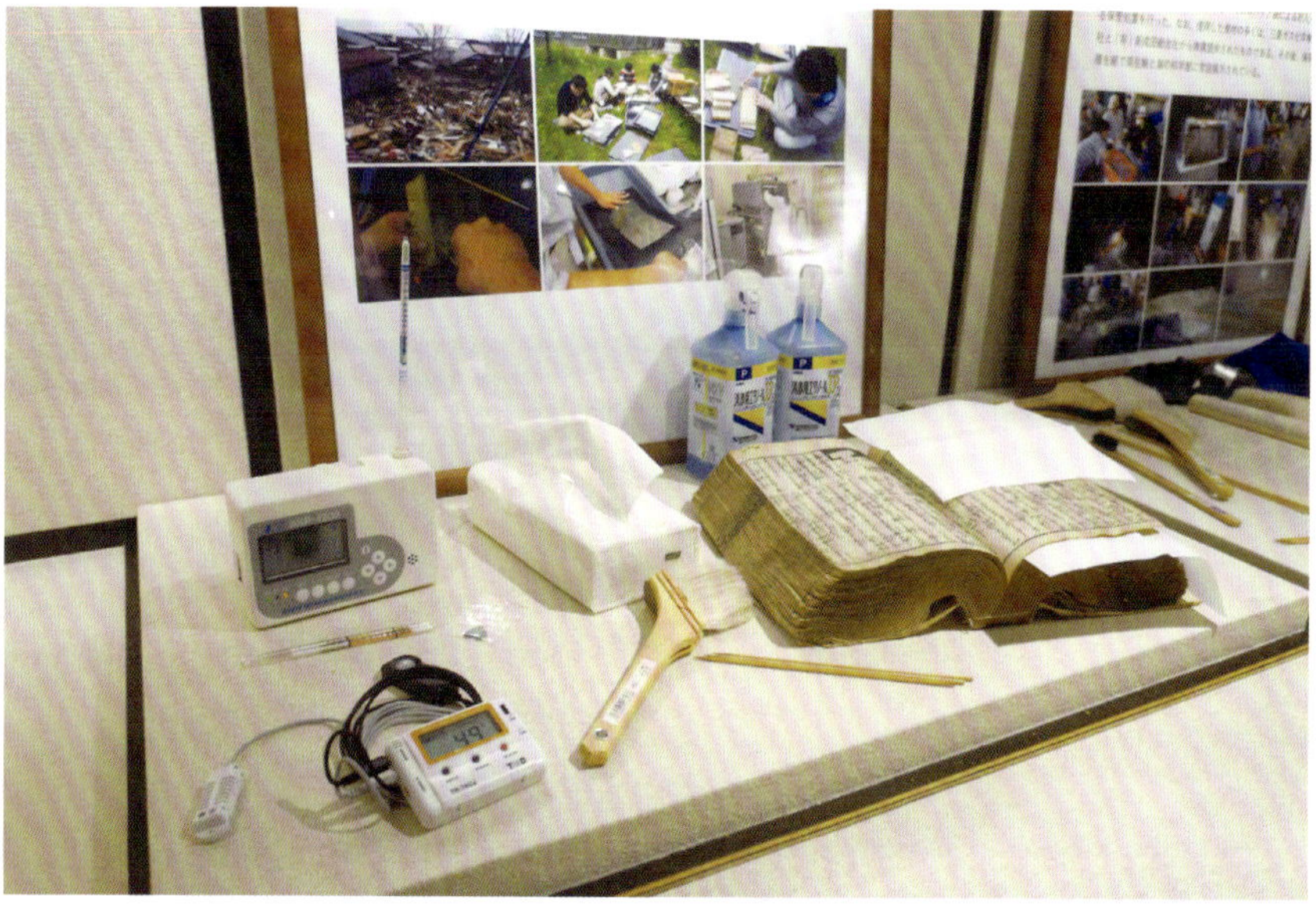

256　文化財レスキュー活動に使う身近な道具

文献

片岡太郎・上條信彦「弘前大学の文化財レスキュー」(『東北地方太平洋沖被災文化財等救援委員会平成二四年度活動報告書』東北地方太平洋沖地震被災文化財等救援委員会事務局・独立行政法人国立文化財機構東京文化財研究所　一五五－一五七頁　二〇一三年)

日髙真吾「大規模災害時における文化財レスキューの課題　東日本大震災における文化財レスキューの経験から」(『国立歴史民俗博物館研究報告』第二一四集　国立歴史民俗博物館　四七－六一頁　二〇一九年)

44

文化資源としての考古資料

地域との連携とともに

文化財は単に金銭的な価値によるものではなく、地域の歴史や誇りを語る身近なものです。地域の課題解決として、埋蔵文化財を文化資源として活用しようとする動きが、ますます大きくなってきています。ただし、このことは簡単ではなく、時として類似するもの同士の競争になることも珍しくなくなってきました。「最大」「最古」「全国初」といった言葉をはじめ、評価を行うには、学術的に間違いないことを検討する必要があります。資源として生かすためには、これまで評価されていなかった価値を調査・研究によって、新しく見出すことも可能です。このことは逸品一つで語るだけでなく、遺跡を含めた複合体として見ることで、新しい評価ができることがあります。そのため、膨大な資料の整理・適切な管理がカギを握ることもあります。

実際、大学には専門分野の知識をもつ人材とマンパワーがある一方、学芸員資格科目や実習では実地での教育が求められています。それに対し、自治体では多くの貴重な資料の存在を自覚し博物館・資料館の活性化や観光資源化の希望を持ちつつも、少子高齢化に伴い専門性の高い人材が少なくなり、資料の保存や魅力的な展示にまで手が届かないという課題をもっていることがあります。こうした官学連携の活動は、分野横断的になるため研究者個人レベルでは対応できず、活動に理解を示す自治体、大学レベルでの連携が不可欠です。

一つの事例として、平成30～令和2（二〇一八～二〇）年度に、学術研究と研究成果の社会活用の推進を図るため、弘前大学と平川市は、収蔵する「文化財」を総体的に把握する実態調査の実施および整

257　整理が完了した平川市文化財収蔵庫

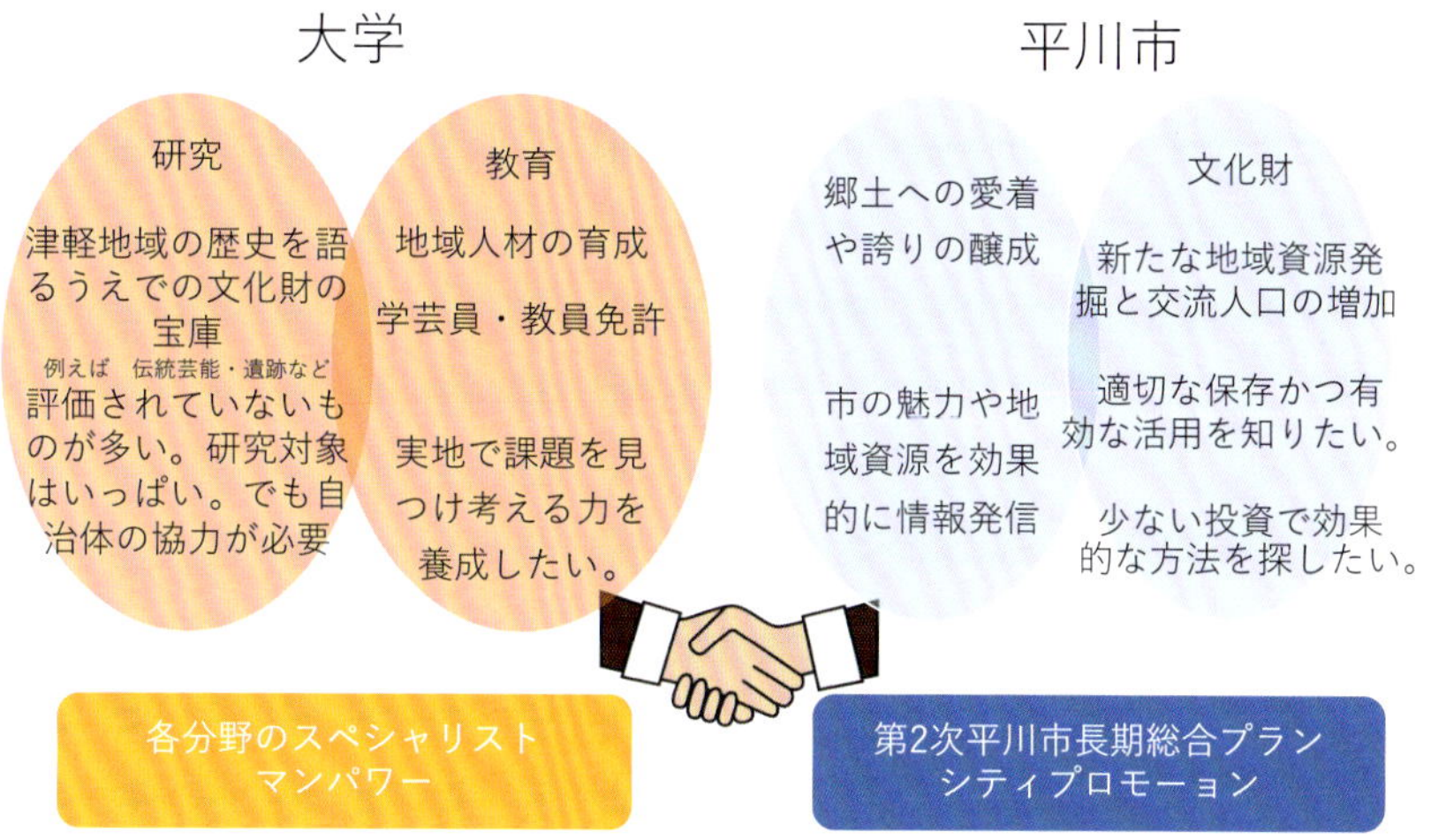
大学
平川市
研究
津軽地域の歴史を語るうえでの文化財の宝庫
例えば 伝統芸能・遺跡など
評価されていないものが多い。研究対象はいっぱい。でも自治体の協力が必要
教育
地域人材の育成
学芸員・教員免許
実地で課題を見つけ考える力を養成したい。
郷土への愛着や誇りの醸成
市の魅力や地域資源を効果的に情報発信
文化財
新たな地域資源発掘と交流人口の増加
適切な保存かつ有効な活用を知りたい。
少ない投資で効果的な方法を探したい。
各分野のスペシャリスト
マンパワー
第2次平川市長期総合プラン
シティプロモーション

258　弘前大学×平川市モデル

！考える力を養う大学教育カリキュラム
×地域の魅力アピール
⇒　**学芸員を目指す学生による実物展示**

！地域の歴史・文化研究×資料整理・保存
⇒　**平川市収蔵庫再生プロジェクト**

活動を知った方から、更なる応援・協力：まさかの＋α！

！新発見・新評価×更なる文化資源の発掘へ
⇒　**収蔵資料整理過程での調査・発見**
⇒　**合併前資料の移管と整理**
⇒　**資料の寄贈と整理**

259　地域共同研究の意義

理・データベース化・展示・発表までを一連の事業として実施しました。事業を通じて若手を中心に地域の歴史や文化に対する関心につなげるほか、行政が行うべき適切な保管・公開・活用を図り、新たな観光資源の発掘および地域の文化財を活かした魅力発信につなげることを目的としました。まずは地域の歴史における魅力が何かを調べ、そのうえで、専門分野に関係ない体系的な整理・展示を目指しました。一つの資料のまとまり（例えば、家1軒分）には、多種の文化財が混在しています。これらを選り好みすることなく目録化し、分けすぎないように展示します。考古学者が、専門家の手ほどきを受けながら古文献を開き、民具を整理することもしばしばでした。

　その結果、調査・整理の過程で郷土史に尽力した葛西覧造《かさいらんぞう》資料や、リンゴ産業の先駆者である相馬貞一資料が発見されました。また地域と大学生、専門家がタッグを組んで作り上げた展示は、素朴ではありますが、地域の魅力を実感できる形として同じ地域の課題を抱える近隣の自治体から高い評価を得ています。

（上條信彦）

手づくりでの作業

工夫された土器の展示

碇ヶ関小学校展示室の移転作業

平川市との共同作業（什器の移転）

平川市での特別展示

学官共同で達成された平川市郷土資料館の改装

田舎館村での整理作業

260　実際の多様な活動

45 亀ヶ岡デザインと生まれた商品

令和3（二〇二一）年7月、「北海道・北東北の縄文遺跡群」が世界文化遺産に登録され、青森では観光による経済効果への期待が膨らんでいます。自然志向が強まるとともに、観光に他では味わえない独自性が求められる今日、特別史跡三内丸山遺跡をはじめとした「北海道・北東北の縄文遺跡群」は文化財の活用による地方創生という課題を担っています。

従来、文化財の活用といえば、とにかく観光が優先し、それ以外の方向性が希薄でした。文化財は「文化的財産」であり、木材や石油などの天然資源とならぶべき文化的資源といえるでしょう。地域住民は、それを活用する権利を有するとともに、それを使い果たすことなく、子孫に伝える義務を背負っています。自然遺産が、その価値を保護するため、観光客に様々な制限を課しているように、文化財の保護と活用は常に調整が必要です。

ところで、縄文土器は、先史土器としては類い稀なほど質と量が豊かであり、そのことは大森貝塚の発掘の時点から既にエドワード・モースにより認識されていました。特に縄文晩期に東北地方を中心に分布する亀ヶ岡式土器は、高い工芸的技術で知られます。亀ヶ岡文化の土器や土偶がもつ珍しさと美しさは、江戸時代から人々を魅了してきました。明治以降、縄文土器は考古学の対象となりましたが、一方で美術的観賞の対象でもあり続けてきました。

北日本考古学研究センターの前身である亀ヶ岡文化研究センターを創設した藤沼邦彦は亀ヶ岡式土器の文様研究の第一人者で、文様の図案化の方法を開発するとともに、デザイン性の追求にも取り組んでこられました。当センターでは、亀ヶ岡文化の研究を進める一方、地域貢献の一環として、亀ヶ岡式土器の文様を活かした工芸品の開発を試みてきました。平成21（二〇〇九）年からは、弘前市内で津軽天然藍染を手がける川崎染工場と提携し、亀ヶ岡式土器の文様を活かした縄文デザイングッズを販売しています。図案の素材となったのは、亀ヶ岡文化研究センターが平成20（二〇〇八）年に発掘調査し、平成22（二〇一〇）年に報告書を刊行した三戸町杉沢遺跡出土土器で、12種類のデザインにより、風呂敷・栞《しおり》・コースター・タペストリー・バンダナ・トートバッグ・Tシャツなどの藍染製品が販売されています。平成23（二〇一一）年にはセンター所蔵の成田コレク

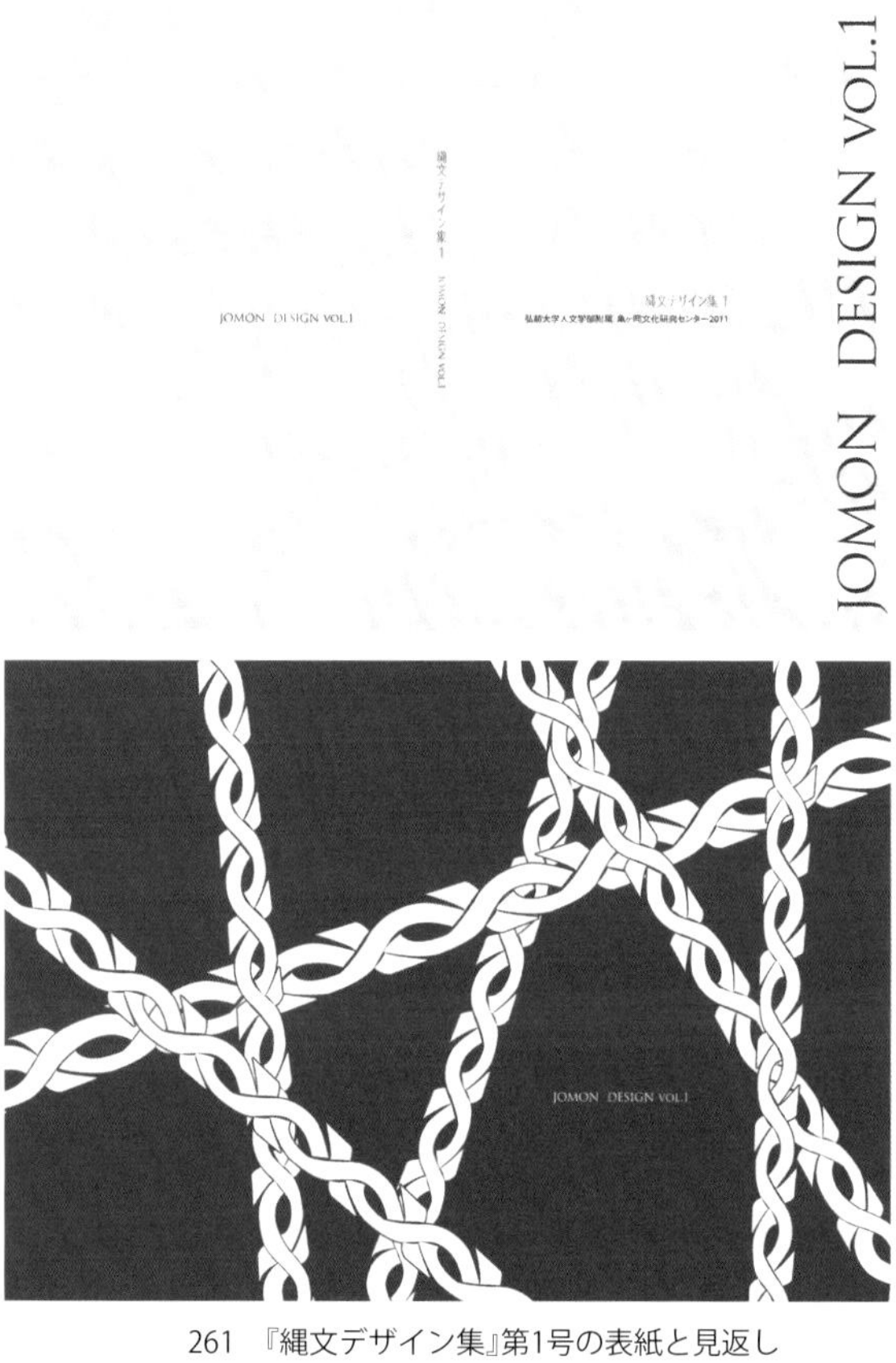

261 『縄文デザイン集』第1号の表紙と見返し

ションから52点の縄文土器を選び、それらの文様図案と、図案の現代の器物への活用案を掲載した『縄文デザイン集1』を刊行しました。

縄文土器の文様は、時代性・地域性を反映し、非常に豊かなバリエーションがみられます。とりわけ亀ヶ岡式土器の文様は、種類が豊富なうえ洗練されたものが多く、魅力的です。それらは先人が遺してくれた遺産であり、地域に根ざした財産といえるでしょう。私たちは、縄文デザインを、縄文人の遺産として享受しつつ、その価値を減じることなく、むしろより発展させて未来に引き継ぐための道具の一つと考えています。縄文デザインは、デザインであるが故、栞のような身の回りの小物から、マンホールの蓋、さらにはコンサートホールの緞帳のような大がかりなものまで、汎用性が広いです。それぞれの地域で、地域内の遺跡から出土した縄文土器の文様に基づくデザインを生活に取り込めたら、東京を中心とする均質で変化に乏しい身の回りの世界は、驚くほど豊かなものへと変貌するのではないでしょうか。

（関根達人）

成田資料69（大洞C1式）実測図

①拓本

②分割配置

③トレース

④清書

262　デザイン化の手順

Column4 ちょっとひといき…

縄文藍染め商品登場

商品化は北日本考古学研究センターの依頼で実現しました。センターがデザインしたのは約3000年前の縄文時代終わりごろ、東北地方で栄えた亀ヶ岡式土器の文様。商品は藍染めした後、模様の型を使い、抜染する作業を経て完成。手作業で作られます。

工場にはタペストリー（価格5000円）２種類、しおり（同400円）などが並んでいます。商品には、センターとかかわりの深い遺跡である三戸町杉沢遺跡出土土器の図が記されています。

工場代表の川﨑恵美子さんは「3000年も前の模様を染めているとどんな気持ちで模様を作っていたのかと当時を知りたくなります。今後、夏に向けＴシャツなど種類を増やしていきたい」と述べています。

川﨑染工場

藍染めの甕

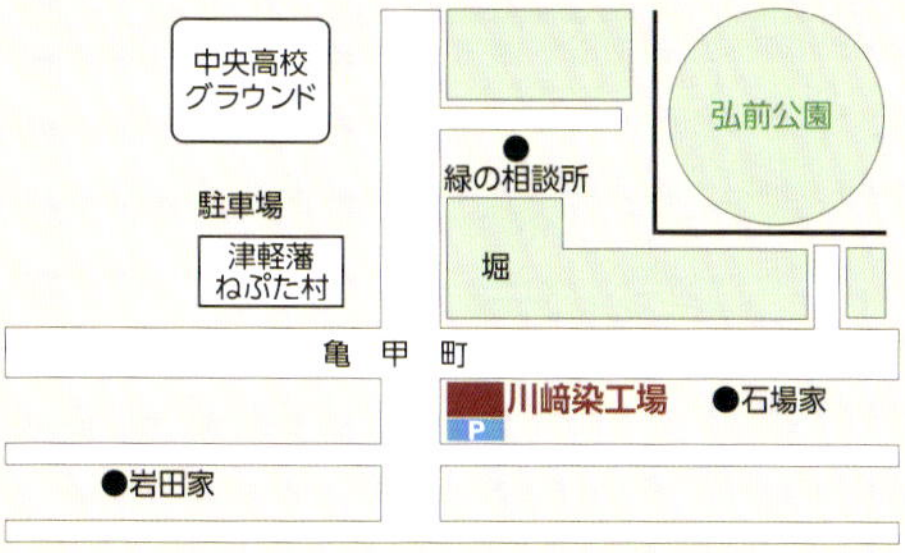

❖営業時間❖
9:00〜17:00（冬期 9:00〜16:00）
（定休日／毎週木曜日）
〒036-8332 青森県弘前市亀甲町69-1

川﨑染工場

エピローグ　弘前大学での考古学教育

弘前大学の考古学教育では、専任教員による少人数のゼミ体制によって、学ぶことができます。遺跡から何千年前の人達の資料を、この世で初めて土の中から発見し、それを復元し公開していく技術を身につける醍醐味は弘前大学の考古学研究が始まって以来、脈々と受け継がれています。

以上のことは一見、ミステリアスな遺跡や遺物を対象にしますので、ロマンを感じる学問です。しかし、モノに秘められている歴史や文化を理解するとなると、何も語らない「モノ」ですから、我々がモノに語りかけなくてはなりません。学問の現場は、ひたすらモノとことばの間で格闘しています。このモノに語りかける技術を学ぶことができるのが、弘前大学の考古学研究の醍醐味なのです。日本考古学の教育では、本物の遺跡や遺物を観察することで、そのモノを使っていた人達の姿やそれを生み出した時代背景を解明していきます。

そのためには、多様な方法があるのも考古学の特徴です。発掘はもちろん、理化学的な分析や実験、古文書・絵図の読解、民具との比較など周辺分野との連携も盛んです。考古学は、幅広い分析によって新たな見解が得られるだけでなく、それを通じたグローバルな視野が得られるのも特徴です。実際、土偶や石棒の卒業研究をした学生で卒業後、海外の大学院で精神文化や文化遺産をテーマに活躍している人がいますし、モノを見る魅力に惹かれて警察の鑑識になった人もいます。

もうひとつの醍醐味は文化財を通して、文化財の価値を知り、文化「財」の保護・育成能力を養うことができることです。高等教育の特色は、実習調査や研修旅行を通じ

History

弘前大学人文社会科学部
北日本考古学研究センター

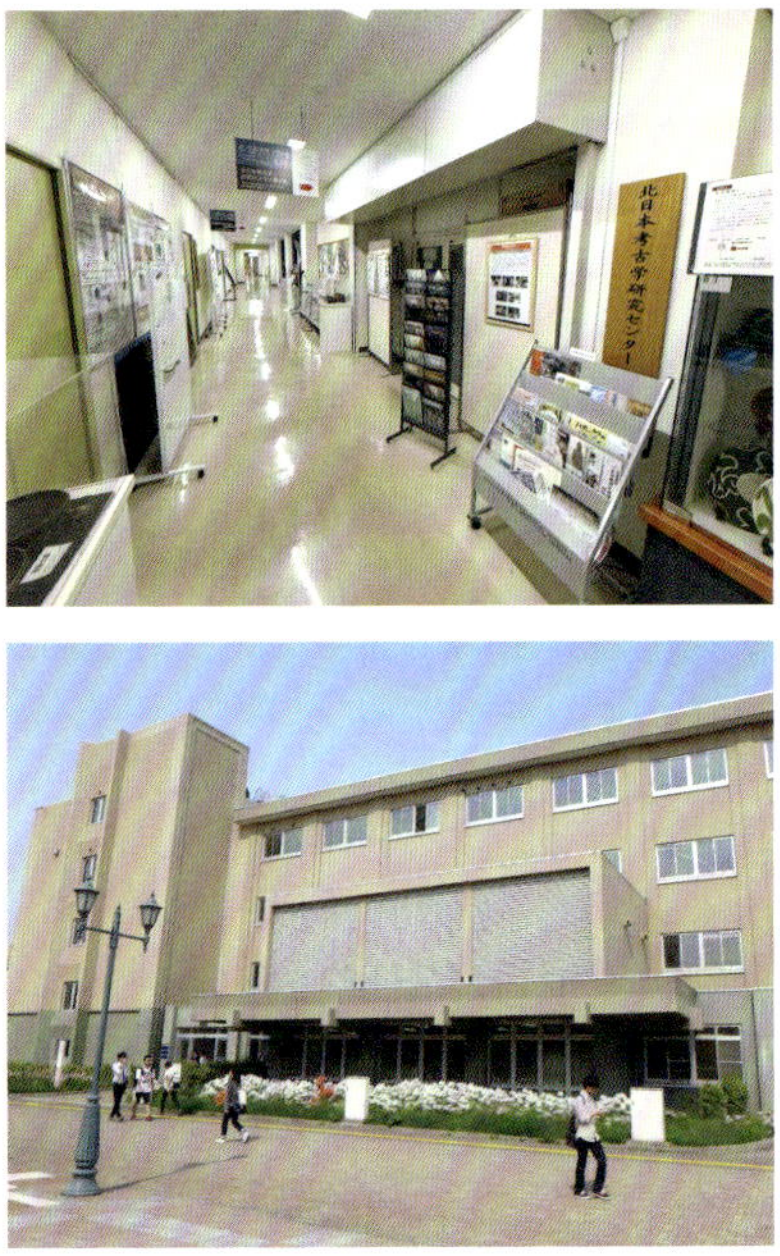

263　北日本考古学研究センター入口と外観

弘前大学では、縄文の遺跡の宝庫である地の利を活かした教育・研究・社会貢献を実現するため、平成17年に附属センターとして、縄文晩期に北日本で栄えた工芸技術に秀でたユニークな文化に焦点を当てた亀ヶ岡文化研究センターを設置しました。

平成23～27年度には、人文学部（平成28年人文社会科学部に改組）・教育学部・理工学研究科・農学生命科学部の関連教員が協力して、文理融合型の学際研究プロジェクト「冷温帯地域の遺跡資源の保存活用推進プロジェクト」に取り組みました。

この成果を基盤に、平成26年度には、亀ヶ岡文化研究センターを母体として北日本考古学研究センターが発足しました。

現在、考古学分野では国内有数の教育機関として、また学内資源を有効に利用した北日本の学際的研究拠点として広く認知されています。

て、学生一人一人が、文化財に直接触れ、調査や研究ができる点です。ゼミには、実習室や分析室があり、土器や石器といった具体的なものに触れ、対象に即した調査方法や研究方法を学びます。特に、測量、実測、撮影、保存処理など自然科学的分析を含めた多彩な調査法は、文理にとらわれない総合学問としての文化財のあり方を学ぶことができます。

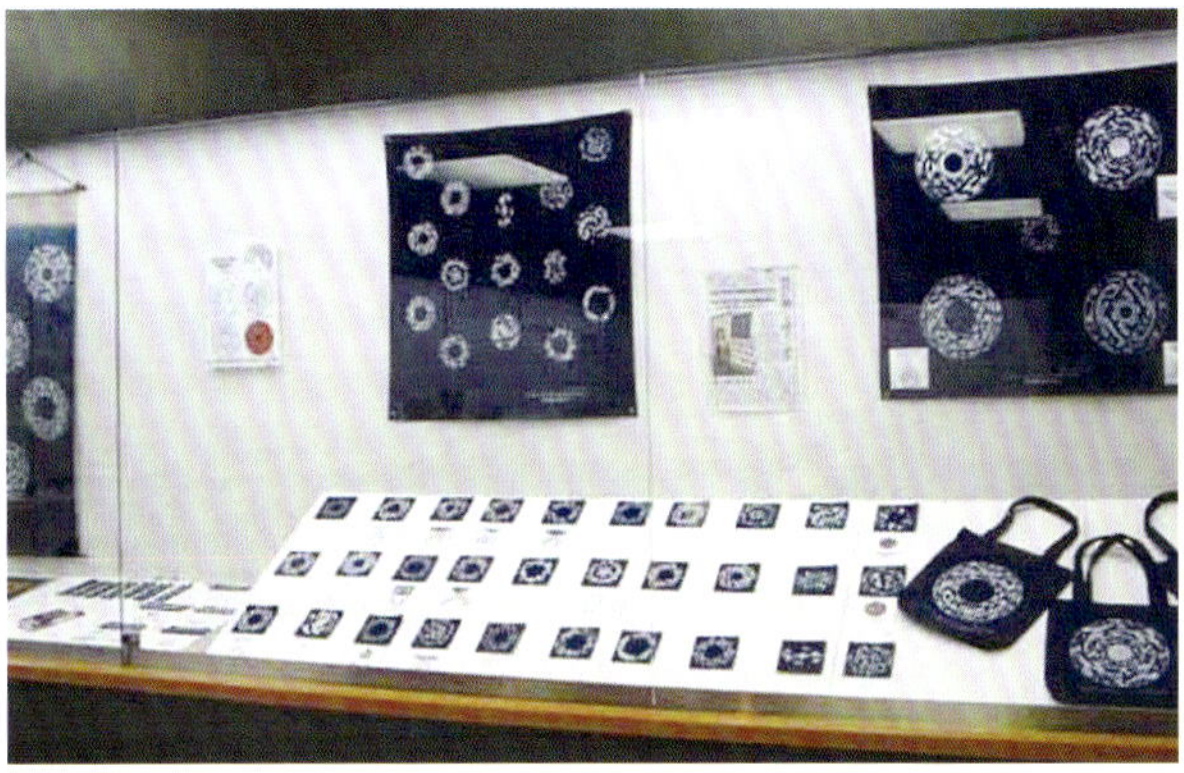

264　北日本考古学研究センターの展示（縄文デザイン）

265　弘前大学の考古学研究・教育の昔と今

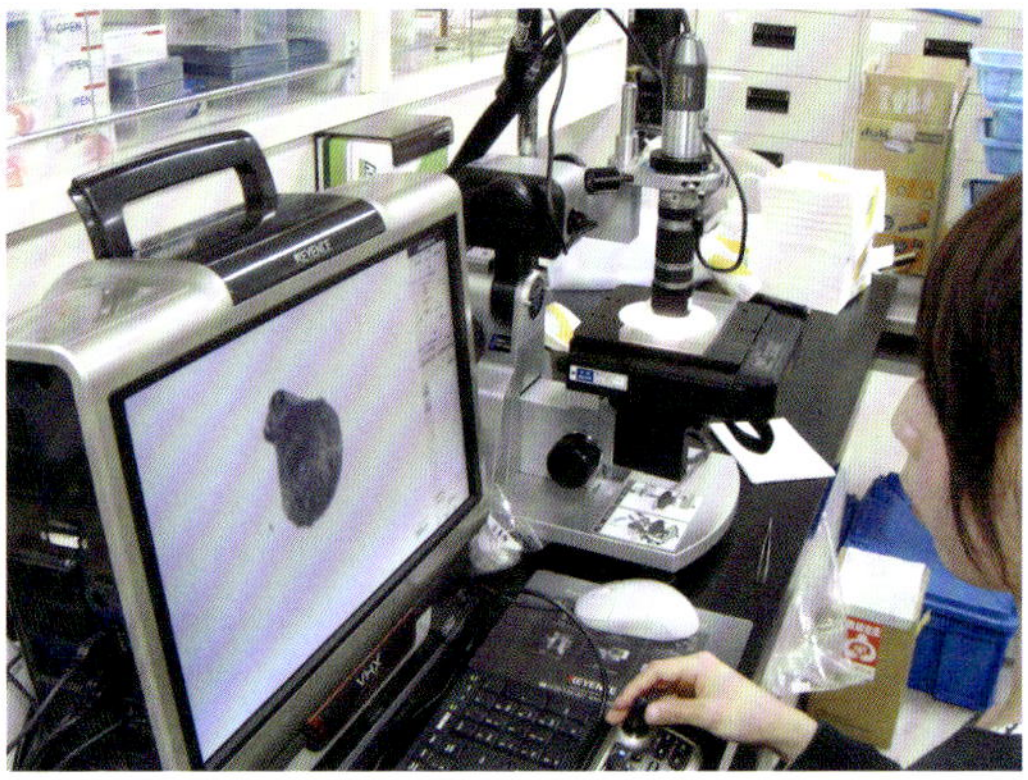

図版出典・所蔵

6…佐藤正夫画
9…野村（二〇〇〇）二五六頁より転載
19…『東京人類学会雑誌』第七巻第六八号（一八九一年）より転載
21…佐藤伝蔵「共同備忘録」『東京人類学会雑誌』第一二巻第一三八号 四八五－四九〇頁 一八九七年）より転載
27…早坂一郎「故小岩井兼輝君を弔ふ」（『地質学雑誌』第四六巻第五四八号 一九三九年）より転載
29コラム1…『教務日誌』弘前大学附属図書館蔵
32・59実測図・60・138 1～4…岩木山刊行会『岩木山 山麓古代遺跡発掘調査報告書』（岩木山刊行会 一九六八年）
35…村越潔「東北北部の新石器時代における海岸線の浸退に関する試論」（『教育学部紀要』第一三号 一二－二二頁 一九六一年）より転載
37・48…江坂（一九七〇）より転載
38・39…村越（一九七四）より転載
43…実測図は村越（一九七七）より転載
44…深浦町教育委員会蔵
49…青森県つがる市教育委員会（二〇一五）より転載
52…七戸町教育委員会（二〇一八）より転載
57・84・217…遺物 青森県埋蔵文化財調査センター蔵
58…七戸町教育委員会蔵
61…上條信彦編『岩木山麓における弥生時代前半期の研究Ⅱ』弘前大学人文社会科学部北日本考古学研究センター（二〇二三年）より転載
68・69CT画像…九州国立博物館撮影。板柳町教育委員会蔵
72・73・75～77・81…平川市教育委員会蔵
82…岡本（二〇二〇）より転載
92～94・202・203…むつ市教育委員会蔵
95…中村健太郎「動物遺体」（『下北半島における亀ヶ岡文化の研究2』一〇－一四頁 二〇一二年）より転載
98…松前町教育委員会提供
100・184…遺物 松前町教育委員会蔵
105～107・243・248…五城目町教育委員会蔵
114～123・252…栗原市教育委員会蔵
125・126…弘前市教育委員会（一九八八）より転載
128…弘前市教育委員会蔵、写真は弘前市教育委員会（一九九一）より転載
129…弘前市立博物館蔵
147…田舎館村埋蔵文化財センター蔵
148…青森県埋蔵文化財調査センター調査写真
152…田舎館村教育委員会（二〇〇九）より転載
156・158…九学会連合下北調査委員会（一九六七）より転載

172・173・206…北斗市教育委員会蔵
187…創立30周年記念誌編集委員会編『弘前大学農学部30年のあゆみ』弘前大学農学部同窓会 一九八五年）より転載
190…空中写真は一九四八（昭和二三）年米軍撮影（USA-R 1466-34）を加工
191~193…小岩ほか（二〇二一）より転載
196…大蔵永常『広益国産考 五之巻』一八五九年（飯沼二郎『広益国産考 大蔵永常』（日本農書全集一四）農山漁村文化協会 二四〇頁 一九七八年 図五二）より転載
200…国立民族学博物館蔵／資料写真は同博物館より提供
204…五所川原市教育委員会蔵
205…上ノ国町教育委員会蔵
213…大川添(4)遺跡 青森県埋蔵文化財調査センター蔵／北海道豊崎B遺跡 函館市教育委員会蔵
218…河南省文物考古研究所蔵
226…大阪府弥生文化博物館保管
247…個人蔵／つがる市教育委員会保管

撮影
キャプションに★が付記された写真…小川忠博撮影
30・31・33・34・36・41~47・50・51・53~57・59・64~66・70~73・76・78~80・136・147・148・150・151・157・265（上から1~3番）の写真…村越潔撮影
62・63・85・86…藤沼邦彦撮影
198…白川村合掌造民家園にて著者撮影／天龍村・熊谷家にて著者撮影

※リストに記載がない画像は、各執筆担当者による作成・撮影、および弘前大学北日本考古学研究センター所蔵です。

執筆者紹介（執筆担当順）

関根達人（せきね たつひと）　弘前大学人文社会科学部 教授
福田友之（ふくだ ともゆき）　元青森県考古学会会長
※福田様は原稿執筆依頼中の令和3（二〇二一）年7月27日にご逝去されました。故人を偲ぶ気持ちを込めて、本稿では平成28（二〇一六）年刊行の『弘前大学の考古学』ご執筆担当分を一部改変して、掲載しました。謹んで哀悼の意を表します。
上條信彦（かみじょう のぶひこ）　弘前大学人文社会科学部 教授
工藤清泰（くどう きよひと）　日本考古学協会会員
小岩直人（こいわ なおと）　弘前大学教育学部 教授
柴　正敏（しば まさとし）　弘前大学理工学研究科 名誉教授
田中克典（たなか かつのり）　弘前大学農学生命科学部 准教授
石川隆二（いしかわ りゅうじ）　弘前大学農学生命科学部 教授
片岡太郎（かたおか たろう）　弘前大学人文社会科学部 准教授
そのほか、執筆に際し以下の学生の助力を得ました。
浅野　渓・石戸谷龍生・遠藤光新・算用子眞充・菅原昌彦・谷　勇樹・辻　綾子

謝辞

情報・写真提供に際しては以下の方のご協力を得ました。記して感謝申し上げます。（個人名は敬称を略しました）
小川忠博・葛西　勵・成田惠子・藤沼邦彦・高橋　潤・村越　潔
弘前大学附属図書館・青森県史編纂室・弘前市立図書館・青森県埋蔵文化財調査センター
田舎館村教育委員会・平川市教育委員会

地域からの考古学

弘前大学の挑戦

2025年２月17日　初版第１刷発行

編　者　弘前大学人文社会科学部
北日本考古学研究センター
〒036-8560
青森県弘前市文京町１
弘前大学総合教育棟 2F

発行所　弘前大学出版会
〒036-8560
青森県弘前市文京町１
TEL 0172(39)3168　FAX 0172(39)3171

印刷所　やまと印刷株式会社

ISBN978-4-910425-18-4